Juridicum – Schriften zum Arbeitsrecht

AF878594

Reihe herausgegeben von

Jacob Joussen, Bochum, Deutschland

Die Schriftenreihe widmet sich dem Arbeitsrecht in seiner ganzen Breite. Sie ermöglicht die Veröffentlichungen von Abhandlungen aus dem Bereich des Individualarbeitsrechts ebenso wie aus dem kollektiven Arbeitsrecht. Damit sind neben Fragestellungen des gesamten Arbeitsvertragsrechts insbesondere auch Beiträge aus dem Betriebsverfassung-, dem Tarif- und dem Koalitionsrecht Gegenstand der Reihe. Sie ist offen für sehr gute wissenschaftliche Forschungsarbeiten aus diesem Fächerbereich, auch soweit sie aus europäischen oder internationalen Bezügen stammen.

Herausgeber Prof. Dr. Jacob Joussen Juristische Fakultät Ruhr-Universität Bochum

Leonard Bona

Rechtsgrundlagen, Anwendungsbereiche und Inhalte des Gebots fairen Verhandelns

Springer

Leonard Bona
Ruhr-Universität Bochum
Remscheid, Deutschland

Inauguraldissertation zur Erlangung des akademischen Grades eines Doktors der Rechte durch die Juristische Fakultät der Ruhr-Universität Bochum.
Dekan: Prof. Dr. Jacob Joussen
Erstgutachter: Prof. Dr. Jacob Joussen
Zweitgutachter: Prof. Dr. Matteo Fornasier
Tag der mündlichen Prüfung: 28. April 2026

ISSN 2522-5863 ISSN 2522-5871 (electronic)
Juridicum – Schriften zum Arbeitsrecht
ISBN 978-3-658-52722-8 ISBN 978-3-658-52723-5 (eBook)
https://doi.org/10.1007/978-3-658-52723-5

Die Deutsche Nationalbibliothek verzeichnet diese Publikation in der Deutschen Nationalbibliografie; detaillierte bibliografische Daten sind im Internet über https://portal.dnb.de abrufbar.

© Der/die Herausgeber bzw. der/die Autor(en), exklusiv lizenziert an Springer Fachmedien Wiesbaden GmbH, ein Teil von Springer Nature 2026

Das Werk einschließlich aller seiner Teile ist urheberrechtlich geschützt. Jede Verwertung, die nicht ausdrücklich vom Urheberrechtsgesetz zugelassen ist, bedarf der vorherigen Zustimmung des Verlags. Das gilt insbesondere für Vervielfältigungen, Bearbeitungen, Übersetzungen, Mikroverfilmungen und die Einspeicherung und Verarbeitung in elektronischen Systemen.
Die Wiedergabe von allgemein beschreibenden Bezeichnungen, Marken, Unternehmensnamen etc. in diesem Werk bedeutet nicht, dass diese frei durch jede Person benutzt werden dürfen. Die Berechtigung zur Benutzung unterliegt, auch ohne gesonderten Hinweis hierzu, den Regeln des Markenrechts. Die Rechte des/der jeweiligen Zeicheninhaber*in sind zu beachten.
Der Verlag, die Autor*innen und die Herausgeber*innen gehen davon aus, dass die Angaben und Informationen in diesem Werk zum Zeitpunkt der Veröffentlichung vollständig und korrekt sind. Weder der Verlag noch die Autor*innen oder die Herausgeber*innen übernehmen, ausdrücklich oder implizit, Gewähr für den Inhalt des Werkes, etwaige Fehler oder Äußerungen. Der Verlag bleibt im Hinblick auf geografische Zuordnungen und Gebietsbezeichnungen in veröffentlichten Karten und Institutionsadressen neutral.

Planung/Lektorat: Deborah Priß
Springer ist ein Imprint der eingetragenen Gesellschaft Springer Fachmedien Wiesbaden GmbH und ist ein Teil von Springer Nature.
Die Anschrift der Gesellschaft ist: Abraham-Lincoln-Str. 46, 65189 Wiesbaden, Germany

Wenn Sie dieses Produkt entsorgen, geben Sie das Papier bitte zum Recycling.

Vorwort und Danksagung

Die vorliegende Arbeit wurde im Wintersemester 2025/2026 von der Juristischen Fakultät der Ruhr-Universität in Bochum als Dissertation angenommen. Rechtsprechung und Literatur wurden bis zum August 2025 berücksichtigt.

Ein herzlicher Dank gilt meinem Doktorvater Prof. Dr. Jacob Joussen für die großartige Betreuung des Vorhabens. Sein begeistertes Interesse an der Begleitung der Arbeit, seine außergewöhnlich schnelle Reaktionszeit wie auch seine Motivationsfähigkeit stellten die Grundlage für den Erfolg des Projektes dar. Herrn Prof. Dr. Matteo Fornasier danke ich für die schnelle Anfertigung des Zweitgutachtens.

Dank gilt auch all meinen Kolleginnen und Kollegen der Kanzlei ebl esch&kramer Rechtsanwälte in Wuppertal, in der ich seit Beginn meines Promotionsvorhabens tätig war. Allen voran gilt dieser Dank Frank Neldner und Frank Engelhard, die mich während meines Vorhabens unterstützten und mir den notwendigen Freiraum für die Erstellung der Arbeit ließen. Dr. Daniela Leyhausen danke ich für die Durchsicht von Teilen der Dissertation und ihre kritischen Hinweise, die mich zu einer schwierigen Zeit des Vorhabens auf den richtigen Weg brachten. Für den regelmäßigen freundschaftlichen und fachlichen Austausch danke ich außerdem Dr. Robin Braun und Dr. Armin Gasper, die mich in dieser Zeit stets zu motivieren wussten. Ich danke außerdem Tim Felix Quintiliani, der mich mit seinem Hinweis erstmalig auf das Thema dieser Arbeit brachte.

Eine erfolgreiche Promotion ist nur mit einer Menge Rückhalt im Privatleben möglich. Das gilt insbesondere dann, wenn man in dieser Zeit das juristische Referendariat absolviert und auch auf zeitaufwändige persönliche Leidenschaften nicht verzichten kann. Daher gilt mein besonderer Dank meiner Familie und meinem Freundeskreis, die mir in dieser Zeit sehr viel persönlichen Freiraum ließen und Verständnis für viele Kompromisse aufbrachten. Ewiger Dank geht daher vor allem an meine künftige Ehefrau Kristin Kewerhoff für die bedingungslose Unterstützung, an meine großartigen Eltern Stefanie und Ulrich Bona für den immerwährenden Rückhalt, und an meine Geschwister Amelie Wahrstötter und Dr. Christopher Bona für die Lebensbegleitung im Kleinen wie im Großen. Last but not least möchte ich auch meinen engsten Freunden Malte Frank und Simon Stausberg danken, die mir jederzeit zur Seite stehen.

Gewidmet sei dieses Buch meiner liebsten Großmutter, die meine Kindheit prägte und der ich in ewiger Dankbarkeit verbunden bin. Leider konnte sie die Fertigstellung dieser Arbeit nicht mehr erleben. Schon in meiner Kindheit sagte sie aber nonchalant: „*Und irgendwann wirst du mal Doktor*!" Nun ist es wirklich so gekommen – Danke, liebe Oma!

Remscheid, Juni 2026

Interessenkonflikt Der/die Autor*in hat keine relevanten Interessenskonflikte im Zusammenhang mit dieser Publikation.

Inhaltsverzeichnis

Abkürzungsverzeichnis:

a.A.	andere Auffassung
Abs.	Absatz
AC	Appeal Cases
AcP	Archiv für die civilistische Praxis
a.F.	alte Fassung
AGB	Allgemeine Geschäftsbedingungen
AiB	Arbeitsrecht im Betreib
All ER	All England Law Reports
Alt.	Alternative
AG	Amtsgericht
a.M.	am Main
Anm.	Anmerkung
AP	appellent (Berufungskläger)
ArbG	Arbeitsgericht
ArbRAktuell	Arbeitsrecht Aktuell
ArbRB	Der Arbeitsrechtsberater
ArbVG	Arbeitsvertragsgesetz (Diskussionsentwurf)
Art.	Artikel
AuA	Arbeit und Arbeitsrecht
BAG	Bundesarbeitsgericht
BAGE	Entscheidungen des Bundesarbeitsgerichts
BB	Betriebsberater
BCCI	Bank of Credit and Commerce International

Bd.	Band
BeckOK	Beck'scher Online-Kommentar
BeckRS	Beck-Rechtsprechung
BetrVG	Betriebsverfassungsgesetz
BeurkG	Beurkundungsgesetz
BGB	Bürgerliches Gesetzbuch
BGBl.	Bundesgesetzblatt
BGH	Bundesgerichtshof
BT-Drs.	Bundestagsdrucksache
BVerfG	Bundesverfassungsgericht
Bzw.	beziehungsweise
Cal.	California
Cal.App.2d	California Appellate Reports, Second Series
Cal.Rptr.	California Reporter
Ch	Chancery Division
CCZ	Corporate Compliance Zeitschrift
c.i.c.	culpa in contrahendo
COVID	Coronavirus disease
DB	Der Betrieb
Diss.	Dissertation
DNotZ	Deutsche Notar-Zeitschrift
Ebd.	Ebenda
EGBGB	Einführungsgesetz zum Bürgerlichen Gesetzbuche

EG	Europäische Gemeinschaften
EGGVG	Einführungsgesetz zum Gerichtsverfassungsgesetz
Einl.	Einleitung
EMRK	Europäische Menschenrechtskonvention
ErfK	Erfurter Kommentar
et al.	et alii
EU	Europäische Union
EuGH	Europäischer Gerichtshof
EuZW	Europäische Zeitschrift für Wirtschaftsrecht
EWHC	England and Wales High Court
EWG	Europäische Wirtschaftsgemeinschaft
EWiR	Entscheidungen zum Wirtschaftsrecht
EzA	Entscheidungssammlung zum Arbeitsrecht
f.	folgende/folgender
ff.	und folgende Seiten
FD-ArbR	Fachnachrichtendienst Arbeitsrecht
Fn.	Fußnote
FS	Festschrift
GG	Grundgesetz
GRUR	Gewerblicher Rechtsschutz und Urheberrecht
GVG	Gerichtsverfassungsgesetz
Habil.	Habilitation
HKK-BGB	Historisch-kritischer Kommentar zum BGB

HRRS	Onlinezeitschrift für Höchstrichterliche Rechtsprechung zum Strafrecht
Hrsg.	Herausgeber
hrsg.	herausgegeben
i.S.d.	im Sinne des
i.V.m.	in Verbindung mit
JA	Juristische Ausbildung
Juris-PR-ArbR	Juris Praxis Report Arbeitsrecht
Juris-PR-ITR	Juris Praxis Report IT-Recht
JuS	Juristische Schulung
JZ	JuristenZeitung
KG	Kammergericht
KK	Karlsruher Kommentar
KSchG	Kündigungsschutzgesetz
KSchR	Kündigungsschutzrecht
LAG	Landesarbeitsgericht
LG	Landgericht
Ltd.	Limited
m.w.N.	mit weiteren Nachweisen
MDR	Monatsschrift für Deutsches Recht
MittBayNot	Mitteilungen des Bayrischen Notarvereins, der Notarkasse, der Landesnotarkammer Bayern
MüKo	Münchener Kommentar
n.F	neue Fassung
NJOZ	Neue Juristische Online-Zeitschrift

NJW	Neue Juristische Wochenschrift
NK	NomosKommentar
Nr.	Nummer
NStZ	Neue Zeitschrift für Strafrecht
NZA	Neue Zeitschrift für Arbeitsrecht
NZA-RR	Neue Zeitschrift für Arbeitsrecht Rechtsprechungs-Report
NZG	Neue Zeitschrift für Gesellschaftsrecht
NZM	Neue Zeitschrift für Mietrecht
NZFam	Neue Zeitschrift für Familienrecht
öAT	Zeitschrift für das öffentliche Arbeits- und Tarifrecht
plc	public limited company
OLG	Oberlandesgericht
RdA	Recht der Arbeit
RGZ	Reichsgericht in Zivilsachen
RL	Richtlinie
Rn.	Randnummer
S.	Satz / Seite
s.a.	siehe auch
s.o.	siehe oben
sog.	sogenannte/sogenannter
SPA	Schnellinformation für Personalmanagement und Arbeitsrecht
st.	ständig/e

StGB	Strafgesetzbuch
StPO	Strafprozessordnung
StudZR-WissOn	Stundentische Zeitschrift für Rechtswissenschaft Heidelberg Wissenschaft Online
s.u.	siehe unten
UKHL	United Kingdom House of Lords
Urt.	Urteil
US	United States
USA	United States of America
UWG	Gesetz gegen den unlauteren Wettbewerb
vgl.	vergleiche
v.	vom/von/vor
v.	versus
Var.	Variante
VersR	Zeitschrift für Versicherungsrecht, Haftungs- und Schadensrecht
WRP	Wettbewerb in Recht und Praxis
ZAP	Zeitschrift für die Anwaltspraxis
ZEV	Zeitschrift für Erbrecht und Vermögensnachfolge
ZfA	Zeitschrift für Arbeitsrecht
ZMV	Zeitschrift für die Mitarbeitervertretung in den Einrichtungen der katholischen und evangelischen Kirche
ZPO	Zivilprozessordnung

ZRP	Zeitschrift für Rechtspolitik
z.B.	zum Beispiel
ZIP	Zeitschrift für Wirtschafsrecht
zit.	zitiert
ZTR	Zeitschrift für Tarifrecht
zugl.	zugleich
§ / §§	Paragraph / Paragraphen

Einleitung

I. Untersuchungsgegenstand und Problemstellung

Mit dem Urteil des Bundesarbeitsgerichts aus dem Jahr 2019[1] ist das Gebot fairen Verhandelns nach langjähriger Abstinenz wieder in den Blickpunkt der Rechtsprechung und des Schrifttums geraten. Wieder? Konsequenterweise müsste man sagen, dass das BAG 2019 das Gebot fairen Verhandelns erstmals einer inhaltlichen Auseinandersetzung zugeführt hat. Zuvor war das Gebot fairen Verhandelns sowohl in den entsprechenden Urteilen[2] als auch in den (wenigen) thematisierenden Monografien[3] eher eine Randerscheinung. Seit 2019 ist das Gebot fairen Verhandelns ein immer wieder aufgegriffenes Thema in der Instanzenrechtsprechung, die dabei zu höchst unterschiedlichen Ergebnissen kommt.[4] *Gräf*[5] und *Kurzer*[6] haben sich monografisch mit dem Gebot fairen Verhandelns auseinandergesetzt und Beiträge zu dessen Weiterentwicklung geleistet. Auch das BAG selbst hat im Jahr 2022 erneut über das Gebot fairen Verhandelns geurteilt und dessen Voraussetzungen geschärft.[7] Diese Entwicklung hat seither zahlreiche Fragen aufgeworfen, die unterschiedlich beantwortet worden sind: Warum bediente sich das BAG eines Rechtsinstituts, das es 14 Jahre nicht erwähnt hatte? Kann aus vorvertraglichen Nebenpflichten gemäß §§ 311 Abs. 1, 241 Abs. 2 BGB überhaupt ein vorvertraglicher Schutz der Entscheidungsfreiheit erwachsen, wo doch das BGB zahlreiche Schutzvorschriften zugunsten der Entscheidungsfreiheit bereithält? Ist ein solcher Schutz nicht sowohl rechtlich zweifelhaft als auch überflüssig? Wie soll man „Fairness" definieren? Werden hier nicht moralische mit rechtlichen Begriffen vermengt?[8] Warum resultiert aus einem Verstoß gegen das Gebot fairen Verhandelns ein Schadensersatzanspruch, der zur Unwirksamkeit des geschlossenen Aufhebungsvertrags führt? Neben all diesen Fragen soll sich diese Untersuchung vor allem auch mit dem Anwendungsbereich des Gebots fairen Verhandelns beschäftigen. Bereits im Arbeitsrecht führte die Anwendung des Gebots fairen Verhandelns zu scharfen Diskussionen. Doch bei näherer Betrachtung der angewendeten Normen fällt auf, dass das BAG das Gebot fairen Verhandelns aus Vorschriften des Allgemeinen Schuldrechts herleitete. Das wirft die Frage

---

[1] BAG, NZA 2019, 688.
[2] BAG, NJW 2005, 3164; BeckRS 2004, 30342479; NJOZ 2004, 4096.
[3] *G. Becker,* Die unzulässige Einflussnahme des Arbeitgebers auf die Entscheidungsfreiheit des Arbeitnehmers am Beispiel des arbeitsrechtlichen Aufhebungsvertrages; *Giesing,* Inhaltskontrolle und Abschlusskontrolle arbeitsrechtlicher Aufhebungsverträge.
[4] Vgl. LAG Mecklenburg-Vorpommern, BeckRS 2020, 12247; LAG Hamm, BeckRS 2021, 15285.
[5] *Gräf,* Das Gebot fairen Verhandelns beim Abschluss eines arbeitsrechtlichen Aufhebungsvertrags.
[6] *Kurzer,* Das Gebot fairen Verhandelns im Arbeitsrecht.
[7] BAG, BeckRS 2022, 3692.
[8] Vgl. *Kamanabrou,* RdA 2020, 201, 209.

© Der/die Autor(en), exklusiv lizenziert an
Springer Fachmedien Wiesbaden GmbH, ein Teil von Springer Nature 2026
L. Bona, *Rechtsgrundlagen, Anwendungsbereiche und Inhalte des Gebots fairen Verhandelns*, Juridicum – Schriften zum Arbeitsrecht,
https://doi.org/10.1007/978-3-658-52723-5_1

auf, wie sich das Rechtsinstitut in die Rechtsordnung einfügt, und ob es auch außerhalb des Arbeitsrechts Anwendung finden kann. Dieser Gedanke wird verstärkt durch eine historische und rechtsvergleichende Betrachtung des Gebots fairen Verhandelns, dessen Grundlage sowohl nach seinem aus dem anglo-amerikanischen Rechtskreis stammendem Vorbild, der sog. undue influence, als auch nach seinem Entdecker im deutschen Recht, *Stephan Lorenz*,[9] nicht im Arbeitsrecht zu suchen ist. Kommt man zu dem Ergebnis, dass das Gebot fairen Verhandelns im Allgemeinen Schuldrecht anzuwenden ist, würde dies noch weitreichendere Folgen haben als in der bisherigen Diskussion angenommen. Diese Folgen müssten durch eine sorgfältige Einordnung des Gebots fairen Verhandelns in die Systematik des BGB gesteuert werden.

Auf Grundlage der vorstehenden Problemstellung versucht diese Untersuchung, dem Gebot fairen Verhandelns auf den Grund zu gehen, es umfassend zu behandeln und es weiterzuentwickeln.

II. Gang der Untersuchung

Im ersten Teil der Untersuchung wird die grundlegende Systematik des BGB hinsichtlich des Schutzes der Entscheidungsfreiheit dargestellt. Dabei sollen die bestehenden Schutzvorschriften analysiert werden.[10] Daran anschließend wird im zweiten Teil das Gebot fairen Verhandelns in seinen Grundzügen behandelt. Anschließend werden Rechtsansichten dargestellt und analysiert, die aus den bestehenden Schutzvorschriften des BGB einen erweiterten Schutz der Entscheidungsfreiheit herleiten und damit einer Alternative zum Gebot fairen Verhandelns entsprechen oder zumindest eine ähnliche Schutzrichtung begründen würden.[11]

Im dritten Teil werden die Rechtsgrundlagen des Gebots fairen Verhandelns analysiert und deren Auslegung im Detail untersucht. Dabei wird insbesondere eine Abgrenzung zwischen dem Arbeitsrecht und dem Allgemeinen Schuldrecht vorgenommen.[12]

Im vierten Teil werden die Voraussetzungen analysiert, unter denen das Gebot fairen Verhandelns Anwendung finden kann. Dabei steht die Auslegung des § 241 Abs. 2 BGB in Verbindung mit § 311 Abs. 2 BGB im Vordergrund. Es wird ermittelt, unter welchen

---

[9] In: *Lorenz,* Der Schutz vor dem unerwünschten Vertrag.
[10] Erster Teil – Der Schutz der Entscheidungsfreiheit im Zivilrecht.
[11] Zweiter Teil – Einführung in das Gebot fairen Verhandelns und alternative Lösungen zur Beschränkung von Verhandlungsmethoden.
[12] Dritter Teil – Die Dogmatik und die Rechtsgrundlagen des Gebots fairen Verhandelns.

Voraussetzungen verschärfte Rücksichtnahmepflichten anzunehmen sind, die eine Anwendung des Gebots fairen Verhandelns begründen können.[13]

Ist die Frage des Anwendungsbereichs des Gebots fairen Verhandelns geklärt, wird dessen Tatbestand in den Blick genommen.[14] Dabei wird auf die schwierige Abgrenzung zwischen zulässiger und unzulässiger Verhandlung eingegangen und ein Lösungsvorschlag erarbeitet.

Nach der Erarbeitung eines Tatbestands ist im letzten Schritt die Rechtsfolge des Gebots fairen Verhandelns zu untersuchen. Dabei wird ermittelt, welche Folgen ein Verstoß gegen das Gebot fairen Verhandelns hat und was hierbei zu beachten ist.[15] Abschließend werden die wesentlichen Ergebnisse der Arbeit zusammengefasst und schematisch dargestellt.[16]

[13] Vierter Teil – Qualifiziertes vorvertragliches Schuldverhältnis – Voraussetzung für die Anwendung des Gebots fairen Verhandelns.
[14] Fünfter Teil – Der Tatbestand des Gebots fairen Verhandelns.
[15] Sechster Teil – Die Rechtsfolge eines Verstoßes gegen das Gebot fairen Verhandelns.
[16] Gesamtfazit und Zusammenfassung der Ergebnisse.

A. Erster Teil – Der Schutz der Entscheidungsfreiheit im Zivilrecht

I. Grundlagen von Privatautonomie und Selbstbestimmung

Vertragsfreiheit und Privatautonomie stellen die Grundlage für das System des BGB dar und sind in der Bewertung von Rechtsinstituten zur Wahrung der Selbstbestimmung zu berücksichtigen. Ein Vertrag ist ein angemessener Interessenausgleich, wenn er auf selbstbestimmten Entscheidungen der Vertragsparteien beruht.[17] Der wirkliche Wille eines Erklärenden ist essenziell für das Funktionieren der Privatautonomie.[18] Der Gesetzgeber muss aufgrund dieser in Art. 2 Abs. 1 GG verankerten Privatautonomie verhindern, dass Verträge unter dem Einfluss übermäßiger Fremdbestimmung entstehen, da diese der Selbstbestimmung widersprechen und kein Ausgleich widerstreitender Interessen sind.[19]

1. Die Wechselwirkung von Vertragsfreiheit und beschränkenden Normen

Das System des BGB ist grundsätzlich von dem Gedanken geprägt, dass in einer freien Rechtsordnung gleichstarke Verhandlungs- und Vertragspartner aufeinandertreffen.[20] Bei der Schaffung des BGB ging man davon aus, dass selbstverantwortliche Personen frei von staatlichen Eingriffen über ihre Vertragsgestaltung entscheiden können, weshalb man dem Vertrag eine sogenannte „*Richtigkeitsgarantie*" zusprach.[21] Man hielt es daher nur in engen Grenzen für notwendig, Rechtsinstitute für die Wahrung der Entscheidungsfreiheit und der Selbstbestimmung zu schaffen.[22] Der Schutz der Schwächeren in Vertragsverhandlungen beschränkte sich in der ersten Fassung des BGB auf die heutigen §§ 104 ff. BGB, wenige Formvorschriften wie §§ 518, 766, 781 BGB oder die Sittenwidrigkeit gemäß § 138 BGB. Heute prägende Schutzvorschriften des BGB, insbesondere das AGB-Recht gemäß §§ 305 ff. BGB sowie das Widerrufs- und Verbraucherschutzrecht gemäß §§ 312 ff. BGB, waren nicht enthalten. Zwar gab es schon vor Einführung des BGB Stimmen, die die mangelnde Berücksichtigung von Verträgen, die in ungleichen Machtverhältnissen entstehen, kritisierten,[23] jedoch fanden diese keine hinreichende Berücksichtigung in der

---

[17] HKK/BGB/*Haferkamp*, § 138 Rn. 5.
[18] MüKo/BGB/*Säcker*, Einleitung Rn. 171.
[19] Dürig/Herzog/Scholz/*Di Fabio*, Art. 2 GG Rn. 107.
[20] In dieser Arbeit wird aus Gründen der besseren Lesbarkeit und der Berücksichtigung der technischen Begriffe des Rechts das generische Maskulinum verwendet. Weibliche und anderweitige Geschlechteridentitäten werden dabei ausdrücklich mitgemeint, soweit es für die Aussage erforderlich ist.
[21] *Leipold,* BGB I: Einführung und Allgemeiner Teil, § 3 Rn. 17; *Schumacher,* Vertragsaufhebung wegen fahrlässiger Irreführung unerfahrener Vertragspartner, S. 70f.
[22] Vgl. MüKo/BGB/*Säcker*, Einleitung Rn. 38.
[23] Vgl. *von Gierke,* Die Soziale Aufgabe des Privatrechts, S. 10, der davon sprach, dass ein wenig "*sozialistisches Öl*" durch das Privatrecht sickern müsse.

© Der/die Autor(en), exklusiv lizenziert an
Springer Fachmedien Wiesbaden GmbH, ein Teil von Springer Nature 2026
L. Bona, *Rechtsgrundlagen, Anwendungsbereiche und Inhalte des Gebots fairen Verhandelns*, Juridicum – Schriften zum Arbeitsrecht,
https://doi.org/10.1007/978-3-658-52723-5_2

Gesetzgebung oder in der Rechtsprechung. Bezeichnend ist ein Urteil des Reichsgerichts vom 16.06.1883,[24] bei dem die Ungleichheit zwischen den Vertragsparteien trotz bestehenden Problembewusstseins im Ergebnis unberücksichtigt blieb. Dort hieß es: *„So wenig billig und gerecht auch die völlige Abwälzung einer Haftung sei, so fehlt es doch mangels einer gesetzlichen Einschränkung der Vertragsfreiheit an der Möglichkeit, der betreffenden vertraglichen Bestimmung die Gültigkeit zu versagen.“*

Die Wurzeln dieser Gedanken prägen auch heute noch das BGB. Ohne die Privatautonomie, insbesondere die Vertragsfreiheit, ist eine freiheitliche Zivilrechtsordnung nicht denkbar.[25] Auf den ersten Blick erscheint es daher geboten, dass die Freiheit im Grundsatz Vorrang vor Einschränkungen hat. Abschluss-, Gestaltungs- und Formfreiheit sind dabei ebenso essenziell wie der Grundsatz „pacta sunt servanda.“ Der Teilnehmer des Rechtsverkehrs soll selbstbestimmt seine vertraglichen Verhältnisse regeln und muss sich darauf verlassen können, dass die Erträge seiner Rechtgeschäfte durch Vertragstreue der Gegenseite erhalten bleiben. Das setzt voraus, dass von den Teilnehmern des Rechtsverkehrs Selbstbestimmung und Selbstverantwortung zu erwarten sind. Die Ergebnisse der Rechtsgeschäfte sollen dem Einzelnen zustehen, aber ebenso müssen negative oder unwirtschaftliche Folgen getragen werden.[26]

Aus diesen Grundsätzen folgt, dass es dem Einzelnen im Rahmen seiner Vertrags- und Vertragsabschlussfreiheit zugestanden sein muss, seine Interessen bestmöglich durchzusetzen. Dazu gehört grundsätzlich auch das Recht, die Art der Vertragsverhandlungen frei von Einschränkungen führen zu können. In einer freien Rechtsordnung muss es die Regel sein, dass man auch in Drucksituationen vom selbstbestimmten Bürger ausgeht, der fähig ist, aufgeklärte und selbstbestimmte Entscheidungen zu treffen und die Folgen von schlechten Entscheidungen tragen kann.[27] Druck und Gegendruck sind Bestandteil jeder Vertragsverhandlung und daher grundsätzlich nicht geeignet, die Wirksamkeit des Vertrags in Frage zu stellen.[28]

---

[24] *RGZ*, 100, 110.
[25] Grüneberg/BGB/*Ellenberger*, Überblick v. § 104 Rn. 1; MüKo/BGB/*C. Schubert*, § 242 Rn. 632.
[26] *Franz*, Der Abschluss eines Aufhebungsvertrags, S. 396; *Hillgruber* in: Riesenhuber, Das Prinzip der Selbstverantwortung, 165, 174; *Kursawe*, NZA 1997, 245, 246; *Boemke/Ulrici*, BGB Allgemeiner Teil, § 4 Rn. 6.
[27] *Tiedemann*, ArbRB 2020, 61, 63; *Winter*, Aufklärungspflichten beim Aufhebungsvertrag, S. 63.
[28] *G. Becker*, Die unzulässige Einflussnahme des Arbeitgebers auf die Entscheidungsfreiheit des Arbeitnehmers am Beispiel des arbeitsrechtlichen Aufhebungsvertrages, S. 393; *Lorenz*, Der Schutz vor dem unerwünschten Vertrag, S. 452; *Horstmeier*, ZAP 2023, 289, 293.

Aufgrund dieser Wurzeln und Grundsätze des BGB bestehen hohe Hürden, wenn es darum geht, geschlossene Verträge rückabzuwickeln oder gar deren Nichtigkeit festzustellen. Das folgt bereits daraus, dass die Rechtsgrundlagen des „pacta sunt servanda", nämlich §§ 241, 242 BGB, die die Erfüllung von Vereinbarungen vorsehen und vertragliche Treuepflichten vorschreiben, am Anfang des zweiten Buches des BGB stehen und somit geradezu den Kernsatz für das Recht der Schuldverhältnisse darstellen.[29] In der Regel führt ein Vertrag dazu, dass die Parteien ihre gegenseitigen Interessen angemessen berücksichtigt haben. Dieser Vertrag ist grundsätzlich zu respektieren.[30]

An „pacta sunt servanda" ist jedoch nur dann festzuhalten, wenn der betreffende Vertrag eine Folge der selbstbestimmten Entscheidung der Vertragsparteien ist.[31] Die Vertragspartner verfügen selbst über ihre Vertragsfreiheit, die jedoch voraussetzt, dass die Selbstbestimmung der Parteien gegeben ist.[32] Bei der Beeinflussung einer Vertragspartei oder bei einem wirtschaftlichen oder sozialen Machtgefälle kann die Privatautonomie durch übermäßige Fremdbestimmung gefährdet werden.[33]

Dass zur Wahrung der Privatautonomie und der Vertragsfreiheit möglichst viele Freiheiten und daher wenig gesetzliche Einschränkungen erforderlich sind, ist nur auf den ersten Blick eine zutreffende Annahme. Vielmehr sind Beschränkungen für die umfassende Gewährleistung der Privatautonomie essenziell. Die Privatautonomie kann ihre Inhalte erst gewährleisten, wenn die Rechtsordnung bestimmte Grenzen der Freiheit aufzeigt.[34] Der Verweis auf „pacta sunt servanda" ist dann verfehlt, und widerspricht gar der Privatautonomie, wenn ein Vertrag durch rechtswidrige Fremdbestimmung zustande gekommen ist.[35] Der Rechtsstaat muss Regelungsinstrumente schaffen, um die Fremdbestimmung zu verhindern und die Privatautonomie zu wahren.[36] Die Privatautonomie gewährt nicht das Recht, jegliche Rechtsbeziehung frei von Einschränkungen zu gestalten.[37] Die Einschränkung der Fremdbestimmung mag im Einzelfall für den einen eine Begrenzung von Rechten darstellen, dient aber gleichzeitig der Gewährleistung der Selbstbestimmung des anderen. Die aus der Privatautonomie

[29] *Hellner*, NJOZ 2020, 769, 770.
[30] BVerfG, NJW 2005, 596, 597; NJW 2001, 957, 958; NJW 1990, 1469, 1470.
[31] Vgl. *Lorenz*, JZ 1997, 277, 281; MüKo/BGB/*Säcker*, Einleitung Rn. 39 m.w.N.
[32] BVerfG, NJW 2005, 596, 597.
[33] BVerfG, NJW 1990, 1469, 1470; *S. Wagner*, NJW 2005, 2956, 2957.
[34] *Paulus/Zenker*, JuS 2001, 1.
[35] *Lorenz*, NJW 1997, 2578, 2579.
[36] Dürig/Herzog/Scholz/*Di Fabio*, Art. 2 GG Rn. 107; *Lorenz*, JZ 1997, 277.
[37] *Boemke*, NZA 1993, 532.

gewährte Freiheit endet dort, wo in die Selbstbestimmung des anderen eingegriffen wird.[38] An einen Vertrag, der ohne Selbstbestimmung einer Vertragspartei geschlossen wurde, muss sich der Fremdbestimmte nicht gebunden fühlen. Die Selbstbestimmung und die Selbstverantwortung stehen dadurch in Wechselwirkung zueinander.[39] Beide bedingen und beschränken einander.

2. Verfassungsrechtlicher Bezug

Die Privatautonomie und deren Einschränkungen sind aufgrund ihrer Bedeutung für den Wirtschaftsverkehr und die freie Marktwirtschaft mit Sensibilität zu betrachten. Die Vertragsfreiheit hat Verfassungsrang und beruht damit nicht auf einer bloßen Willensentscheidung des Gesetzgebers. Sie ist ein durch Art. 2 Abs. 1 GG geschütztes Recht, das jedermann zusteht.[40] Zwar findet das Grundgesetz keine unmittelbare Anwendung zwischen zwei Vertragspartnern, es entfaltet aber nach der Rechtsprechung des Bundesverfassungsgerichts mittelbare Drittwirkung, die im Privatrecht zu berücksichtigen ist.[41] Danach gelten die Normen des Grundgesetzes nicht unmittelbar für die Vertragsgestaltung. Die Parteien sind nicht verpflichtet, sich bei der Aushandlung und Gestaltung der Verträge grundgesetzlichen Wertungen zu unterwerfen. Die Grundrechte sind jedoch aufgrund ihrer Ausstrahlungswirkung zu berücksichtigen und durch die Gerichte zu beachten.[42]

Die mittelbare Drittwirkung der Grundrechte führt dazu, dass private Rechtsträger die Grundrechte als verfassungsrechtliche Werteentscheidung berücksichtigen müssen. Diese strahlen wie „*Richtlinien*“ auf die privaten Rechtsverhältnisse aus.[43] Damit diese Rechte auch im Privatrechtsverkehr zur Geltung kommen, ist der Gesetzgeber verpflichtet, Instrumente zu schaffen, um die wirtschaftliche Freiheit und die Selbstbestimmung im Privatrechtsverkehr zu wahren. Dazu sind Regelungen erforderlich, die die Mündigkeit des Einzelnen und die wirtschaftliche Entfaltungsfreiheit

[38] *Germelmann*, NZA 1997, 236, 240.
[39] BVerfG, NJW 1994, 36, 38; MüKo/BGB/*Busche*, vor § 145 Rn. 3; *Gräf,* Das Gebot fairen Verhandelns beim Abschluss eines arbeitsrechtlichen Aufhebungsvertrags, S. 36f; *Hillgruber* in: Riesenhuber, Das Prinzip der Selbstverantwortung, 165, 171.
[40] BVerfG, NZA 2007, 42, 45; NJW 2001, 1709; NJW 1997, 1975, 1976; NJW 1987, 827, 828; NJW 1984, 476, 477; *Boemke*, NZA 1993, 532; Dürig/Herzog/Scholz/*Di Fabio*, Art. 2 GG Rn. 101; ErfK/*I. Schmidt*, Art. 2 GG Rn. 2.
[41] BVerfG, NJW 2020, 300, 305; NJW 2018, 1667, 1669; NJW 2011, 1201, 1204; NJW 1987, 827, 828; teilweise wird die Terminologie der mittelbaren Drittwirkung bestritten und mit Verweis auf die unmittelbare Grundrechtsbindung der Judikative aus Art. 1 Abs. 3 GG kritisiert, s. hierzu: *Neuner*, NJW 2020, 1851.
[42] BVerfG, NJW 2020, 300, 306; NJW 2018, 1667, 1669.
[43] BVerfG, NJW 2020, 300, 305f.

gleichermaßen berücksichtigen. Der verfassungsrechtliche Auftrag ist zudem durch die Zivilgerichte durch die Mittel des Privatrechts, insbesondere durch die Auslegung der Generalklauseln, zu erfüllen.[44] Diese gelten als Ausdruck des „Übermaßverbots", das der freien Vertragsgestaltung durch unterschiedlich starke Kräfte Grenzen setzen.[45]

3. Fazit

Aufgrund der Wechselwirkung von Privatautonomie und Selbstbestimmung ist bei der Bewertung von Vertragsverhandlungen auf einen angemessenen Ausgleich zu achten.[46] Sowohl die Vertragsfreiheit und -beständigkeit als auch die Selbstbestimmung des Einzelnen müssen hinreichend zur Geltung kommen. Beiden Aspekten muss in jeder Bewertung Geltung verschafft werden. Einerseits muss es dem Einzelnen durch liberale Regelungen möglich sein, seine Interessen durch Verhandlungsgeschick durchzusetzen.[47] Andererseits muss ein Vertrag das Ergebnis von Selbstbestimmung sein.[48] Diese Grundlagen sind bei der Auslegung und Anwendung sämtlicher Normen, vor allem der Generalklauseln, zu berücksichtigen, um der verfassungsrechtlich garantierten Vertragsfreiheit und Privatautonomie gerecht werden zu können. Die widerstreitenden Interessen müssen in praktische Konkordanz gebracht werden.[49] Wenn durch ein Rechtsinstitut wie das Gebot fairen Verhandelns die Wirksamkeit von Verträgen zum Schutze der Selbstbestimmung in Frage gestellt wird, muss es einem angemessenen Ausgleich zwischen wirtschaftlicher Entfaltungsfreiheit und Selbstbestimmung dienen.[50]

II. Bestehende Verbote bestimmter Verhandlungsmethoden

Das BGB enthält bereits Normen, die Verhandlungsmethoden einschränken. Das Vertragsrecht des BGB setzt die Vorgaben der Auslegung des Art. 2 Abs. 1 GG weitestgehend um und definiert den Rahmen, in dem sich die Privatautonomie entfalten

---

[44] BVerfG, NJW 2005, 596, 597; NJW 2001, 957, 958; *M. Becker* in: FS Kittner, 53, 57f; *Boemke*, NZA 1993, 532, 533; Dürig/Herzog/Scholz/*Di Fabio*, Art. 2 GG Rn. 111; ErfK/*I. Schmidt*, Art. 2 GG Rn. 26; MüKo/BGB/*C. Schubert*, § 242 Rn. 634; kritisch: *Adomeit*, NJW 1994, 2467.

[45] BVerfG, NJW 1990, 1469, 1470.

[46] Vgl. in Bezug auf das Gebot fairen Verhandelns: *Gräf,* Das Gebot fairen Verhandelns beim Abschluss eines arbeitsrechtlichen Aufhebungsvertrags, S. 167ff.

[47] *Tiedemann*, ArbRB 2020, 61, 63.

[48] Bei fehlender Parität ist die Gefahr groß, dass keine Selbstbestimmung, sondern Fremdbestimmung vorliegt, vgl. *Husemann,* Der moderierte Vertrag, S. 482f.

[49] BVerfG, NJW 1994, 36, 38; *Fastrich*, RdA 1997, 65, 68.

[50] Vgl. *Thies,* Der Schutz des Arbeitnehmers bei Abschluss arbeitsrechtlicher Aufhebungsverträge, S. 62.

kann.[51] Im Folgenden sollen die bestehenden Schutzvorschriften im Überblick beschrieben und ein Blick auf anerkannte Fälle zum Schutze der Willensfreiheit geworfen werden.

1. Die Kombination aus Rechtssicherheit und Einzelfallgerechtigkeit

Um die gegenseitigen Freiheitsrechte im Privatrechtsverkehr angemessen berücksichtigen zu können, hat der Gesetzgeber sowohl konkrete Tatbestände als auch Generalklauseln geschaffen. Dies dient dem Ausgleich zwischen Rechtssicherheit und Einzelfallgerechtigkeit.

Exakt definierte Begriffe und umfangreich geregelte Tatbestände führen zu erhöhter Rechtssicherheit. Eine bloß abstrakte Rechtsordnung ist jedoch nicht in der Lage, jeden denkbaren Einzelfall abdecken zu können. Während klar definierte Rechtsbegriffe Rechtssicherheit vermitteln, verhindern sie bei enger Auslegung die hinreichende Flexibilität für den Einzelfall. Die Generalklauseln gewähren weniger Rechtssicherheit, ermöglichen es aber, Einzelfälle angemessen zu bewerten.[52] Insofern stellen Generalklauseln in Kombination mit exakten Tatbeständen ein bewährtes System dar.[53]

Da Eingriffe in den Vertragsinhalt bzw. die Rückabwicklung von Verträgen gleichermaßen Eingriffe in die Vertragsfreiheit darstellen, ist bei der Korrektur von Rechtsgeschäften ein restriktiver Ansatz geboten. Die Richtigkeitsgewähr[54] wiegt im Zweifel höher als eine nachträgliche Anpassung.[55] Bei ausverhandelten Verträgen oder Abreden über die Hauptleistungspflicht ist regelmäßig davon auszugehen, dass die Vertragsparteien ihre Interessen angemessen vertreten haben und keine nachträgliche Korrektur geboten ist.[56] Die Richtigkeitsgewähr ist in der Praxis allerdings erheblichen Einflüssen ausgesetzt, weshalb der Begriff später zur „*Richtigkeitswahrscheinlichkeit*“[57] oder auch zur „*Richtigkeitschance*“[58] abgemildert wurde.

---

[51] BVerfG, NJW 1994, 36, 38.
[52] Vgl. *Leipold*, BGB I: Einführung und Allgemeiner Teil, § 3 Rn. 15; MüKo/BGB/*Säcker*, Einleitung Rn. 29.
[53] *Leipold*, BGB I: Einführung und Allgemeiner Teil, § 3 Rn. 15.
[54] Der Begriff der Richtigkeitsgewähr besagte, dass aus einem ausgehandelten Vertrag im Zweifel eine Gewähr für die Richtigkeit des Vertragsinhalts folge, s. *Schmidt-Rimpler*, AcP 1941, 130.
[55] MüKo/BGB/*C. Schubert*, § 242 Rn. 633.
[56] Vgl. BAG, NJW 2005, 3305, 3309; NJW 2004, 2401, 2406.
[57] *Schmidt-Rimpler* in: FS Nipperdey, 1, 8.
[58] *G. H. Roth* in: FS Krejci, 1251.

2. Das Anfechtungsrecht gemäß § 123 Abs. 1 BGB als rote Linie der Verhandlungsführung

Es gibt Konstellationen, bei denen trotz oder gerade aufgrund stattgefundener Vertragsverhandlungen eine Korrektur des Vertrags erfolgen muss. In manchen Fällen ist es eindeutig, dass unzulässige Verhandlungsmethoden angewendet wurden und deswegen die Wirksamkeit eines geschlossenen Vertrags in Frage zu stellen ist.

Das ist jedenfalls dann der Fall, wenn eine arglistige Täuschung oder eine widerrechtliche Drohung kausal für die Abgabe einer Willenserklärung waren. § 123 Abs. 1 BGB gibt einer Person ein Anfechtungsrecht, wenn sie durch Drohung oder Täuschung zur Willenserklärung bestimmt worden ist. Das Anfechtungsrecht kann durch Erklärung gegenüber dem Vertragspartner ausgeübt werden. Es schützt vor der Situation, in der sich tatsächlicher Wille und Erklärung unterscheiden. Es ist eine Beschränkung von Verhaltensweisen im vorvertraglichen Stadium, dient der Sicherung der Selbstbestimmung beim Vertragsschluss und ist somit ein Instrument zur Gewährleistung von Privatautonomie.[59] Rechtsgeschäftliche Selbstbestimmung liegt nur dann vor, wenn die Willenserklärung frei von Täuschung oder Drohung abgegeben wurde.[60] Eine Täuschung im Sinne des § 123 Abs. 1 Alt. 1 BGB liegt vor, wenn ein Irrtum über Tatsachen oder andere objektiv nachprüfbare Umstände hervorgerufen, verstärkt oder aufrechterhalten wird.[61] Die Täuschung ist arglistig, wenn der Täuschende jedenfalls für möglich hält, dass er unzutreffende Vorstellungen hervorruft.[62]

Eine Drohung im Sinne des § 123 Abs. 1 Alt. 2 BGB ist jede Ankündigung eines zukünftigen Übels, auf das der Drohende zumindest Einfluss zu haben vorgibt.[63] Die Widerrechtlichkeit der Drohung kann sich aus dem angedrohten Mittel, dem angestrebten Zweck oder der Inadäquanz des Mittels im Verhältnis zum Zweck ergeben.[64]

Bei § 123 Abs. 1 BGB ist es offensichtlich, dass durch das Verbot von Täuschung und Drohung die Vertragsabschlussfreiheit und die Selbstbestimmung in ein angemessenes Verhältnis gesetzt werden. Arglistige Täuschungen oder widerrechtliche Drohungen sind grundsätzlich keine angemessenen Methoden der Verhandlungsführung, überwinden den

---

59 Vgl. *Paulus/Zenker*, JuS 2001, 1, 8.

60 Grüneberg/BGB/*Ellenberger*, § 123 Rn. 1.

61 BAG, NJW 2012, 3390, 3391; NJW 1991, 2723; Grüneberg/BGB/*Ellenberger*, § 123 Rn. 2; *Leipold*, BGB I: Einführung und Allgemeiner Teil, § 19 Rn. 2.

62 BGH, NJW 2013, 2182, 2183; NJW 2006, 2839, 2840; Jauernig/BGB/*Mansel*, § 123 Rn. 7.

63 BGH, NJOZ 2017, 1701, 1702; NJW 2010, 1364, 1366; NJW 1988, 2599, 2601; BAG, NZA 2010, 1250, 1253.

64 BAG, NZA 2010, 1250, 1253; NJW 2004, 2401, 2402; *Heinkel*, ZTR 2020, 261, 263.

tatsächlichen Willen des Verhandlungspartners und unterlaufen daher die Selbstbestimmung des Gegenübers.[65] Die Selbstbestimmung wird auf der Rechtsfolgenseite dadurch gestärkt, dass es der Berechtigte selbst in der Hand hat, seine Willenserklärung gemäß § 143 BGB anzufechten oder das Rechtsgeschäft hinzunehmen.

3. Das wucherische Rechtsgeschäft gemäß § 138 Abs. 2 BGB

Auch § 138 Abs. 2 BGB geht auf die Umstände des Vertragsschlusses ein und schützt die Selbstbestimmung. Gemäß § 138 Abs. 2 BGB ist ein Rechtsgeschäft nichtig, durch das jemand unter Ausbeutung der Zwangslage, der Unerfahrenheit, des Mangels an Urteilsvermögen oder der erheblichen Willensschwäche eines anderen einen Vermögensvorteil erlangt oder sich versprechen lässt, der im auffälligen Missverhältnis zu der Leistung steht. Im Gegensatz zur Anfechtung nimmt § 138 Abs. 2 BGB Bezug auf den Inhalt des Rechtsgeschäfts, schützt also nicht ausschließlich die Entscheidungsfreiheit. Das auffällige Missverhältnis zwischen Leistung und Gegenleistung ist Anwendungsvoraussetzung für § 138 Abs. 2 BGB. Das Voraussetzen einer Notsituation oder einer Willensschwäche knüpft zudem nicht an Vertragsverhandlungen an. Die Norm betrifft nicht in erster Linie die unzulässige Beeinflussung des Verhandlungspartners, sondern soll davor schützen, dass Personen in einer Schwächesituation wirtschaftlich ausgebeutet werden.[66] Dennoch stellt die Norm eine Begrenzung für bestimmte Vertragsschlüsse dar und ist somit ebenso ein Korrektiv der Privatautonomie.[67]

4. Sittenwidrigkeit gemäß § 138 Abs. 1 BGB

Ein Rechtsgeschäft ist gemäß § 138 Abs. 1 BGB nichtig, wenn es gegen die guten Sitten verstößt. Nach der traditionellen Definition, die auch heute noch verwendet wird, ist ein Rechtsgeschäft das gegen das Anstandsgefühl aller billig und gerecht Denkenden verstößt, sittenwidrig.[68] Die Rechtsprechung prüft die Sittenwidrigkeit nach einer Gesamtschau verschiedener Umstände: Ein Rechtsgeschäft ist danach sittenwidrig, wenn es nach seinem

---

[65] Dabei soll nicht übersehen werden, dass die arglistige Täuschung gemäß § 123 Abs. 1 Var. 1 BGB im Einzelfall gerechtfertigt sein kann, wenn ein sog. "Recht zur Lüge" besteht, vgl.: BAG, NZA 2014, 1131, 1133.

66 BeckOK/BGB/*Wendtland*, § 138 Rn. 40.

[67] MüKo/BGB/*Armbrüster*, § 138 Rn. 1; Grüneberg/BGB/*Ellenberger*, § 138 Rn. 1.

[68] BGH, NJW 2019, 3635, 3637; OLG Hamm, NJW 2017, 576; BGH, NJW 1961, 822; HKK/BGB/*Haferkamp*, § 138 Rn. 1.

Inhalt, Beweggrund und Zweck zu entnehmenden Gesamtcharakter mit den grundlegenden Wertungen der Rechts- und Sittenordnung nicht zu vereinbaren ist.[69]

Die Definition und die geforderte Gesamtbetrachtung helfen bei der Bestimmung der Sittenwidrigkeit kaum weiter. Allerdings haben sich durch Literatur und Rechtsprechung hinreichend bestimmbare Fallgruppen gebildet. Ob und inwieweit die Sittenwidrigkeit auch das vorvertragliche Stadium erfasst, ist nicht immer eindeutig. Vor allem dient § 138 Abs. 1 BGB der Kontrolle des Vertragsinhalts und nicht des vorvertraglichen Verhaltens der Vertragsparteien.[70] Allerdings ist ebenso anerkannt, dass auch die Umstände, die zum Vertragsschluss geführt haben, zur Sittenwidrigkeit führen können (sog. Umstandssittenwidrigkeit).[71] Zu beachten ist dabei, dass Sittenwidrigkeit regelmäßig nur dann angenommen wird, wenn sich die sittenwidrigen Umstände des Vertragsschlusses auch in einem unangemessenen Vertragsinhalt widerspiegeln.[72] Dennoch kann die Einflussnahme auf den Vertragspartner jedenfalls in Kombination mit anderen Elementen ein Kriterium der Sittenwidrigkeit sein, weshalb das BGB an dieser Stelle eingeschränkten Schutz vor unzulässiger Einflussnahme entfaltet.[73]

5. Aufklärungspflichten gemäß § 311 Abs. 2 i.V.m. § 241 Abs. 2 BGB zur Wahrung der Selbstbestimmung

Auch die Kodifizierung der vorvertraglichen Pflichten gemäß § 311 Abs. 2 i.V.m. § 241 Abs. 2 BGB diente der Gewährleistung der Selbstbestimmung der Vertragsschließenden.[74] Hierzu wurden von der Rechtsprechung Fallgruppen entwickelt, die dazu dienen, jedem Teilnehmer des Rechtsverkehrs eine hinreichende Selbstbestimmung durch zutreffende Informationen zu ermöglichen. Hierunter fallen unter anderem Aufklärungspflichten, deren Verletzung im Einzelfall zu Schadensersatzansprüchen führen kann.

---

69 BGH, NJW 2023, 846; NJW 2019, 3635, 3637; NJW 2016, 2662, 2663; NJW 2015, 2248, 2255; NJW 2008, 2026, 2027; NJW 2001, 1127; NJW-RR 1998, 590, 591; NJW 1961, 822; OLG Hamm, NJW 2017, 576; OLG Düsseldorf, NJW-RR 2013, 966; OLG München, ZEV 2006, 313.

70 *Fischinger*, NZA 2019, 729, 730; Köhler/Bornkamm/Feddersen/UWG/*Köhler*, § 3 Rn. 10.5.

71 BGH, NJW-RR 1998, 590, 591; LAG Thüringen, NZA-RR 1999, 399, 400; Grüneberg/BGB/*Ellenberger*, § 138 Rn. 8; Jauernig/BGB/*Mansel*, § 138 Rn. 8; *Lorenz*, NJW 1997, 2578; BeckOK/BGB/*Wendtland*, § 138 Rn. 21.

72 BGH, NJW-RR 1998, 590, 592; LAG Thüringen, NZA-RR 1999, 399, 401; MüKo/BGB/*Armbrüster*, § 138 Rn. 45; Grüneberg/BGB/*Ellenberger*, § 138 Rn. 8.

73 S. eingehend zur „bloßen Umstandssittenwidrigkeit“: Zweiter Teil, II., 2.

74 BT-Drucksache 14/6040, S. 126.

Eine allgemeine Aufklärungspflicht sieht das deutsche Recht hingegen nicht vor.[75] Das Fehlen von gesetzlich vorgeschriebenen Aufklärungs- und Hinweispflichten ist eine Folge der oben beschriebenen Grundsätze der Selbstbestimmung und Eigenverantwortung des BGB.[76] Dennoch gibt es Situationen, in denen Aufklärung durch eine Vertragspartei erforderlich ist, um Vertragsparität zwischen den Parteien herzustellen. Die Aufklärung soll den mündigen Vertragspartner zu einer selbstbestimmten Entscheidung befähigen.[77]

Über die Voraussetzungen der Aufklärungspflichten kann kaum eine allgemeine Aussage getroffen werden.[78] Diese sind angesichts der Vielzahl an denkbaren Situationen nicht abstrakt bestimmbar, weshalb sich die Rechtsprechung zur Bestimmung folgender Formel bedient: Es besteht dann eine vorvertragliche Aufklärungspflicht, wenn der andere Teil nach Treu und Glauben unter Berücksichtigung der Verkehrsanschauung redlicherweise die Mitteilung von Tatsachen erwarten darf, die für die Willensbildung des anderen Teils offensichtlich von gewichtiger Bedeutung sind.[79] Redlicherweise kann er dies nicht mehr erwarten, wenn er im Rahmen seiner Eigenverantwortung gehalten ist, sich selber über diese Tatsache zu informieren.[80] Zum einen bestimmt die Rechtsprechung die vorvertraglichen Pflichten nach Treu und Glauben, was verdeutlicht, dass auch die Pflichten nach § 241 Abs. 2 i.V.m. § 311 Abs. 2 BGB generalklauselartigen Charakter haben.[81] Zum anderen kommt bei der Bestimmung durch den BGH die grundgesetzliche Wertung der Vertragsfreiheit und der Privatautonomie zur Geltung. Die Parteien sind durch Aufklärungspflichten gehalten, die Selbstbestimmung des anderen zu wahren. Andererseits geht diese Aufklärungspflicht nicht so weit, dass eine Vertragspartei verpflichtet ist, der anderen Partei deren Eigenverantwortung abzunehmen.

6. Das Verbraucherschutzrecht gemäß §§ 312 ff. BGB, insb. außerhalb von Geschäftsräumen geschlossene Verträge

Auch das Verbraucherschutzrecht gemäß §§ 312 ff. BGB dient teilweise dem Schutz der Willensfreiheit. Um diesem Schutz gerecht zu werden, haben Verbraucher bei Vorliegen bestimmter Voraussetzungen ein Widerrufsrecht gemäß § 355 BGB. Während andere

[75] MüKo/BGB/*Emmerich*, § 311 Rn. 66.
[76] S. Erster Teil, I.
[77] MüKo/BGB/*Bachmann*, § 241 Rn. 197.
[78] BeckOK/BGB/*Sutschet*, § 241 Rn. 82.
[79] BGH, NJW 2013, 1807; NJW 2010, 3362; OLG Düsseldorf, BeckRS 2018, 13427, Rn. 42.
[80] BGH, NJW 2010, 3362; OLG Düsseldorf, BeckRS 2018, 13427, Rn. 42.
[81] Vgl. *Canaris*, JZ 2001, 499, 519.

Fälle, in denen dem Verbraucher ein Widerrufsrecht eingeräumt wird, eher[82] auf die Verhinderung von unüberlegter finanzieller Belastung[83] oder auf die Gewährung notwendiger Überlegungsfristen bei komplexen Rechtsgeschäften[84] gerichtet sind, soll § 312g Abs. 1 BGB i.V.m. § 312b BGB gezielt vor Überrumpelung durch einen Überraschungsmoment schützen.[85] In der Richtlinie 2011/83/EU ist in Erwägungsgrund 21 beschrieben, dass Verbraucher außerhalb von Geschäftsräumen häufiger psychisch unter Druck stehen oder einem Überraschungsmoment ausgesetzt sind.[86] Damit konzediert das Gesetz, dass ein Verbraucher, der selber in Geschäftsräume geht, auf die kommende Verhandlungssituation vorbereitet ist, während ein Verbraucher, der außerhalb von Geschäftsräumen angesprochen wird, regelmäßig nicht damit rechnet.[87] Das Gesetz geht daher davon aus, dass solche Verträge nicht zwingend aufgrund des Willens des Verbrauchers geschlossen wurden, sondern die Zustimmung häufig dazu dient, der psychischen Überforderungssituation zu entfliehen.

Dieser Schutz ist allerdings nicht allgemeingültig: Das Widerrufsrecht besteht nur unter den bestehenden gesetzlichen Voraussetzungen, die zwar eine Überrumpelungssituation abdecken können, aber nicht müssen. Des Weiteren findet das Verbraucherschutzrecht nicht uneingeschränkt bei allen Vertragsformen Anwendung. Bereits durch den umfangreichen Katalog in § 312 Abs. 2 BGB sind die Grundsätze bei Verbraucherverträgen auf bestimmte Vertragstypen nur bedingt anwendbar, und auch § 312g Abs. 2 BGB schließt das Widerrufsrecht für zahlreiche Verträge grundsätzlich aus. Zudem wird die Anwendbarkeit des Verbraucherschutzrechts bei manchen Vertragstypen aus systematischen und teleologischen Gründen abgelehnt.[88] Demnach dient das Verbraucherschutzrecht teils dem Schutz der Willensfreiheit, ist aber keineswegs ein allgemeingültiges Verbot bestimmter Verhandlungsmethoden.

---

[82] Hiervon auszunehmen ist das Widerrufsrecht gemäß § 312g i.V.m. § 312c BGB. Der Verbraucher soll vor einem Informationsgefälle geschützt werden, das darauf beruht, dass er die Leistung nicht unmittelbar in Augenschein nehmen kann, vgl. RL 97/7/EG, Erwägungsgründe 11-14.

[83] Diesen Zweck verfolgt das Widerrufsrecht gemäß § 510 Abs. 2 BGB, da beim Ratenlieferungsvertrag die finanzielle Belastung nicht sofort eintritt, sondern sich gemäß § 510 Abs. 1 Nr. 1 BGB auf die Vertragslaufzeit verteilt, BT-Drucksache 7/1398, S. 5 Ebenso schützt das Widerrufsrecht beim Verbraucherbauvertrag gemäß § 650l BGB in erster Linie vor der übereilten Eingehung erheblicher finanzieller Belastungen, BT-Drucksache 18/8486, S. 63

[84] Diesen Zweck verfolgt das Widerrufsrecht gemäß § 485 BGB, BT-Drucksache 13/4185, S. 12 oder das Widerrufsrecht beim Verbraucherdarlehen gemäß § 495 Abs. 1 BGB, BT-Drucksache 11/5462, S. 21

[85] MüKo/BGB/*Wendehorst*, § 312b Rn. 2.

[86] Richtlinie 2011/83/EU des Europäischen Parlaments und des Rates vom 25. Oktober 2011 vom 25.10.2011, Erwägungsgrund 21.

[87] BeckOK/BGB/*Maume*, § 312b Rn. 4; MüKo/BGB/*Wendehorst*, § 312b Rn. 2.

[88] So wird etwa das Widerrufsrecht gemäß § 312g BGB bei arbeitsrechtlichen Aufhebungsverträgen überwiegend abgelehnt, s. hierzu im Detail: Dritter Teil, IV 2. c) aa).

7. Formvorschriften

Auch die Formvorschriften sollen die Selbstbestimmung im Rechtsverkehr sichern und kommen im BGB an unterschiedlichen Stellen vor. Diese stellen eine Ausnahme vom Grundsatz dar, denn die Formfreiheit ist die gesetzliche Regel.[89] Von diesem Grundsatz gibt es jedoch einige Ausnahmen, die durch den Formzwang und die damit verbundene Nichtigkeit bei Vorliegen eines Formmangels gemäß § 125 BGB eine Begrenzung der Privatautonomie darstellen.[90] Auffällig ist, dass das Gesetz dann Formvorschriften vorsieht, wenn es entweder einseitig belastende Geschäfte oder solche von hoher wirtschaftlicher Bedeutung betrifft. So sind insbesondere das Bürgschafts- und Schenkungsversprechen, die Leibrente oder das Schuldanerkenntnis mit einem Formzwang versehen.[91] Aber auch die Formvorschriften an anderer Stelle warnen regelmäßig vor der übereilten Eingehung eines Rechtsgeschäfts.[92] Die Warnfunktion der Formvorschriften war bereits den Autoren des ersten Entwurfs des BGB bewusst, die mit der Schaffung von Formvorschriften das geschäftsmäßige Bewusstsein, die Ernsthaftigkeit und die besonnene Überlegung der Vertragsparteien vor Eingehung der betreffenden Geschäfte sichern wollten.[93]

III. Fazit

Das BGB enthält ein umfassendes System, das Vertragsfreiheit, Selbstbestimmung und Rechtssicherheit weitestgehend in Einklang bringt. Es enthält das Anfechtungsrecht gemäß § 123 BGB als allgemeingültige rote Linie für Verhandlungsführungen, Formerfordernisse zur Warnung bei einseitig belastenden oder riskanten Rechtsgeschäften und Widerrufsrechte für überrumpelte Verbraucher. Das Gesetz geht in diesen Fällen von der Schutzbedürftigkeit bestimmter Vertragsparteien aus. Das gilt nicht nur für die Situation des Vertragsschlusses. Der Schutzgedanke für bestimmte Gruppen zieht sich auch im Verbraucherschutzrecht, Mietrecht und insbesondere im Arbeitsrecht durch den Aufbau des Gesetzes, das diverse Schutzvorschriften für Verbraucher, Mieter und Arbeitnehmer beinhaltet. Diese Schutzvorschriften werden durch Generalklauseln ergänzt, die es ermöglichen, in Einzelfällen extreme Benachteiligungen einer Partei auszuschließen. Hier

[89] *Di Fabio*, DNotZ 2006, 342, 343; HK/BGB/*Dörner*, § 125 Rn. 1; MüKo/BGB/*Einsele*, § 125 Rn. 1; Jauernig/BGB/*Mansel*, § 125 Rn. 1; BeckOK/BGB/*Wendtland*, § 125 Rn. 1.
[90] *Paulus/Zenker*, JuS 2001, 1, 5.
[91] Grüneberg/BGB/*Ellenberger*, § 125 Rn. 2; BeckOK/BGB/*Wendtland*, § 125 Rn. 1.
[92] Grüneberg/BGB/*Ellenberger*, § 125 Rn. 2.
[93] Motive zu dem Entwurfe eines Bürgerlichen Gesetzbuchs für das Deutsche Reich, S. 179.

sind insbesondere §§ 138, 242 BGB relevant, aber auch die (vor-)vertraglichen Nebenpflichten gemäß § 241 Abs. 2 BGB zu berücksichtigen.

Abgesehen von § 123 Abs. 1 BGB enthält das BGB hingegen keine allgemeingültige Regel, die bestimmte Verhandlungsmethoden verbietet oder einschränkt. Zwar sind bestimmte vorvertragliche Aufklärungspflichten im Rahmen von § 123 BGB oder §§ 241 Abs. 2, 311 Abs. 2 BGB in der Rechtsprechung anerkannt. Es gibt jedoch keine Regelung im BGB, die die Ausübung von psychischem Druck oder drohungsähnlichen Situationen unmittelbar durch ihren Wortlaut erfasst und mit Rechtsfolgen versieht. Das ist angesichts der verfassungsrechtlich zu gewährleistenden Privatautonomie bemerkenswert. Es ist zu untersuchen, ob das Gesetz bestimmte unfaire Verhandlungsmethoden dennoch erfasst. Dabei ist angesichts fehlender konkreter Normen insbesondere auf die Auslegung der erwähnten Generalklauseln einzugehen und zu prüfen, ob diese die Entscheidungsfreiheit schützen kann.

B. Zweiter Teil – Einführung in das Gebot fairen Verhandelns und alternative Lösungen zur Beschränkung von Verhandlungsmethoden

I. Einführung und Entwicklung des Gebots fairen Verhandelns

Bereits seit längerem wird diskutiert, inwieweit gesetzlich nicht normierte vorvertragliche Beeinflussungen verhindert oder eingeschränkt werden können. Diese Frage stellt sich insbesondere bei Konstellationen, in denen eine, meistens die überlegene, Vertragspartei, die andere Partei durch den Gebrauch verschiedener Verhandlungsmethoden überrumpelt oder psychisch unter Druck setzt, und so den eigentlichen Willen des Vertragspartners überwindet.[94] Da Druck und Gegendruck Bestandteil nahezu jeder Vertragsverhandlung sind,[95] ist die Abgrenzung einer zulässigen von einer unzulässigen Beeinflussung schwierig[96] und bedarf einer sorgfältigen Einordnung in die Gesetzessystematik.

1. Der Ansatz des LAG Hamburg

Die Debatte, ob in bestimmten Konstellationen die vermeintliche Lücke im BGB de lege lata geschlossen ist, ist nicht neu. Ob über die kodifizierte gesetzgeberische Wertung hinausgehende Verhaltenspflichten bei Vertragsverhandlungen bestehen, wurde häufig bei arbeitsrechtlichen Aufhebungsverträgen und Schuldanerkenntnissen von Arbeitnehmern thematisiert.

So hatte das Arbeitsgericht Hamburg 1991 über einen Fall zu entscheiden, in dem eine Arbeitnehmerin in einem Personalgespräch auf Unstimmigkeiten in der Kassenführung hingewiesen und ihr deswegen ein vorgefertigter Aufhebungsvertrag vorgelegt wurde, den die Arbeitnehmerin unterschrieb. Das Gericht entschied, dass bei einem Aufhebungsvertrag zwischen Arbeitgeber und Arbeitnehmerin, den der Arbeitgeber initiiert hatte, der Arbeitnehmerin eine Bedenkzeit zu gewähren und sie auf sozialrechtliche Folgen aufmerksam zu machen sei.[97] Nach der Berufung des Arbeitgebers entschied das Landesarbeitsgericht Hamburg, dass im Verweigern einer Bedenkzeit keine

---

[94] Einen eingeschränkten Schutz für diese Konstellation ist in den §§ 312 ff. BGB gegeben, der aber nur im Unternehmer-Verbraucher-Verhältnis seine Wirkung entfaltet und konkrete Voraussetzungen hat, weshalb Schutz vor Überrumpelung nur eingeschränkt gewährleistet wird.

[95] *G. Becker,* Die unzulässige Einflussnahme des Arbeitgebers auf die Entscheidungsfreiheit des Arbeitnehmers am Beispiel des arbeitsrechtlichen Aufhebungsvertrages, S. 393; *Lorenz*, JZ 1997, 277, 282; *S. Müller*, DB 2019, 1792, 1793.

[96] *Lorenz,* Der Schutz vor dem unerwünschten Vertrag, S. 453.

[97] ArbG Hamburg, BB 1991, 625.

© Der/die Autor(en), exklusiv lizenziert an
Springer Fachmedien Wiesbaden GmbH, ein Teil von Springer Nature 2026
L. Bona, *Rechtsgrundlagen, Anwendungsbereiche und Inhalte des Gebots fairen Verhandelns*, Juridicum – Schriften zum Arbeitsrecht,
https://doi.org/10.1007/978-3-658-52723-5_3

widerrechtliche Drohung im Sinne des § 123 Abs. 1 Var. 2 BGB vorliegt.[98] Das begründete das Gericht mit Auslegung anhand des Wortlauts der widerrechtlichen Drohung, der das In-Aussicht-Stellen eines Übels voraussetze.[99] Die Argumentation spiegelt weite Teile der Rechtsprechung wider, die sich bei der Auslegung des § 123 Abs. 1 Var. 2 BGB streng an dessen Wortlaut orientiert und die erweiterte Anwendung, etwa für die Ausnutzung seelischer Zwangslagen, ablehnt.[100] Aus diesem Grund werden drohungsähnliche Verhaltensweisen, Überrumpelung oder andere Formen unterhalb der Schwelle der widerrechtlichen Drohung von der Rechtsprechung zumeist nicht unter § 123 Abs. 1 Var. 2 BGB subsumiert.[101]

Dem folgte auch das LAG Hamburg im oben zitierten Fall, kam aber zum Ergebnis, dass es unredlich sei, die Arbeitnehmerin zu einem Aufhebungsvertrag zu veranlassen und dann keine Bedenkzeit oder Rücktrittsmöglichkeit zu gewähren, weshalb es gemäß § 242 BGB rechtsmissbräuchlich sei, sich auf die Wirksamkeit des Aufhebungsvertrags zu berufen.[102] Das Urteil wurde in der Literatur breit diskutiert und stieß überwiegend auf Ablehnung.[103] Gegen das Urteil des Landesarbeitsgerichts legte der Arbeitgeber Revision ein, weshalb das BAG über diesen Sachverhalt zu befinden hatte. Im Urteil vom 16.01.1992 ließ das BAG die Frage, ob bei arbeitsrechtlichen Aufhebungsverträgen grundsätzlich ein Widerrufsrecht bestehe, offen, da es die Anfechtung des Aufhebungsvertrags wegen widerrechtlicher Drohung bejahte, und so nicht mehr hierüber zu befinden hatte.[104] Diese Frage wurde jedoch später vom BAG geklärt. Das BAG urteilte, dass ein arbeitsrechtlicher Aufhebungsvertrag nicht bloß deswegen gemäß § 242 BGB unwirksam sei, weil der Arbeitgeber dem Arbeitnehmer keine Bedenkzeit oder ein Widerrufsrecht gewährt habe.[105]

[98] LAG Hamburg, NZA 1992, 309, 311.
[99] Ebd.
[100] BGH, NJOZ 2017, 1701, 1702; NJW 1988, 2599, 2601; BAG, NZA 2010, 1250, 1253; NJW 2007, 1831, 1834; NJW 1983, 2958, 2959; LAG Brandenburg, NZA-RR 1998, 248, 249f.
[101] S. zu diesem Ansatz: Zweiter Teil, II., 3.
[102] LAG Hamburg, NZA 1992, 309, 310.
[103] *Boemke*, NZA 1993, 532, 537; *Bauer*, NZA 1992, 1015; *Ehrich*, DB 1992, 2239; *Ehrich*, NZA 1994, 438; *Wisskirchen/Worzalla*, DB 1994, 577, 581; zustimmend hingegen: *Becker-Schaffner*, BB 1993, 1281, 1282; differenzierend: *Zwanziger*, DB 1994, 982, 983.
[104] BAG, NZA 1992, 1023; kritisch: *Bauer*, NZA 1992, 1015, 1016, nach dem die Diskussion nur dann "*ernsthaft*" geführt werden könne, wenn dem Arbeitnehmer trotz dessen Bitte eine Bedenkzeit verweigert wurde.
[105] BAG, NJW 1994, 1021, 1022, bestätigt durch: .BAG NJW 1996, 2593; LAG Mecklenburg-Vorpommern, NZA 1996, 535, 537f; s. auch: LAG Düsseldorf, NZA 1993, 702, 703, das allerdings obiter dictum eine Anfechtung wegen widerrechtlicher Drohung in Betracht zog, wenn der Arbeitnehmer explizit um die Gewährung einer Bedenkzeit gebeten hat.

2. *Lorenz*, die undue influence und das Gebot fairen Verhandelns

1997 änderte sich die Debatte um die Behandlung sogenannter unfairer Verhandlungsmethoden, als *Lorenz* die unzulässige Beeinflussung der Entscheidungsfreiheit im vorvertraglichen Stadium thematisierte.[106] *Lorenz* nahm Bezug auf die bekannte Bürgschaftsentscheidung[107] des Bundesverfassungsgerichts. Entgegen dem Bezugspunkt der Bürgschaftsentscheidung, die sich maßgeblich auf die Auslegung der Sittenwidrigkeit und Treu und Glauben bezog, führte er aus, dass das Rechtsinstitut der culpa in contrahendo[108] (c.i.c.) im Vergleich zu § 138 Abs. 1 BGB geeigneter sei, um Ungleichgewichtslagen in Vertragsanbahnungsphasen zu korrigieren.[109] Die Ausführungen des Bundesverfassungsgerichts seien keineswegs auf die Sittenwidrigkeit gemäß § 138 Abs 1 BGB beschränkt. Vielmehr käme in der Bürgschaftsentscheidung die „*Selbstverständlichkeit*" zum Ausdruck, dass in Fällen evidenter Fremdbestimmung der Verweis auf pacta sunt servanda der verfassungsrechtlich garantierten Privatautonomie nicht gerecht werde.[110]

a) Undue influence – ein Überblick

Um der Selbstbestimmung hinreichend Geltung verschaffen zu können, wies *Lorenz* auf das anglo-amerikanische Rechtsinstitut „undue influence" hin, das in Fällen unzulässiger Einflussnahme ein Recht zur Vertragsauflösung gewährt. Das Rechtsinstitut undue influence könne Fälle der Beeinflussung des Verhandlungspartners verhindern, die das deutsche Recht nicht erfasse.[111] Das Rechtsinstitut der c.i.c. könne geeignet sein, die undue influence in das deutsche Recht zu übertragen.[112]

Der Terminus der undue influence wurde (vermutlich) erstmalig im Jahr 1866 vom Illinois Supreme Court gebraucht.[113] Während anfänglich der Begriff der Drohung („*duress*") unter die undue influence subsumiert wurde,[114] entwickelte sich das Rechtsinstitut zu einem Instrument weiter, mit dem Fälle behandelt werden konnten, bei denen trotz des

---

[106] *Lorenz,* Der Schutz vor dem unerwünschten Vertrag, S. 454 ff., s. auch: ; *Lorenz*, JZ 1997, 277; *Lorenz*, NJW 1997, 2578.

[107] BVerfG, NJW 1994, 36.

[108] Die Debatte wurde vor der Schuldrechtsreform geführt. Erst mit dieser wurde die culpa in contrahendo in § 311 Abs. 2 BGB kodifiziert, weshalb vorher noch kein direkter gesetzlicher Anknüpfungspunkt bestand.

[109] *Lorenz,* JZ 1997, 277, 281.

[110] *Lorenz*, NJW 1997, 2578, 2579; *Lorenz*, JZ 1997, 277, 281.

[111] *Lorenz*, JZ 1997, 277, 281.

[112] *Lorenz*, JZ 1997, 277, 282.

[113] Dickie v. Carter (1866), 42 Ill. 376, zitiert nach: *Hogan*, Loyola University Chicago Law Yournal 1976, 629.

[114] S. zur Entwicklung: *Lorenz,* Der Schutz vor dem unerwünschten Vertrag, S. 454.

Fehlens einer Drohung eine unzulässige Beeinflussung vorliegt.[115] In Fällen, in denen zwischen den Vertragsparteien bereits eine Verbindung („*relationship*“) vorliegt, und in denen das Vertrauen („*trust and confidence*“) zwischen den Parteien missbraucht und ausgenutzt wird,[116] findet zudem eine Beweiserleichterung zugunsten der beeinflussten Partei Anwendung.[117]

Die undue influence wird bezeichnet als

> *„any improper or wrongful constraint, machination or urgency of persuasion, whereby the will of a person is overpowered, and he is induced to do forbaer an act which he would not do, or would do if left to act freely.“*[118]

Eine ähnliche Beschreibung fasst die undue influence wie folgt zusammen:

> *„Influence over another (often presumed from the existence of very close relationships) as destroys his free agency in the eye of law; such influence as prevents a person from exercising his own will and substitiutes in it's place the will of another (as by constraint, machination, or urgency of persuasion).“*[119]

Unabhängig von den Details[120] der undue influence wird aus den Beschreibungen deutlich, in welchen Situation diese Rechtsfigur Anwendung finden kann. Es geht darum, sich von den engen Begriffen Drohung und Zwang („*duress*“) lösen zu können,[121] und Fälle anderer Beeinflussung flexibel erfassen zu können, die wertungsmäßig auf ähnlicher Stufe wie Zwangsmittel stehen und gleichermaßen den tatsächlichen Willen des Verhandlungspartners überwinden.[122] Anstatt eine konkrete Definition des Rechtsinstituts

---

[115] *Zweigert/Kötz,* Einführung in die Rechtsvergleichung auf dem Gebiete des Privatrechts, S. 425; *Rohwer/Skroki/Malloy,* Contracts in a Nutshell, S. 286: "*Undue influence can be viewed as filling the niche between incapcity and duress*".

[116] Zur „Presumed Undue Influence“: *Peel,* Treitel on The Law of Contract, S. 450 ff.

[117] S. zu den Details der undue influence, insbesondere zur Unterscheidung der actual und presumed undue influence: Vierter Teil, 1.

[118] Smith v. Henline (1898), 51 N.E. 227, 174 Ill. 184; dieselbe Definition findet sich bei: *Lorenz,* Der Schutz vor dem unerwünschten Vertrag, S. 454, in Deutsch: "Jeder unzulässiger oder unrechtmäßiger Zwang, jede Intrige oder jedes Drängen, durch die der Wille einer Person überwältigt und sie zu einer Handlung veranlasst wird, die sie nicht tun würde, oder die sie tun würde, wenn sie frei handeln könnte".

[119] *Hogan,* Loyola University Chicago Law Yournal 1976, 629, in Deutsch: "Einflussnahme auf eine andere Person (oft durch das Vorhandensein sehr enger Beziehungen vermutet), die deren freie Handlungsfähigkeit im Sinne des Gesetzes zerstört; eine solche Einflussnahme, die eine Person daran hindert, ihren eigenen Willen auszuüben und an dessen Stelle den Willen einer anderen Person setzt (z. B. durch Zwang, Intrigen oder Bedrängung)".

[120] S. Vierter Teil, 1.

[121] *Husemann,* Der moderierte Vertrag, S. 495, bezugnehmend auf: Lord Nicholls, in: Royal Bank of Scotland v. Ettrige, AP 2001 UKHL 44, Rn. 6.

[122] *Giesing,* Inhaltskontrolle und Abschlusskontrolle arbeitsrechtlicher Aufhebungsverträge, S. 219; *Husemann,* Der moderierte Vertrag, S. 495f; *Lorenz,* Der Schutz vor dem unerwünschten Vertrag, S. 455.

zu erfassen,[123] wird zur Anwendung im Einzelfall mit Fallgruppen und Kriterienkatalogen gearbeitet. Ein Katalog von Kriterien wurde vom District Court of Appeal in Kalifornien aufgestellt.[124] Dieses Judikat benannte erstmalig konkrete Verhaltensweisen oder Umstände, die auf eine unzulässige Einflussnahme hindeuten und diese begründen können.[125] Ein Lehrer, der verdächtigt wurde, sexuelle Handlungen an seinen Schülern vorgenommen zu haben, unterschrieb im direkten Anschluss an eine 40-stündige Untersuchungshaft eine Kündigungserklärung, die ihm vorbereitet und von mehreren Vertretern der Schule vorgelegt wurde.

Der Lehrer konnte sich erfolgreich auf undue influence berufen. In diesem Zusammenhang stellte das Gericht diverse Kriterien auf, dessen Zusammenwirken („*a number of these elements are simultaneously present*") die undue influence begründen *(„the persuasion must be charaktarised as excessive*").[126] Dazu zählten:

- Verhandlungen zu ungewöhnlichen oder unpassenden Zeitpunkten,
- Verhandlungen an unpassenden oder unangemessenen Orten,
- Zeitdruck/Drängen auf sofortigen Vertragsschluss,
- der Hinweis auf die möglichen Konsequenzen im Falle des Ablehnens des Vertragsschlusses,
- Waffenungleichheit durch eine Vielzahl von Personen auf der anderen Vertragsseite,
- die Verweigerung, qualifizierten Rechtsrat zu ermöglichen.[127]

Die Kriterien und das Erfordernis ihres Zusammenwirkens bieten eine gute Orientierung, in welche Richtung die undue influence-Doktrin führen kann, wobei aufgrund der Vielzahl möglicher Umstände und Manipulationsmethoden nicht von einer abschließenden Liste

[123] Das ist weder möglich noch wünschenswert, da es dem Rechtsinstitut seine Flexibilität nähme und die vielfältigen Arten der Manipulation und Überrumpelung nicht erfassen könnte, vgl. *Lorenz,* Der Schutz vor dem unerwünschten Vertrag, S. 455; *Husemann,* Der moderierte Vertrag, S. 495.

[124] Odorizzi vs. Bloomfield School District, 246 Cal. App. 2 d 123, 54 Cal. Rptr. 533 ff. (1966).

[125] Der Sachverhalt wurde bereits von: *Becker,* Die unzulässige Einflussnahme des Arbeitgebers auf die Entscheidungsfreiheit des Arbeitnehmers am Beispiel des arbeitsrechtlichen Aufhebungsvertrags, S. 382, *Giesing,* Inhaltskontrolle und Abschlusskontrolle arbeitsrechtlicher Aufhebungsverträge, S. 222, *Gräf,* Das Gebot fairen Verhandelns beim Abschluss eines arbeitsrechtlichen Aufhebungsvertrags, S. 203f. und *Husemann*, der moderierte Vertrag, S. 507 zur Erarbeitung der Kriterien des Gebots fairen Verhandelns herangezogen.

[126] Odorizzi vs. Bloomfield School District, 246 Cal. App. 2 d 123, 54 Cal. Rptr. 533 ff. (1966).

[127] S. zu den Kategorien: Odorizzi vs. Bloomfield School District, 246 Cal. App. 2 d 123, 54 Cal. Rptr. 533 ff. (1966); die ähnliche Aufzählung findet sich auch bei: *Giesing,* Inhaltskontrolle und Abschlusskontrolle arbeitsrechtlicher Aufhebungsverträge, S. 222; *Husemann,* Der moderierte Vertrag, S. 507; *Lembke/Michels*, RdA 2023, 353, 358; *Schmidt-Westphal,* Der arbeitsrechtliche Aufhebungsvertrag im Rechtsvergleich, S. 152.

ausgegangen werden kann. Vergleichbare Aufstellungen haben Einklang in die deutsche Rechtsprechung und Literatur gefunden.[128] Sie können helfen, den Inhalt des Gebots fairen Verhandelns zu konkretisieren, mit dem in Anlehnung an die undue influence eine Fallgruppe von §§ 311 Abs. 2, 241 Abs. 2 BGB geschaffen wurde.

b) Von der undue influence zum Gebot fairen Verhandelns

Wenn sich auch *Lorenz* erstmalig mit der undue influence auseinandersetzte und damit den Grundstein für die Anwendung im deutschen Recht legte, verwendete er nicht den Begriff des Gebots fairen Verhandelns, unter dem heute das Rechtsinstitut bekannt ist. *Lorenz* ging davon aus, dass aus c.i.c. die Pflicht folge, *„die freie Willensentschließung des Gegenübers nicht durch psychischen Druck oder Ausnutzung einer psychischen Schwäche in einem Maße zu beeinflussen, in welchen eine überlegte, freie Entscheidung unmöglich gemacht wird.*“[129] Diese Pflicht bestünde insbesondere bei arbeitsrechtlichen Aufhebungsverträgen, da bei diesen die allgemeine vorvertragliche Verhaltenspflicht und die stärkere arbeitsrechtliche Fürsorgepflicht einschlägig seien.[130]

Dieser Meinung folgten *Däubler* und *Henssler*, die beide erwähnten, dass Arbeitnehmer vor Überrumpelung durch das Gebot fairen Verhandelns geschützt werden könnten.[131] Dabei ist *Däubler* wohl der Erste, der den Begriff des *„Gebots fairen Verhandelns“* einbrachte und dabei an die Ausführungen von *Lorenz* anknüpfte.[132] *Däubler* begründete in diesem Zusammenhang, dass aufgrund des Bestehens des Gebots fairen Verhandelns keine planwidrige Regelungslücke bestünde, mit der die analoge Anwendung des Widerrufsrechts für Arbeitnehmerverträge begründet werden könne.[133] Diesem Ansatz stimmte *Hönn* zu, der die Anwendung des verbraucherschützenden Widerrufsrechts für arbeitsrechtliche Aufhebungsverträge ablehnte und stattdessen den Arbeitnehmer über die Entwicklung von Nebenpflichten schützen wollte.[134] Ähnlich argumentierte *Thüsing*, der im Vergleich zu einem allgemeinen Widerrufsrecht bei Aufhebungsverträgen im Gebot fairen Verhandelns das mildere Mittel sah, und dies als Ausgleich zwischen dem Schutz

---

[128] S. BAG, NZA 2019, 688, 691 f., das einige der oben genannten Kriterien nannte, aber z.B. das Kriterium der "Ausnutzung unzureichender Sprachkenntnisse" hinzufügte; *S. Müller*, DB 2019, 1792, 1793 ff; *Reufels/Pütz*, ArbRB 2020, 253, 254 ff; *Thüsing*, RdA 2005, 257, 269.
[129] *Lorenz*, JZ 1997, 277, 282.
[130] Ebd.
[131] *Däubler*, NZA 2001, 1329, 1334; *Henssler*, RdA 2002, 129, 135.
[132] In: Kittner/Däubler/Zwanziger/KSchR/*Däubler*, Einl. Rn. 303, 5. Auflage, 2001.
[133] *Däubler*, NZA 2001, 1329, 1334.
[134] *Hönn*, ZfA 2003, 325, 347.

des Arbeitnehmers und der grundgesetzlich gewährleisteten Vertragsfreiheit begrüßte.[135] *Schmidt-Westphal* nahm hingegen an, dass das deutsche Recht der Willensmängel ein vergleichbares Rechtsinstitut nicht erfassen könne.[136]

Die Rechtsprechung des BAG nahm den Begriff des Gebots fairen Verhandelns erstmals in seinem Urteil vom 27.11.2003[137] auf. Das BAG hatte in diesem Rechtsstreit über die Wirksamkeit eines arbeitsrechtlichen Aufhebungsvertrags zu entscheiden. Die Arbeitnehmerin hatte mit dem Arbeitgeber einen Aufhebungsvertrag geschlossen, diesen jedoch später wegen widerrechtlicher Drohung und der Nichtgewährung einer Bedenkzeit gemäß § 123 Abs. 1 BGB angefochten und hilfsweise gemäß § 312 BGB widerrufen, da bei einem Aufhebungsvertrag die typische Konstellation eines Haustürgeschäfts vorläge. Das BAG wies die Klage ab, da es weder eine widerrechtliche Drohung feststellte noch die Anwendbarkeit des Verbraucherschutzrechts gemäß §§ 312 ff. BGB bejahte. Lediglich in einem Nebensatz stellte das BAG fest, dass der Gefahr der Überrumpelung des Arbeitnehmers mit dem Gebot fairen Verhandelns begegnet werden könne[138] und leitete damit auch in der Rechtsprechung die Geburtsstunde dieses Rechtsinstituts ein, das in der Folge sowohl vom BAG als auch von erst- und zweitinstanzlichen Gerichten mehrfach erwähnt wurde, ohne dass jemals eine gefestigte Konkretisierung des Anwendungsbereichs oder des Tatbestands erfolgte.[139] Erst mit dem Urteil des BAG vom 07.02.2019[140] wurden Anwendungsvoraussetzungen des Gebots fairen Verhandelns dargelegt. Das BAG sah das Gebot fairen Verhandelns dogmatisch als eine vorvertragliche Nebenpflicht gemäß § 311 Abs. 2 Nr. 1 BGB i.V.m. § 241 Abs. 2 BGB, die durch Aufnahme von Vertragsverhandlungen zum Aufhebungsvertrag begründet wird.[141] Bei der Bestimmung der Nebenpflichten sei zu berücksichtigen, dass sich die Parteien zum Zeitpunkt der Vertragsverhandlungen bereits in einem Schuldverhältnis befunden hätten, weshalb erhöhte wechselseitige Rücksichtnahmepflichten bestünden.[142] Zur Begründung der

135 *Thüsing*, RdA 2005, 257, 269.
136 *Schmidt-Westphal,* Der arbeitsrechtliche Aufhebungsvertrag im Rechtsvergleich, S. 154f.
137 BAG, NJW 2004, 2401.
138 BAG, NJW 2004, 2401, 2405.
139 BAG, NJOZ 2004, 4096, 4100; BeckRS 2004, 30342479; NJW 2005, 3164, 3167; LAG Hamm, BeckRS 2011, 79293; ArbG Paderborn, BeckRS 2011, 140781; ArbG Berlin, BeckRS 2015, 66780; so: *Bauer/Krieger/C. Arnold,* Arbeitsrechtliche Aufhebungsverträge, Teil A. Rn. 68.
140 BAG, NZA 2019, 688.
141 BAG, NZA 2019, 688, 691.
142 Ebd.

dogmatischen Grundlage und des Inhalts des Gebots berief sich das BAG auf verschiedene Stimmen im Schrifttum.[143]

Inhaltlich stelle das Gebot fairen Verhandelns einen Schutz vor Beeinträchtigungen der Entscheidungsfreiheit unterhalb der Schwelle von §§ 105, 119 ff. BGB dar. Es wird verletzt, wenn die Entscheidungsfreiheit des Verhandlungspartners in zu missbilligender Weise missachtet wird.[144] Eine unfaire Verhandlungssituation soll dann vorliegen, wenn eine psychische Drucksituation geschaffen oder ausgenutzt wird, die eine freie und überlegte Entscheidung des Vertragspartners erschwert oder sogar verunmöglicht.[145] Beispielhaft könne dies durch die *„Schaffung unangenehmer Rahmenbedingungen (...)", „die Ausnutzung einer objektiv erkennbaren körperlichen oder psychischen Schwäche oder unzureichender Sprachkenntnisse*", oder „*Überrumpelung*" geschehen.[146]

Wann aber konkret gegen das Gebot verstoßen wird, wird bis heute nicht einheitlich bewertet und ist eine Frage des Einzelfalls. Exemplarisch für die aktuelle inhaltliche Unsicherheit des Gebots stehen zwei obergerichtliche Entscheidungen: Während das LAG Mecklenburg-Vorpommern in seinem Urteil vom 19.05.2020[147] ein sehr weites Gebot fairen Verhandelns annahm, bei dem schon die Kritik an der Arbeitsweise des Arbeitnehmers für die Schaffung einer Drucksituation ausreichte,[148] wählte das LAG Hamm[149] einen restriktiveren Ansatz und verneinte trotz des Vorliegens diverser hierfür sprechender Umstände[150] einen Verstoß gegen das Gebot fairen Verhandelns. Ein rechtssicherer und konkreter Tatbestand besteht bisher nicht.[151]

In der Folge des BAG-Urteils entstand eine Diskussion über das Gebot fairen Verhandelns, bei dem teilweise drastische Kritik an Begründung und Herleitung des Rechtsinstituts

[143] Zur dogmatischen Begründung: *Däubler*, NZA 2001, 1329; *Henssler*, RdA 2002, 129; *Lorenz*, JZ 1997, 277; *Thüsing*, RdA 2005, 257; zur Begründung der konkreten Voraussetzungen insb. *G. Becker,* Die unzulässige Einflussnahme des Arbeitgebers auf die Entscheidungsfreiheit des Arbeitnehmers am Beispiel des arbeitsrechtlichen Aufhebungsvertrages, S. 392 ff; *Reinecke* in: FS Düwell, 410.

[144] BAG, NZA 2019, 688, 691; *Lorenz*, JZ 1997, 277, 282; *Thüsing*, RdA 2005, 257, 269.

[145] BAG, NZA 2019, 688, 691, bezugnehmend auf: Becker, Die unzulässige Einflussnahme des Arbeitgebers auf die Entscheidungsfreiheit des Arbeitnehmers am Beispiel des arbeitsrechtlichen Aufhebungsvertrags, S. 392 ff.

[146] BAG, NZA 2019, 688, 692.

[147] LAG Mecklenburg-Vorpommern, BeckRS 2020, 12247.

[148] Vgl. die drastische Kritik von *Fischinger*, NZA-RR 2020, 516, 517, der sich fragte, "*in welcher Welt die Richter des LAG Mecklenburg-Vorpommern leben".*

[149] LAG Hamm, BeckRS 2021, 15285.

[150] Vgl. *Schindele*, ArbRAktuell 2021, 360.

[151] S. hierzu: Fünfter Teil.

geübt wurde.[152] Die Kritik fußte auf der Begründung, dass das BGB bereits verschiedene Mechanismen zum Schutz der Entscheidungsfreiheit enthalten würde, und daher kein Raum für weitergehenden Schutz durch das Gebot fairen Verhandelns aus §§ 241 Abs. 2, 311 Abs. 2 BGB gegeben sei.[153]

Die Kritik wird an dieser Stelle aufgegriffen, um zu prüfen, inwieweit Verhandlungsmethoden durch die Auslegung vorhandener Normen bereits eingeschränkt sind. Wenn das der Fall ist, dürften Kritiker des Gebots fairen Verhandelns ein gewichtiges Argument auf ihrer Seite haben.

II. Alternative Lösungsvorschläge zur Verhinderung von Beeinflussung im vorvertraglichen Bereich

Bevor auf das Gebot fairen Verhandelns und seine bisherige Dogmatik im Detail eingegangen werden kann, ist zu prüfen, ob eine vergleichbare Regelung bereits existiert. Sowohl in vergangener[154] als auch in jüngerer[155] Zeit, wurden verschiedene dogmatische Ansätze diskutiert, um den Schutz vor unzulässiger Beeinflussung im vorvertraglichen Stadium umfassend zu gewährleisten, oder eine Art Gebot fairen Verhandelns aus anderen Rechtsgrundlagen herzuleiten.

So wurde vereinzelt vorgeschlagen, das Gebot fairen Verhandelns aus § 242 BGB herzuleiten.[156] Auch andere Einschränkungen des vorvertraglichen Verhaltens sind auf Grundlage von Treu und Glauben entwickelt worden.[157] Andere sehen in der Auslegung der Sittenwidrigkeit gemäß § 138 Abs. 1 BGB einen vorvertraglichen Schutz, der dem des Gebots fairen Verhandeln ähnelt.[158] Wiederum andere schlagen vor, dem Beeinflussten durch extensive oder analoge Anwendung von § 123 Abs. 1 BGB ein Anfechtungsrecht

152 *Bauer/Krieger/C. Arnold,* Arbeitsrechtliche Aufhebungsverträge, Teil A. Rn. 77-79; *Fischinger*, NZA 2019, 729; *Fischinger*, NZA-RR 2020, 516; *D. E. Holler*, NJW 2019, 2206.

153 Allgemein: *Fischinger*, NZA 2019, 729, 730; *D. E. Holler*, NJW 2019, 2206, 2208; *Kienast/Schmiedl*, DB 2003, 1440, 1442; BeckOK/BGB/*Sutschet*, § 311 Rn. 59b; *Tschöpe/Pirschner*, RdA 2004, 358, 366.

154 LG Oldenburg, MDR 1969, 392; *Sack*, NJW 1974, 564; *Wolf,* Rechtsgeschäftliche Entscheidungsfreiheit und vertraglicher Interessenausgleich.

155 ArbG Berlin, BeckRS 2015, 66780; *Fischinger*, NZA 2019, 729; *König*, StudZR-WissOn 2014, 45; MüKo/BGB/*Kramer*, § 123 Rn. 52, 5. Auflage, diese Rechtsauffassung findet sich in der aktuellen Auflage des MüKo nicht wieder.

156 ArbG Berlin, BeckRS 2015, 66780.

157 LAG Hamburg, NZA 1992, 309, 310; *Mengel*, BB 2004, 1859, 1860.

158 Staudinger/*Fischinger*, § 138 Rn. 51b; *Fischinger*, NZA 2019, 729; *Reiß*, DNotZ 2006, 47, 55.

zuzubilligen, wenn gewisse Grenzen überschritten werden.[159] Zudem besteht mit § 4a UWG eine Norm, die im Wettbewerbsrecht unzulässige Beeinflussungen des Verhandlungspartners verbietet und damit drohungsähnliche Verhandlungssituationen erfassen könnte. Diese Lösungsansätze werden nachfolgend dargestellt und analysiert.

1. Anwendung von § 242 BGB zur Einschränkung von Willensbeeinflussungen

Das Gebot fairen Verhandelns bzw. ein erweiterter Übereilungsschutz wurde in der Vergangenheit zum Teil unter die Generalklauseln gemäß § 242 BGB und § 138 Abs. 1 BGB subsumiert. Meistens blieb dabei der Begriff des „*fairen Verhandelns*" außer Acht. Insbesondere vor der Schuldrechtsreform[160] leitete die Rechtsprechung vereinzelt aus § 242 BGB einen verstärkten Schutz vor Einflussnahme ab.

a) Die Pflicht zu einer Bedenkzeit oder zur Gewährung eines Widerrufsrechts gemäß § 242 BGB

In der Vergangenheit diskutierte die Rechtsprechung darüber, ob § 242 BGB einen verbesserten Schutz vor Überrumpelung und unzulässiger Beeinflussung zu gewährleisten vermag. So sprach das LG Oldenburg im Urteil vom 08.01.1969 vor Einführung spezifischer verbraucherschützender Normen einem überrumpelten Verbraucher ein Rücktrittsrecht aus § 242 BGB zu.[161] Der durchschnittliche Verbraucher könne einem redegewandten Vertreter nicht gewachsen sein und müsse daher die Möglichkeit haben, einen eigentlich gegen seinen Willen geschlossen Vertrag rückgängig zu machen. Das OLG München sah im Falle eines vorvertraglichen Schuldverhältnisses im Vorfeld eines Wohnungskaufvertrags eine Treu- und Rücksichtnahmepflicht, die dazu verpflichte, gegenüber dem Vertragspartner Zurückhaltung zu üben und sprach den Käufern einer Eigentumswohnung einen Anspruch auf Rückgängigmachung des Vertrags zu.[162] Grund hierfür war, dass Verkäufer die Käufer binnen kürzester Zeit zur Besichtigung und zur notariellen Beurkundung des Kaufvertrags drängten. Als Rechtsgrundlage hierfür

---

[159] *Eidenmüller* in: Zimmermann, Störungen der Willensbildung bei Vertragsschluss, 103, 112; MüKo/BGB/*Kramer*, § 123 Rn. 52, 5. Auflage, diese Rechtsauffassung findet sich in der aktuellen Auflage des MüKo nicht wieder; *Sack*, GRUR 2004, 625, 630; *Weiler,* Die beeinflusste Willenserklärung, S. 620 ff.

[160] Dies dürfte insbesondere daran liegen, dass erst mit der Schuldrechtsreform die Rechtsgrundlage für Nebenpflichten im Falle eines vorvertraglichen Schuldverhältnisses gemäß §§ 311 Abs. 2 i.V.m. § 241 Abs. 2 BGB geschaffen wurde.

[161] LG Oldenburg, MDR 1969, 392.

[162] OLG München, BeckRS 2002, 30252535.

nahm das Gericht die durch ein vorvertragliches Schuldverhältnis entstandenen Pflichten aus Treu und Glauben gemäß § 242 BGB an.[163]

Weiterhin sorgten das LAG Hamburg[164] und das ArbG Freiburg[165] für Aufsehen,[166] als sie im Jahre 1991 jeweils arbeitsrechtliche Aufhebungsverträge wegen Überrumpelung und des Fehlens einer Bedenkzeit für unwirksam erklärten, beziehungsweise im Falle des ArbG Freiburgs dem Arbeitnehmer einen Schadensersatzanspruch zusprachen. Im Falle des LAG Hamburg befand das Gericht, dass es rechtsmissbräuchlich sei, ein Recht durchzusetzen, das man sich durch unredliches Verhalten erworben habe. An die Anforderungen der Redlichkeit seien noch größere Anforderungen zu stellen, wenn sich die Vertragspartner bereits vorher in einem Schuldverhältnis befänden. Daraus folge, dass ein Arbeitgeber seine Rechte unzulässig ausübt, wenn er seine Arbeitnehmerin ohne Vorankündigung und ohne Einräumung eines Widerrufsrechts oder einer Bedenkzeit zur Unterzeichnung eines Aufhebungsvertrags veranlasse.[167] Das Gericht führte weiter aus, dass *„kein vernünftiger Grund ersichtlich"* sei, warum der Arbeitgeber dem Arbeitnehmer keine Möglichkeit einräumen könne, sich durch eine Bedenkzeit oder ein befristetes Widerrufsrecht rechtlichen Rat einzuholen. Die arbeitsrechtlichen Treue- und Fürsorgepflichten würden dazu führen, dass der Arbeitnehmer darauf vertrauen dürfe, nicht vom Arbeitgeber durch Überrumpelung zu einer unüberlegten Entscheidung gedrängt zu werden.[168]

b) Einschränkungen von Verhandlungsmethoden aus § 242 BGB

Grundlage der beschriebenen Urteile ist die Annahme, dass sich aus § 242 BGB Anforderungen für Vertragsverhandlungen herleiten lassen. Die Funktion von § 242 BGB, in allen Rechtslagen immanente Schranke zur Verhinderung untragbare Ergebnisse zu sein,[169] könnte für die entsprechende Anwendung nach Billigkeitserwägungen sprechen. Diese Billigkeitserwägungen nehmen Einfluss auf Rechtsansichten und prägen die Auslegung von Normen. So nahmen *Lembke* und *Mengel*

---

[163] Ähnlich auch: OLG Bamberg, NJW-RR 1997, 694.
[164] LAG Hamburg, NZA 1992, 309.
[165] ArbG Freiburg, DB 1991, 2600.
[166] Vgl. *Bengelsdorf*, NZA 1994, 193, 199f., der die Urteile als *„gesetzes- und verfassungswidrigen Zugriff auf die arbeitsrechtliche Beendigungsfreiheit"* bezeichnete.
[167] LAG Hamburg, NZA 1992, 309, 310.
[168] LAG Hamburg, NZA 1992, 309, 310f.
[169] BGH, NJW 2020, 3517, 3521; NJW 2018, 1756, 1757f; NJW-RR 2015, 457, 459; BAG, NZA 2020, 171, 172; Grüneberg/BGB/*Grüneberg*, § 242 Rn. 2; Jauernig/BGB/*Mansel*, § 242 Rn. 7; ErfK/*U. Preis*, § 611a Rn. 708.

nach dem Urteil des BAG vom 27.11.2003[170] an, dass das BAG das Gebot fairen Verhandelns mit Hilfe von Treu und Glauben herleite und aus diesem ein Loslösungsrecht für arbeitsrechtliche Aufhebungsverträge folgen könne. *Lembke* zitierte die §§ 242, 241 Abs. 2 BGB als Rechtsgrundlage für bestehende Aufklärungs- und Nebenpflichten,[171] während *Mengel* im Einzelfall ein Loslösungsrecht gemäß § 242 BGB für möglich hielt, wenn der Arbeitnehmer durch ungewöhnliche Verhandlungsmethoden „*unfair unter Entscheidungsdruck gesetzt*" werde.[172]

An diese Rechtsansicht knüpfte auch das Arbeitsgericht Berlin an, das 2015 im Falle eines überrumpelten Arbeitnehmers einen Verstoß gegen das Gebot fairen Verhandelns annahm und dies dogmatisch mit dem Gebot von Treu und Glauben begründete.[173] Das Gericht sah einen durch die Arbeitnehmerin unterzeichneten Aufhebungsvertrag als Bedingung im Sinne von § 162 Abs. 2 BGB an, die durch den Arbeitgeber entgegen Treu und Glauben herbeigeführt worden sei. Danach gelte die Bedingung, also der Aufhebungsvertrag, gemäß § 162 Abs. 2 BGB als nicht eingetreten. Es sei dem Arbeitgeber „*in Anlehnung an § 162 Abs. 2 BGB*" verwehrt, sich auf den treuwidrig herbeigeführten Aufhebungsvertrag zu berufen.[174] In der Folge leitete das Arbeitsgericht Berlin das Gebot fairen Verhandelns umfangreich und unter auszugsweiser Wiedergabe der Ausführungen von *Lorenz, Thüsing* und *Reinecke* her, ohne jedoch Bezug auf die dogmatische Begründung des Rechtsinstituts zu nehmen. Aus der Anwendung von § 162 Abs. 2 BGB und des Ausbleibens einer anderweitigen Begründung des Gerichts kann geschlossen werden, dass das Arbeitsgericht Berlin das Gebot fairen Verhandelns unter Treu und Glauben subsumierte.

Holler diskutierte nach dem Urteil des BAG aus dem Jahre 2019, ob dieses Rechtsinstitut aus § 242 BGB folgen könne.[175] Für die Anwendung von § 242 BGB bedürfte es nach *Holler* einer ergänzungsbedürftigen Lücke und eines normativen Ansatzpunktes, der die Wertvorstellung von § 242 BGB am objektiven Recht festmachen kann. Für beides sei jedoch kein Anhaltspunkt gegeben: Zwar sei ein Verbot des Vertragsschlusses zu Unzeiten vereinzelt im BGB geregelt,[176] jedoch widerspräche eine Pflicht zur Gewährung einer Bedenkzeit den Wertungen des § 147 Abs. 1 BGB.[177] Ebenso seien das Widerrufsrecht und

[170] BAG, BeckRS 2004, 40898.
[171] *Lembke*, NJW 2004, 2941, 2944.
[172] *Mengel*, BB 2004, 1859, 1860.
[173] ArbG Berlin, BeckRS 2015, 66780.
[174] Ebd.
[175] *D. E. Holler*, NJW 2019, 2206, 2208.
[176] So etwa in §§ 671 Abs. 2 BGB oder § 723 Abs. 2 BGB.
[177] *D. E. Holler*, NJW 2019, 2206, 2208.

das Schriftformerfordernis in § 623 BGB ein ausreichender Übereilungsschutz.[178] Konstellationen, die von diesen Normen nicht erfasst werden, seien nicht schutzbedürftig. Der Staat habe mit diesen Normen abschließende Regelungen getroffen, die die Rechtsprechung hinnehmen müsse.[179] Daher sei weder aus § 242 BGB noch aus dessen Wertungen in Verbindung mit c.i.c. ein Gebot fairen Verhandelns herzuleiten.

c) Stellungnahme

Aus § 242 BGB lässt sich kein allgemeines Gebot fairen Verhandelns herleiten. Ebenso wenig ergeben sich daraus allgemeine Einschränkungen für die Verhandlungsführung. Allenfalls ist der Grundsatz, dass in einem Schuldverhältnis Treu und Glauben sowie die Verkehrssitte zu berücksichtigen sind, als Ergänzung für die Bestimmung der Nebenpflichten in einem Schuldverhältnis geeignet.[180] Als Grundlage für eine generelle Abschlusskontrolle von Verträgen oder für die Annahme einer grundsätzlichen Einschränkung von Verhandlungsmethoden ist § 242 BGB ungeeignet.

aa) Einfügen in die Gesetzesstruktur

§ 242 BGB kommt in allen Rechtslagen als korrigierende Schranke[181] in Betracht. Der Wortlaut von § 242 BGB, der insoweit einzig auf die Leistung des Schuldners Bezug nimmt, stellt keine ernsthafte Einschränkung der Anwendung dar. Vielmehr stellt der Grundsatz von Treu und Glauben ein *„Einfallstor"* für grundrechtliche[182] und außerrechtliche[183] Wertungen dar. Dieser weite Anwendungsspielraum von § 242 BGB spricht zunächst dafür, „unfaire" Verhandlungsmethoden als treuwidrig im Sinne von § 242 BGB bezeichnen zu können. Zum einen folgt aus der Privatautonomie, dass jeder frei und autonom über seine Vertragsbeziehungen entscheiden kann. Derjenige, der einen Vertrag nicht auf der Grundlage seines freien Willens schließt, trifft keine privatautonome

---

[178] Wobei der Übereilungsschutz bei Schaffung des § 623 BGB nicht im Vordergrund stand, BT-Drucksache 14/626, S. 11; s a: *Richardi/Annuß*, NJW 2000, 1231f.
[179] Ebd.
[180] In diese Richtung geht *Lembke*, NJW 2004, 2941, 2944. Logischerweise müsste § 242 BGB allerdings hinter § 241 Abs. 2 BGB zitiert werden (§§ 241 Abs. 2, 242 BGB), da § 242 eine ergänzende Bestimmung zur Rechtsgrundlage des § 241 Abs. 2 BGB wäre. Insofern kann keine *„Ergänzungsfunktion"* von § 242 BGB aus der Argumentation *Lembkes* gefolgert werden.
[181] S. Fn. 170.
[182] BVerfG, NJW 1994, 36, 37; Dürig/Herzog/Scholz/*Di Fabio*, Art. 2 GG Rn. 109; ErfK/*I. Schmidt*, Art. 2 GG Rn. 30.
[183] Vgl. MüKo/BGB/*C. Schubert*, § 242 Rn. 10.

Entscheidung und ist somit schutzbedürftig.[184] Die Wenigsten werden es als „fair" bezeichnen, wenn unterlegene Verhandlungspartner durch Mittel wie (Zeit-)Druck, Überrumpelung oder Ausnutzung einer physischen, psychischen oder intellektuellen Schwäche zu einem Vertragsschluss bewegt werden. Der laienhafte Betrachter neigt in solchen Fällen dazu, solche Vertragsschlüsse vorschnell anzuzweifeln, da „*kein vernünftiger Grund ersichtlich*" ist, einem Vertragspartner bei wichtigen Entscheidungen keine Vorbereitung, Bedenkzeit oder rechtlichen Rat zu ermöglichen und so eine autonome Entscheidung zu gewährleisten.[185]

Diese Argumente berücksichtigen jedoch nicht die Anwendungsvoraussetzungen einer Vertragskorrektur gemäß § 242 BGB. Treu und Glauben stellt keine Ermächtigung für den Rechtsanwender dar, die sich aus dem Gesetz ergebenden Rechtsfolgen nach Belieben durch billigere Lösungen zu ersetzen, auch wenn diese gerechter erscheinen.[186] Die Anwendung von § 242 BGB darf nicht beliebig erfolgen, sondern muss sich in die bestehende Rechtsordnung einfügen[187] und die Belange aller Vertragsparteien berücksichtigen. Diesem Grundsatz widerspricht es, wenn man ungeachtet der bestehenden Regelungen zum Schutz der Entscheidungsfreiheit aus § 242 BGB allgemeine Regeln für Vertragsverhandlungen entnehmen würde. Das BGB kennt insbesondere in § 123 Abs. 1 BGB verbotene Verhandlungsmethoden. Die Täuschung und Drohung sind damit grundsätzlich als unangemessene Verhandlungsmethode kodifiziert. Andere Verhandlungsmethoden sind nicht gesetzlich erfasst.[188]

Dasselbe gilt für die Herleitung einer Bedenkzeit aus § 242 BGB. Die sofortige Annahme eines Vertragsangebots ist in § 147 Abs. 1 BGB nicht nur als Möglichkeit, sondern als Grundsatz gesetzlich vorgeschrieben. Eine Pflicht zur Gewährung einer Bedenkzeit als Element fairen Verhandelns oder ein generelles „Überrumpelungsverbot" stünden im Widerspruch zu dieser Vorschrift.[189] Einschränkungen bezüglich der Zeit eines Rechtgeschäfts enthält das Gesetz nur an vereinzelten Stellen, etwa bei § 671 Abs. 2 oder § 725 Abs. 2 BGB, die die Kündigung zur Unzeit verbieten. Das BAG sah in diesen Vorschriften einen „*verallgemeinerungsfähigen Inhalt*", der beinhalte, dass Kündigungen

---

[184] S. zum Spannungsfeld zwischen Vertragsfreiheit und Privatautonomie: Erster Teil.
[185] Vgl. LAG Hamburg, NZA 1992, 309, 310.
[186] *Ehrich*, NZA 1994, 438, 440; Grüneberg/BGB/*Grüneberg*, § 242 Rn. 2; *Schacht,* Der Übereilungsschutz beim arbeitsrechtlichen Aufhebungsvertrag, S. 92f.
[187] *Schacht,* Der Übereilungsschutz beim arbeitsrechtlichen Aufhebungsvertrag, S. 93; MüKo/BGB/*C. Schubert*, § 242 Rn. 24
[188] S. zur erweiterten Anwendung von § 123 Abs. 1 BGB: Zweiter Teil, II., 3.
[189] BAG, BeckRS 2022, 3692, Rn. 29.

nicht zur Unzeit ausgesprochen werden dürfen.[190] Das BAG beschränkte dies jedoch auf arbeitgeberseitige Kündigungen und folgerte, dass bei weiteren zusätzlichen Umständen zu Lasten des Arbeitnehmers eine Kündigung zur Unzeit treuwidrig gemäß § 242 BGB sein könne. Verfehlt ist es, aus diesen Normen allgemeingültige Einschränkungen für Vertragsverhandlungen und Vertragsschlüsse zu bestimmten Zeitpunkten anzunehmen.[191] Sowohl § 671 Abs. 2 BGB als auch § 725 Abs. 5 BGB betreffen Kündigungen, also die einseitige Beendigung von Verträgen. Diese können nicht mit Vertragsschlüssen gleichgesetzt werden. Weiterhin betreffen beide Vorschriften bestimmte Vertragstypen. Durch § 725 Abs. 5 BGB soll verhindert werden, dass die Kündigung die gemeinschaftlichen Interessen der Gesellschafter verletzt.[192] Äquivalent hierzu soll dem Auftraggeber im Falle der Kündigung des Beauftragten die Möglichkeit eröffnet werden, für die Besorgung des Auftrags anderweitig Fürsorge zu treffen, § 671 Abs. 2 BGB.[193] Der Sinn der Vorschriften ist auf die Besonderheiten der Vertragstypen abgestimmt und daher gerade nicht für Vertragsverhandlungen verallgemeinerungsfähig. Darüber hinaus sehen § 671 Abs. S. 2 BGB und § 725 Abs. 5 BGB als Rechtsfolge vor, dass der zur Unzeit Kündigende Schadensersatz für die Folgen der treuwidrigen Kündigung zu leisten hat. Die Unwirksamkeit der Kündigung folgt aus den Normen nicht, was deren Verallgemeinerungsfähigkeit zusätzlich einschränkt. Weder der Allgemeine Teil des BGB noch das allgemeine Schuldrecht erhalten Beschränkungen des Zeitpunkts des Vertragsschlusses, weshalb eine anderweitige Annahme aus § 242 BGB fehlschlägt.

Vorvertragliche (Neben-)Pflichten, die schuldrechtliche Verbote und Gebote bei Verhandlungsführungen begründen könnten, sind seit der Schuldrechtsreform ohnehin im Rahmen von §§ 241 Abs. 2, 311, 280 BGB zu behandeln.[194]

Auch müssten, bevor aus § 242 BGB grundsätzliche Verhandlungspflichten hergeleitet werden, zunächst alle anderen einschlägigen Normen auf ihre Anwendbarkeit geprüft werden. Wie dargelegt, betreffen diverse Normen im BGB das vorvertragliche Stadium. Darunter sind auch generalklauselartige Vorschriften, wie §§ 311 Abs. 2, 241 Abs. 2 BGB[195] und § 138 Abs. 1 BGB, zudem die Anfechtung, die ein

---

[190] BAG, NJW 2001, 2994.
[191] So: *D. E. Holler*, NJW 2019, 2206, 2208, der aus diesen Vorschriften in Anlehnung an BAG, NJW 2001, 2994 schlussfolgert, dass Rechtsgeschäfte zu belastenden Zeitpunkten grundsätzlich nicht geschlossen werden sollten.
[192] Grüneberg/BGB/*Sprau*, § 723 Rn. 6.
[193] Erman/*Berger*, § 671 Rn. 4.
[194] Vgl. MüKo/BGB/*C. Schubert*, § 242 Rn. 81.
[195] Vgl. *Canaris*, JZ 2001, 499, 519.

abstraktes Verbot arglistiger Täuschung und widerrechtlicher Drohung vorschreibt. Angesichts dieser bestehenden Vorschriften dogmatisch auf § 242 BGB zu rekurrieren, würde der Ergänzungs- und Korrekturfunktion von Treu und Glauben nicht gerecht werden.[196]

bb) Verfassungsrechtliche Bewertung

Zudem würde es gegen die Wertungen des Grundgesetzes verstoßen, wenn man aus § 242 BGB in allgemeiner Weise Einschränkungen für Verhandlungen herleiten würde.[197]

Art. 2 Abs. 1 GG schützt die Vertragsfreiheit und die Privatautonomie. Im Einzelfall sind zudem Art. 12 Abs. 1 GG oder Art. 14 Abs. 1 GG zu berücksichtigen. Der Rechtsanwender muss bei der Bewertung von Vertragsschlüssen stets die Wertungen der Grundrechte berücksichtigen und die gegenläufigen Interessen der Vertragsparteien in angemessenen Ausgleich bringen.[198] Dies kann dazu führen, dass im Einzelfall eine Vertragskorrektur mit Hilfe der zivilrechtlichen Generalklauseln durchzuführen ist. Die Vertragskorrektur stellt allerdings die Ausnahme dar und ist an Voraussetzungen gekoppelt. Es muss verhindert werden, dass durch eine zu starke Reglementierung aus Gerechtigkeitserwägungen die Vertragsfreiheit zu stark eingeschränkt wird.[199] Die Herleitung von Vorschriften zur Verhandlungsführung aus § 242 BGB entspricht nicht den Voraussetzungen, die das Bundesverfassungsgericht in seiner Bürgschaftsentscheidung[200] für die Vertragskorrektur mit Hilfe von Generalklauseln aufgestellt hat.

Das Bundesverfassungsgericht hat in bestätigter Rechtsprechung[201] festgestellt, dass die Zivilgerichte dann eine Vertragskorrektur mit Hilfe der Generalklauseln durchführen müssen, wenn mindestens folgende Voraussetzungen gegeben sind: Es muss eine typisierbare Fallgestaltung vorliegen, die ein strukturelles Ungleichgewicht erkennen lässt, und eine ungewöhnlich hohe Belastung der unterlegenen Vertragspartei gegeben sein. Unabhängig davon, dass sich diese Kriterien nur im Einzelfall feststellen lassen, und nicht abstrakt bestimmt werden können, sind diese nicht für die bloße Abschlusskontrolle geeignet. Zwar mögen bestimmte Verhaltensmuster in Vertragsverhandlungen als

---

[196] *Bauer* in: FS Däubler, 143, 149; *Gräf,* Das Gebot fairen Verhandelns beim Abschluss eines arbeitsrechtlichen Aufhebungsvertrags, S. 135.
[197] Vgl. *Kamanabrou*, RdA 2020, 201, 205.
[198] *Heinkel*, ZTR 2020, 261, 265.
[199] Dürig/Herzog/Scholz/*Di Fabio*, Art. 2 GG Rn. 107; ErfK/*I. Schmidt*, Art. 2 GG Rn. 30.
[200] BVerfG, NJW 1994, 36.
[201] BVerfG, NJW 2018, 1667, 1669 m.w.N.

typisierbare Fallgestaltung zu betrachten sein und auch die strukturelle Unterlegenheit kann im Einzelfall vorliegen,[202] jedoch führen diese Kriterien nicht zwangsläufig zu einer ungewöhnlich hohen Vertragsbelastung. Eine reine Abschlusskontrolle müsste vom Inhalt des eingegangenen Rechtsgeschäfts unabhängig sein. Die Unabhängigkeit vom Inhalt ist dann nicht mehr gegeben, wenn die verfassungsrechtliche Wertung die Vertragskorrektur vom Vertragsinhalt abhängig macht.

Neben der drohenden übersteigerten Einschränkung der Vertragsfreiheit aus Art. 2 I GG würde es auch der grundrechtlichen Gewaltenteilung widersprechen, ohne Rücksicht auf die bestehenden Normen allgemeine Vorgaben für Verhandlungen aus § 242 BGB anzunehmen. Das ist dadurch begründet, dass ein pauschaler Rechtssatz aus Treu und Glauben, der bestimmte Verhaltensweisen in Verhandlungen verbieten, und mit negativen Rechtsfolgen belasten würde, einer normativen Wirkung gleichkäme. Normative Vorgaben zu schaffen ist aber Aufgabe des Gesetzgebers und kann nicht der Rechtsprechung übertragen werden. Die Judikative hat die Aufgabe, dem Einzelnen zur Durchsetzung seines Rechts zu verhelfen und ist nicht berechtigt, gesetzesgleiche Vorgaben zu schaffen, während die Legislative durch die Anbindung an den öffentlichen Meinungs- und Willensbildungsprozess die Befähigung zur Schaffung allgemeingültiger Normen beanspruchen kann.[203] Das gilt insbesondere dann, wenn sich die Rechtsfortbildung der Judikative nicht an rechtlichen Wertungen orientiert, sondern ihnen tendenziell widerspricht.[204] Bei Einschränkungen von Verhandlungsmethoden aus § 242 BGB wäre genau das der Fall, denn man würde sich aus Billigkeitserwägungen gegen die Wertungen der §§ 123 Abs. 1 und 147 Abs. 1 BGB stellen.

cc) Fazit

Aus § 242 BGB können weder das Gebot fairen Verhandelns noch vergleichbare andere Einschränkungen für Verhandlungsführungen hergeleitet werden. Weder gibt die

[202] Die strukturelle Unterlegenheit des Arbeitnehmers in Vertragsverhandlungen zum Aufhebungsvertrag – der bisher einzige Fall, bei dem das Gebot fairen Verhandelns in der Rechtsprechung bejaht wurde – wird überwiegend verneint: *Burkardt,* Der arbeitsrechtliche Aufhebungsvertrag, S. 207; *Fischinger*, NZA-RR 2020, 516, 517; *Kamanabrou*, RdA 2020, 201, 205; *Heinkel*, ZTR 2020, 261, 265; *Schacht,* Der Übereilungsschutz beim arbeitsrechtlichen Aufhebungsvertrag, S. 132ff.; BAG, NJW 1996, 2593; Hingegen offengelassen von: *Lorenz*, JZ 1997, 277, 279; mit Verweis auf bestehende Schutzvorschriften zum Ausgleich der Unterlegenheit abgelehnt von: *G. Becker,* Die unzulässige Einflussnahme des Arbeitgebers auf die Entscheidungsfreiheit des Arbeitnehmers am Beispiel des arbeitsrechtlichen Aufhebungsvertrages, 177; MüKoBGB/*Wendehorst*, § 312 Rn. 33; ähnlich: BVerfG, NZA 2005, 153, 155; S. hierzu auch Dritter Teil, IV. 2. dd).

[203] *Schröder*, JuS 2022, 23, 25, bezugnehmend auf: *Möllers,* Gewaltengliederung, S. 96ff.

[204] Vgl. *Schacht* Der Übereilungsschutz beim arbeitsrechtlichen Aufhebungsvertrag, S. 93.

vorhandene Gesetzesstruktur noch die verfassungsrechtlich durchzuführende Abwägung zwischen Vertragsfreiheit und Selbstbestimmung hierzu Anlass. Einzig kann der Grundsatz von Treu und Glauben als allen Rechtslagen immanente Leitlinie ergänzend und als Argumentationsstütze berücksichtigt werden.

2. Einschränkungen der Verhandlungsführungen durch die Sittenwidrigkeit gemäß § 138 Abs. 1 BGB

Wie § 242 BGB stellt auch § 138 Abs. 1 BGB eine zivilrechtliche Generalklausel dar. Auch § 138 Abs. 1 BGB ist durch die Historie in Rechtsprechung und Literatur geprägt und kann bei Missbrauch „*Einfallstor*" für grundrechtliche Wertungen sein.[205] Der Unterschied zu § 242 BGB besteht in der Absolutheit der Rechtsfolge, denn die Sittenwidrigkeit eines Rechtsgeschäfts führt stets zu dessen Unwirksamkeit. Weiterhin betrifft die Sittenwidrigkeit dem Wortlaut nach das Rechtsgeschäft als solches, während Treu und Glauben eine Anforderung an die Leistung des Schuldners bestimmt. Im Folgenden soll geprüft werden, ob aus der Sittenwidrigkeit gemäß § 138 Abs. 1 BGB Einschränkungen für vorvertragliches Verhalten folgen können.

Der Begriff der guten Sitten gemäß § 138 Abs. 1 BGB ist offen und einer weiten Auslegung zugänglich. Der Sinn und Zweck von § 138 Abs. 1 BGB ist es, Rechtsgeschäfte und deren Durchsetzung zu verhindern, die im Widerspruch zu den Grundprinzipien der Rechts- und Sittenordnung stehen.[206] Die Umstände, die zur Sittenwidrigkeit führen können, sind höchst unterschiedlich, weshalb die allgemeinen Definitionen, insbesondere die klassische Formel des „*billig und gerecht Denkenden*", bei der Bestimmung der Sittenwidrigkeit nicht weiterhelfen.[207] Nach der Rechtsprechung ist ein Rechtsgeschäft sittenwidrig, wenn es nach seinem aus der Zusammenfassung von Inhalt, Beweggrund und Zweck zu entnehmenden Gesamtcharakter

---

[205] BVerfG, NJW 1994, 36; BAG, NZA 2004, 971, 973; OLG Koblenz, BeckRS 2014, 22361, Rn. 24; OLG Hamm, NJW-RR 2011, 1197, 1199; Dürig/Herzog/Scholz/*Di Fabio*, Art. 2 GG Rn. 108; HK/BGB/*Dörner*, § 138 Rn. 3; Grüneberg/BGB/*Ellenberger*, § 138 Rn. 4; Jauernig/BGB/*Mansel*, § 138 Rn. 6.

[206] OLG Koblenz, BeckRS 2014, 22361, Rn. 24; MüKo/BGB/*Armbrüster*, § 138 Rn. 1; Grüneberg/BGB/*Ellenberger*, § 138 Rn. 1; *Lorenz*, NJW 1997, 2578, 2579; Spindler/Schuster/*U. Müller*, § 138 BGB Rn. 1; *Musielak*, JuS 2017, 949, 951.

[207] HKK/BGB/*Haferkamp*, § 138 Rn. 1; *Musielak*, JuS 2017, 949, 951; MüKo/BGB/*G. Wagner*, § 826 Rn. 10; s. auch im Kontext des strafrechtlichen Sittenwidrigkeitsbegriffs: BGH, NJW 2015, 1540, 1542; *von der Meden*, HRRS 2013, 158, 159; a. A.: *Sack*, NJW 1985, 761, 765, der mit Hilfe der Anstandsformel zumindest eine gewisse Konkretisierung der Norm für möglich hält; s. auch: MüKo/BGB/*Armbrüster*, § 138 Rn. 26 m.w.N. zur Daseinsberechtigung der klassichen Formel.

mit den guten Sitten nicht zu vereinbaren ist.[208] Diese Formel begründet ein bewegliches System, das in Summenwirkung bei mehreren Faktoren zur Nichtigkeit des Rechtsgeschäfts führt.[209] So führt beispielsweise die wirtschaftliche Überforderung, der sich eine Person durch ein Rechtsgeschäft aussetzt, nicht allein zur Sittenwidrigkeit.[210] Es müssen weitere Umstände hinzutreten, die die Sittenwidrigkeit begründen. Das können etwa die Umstände des Vertragsschlusses sein.

So besteht Einigkeit darin, dass in einer umfassenden Gesamtschau die Vertragsverhandlungen und die Beeinflussung des Vertragspartners berücksichtigt werden und zur Sittenwidrigkeit des Rechtsgeschäfts beitragen können.[211] Wenn jedoch die Sittenwidrigkeit als solche bereits durch vorvertragliches Verhalten begründet werden kann, müsste man von einer „bloßen Umstandssittenwidrigkeit" oder *„prozeduralen Sittenwidrigkeit"*[212] sprechen, also einer solchen, die unabhängig vom Vertragsinhalt allein aufgrund der Umstände des Vertragsschlusses oder unfairer Verhandlungsmethoden entsteht.

Diese bloße Umstandssittenwidrigkeit wird von der überwiegenden Ansicht im Schrifttum und auch von den obersten Gerichten aus verschiedenen Gründen abgelehnt.[213]

a) Die „bloße Umstandssittenwidrigkeit"

„Bloße Umstandssittenwidrigkeit" läge dann vor, wenn ein Rechtsgeschäft allein aufgrund der Umstände seines Zustandekommens als sittenwidrig und damit als nichtig gemäß § 138 Abs. 1 BGB einzuordnen wäre.[214] Würde man die „bloße Umstandssittenwidrigkeit" bejahen, könnte die Sittenwidrigkeit unabhängig vom Inhalt des Rechtsgeschäfts bestehen

[208] BGH, NJW 2016, 2662, 2663; NJW 2015, 2248, 2255; NJW 2008, 2026, 2027; NJW 2001, 1127; NJW 1961, 822; BAG, NJW 2005, 3164, 3167; LAG Thüringen, NZA-RR 1999, 399, 400.

[209] MüKo/BGB/*Armbrüster*, § 138 Rn. 46; s. zur Begriffsbestimmung: *Paas,* Das bewegliche System, S. 2ff. m.w.N.

[210] *Lorenz*, NJW 1997, 2578.

[211] BGH, NJOZ 2013, 260, 261; NJW-RR 1998, 590, 591; OLG Düsseldorf, NZA-RR 1999, 397, 398; OLG Hamm, NJW 2017, 576; LAG Thüringen, NZA-RR 1999, 399, 402; *Fischinger*, NZA 2019, 729, 730; *Lorenz* in: FS Canaris, 777, 778; Jauernig/BGB/*Mansel*, § 138 Rn. 8.

[212] Begriff nach *Lorenz* in: FS Canaris, 777, 779.

[213] BAG, NJW 2005, 3164, 3167; BGH, NJW 1988, 2599, 2601; *G. Becker,* Die unzulässige Einflussnahme des Arbeitgebers auf die Entscheidungsfreiheit des Arbeitnehmers am Beispiel des arbeitsrechtlichen Aufhebungsvertrages, S. 271; *Burkardt,* Der arbeitsrechtliche Aufhebungsvertrag, S. 188; *Franz,* Der Abschluss eines Aufhebungsvertrags, S. 140; *Giesing,* Inhaltskontrolle und Abschlusskontrolle arbeitsrechtlicher Aufhebungsverträge, S. 201; *Horstmeier,* ZAP 2023, 289, 293; Köhler/Bornkamm/Feddersen/UWG/*Köhler*, § 3 Rn. 10.5; *Lorenz* in: FS Canaris, 777f; Jauernig/BGB/*Mansel*, § 138 Rn. 8; Erman/*Schmidt-Räntsch*, § 138 Rn. 15.

[214] Vgl. *Lorenz* in: FS Canaris, 777, 779.

und wäre ein Instrument der Abschlusskontrolle. Sie könnte auch Konstellationen erfassen, in denen ein Verhandlungspartner zur Eingehung eines Rechtsgeschäfts unterhalb der Schwelle von § 123 Abs. 1 BGB zum Vertragsschluss gedrängt wurde. Für eine solche Auslegung spricht insbesondere die Formel des Systems der beweglichen Elemente. In diesem System kann ein Element so stark ausgeprägt sein, dass allein dessen Vorliegen die Sittenwidrigkeit begründen kann.[215] Des Weiteren gibt es in einem System beweglicher Elemente kein Rangverhältnis zwischen den einzelnen Elementen, sondern sie stehen grundsätzlich auf derselben Stufe und sind jeweils wechselseitig austauschbar.[216] Bei konsequenter Anwendung dieser Auslegung wäre eine prozedurale Umstandssittenwidrigkeit denkbar. Denn zumindest bei einer massiven Beeinflussung der Willensfreiheit des Verhandlungspartners könnte man zu dem Ergebnis kommen, dass die Umstände des Vertragsschlusses so schwerwiegend belastet sind, dass das entstandene Rechtsgeschäft sittenwidrig ist. Ob diese Auslegung zutrifft, ist im Folgenden zu erörtern.

aa) Die bloße Umstandssittenwidrigkeit in der Rechtsprechung

Der BGH und das BAG haben der „bloßen Umstandssittenwidrigkeit" in der Vergangenheit jeweils Absagen erteilt und diese Auslegung mit systematischen Argumenten begründet. So gehöre es grundsätzlich nicht in den Regelungsbereich von § 138 BGB, Umstände zu bewerten, die das Zustandekommen eines Vertrages betreffen. Die Vorschrift beziehe sich auf den Inhalt des Rechtsgeschäfts. Die Systematik des Allgemeinen Teils begründe eine solche Betrachtung: Wenn schon eine widerrechtliche Drohung lediglich zur Anfechtbarkeit der Willenserklärung führt, könnten vergleichbare Umstände nicht zur unmittelbaren Nichtigkeit gemäß § 138 Abs. 1 BGB führen.[217] Zwar seien die Umstände des Zustandekommens des Vertrags zu berücksichtigen, doch nur, wenn weitere Umstände zu einem drohungsähnlichen Tatbestand hinzukämen, sei § 138 Abs. 1 BGB neben der *„Sonderregelung"* des § 123 Abs. 1 BGB anwendbar.[218]

Die Ansichten des BAG und BGH spiegeln sich in der obergerichtlichen Rechtsprechung wider, in der vielfach die Umstände des Vertragsschlusses entscheidend zur Begründung

---

[215] BGH, NJOZ 2013, 260, 261; PWW/BGB/*Ahrens*, § 138 Rn. 27; MüKo/BGB/*Armbrüster*, § 138 Rn. 45; *Henninger*, Europäisches Privatrecht und Methode, S. 104.
[216] *Höpfner*, Die systemkonforme Auslegung, S. 139.
[217] BGH, NJW 1988, 2599, 2601; BAG, NJW 2005, 3164, 3167.
[218] BGH, NJW 1988, 2599, 2601; NJW 1988, 902, 903.

der Sittenwidrigkeit herangezogen wurden. Die Ausnutzung der Unerfahrenheit und die Beschönigung eines komplizierten und nachteiligen Rechtsgeschäfts in Kombination mit dem Aufbau von Zeitdruck, um einen Erb- und Pflichtteilsverzicht zu erwirken,[219] wurden ebenso als sittenwidrig eingeordnet, wie die Schaffung einer mehrstündigen kreuzverhörähnlichen Situation, in der Arbeitnehmerinnen bzw. Auszubildende von mehreren Personen zur Abgabe eines Schuldanerkenntnisses bewegt wurden.[220] Insbesondere die Fälle, die den Entscheidungen des OLG Düsseldorf und des LAG Thüringen zugrunde lagen, können mit den Worten *Giesings* als „*Paradebeispiel für unfaire Verhandlungsmethoden*"[221] bezeichnet werden. In beiden Fällen war auf Seiten der Arbeitnehmerin/Auszubildenden eine junge und geschäftsunerfahrene Frau. Die Arbeitgeber schafften jeweils eine personelle Überlegenheit, verweigerten ihren Verhandlungspartnerinnen rechtliche Beratung oder persönlichen Beistand, nutzten ihre Stellung als Arbeitgeber, um die Damen am Verlassen des Raumes zu hindern und hielten diesen Zustand über mehrere Stunden aufrecht. Erst in Folge dieser geschaffenen Drucksituationen[222] bzw. Zwangslage[223] gaben die Arbeitnehmerinnen nach und unterschrieben ein Schuldanerkenntnis, das sie unter dem Eindruck des aufrecht erhaltenen Drucks beim Notar bestätigten.

Die Urteile zeigen, dass die Umstände des Vertragsschlusses von der Rechtsprechung umfangreich und entscheidend bei der Bestimmung der Sittenwidrigkeit berücksichtigt werden.[224] Es darf jedoch nicht verkannt werden, dass auch diese Urteile die inhaltlichen Aspekte der Rechtsgeschäfte einbezogen, wenngleich die Berücksichtigung der Vertragsinhalte im Verhältnis zur Thematisierung der jeweiligen Vertragsverhandlungen eher eine Randnotiz darstellte. Die zitierten Urteile sprechen der vorvertraglichen Beeinflussung ein überragendes Gewicht bei der Begründung der Sittenwidrigkeit zu, begründen aber keine Befürwortung einer bloßen Umstandssittenwidrigkeit.[225]

[219] OLG Hamm, NJW 2017, 576; OLG München, ZEV 2006, 313.
[220] OLG Düsseldorf, NZA-RR 1999, 397; LAG Thüringen, NZA-RR 1999, 399.
[221] *Giesing*, Inhaltskontrolle und Abschlusskontrolle arbeitsrechtlicher Aufhebungsverträge, S. 229.
[222] Begriff des LAG Thüringen, NZA-RR 1999, 399, 400.
[223] Begriff des OLG Düsseldorf, NZA-RR 1999, 397, 398.
[224] Vgl. *Kapfer*, MittBayNot 2006, 385 zum Urt. des OLG München, ZEV 2006, 313.
[225] Zur Klarstellung sei erwähnt, dass auch die in Zusammenhang mit Einflussnahmen auf die Vertragspartner oft zitierte Rechtsprechung zu Bürgschaften naher Angehöriger oder Arbeitnehmer bei der Bestimmung der Sittenwidrigkeit gemäß § 138 Abs. 1 BGB primär auf das Missverhältnis zwischen Verpflichtungsumfang und Leistungsumfang des Bürgenden abstellt. Erst wenn dieses Missverhältnis festgestellt ist, wird die Ausnutzung des emotionalen Näheverhältnisses vermutet und zur Begründung der Sittenwidrigkeit angeführt, s. hierzu: BGH, NJW-RR 2017, 241, 243; NJW 2009, 2671, 2672; NJW 2005, 971, 972; NJW 2004, 161, 162.

bb) Die „bloße Umstandssittenwidrigkeit" *Fischingers*

Fischinger geht davon aus, dass die Umstände, die zum Vertragsschluss geführt haben, unabhängig vom Inhalt des Rechtsgeschäfts dazu führen können, dass das Rechtsgeschäft insgesamt sittenwidrig ist. Wie bereits beschrieben, wird vielfach betont, dass in dem beweglichen System der Sittenwidrigkeit einzelne Elemente so stark ausgeprägt sein können, dass sich schon daraus die Sittenwidrigkeit ergeben könne.[226]

Mit Unterstützung dieser Argumentation lehnt *Fischinger* das Gebot fairen Verhandelns als Institut des Schuldrechts ab und plädiert stattdessen für die „*bewährte*" Anwendung der Sittenwidrigkeit gemäß § 138 Abs. 1 BGB. Er kritisiert die Annahme eines in §§ 311 Abs. 2 Nr. 1, 241 Abs. 2 BGB normativ verorteten Gebots fairen Verhandelns.[227] Es komme als Alternative in Betracht, die unzulässige Beeinflussung des Verhandlungspartners über § 138 Abs. 1 BGB „*abzuwickeln*."[228] Dabei konzediert *Fischinger*, dass § 138 Abs. 1 BGB eher eine Vertragsinhaltskontrolle als eine Verhaltens- oder Abschlusskontrolle der Parteien darstellt, verweist aber auf die Umstandssittenwidrigkeit und zog eine Parallele zu anderen Anwendungsbereichen der Sittenwidrigkeit.[229] Zwar sei die Rechtsprechung bei der Annahme der Sittenwidrigkeit arbeitsrechtlicher Aufhebungsverträge aufgrund der gegebenen Verhandlungsparität zurückhaltend, es sei jedoch befremdlich, eine etablierte Vorschrift zur Vertragskontrolle unberücksichtigt zu lassen.[230]

Aus den Ausführungen *Fischingers* kann gefolgert werden, dass er die Sittenwidrigkeit als weitergehendes Instrument der Verhaltens- bzw. Abschlusskontrolle ansieht. Andernfalls wäre dieser Vorschlag in dem gegebenen Kontext nicht nachzuvollziehen, zumal *Fischinger* in direktem Zusammenhang mit seiner Argumentation das bestehende Verhandlungsgleichgewicht von Arbeitnehmer und Arbeitgeber im Falle der Aufhebungsverträge betont. Er verneint damit die durch das Bundesverfassungsgericht bestätigte Voraussetzung für die Vertragskontrolle, nämlich die verfassungsrechtlich gebotene Wahrung der Selbstbestimmung. Bei der Verhandlung eines Aufhebungsvertrags bestehe keine „*strukturelle Paritätsstörung*" zu Lasten des Arbeitnehmers.[231] Es darf nicht

[226] S. Fn. 216.
[227] *Fischinger*, NZA-RR 2020, 516; *Fischinger*, NZA 2019, 729; Staudinger/*Fischinger*, § 138 Rn. 51b; MHdB/ArbR/*Fischinger*, § 9 Rn. 12.
[228] *Fischinger*, NZA 2019, 729, 730; ähnlich argumentierend: *Gaul/Breuer*, NZA-Beilage 2021, 29, 30; *Zwanziger*, DB 1994, 982, 984.
[229] Ebd.
[230] *Fischinger*, NZA 2019, 729, 731.
[231] *Fischinger*, NZA-RR 2020, 516f.

verkannt werden, dass auch *Fischinger* die Kombination aus dem Inhalt des Vertrags und der äußeren Umstände des Vertragsschlusses erwähnt.[232] Die Ansicht wird jedoch trotz der geäußerten Bedenken bezüglich der fehlenden inhaltlichen Benachteiligung des Arbeitnehmers vertreten und auf die inhaltliche Sittenwidrigkeit wird nicht näher eingegangen.[233] Daher gleicht die Annahme der Sittenwidrigkeit in diesem Zusammenhang faktisch einer bloßen Umstandssittenwidrigkeit[234] und ist nur so im Kontext der Thematik des Gebots fairen Verhandelns erklärbar.

cc) Die Übertragung der undue influence über § 138 Abs. 1 BGB

Ebenso wurde in der Vergangenheit untersucht, ob die Sittenwidrigkeit nach § 138 Abs. 1 BGB nicht auch ein Einfallstor für die undue-influence-Doktrin sein könne.[235] *Lorenz*, der auf das Rechtsinstitut und die Möglichkeit der Übertragung ins Deutsche Recht als Erster hinwies, kam zu dem Ergebnis, dass § 138 Abs. 1 BGB und die hierauf bezogene Rechtsprechung des BGH nicht geeignet seien, den Schutz der Entscheidungsfreiheit lückenlos zu gewährleisten, da § 138 Abs. 1 BGB stets einen inhaltlichen Bezug verlange, weshalb die Übertragung der undue influence über c.i.c. gemäß §§ 311 Abs. 2, 241 Abs. 2 BGB erfolgen müsse, um das Problem an der „*Wurzel*" zu packen, nämlich im vorvertraglichen Schuldverhältnis anzuknüpfen.[236] Diese Lösung lehnte *König* explizit ab[237] und schlug stattdessen vor, die undue influence als Orientierung für vergleichbare Lösungen im Rahmen des § 138 Abs. 1 BGB heranzuziehen.[238]

dd) Stellungnahme

Die „bloße" oder „prozedurale Umstandssittenwidrigkeit" wird zurecht von der überwiegenden Mehrheit abgelehnt.[239] Zutreffend ist, dass bei der Prüfung der Sittenwidrigkeit die Umstände des Vertragsschlusses berücksichtigt werden müssen. § 138 Abs. 1 BGB schützt daher vor einem Rechtsgeschäft, das inhaltlich zumindest in Ansätzen

---

[232] *Fischinger*, NZA 2019, 729, 730; s. auch: Staudinger/*Fischinger*, § 138 Rn. 10–11.
[233] Die inhaltliche Sittenwidrigkeit bei arbeitsrechtlichen Aufhebungsverträgen wird regelmäßig abgelehnt, *Burkardt*, Der arbeitsrechtliche Aufhebungsvertrag, S. 188; *Schacht*, Der Übereilungsschutz beim arbeitsrechtlichen Aufhebungsvertrag, S. 123.
[234] S. hierzu auch die Falllösung in: *Fischinger*, Arbeitsrecht, Rn. 1121.
[235] *König*, StudZR-WissOn 2014, 45; *Lorenz* in: FS Canaris, 777.
[236] *Lorenz* in: FS Canaris, 777, 782ff.
[237] *König*, StudZR-WissOn 2014, 45, 66.
[238] *König*, StudZR-WissOn 2014, 45, 70.
[239] S. Fn. 214.

ein Missverhältnis enthält und das durch unfaire Verhandlungsmethoden herbeigeführt wurde. Das ist eine Folge des Systems der beweglichen Elemente. Eine reine Abschlusskontrolle ohne Bezug auf den Vertragsinhalt begründet § 138 Abs. 1 BGB allerdings nicht.

(1) Wortlaut und teleologische Auslegung

Der offene Begriff der guten Sitten und die Tatsache, dass § 138 Abs. 1 BGB eine Generalklausel darstellt, eröffnen grundsätzlich die Möglichkeit, auch unzulässige und extreme Beeinflussungen des Verhandlungspartners isoliert als sittenwidrig betrachten zu können, und zwar unabhängig vom Vertragsinhalt. Es ist nicht „billig und gerecht", wenn eine überlegene Vertragspartei (zum Beispiel der Vater gegenüber seinem kürzlich volljährig gewordenen Kind;[240] der Arbeitgeber gegenüber seinem Arbeitnehmer) den Verhandlungspartner unter Ausnutzung mehrerer fragwürdiger Verhandlungsmethoden zu einer Willenserklärung bewegt.[241] Eine solche Konstellation lässt auch aus Sicht eines objektiven Beobachters Zweifel an der Wirksamkeit des Rechtsgeschäfts aufkommen. Das ist auch dadurch begründet, dass das Recht nicht der einzige Maßstab für die Regeln einer Gesellschaft ist. Auch ethische und moralische Normen werden als verbindliche Vorschriften in einer Gesellschaft betrachtet.[242] § 138 Abs. 1 BGB ist ein Mittel, außerrechtlich moralisch missbilligten Verhaltensweisen zu begegnen.[243] Bei der Anwendung von § 138 Abs. 1 BGB wird daher regelmäßig auf rechtsethische Normen abgestellt.[244] Neben den außerrechtlichen und moralischen Aspekten, die über § 138 Abs. 1 BGB Einklang in die Rechtsordnung finden, gilt dieses auch für verfassungsrechtliche Grundsätze.[245] Die wirtschaftliche Entscheidungsfreiheit könnte ebenso wie das Sozialstaatsprinzip[246] durch eine Abschlusskontrolle im Rahmen von § 138 Abs. 1 BGB gewahrt werden.[247]

---

[240] Vgl. OLG Hamm, NJW 2017, 576; OLG München, ZEV 2006, 313.

[241] Vgl. *Kamanabrou*, RdA 2020, 201, 209, die diese Verhandlungsmethoden unabhängig von dessen rechtlicher Einordnung als unangemessen einordnet.

[242] MüKo/BGB/*Armbrüster*, § 138 Rn. 21.

[243] Vgl. HK/BGB/*Dörner*, § 138 Rn. 1

[244] *Sack*, NJW 1985, 761, 765.

[245] BGH, NJW 2020, 58, 59.

[246] Vgl. BVerfG, NJW 1994, 36, 38; BAG, NZA 2004, 971, 973.

[247] Grüneberg/BGB/*Ellenberger*, § 138 Rn. 4; Dürig/Herzog/Scholz/*Di Fabio*, Art. 2 GG Rn. 108.

Bei der Anwendung von § 138 Abs. 1 BGB muss aber wie bei § 242 BGB verhindert werden, dass eine reine Billigkeitsrechtsprechung entsteht.[248] Einzelfallgerechtigkeit und Rechtssicherheit stehen in einem Spannungsverhältnis.[249] Auch wegen der Rechtssicherheit darf nicht jedem vermeintlich ungerechten Rechtsgeschäft die Wirksamkeit versagt werden, weshalb die Eingriffsschwelle des § 138 Abs. 1 BGB relativ hoch angesetzt ist.[250] Der BGH hat das im Kontext der Überprüfung der Wirksamkeit eines Testaments mit dem prägnanten Satz dargestellt, dass die Unwirksamkeit eines Rechtsgeschäfts der Begründung bedürfe, nicht etwa dessen Rechtfertigung.[251] Um die systemgerechte Anwendung der Generalklauseln zu bewerten, ist der Blick auf die Systematik des § 138 Abs. 1 BGB zu richten.

(2) Die Systematik des § 138 Abs. 1 BGB

Der Gesetzgeber hat mit § 123 Abs. 1 BGB eine Norm geschaffen, die im Allgemeinen Teil des BGB Beeinflussungen in Vertragsverhandlungen erfasst. Die arglistige Täuschung und die widerrechtliche Drohung führen jedoch nur zur Anfechtbarkeit der Willenserklärung, setzen also einen weiteren Willensakt des Getäuschten oder Bedrohten voraus. Wenn schon schwerste Beeinflussungen nur die Anfechtbarkeit nach § 123 Abs. 1 BGB begründen, darf § 138 Abs. 1 BGB erst recht nicht ohne inhaltliches Ungleichgewicht eingreifen.[252] Das gilt vor allem deswegen, weil ein negativer Vertragsinhalt für den Beeinflussten zwar oftmals der Realität entsprechen dürfte, allerdings nicht zwingend ist. Wenn man die zwingende Rechtsfolge des § 138 Abs. 1 BGB allein an die vorvertragliche Beeinflussung knüpfen würde, hätte der Beeinflusste keine Möglichkeit mehr, das Rechtsgeschäft aufrecht zu erhalten. Dieses Argument ist praktisch wenig bedeutsam, da sich nur derjenige auf die Nichtigkeit berufen wird, der nicht am Vertrag festhalten möchte.[253] Gleichwohl lässt dieser Umstand Rückschlüsse auf den Willen des Gesetzgebers zu. Dieser hat durch die Schaffung der Anfechtungsgründe aus § 123 Abs. 1 BGB und deren Rechtsfolge eine Abgrenzung zur Sittenwidrigkeit geschaffen, die durch die „bloße Umstandssittenwidrigkeit“ konterkariert würde.

[248] MüKo/BGB/*C. Schubert*, § 242 Rn. 29.
[249] *Auer,* Materialisierung, Flexibilisierung, Richterfreiheit, S. 212 ff.
[250] MüKo/BGB/*Armbrüster*, § 138 Rn. 24.
[251] BGH, NJW 2020, 58, 59.
[252] BGH, NJW 2008, 982, 983; NJW 1988, 2599, 2601; NJW 1988, 902, 903; BAG, NZA 2016, 1409, 1414; *Lorenz* in: FS Canaris, 777f.
[253] Trotz dieses praktischen Arguments wird auf die Absolutheit der Rechtsfolge des § 138 Abs. 1 BGB vereinzelt hingewiesen: *Husemann,* Der moderierte Vertrag, S. 472.

Ebenso ist § 138 Abs. 2 BGB bei der systematischen Auslegung der Norm zu berücksichtigen. Der Wuchertatbestand knüpft explizit an die Situation vor Eingehung eines Rechtsgeschäfts an und verlangt eine Schwächesituation beim Verhandlungspartner, die der Wucherer bewusst ausbeutet.[254] Die Schwächesituationen der Zwangslage, der Unerfahrenheit oder der Willensschwäche kommen den Voraussetzungen des Gebots fairen Verhandelns gemäß §§ 311 Abs. 2, 241 Abs. 2 BGB in seiner bisherigen Anwendung nahe.[255] Der Wuchertatbestand verlangt aber auch, dass sich derjenige, der die Zwangslage, die Unerfahrenheit, den Mangel an Urteilsvermögen oder die erhebliche Willensschwäche ausnutzt, Vermögensvorteile versprechen lässt, die in einem auffälligen Missverhältnis zur eigenen Leistung stehen. § 138 Abs. 2 BGB ist insofern spezieller und verweist durch das Wort *„insbesondere"* auf § 138 Abs. 1 BGB.[256] Insofern erlaubt § 138 Abs. 2 BGB Rückschlüsse auf die Auslegung des § 138 Abs. 1 BGB: Das bestätigt zwar einerseits, dass die äußeren Umstände bei der Auslegung der Sittenwidrigkeit zu berücksichtigen sind, aber anderseits auch, dass ein inhaltliches Ungleichgewicht zwingende Voraussetzung für die Annahme der Sittenwidrigkeit ist.[257] Wenn schon die Ausbeutung einer besonderen Schwäche im Sinne von § 138 Abs. 2 BGB – also eine extreme Form der Ausnutzung äußerer Umstände – zusätzlich ein auffälliges Missverhältnis verlangt, so muss das erst recht für den Grundtatbestand gelten.[258]

(3) Historische Betrachtung

Neben der systematischen Auslegung spricht vor allem die historische Betrachtung der Sittenwidrigkeit dafür, dass nur bei Vorliegen eines inhaltlichen Ungleichgewichts das Rechtsgeschäft gemäß § 138 Abs. 1 BGB für nichtig befunden werden kann. Schon bei der Schaffung des § 138 Abs. 1 BGB war erkennbar, dass die Verfasser des BGB bei der Sittenwidrigkeit einen inhaltlichen Bezug sahen. So hieß es im ersten Entwurf des BGB: *„Ein Rechtsgeschäft, dessen Inhalt gegen die guten Sitten oder die öffentliche Ordnung*

---

[254] MüKo/BGB/*Armbrüster*, § 138 Rn. 267; Grüneberg/BGB/*Ellenberger*, § 138 Rn. 69ff.

[255] Insbesondere wird bei der Bestimmung des Gebots fairen Verhandelns regelmäßig die *„psychische Drucksituation"* oder die *„psychische Zwangslage"* betont, die durch Verhandlungspartner verursacht oder ausgenutzt wird, deutlich: BAG, NZA 2019, 688, 691; ArbG Berlin, BeckRS 2015, 66780; *G. Becker,* Die unzulässige Einflussnahme des Arbeitgebers auf die Entscheidungsfreiheit des Arbeitnehmers am Beispiel des arbeitsrechtlichen Aufhebungsvertrages, S. 393f; *Lorenz*, JZ 1997, 277, 282.

[256] Vgl. MüKo/BGB/*Armbrüster*, § 138 Rn. 264.

[257] *Lembke/Michels*, RdA 2023, 353, 357; *Lorenz* in: FS Canaris, 777, 778.

[258] Vgl. *Sack*, NJW 1974, 564.

verstößt, ist nichtig."[259] Diese Formulierung beruhte auf dem Gedanken, dass zur Sittenwidrigkeit der Inhalt eines Rechtsgeschäfts unmittelbar die guten Sitten verletzen müsse.[260] Die Vorkommission des Reichsprüfungsamtes änderte jedoch den Entwurf und entfernte den unmittelbaren Verweis auf den Inhalt des Rechtsgeschäfts. In der Kommission herrschte mehrheitlich die Ansicht, dass bei der Sittenwidrigkeit das Rechtsgeschäft als Ganzes zu betrachten sei.[261] Der inhaltliche Bezug blieb allerdings unberührt. So sahen die Autoren der Motive zum Entwurfe eines Bürgerlichen Gesetzbuches[262] ebenfalls einen inhaltlichen Bezug zur Sittenwidrigkeit und führten aus, dass diese nur dann anzunehmen sei, wenn „*der Inhalt eines Rechtsgeschäfts unmittelbar, in objektiver Hinsicht und unter Ausscheidung der subjektiven Seite, die guten Sitten verletzt.*"[263]

b) Fazit

Aus der Sittenwidrigkeit gemäß § 138 Abs. 1 BGB kann weder eine bloße Abschlusskontrolle noch eine Übertragung der undue influence in das deutsche Recht abgeleitet werden. Unzweifelhaft sind bei der Bestimmung der Sittenwidrigkeit die äußeren Umstände zu berücksichtigen. Insofern ist es berechtigt, dass bei vorvertraglicher Beeinflussung in Kombination mit einem inhaltlichen Ungleichgewicht eine Sittenwidrigkeitskontrolle stattfindet.[264] Bei einem Rechtsgeschäft, dessen objektiver Inhalt ein Ungleichgewicht enthält, ist es richtig, das gesamte Rechtsgeschäft unter Berücksichtigung seiner Entstehung primär anhand der Sittenwidrigkeit zu untersuchen.[265] Dabei kann die Beeinflussung des Vertragspartners, insbesondere unter Berücksichtigung der Verhandlungsparität, entscheidender Aspekt für die Annahme der Sittenwidrigkeit

[259] Entwurf eines Bürgerlichen Gesetzbuches für das Deutsche Reich, 1887, zitiert nach: HKK/BGB/*Haferkamp*, § 138 Rn. 712.

[260] 30. Sitzung der 1. Kommission vom 07.12.1881, Prot. I 215, zitiert nach: *Jakobs* in: Jakobs, Die Beratung des Bürgerlichen Gesetzbuchs, 714

[261] 17. Sitzung der Vorkommission des Reichsjustizamts vom 07.02.1891, zitiert nach: *Jakobs* in: Jakobs, Die Beratung des Bürgerlichen Gesetzbuchs, 714, 730.

[262] Die Motive enthalten vorrangig Auszüge aus den Begründungen der Redakteure und aus den Protokollen der Kommission. Sie können weder unmittelbar den Mitgliedern der 1. Kommission zugeschrieben werden noch wurden sie von ihnen autorisiert. Dennoch können sie zumindest als Indiz für den Willen der Kommissionsmitglieder herangezogen werden, da sie von den Hilfsarbeitern der Kommission verfasst wurden, s. hierzu: *W. Schubert* in: Jakobs, Die Beratung des Bürgerlichen Gesetzbuchs, 49; HKK/BGB/*Haferkamp*, § 138 Rn. 4

[263] Motive zu dem Entwurfe eines Bürgerlichen Gesetzbuches für das Deutsche Reich, Bd. I, Allgemeiner Theil, Amtliche Ausgabe Berlin SW, 1896, zu § 106, S. 211.

[264] A.A.: *Zimmer*, NJW 2017, 513, 516, zu OLG Hamm, NJW 2017, 576, der trotz des in diesem Fall bestehenden inhaltlichen Ungleichgewichts die Anwendung der undue influence für vorzugswürdig hielt.

[265] Beispielhaft: *Joussen*, ZMV 2023, 115.

sein. Das gilt auch bei einem Rechtsgeschäft, dessen Inhalt ansonsten nicht sittenwidrig wäre.[266] Ein Grundsatz des fairen Verhandelns beziehungsweise eine reine Abschlusskontrolle aus § 138 Abs. 1 BGB ist jedoch mit der ganz überwiegenden Meinung[267] abzulehnen. Der weitgehende Zweck des § 138 Abs. 1 BGB, unerträgliche Rechtsgeschäfte zu verhindern und der Charakter der Norm als Generalklausel, genügen nicht, um eine bloße Abschlusskontrolle entgegen systematischen Zwängen und der Historie von § 138 Abs. 1 BGB zu rechtfertigen.

Weder aus § 242 BGB noch aus § 138 BGB ergibt sich daher eine reine Abschlusskontrolle, die dem bisher angewendeten Gebot fairen Verhandelns gleichkäme.

3. Die extensive und analoge Anwendung von § 123 Abs. 1 BGB

Teilweise wird vertreten, dass Willensbeeinflussungen im vorvertraglichen Stadium bei extensiver oder analoger Anwendung von § 123 Abs. 1 BGB erfasst werden könnten und zu einem Anfechtungsrecht des Beeinflussten führen.[268] Das könnte insbesondere Fälle drohungsähnliche Szenarien erfassen, in denen zwar keine Drohung im Sinne des § 123 Abs. 1 Var. 2 BGB vorliegt, aber gleichwohl auf vergleichbare Weise Druck auf das Gegenüber ausgeübt wird. Diese Auslegung würde einerseits die vom Inhalt unabhängige Abschlusskontrolle geschlossener Verträge ermöglichen und andererseits die Auflösung des Vertrags demjenigen zur Disposition stellen, der sich auf eine unzulässige Willensbeeinflussung des Gegenübers beruft. Die extensive Auslegung von § 123 Abs. 1 BGB könnte daher systematisch nachvollziehbarer als eine Abschlusskontrolle aus § 138 Abs. 1 BGB sein und würde aufgrund des uneingeschränkten Anwendungsbereichs des § 123 Abs. 1 BGB umfassenden Schutz vor

[266] Vgl. MüKo/BGB/*Armbrüster*, § 138 Rn. 45.

[267] BGH, NJW-RR 1998, 590, 592; NJW 1988, 2599, 2601; NJW 1988, 902, 903; BAG, NJW 2005, 3164, 3167; MüKo/BGB/*Armbrüster*, § 138 Rn. 44; *Burkardt,* Der arbeitsrechtliche Aufhebungsvertrag, S. 189; HK/BGB/*Dörner*, § 138 Rn. 2; *Flume,* Allgemeiner Teil des Bürgerlichen Rechts, S. 368; Grüneberg/BGB/*Ellenberger*, § 138 Rn. 8; *Franz,* Der Abschluss eines Aufhebungsvertrags, S. 140f; *Frieser*, ErbR 2020, 309, 311f; *Giesing,* Inhaltskontrolle und Abschlusskontrolle arbeitsrechtlicher Aufhebungsverträge, S. 229; *Lorenz* in: FS Canaris, 777f; *Schacht,* Der Übereilungsschutz beim arbeitsrechtlichen Aufhebungsvertrag, S. 122.

[268] *Benecke*, RdA 2004, 147, 151; *Grigoleit*, NJW 1999, 900, 903; MüKo/BGB/*Kramer*, § 123 Rn. 52, 5. Auflage, diese Rechtsauffassung findet sich in der aktuellen Auflage des MüKo nicht wieder; *Sack*, GRUR 2004, 625, 630; *Wolf,* Rechtsgeschäftliche Entscheidungsfreiheit und vertraglicher Interessenausgleich, S. 123 ff.

Willensbeeinflussungen gewährleisten, was vereinzelt als *„rechtspolitisch überzeugend“*[269] bezeichnet wird.

a) Arglistige Täuschung und widerrechtliche Drohung

§ 123 Abs. 1 BGB schützt in seiner „gängigen“ Anwendung vor arglistiger Täuschung und widerrechtlicher Drohung, indem es dem Getäuschten oder dem Bedrohten ein Anfechtungsrecht eröffnet.[270] Die fahrlässige Täuschung oder andere Irreführungen unterhalb der Schwelle der arglistigen, widerrechtlichen Täuschung sind hingegen ausdrücklich nicht von § 123 Abs. 1 BGB erfasst.[271]

Die Drohung gemäß § 123 Abs. 1 Var. 2 BGB wird definiert als Ankündigung eines zukünftigen Übels, also eines Nachteils, auf das der Drohende Einfluss zu haben vorgibt.[272] Die Voraussetzungen der widerrechtlichen Drohung sind dann nicht erfüllt, wenn die Rechtswidrigkeit der Drohung fehlt,[273] oder lediglich anderweitiger psychischer Druck unterhalb der Schwelle einer Drohung ausgeübt wird. Letzteres deckt der Wortlaut nicht ab.

Bei erster Betrachtung und Auslegung des Wortlauts ist § 123 Abs. 1 Var. 2 BGB nur in den eindeutig genannten Fällen anwendbar und erfasst daher keine Willensbeeinflussungen unter deren Schwelle. Im Hinblick auf drohungsähnliche Konstellationen stellt sich jedoch die Frage, ob § 123 Abs. 1 Var. 2 BGB in extensiver Auslegung weitergehende Verhandlungspflichten begründen und drohungsähnliche Szenarien erfassen könnte. Dieser Frage wird im Folgenden nachgegangen.

---

[269] MüKo/BGB/*Armbrüster*, § 123 Rn. 138
[270] Zu den Voraussetzungen des § 123 Abs. 1 BGB, s. Erster Teil, II. 2.
[271] Vgl. BGH, NJW-RR 2005, 1082, 1083; BAG, NJW 2012, 3390, 3391.
[272] S. Erster Teil, II. 2.
[273] So ist etwa die Drohung mit einer Kündigung des Arbeitsvertrags nicht widerrechtlich, wenn ein verständiger Arbeitgeber die Kündigung des Arbeitnehmers aufgrund seines Verhaltens oder anderer Umstände ernsthaft in Erwägung ziehen durfte, st. Rspr.: BGH, NJW 2010, 1364, 1366; BAG, BeckRS 2022, 3692, Rn. 14; NJW 2004, 2401, 2402; NZA 1992, 1023, 1024; LAG Rheinland-Pfalz, BeckRS 2023, 27976, Rn. 24; LAG Hamm, BeckRS 2021, 15285, Rn. 31; LAG Rheinland-Pfalz, NZA-RR 2020, 400; BeckRS 2019, 16044, Rn. 30; LAG Düsseldorf, NZA 1993, 702, 703; ArbG Paderborn, BeckRS 2020, 48299, Rn. 61; ArbG Schwerin, BeckRS 2019, 44159, Rn. 29; ArbG Berlin, BeckRS 2015, 66780; s.a. *Benecke*, RdA 2004, 147, 149; *Giesing*, Inhaltskontrolle und Abschlusskontrolle arbeitsrechtlicher Aufhebungsverträge, S. 191; *Joussen*, ZMV 2023, 115, 116; *M.-O. Schulze/Kittel/Pfeffer*, ArbRAktuell 2017, 105; kritisch: *Bengelsdorf*, BB 1996, 904, 905.

b) Historische und teleologische Betrachtung

Die extensive oder analoge Anwendung von § 123 Abs. 1 BGB wird unterschiedlich begründet und unter verschiedenen Voraussetzungen angenommen. Bei der historischen Auslegung von § 123 Abs. 1 BGB wird teilweise darauf verwiesen, dass die Motive zum ersten Entwurf des BGB weite Ausführungen zur freien Willensentscheidung im Kontext der Anfechtung enthalten. So heißt es dort: „*Die Rechtsordnung kann nicht gestatten, daß die freie Selbstbestimmung auf rechtsgeschäftliche Gebiete in widerrechtlicher Weise beeinträchtigt wird. (...) Die freie, das heißt die nicht rechtswidrig beeinflusste Willensentscheidung bildet (...) ein Tatbestandsmoment des Rechtsgeschäfts.*“[274] Nach *Wolf* deutet diese Formulierung darauf hin, dass die freie Willensentscheidung Tatbestandsvoraussetzung jeder Willenserklärung sei. Fehle sie, sei die Erklärung entweder insgesamt nichtig oder zumindest in Bezug auf die hiervon erfassten Teile unwirksam.[275]

Auf dieser historischen Grundlage rechtfertigt *Sack* die Ansicht, § 123 Abs. 1 BGB analog auf Willenserklärungen anzuwenden, die unter Verstoß gegen die Vorschriften des Lauterkeitsrechts zustande gekommen sind.[276] Hierbei ist insbesondere an aggressive geschäftliche Handlungen oder irreführende geschäftliche Handlungen nach § 4a und § 5 UWG zu denken, deren Tatbestand teilweise unterhalb der Schwelle von § 123 Abs. 1 BGB erfüllt sein kann und somit einen weitergehenden Schutz begründet.[277] Angesichts der Gesetzesbegründung in den Motiven könnte der Wortlaut von § 123 Abs. 1 BGB entgegen des historischen Willens der Väter des BGB zu eng gefasst sein. Nach dieser Auslegung sollte dessen Zweck auch weitergehende Beeinflussungen erfassen. Die Motive und auch der Tatbestand des § 119 BGB würden belegen, dass die Anfechtung den Erklärenden auch dann schützen solle, wenn sein Wille nicht wegen vorsätzlicher oder grob widerrechtlicher Beeinträchtigung beeinträchtigt worden sei.[278] Insoweit sei § 123 Abs. 1 BGB zu eng gefasst worden und gebe den Willen des Gesetzgebers nur unzureichend wieder.[279]

Eine derart weite telelogische Auslegung von § 123 Abs. 1 Var. 2 BGB könnte zumindest Fälle erfassen, in denen der Anfechtungsgegner eine psychische Zwangslage des

---

[274] Motive zu dem Entwurfe eines Bürgerlichen Gesetzbuches für das Deutsche Reich, Bd. I, Allgemeiner Theil, Amtliche Ausgabe Berlin SW, 1896, zu § 106, S. 204.
[275] *Wolf*, Rechtsgeschäftliche Entscheidungsfreiheit und vertraglicher Interessenausgleich, S. 123 ff.
[276] *Sack*, GRUR 2004, 625, 630.
[277] S. hierzu: Zweiter Teil, II., 4.
[278] *Sack*, GRUR 2004, 625, 631.
[279] Ebd.

Anfechtenden bewusst ausnutzt, um die Entscheidungsfreiheit von Erklärenden konsequent zu Ende zu denken.[280] Dann würde man nicht nur isoliert an den Begriffen „Drohung“ und „Täuschung“ haften, sondern die Gesamtsituation des Beeinflussten in den Blick nehmen und ihn vor einer „*überstürzten Entscheidung*“[281] schützen. Diesen Ansatz hat das BAG in der Vergangenheit zumindest offengelassen und hielt eine Anfechtung analog § 123 Abs. 1 BGB dann für möglich, wenn in die rechtsgeschäftliche Entscheidungsfreiheit in einer Form eingegriffen wurde, die mit dem Einfluss in die Entscheidungsfreiheit in Form einer arglistigen Täuschung oder einer widerrechtlichen Drohung vergleichbar war.[282]

Die Befürworter der Analogie oder extensiven Auslegung sind sich in der konkreten Anwendung von § 123 Abs. 1 BGB uneinig. Während manche nur in Fällen der erheblichen psychischen Beeinflussung des Anfechtungsgegners, die dem Tatbestand der arglistigen Täuschung oder widerrechtlichen Drohung nahekommt, die entsprechende Anwendung von § 123 Abs. 1 BGB für möglich halten[283] oder für einzelne Fälle befürworten,[284] halten andere eine umfassende Analogie von § 123 Abs. 1 BGB, die bei diversen Formen der Willensbeeinflussung greift,[285] für geboten. Eine solch weite Auslegung des § 123 Abs. 1 BGB würde in verschiedenen Fällen der Willensbeeinflussung, beim Aufbau von unzulässigem Zeitdruck, fehlender Waffengleichheit, oder der Ausnutzung geschäftlicher Unerfahrenheit, dem Vertragsschließenden ein Anfechtungsrecht analog § 123 Abs. 1 BGB zubilligen, da in diesen Fällen nicht von einer gänzlich freien Willensentscheidung auszugehen sein würde.

c) Stellungnahme

Aus den Motiven zum BGB ergibt sich nicht, dass durch das Anfechtungsrecht eine gänzlich unbeeinflusste Willenserklärung gewährleistet werden soll.[286] Die rechtsgeschäftliche Entscheidungsfreiheit des Einzelnen wird nicht vor jeglicher Beeinträchtigung, sondern nur vor rechtswidrigen Beeinflussungen im Sinne von § 123

[280] MüKo/BGB/*Kramer*, § 123 Rn. 52, 5. Auflage.
[281] *Benecke*, RdA 2004, 147, 151.
[282] BAG, NJW 1983, 2958, 2959.
[283] BAG, NJW 1983, 2958, 2959; MüKo/BGB/*Kramer*, § 123 Rn. 52, 5. Auflage; *Weiler*, Die beeinflusste Willenserklärung, S. 620ff.
[284] *Grigoleit*, NJW 1999, 900, 903.
[285] *Sack*, GRUR 2004, 625, 630; *Wolf*, Rechtsgeschäftliche Entscheidungsfreiheit und vertraglicher Interessenausgleich, S. 123ff.
[286] So aber: *Wolf*, Rechtsgeschäftliche Entscheidungsfreiheit und vertraglicher Interessenausgleich, S. 123ff.

Abs. 1 BGB geschützt.[287] Schon der erste Satz der Motive zum damaligen § 103 enthält die Einschränkung der Rechtswidrigkeit. Dort heißt es: *„Die Rechtsordnung kann es nicht gestatten, dass die freie Selbstbestimmung auf rechtswidrige Weise beeinflusst wird.“*[288] Unter dieser Formulierung folgen Ausführungen zu Willenserklärungen, die durch *„Betrug und Drohung hervorgerufen“*[289] wurden. Den Motiven ist damit nur zu entnehmen, dass die Urheber des BGB beim Begriff der *„rechtswidrigen Willensbeeinflussung“* vor allem Täuschung und Drohung im Blick hatten. Anderweitige Willensbeeinflussungen werden nicht erwähnt. Wäre eine uneingeschränkte Freiheit der Willensbildung gewollt gewesen, hätte der Gesetzgeber diese im Gesetzestext verankern können. Dass § 123 Abs. 1 BGB allein arglistige Täuschung und widerrechtliche Drohung erfasst, zeigt daher historisch gerade, dass nicht von einer uneingeschränkten Willensfreiheit als Voraussetzung für die Wirksamkeit der Willenserklärung auszugehen ist.

Den Motiven können auch keine anderen widerrechtlichen Willensbeeinflussungen außer Drohung und Täuschung entnommen werden. Einen Hinweis darauf, dass widerrechtliche Willensbeeinflussungen in der Gestaltung von § 123 Abs. 1 BGB zu kurz gekommen seien,[290] gibt es nicht. Wenn insoweit darauf verwiesen wird, dass das Gesetz an anderer Stelle Formen der Beeinflussung beschreibt,[291] die unter die „widerrechtliche Beeinflussung“ subsumiert werden könnten, so wird die Systematik des allgemeinen Teils verkannt. Dass beispielsweise in § 4a UWG andere Formen der rechtswidrigen Willensbeeinflussung genannt werden,[292] führt nicht zu einer anderweitigen Bewertung der Begriffe in § 123 Abs. 1 BGB. Der Begriff der unzulässigen Beeinflussung in § 4a Abs. 1 S. 2 Nr. 3 UWG ist nicht deckungsgleich mit dem Tatbestand von § 123 Abs. 1 BGB. Es ist zutreffend, dass § 4a Abs. 1 S. 2 Nr. 3 UWG einen offeneren Tatbestand als § 123 Abs. 1 BGB hat. Allerdings findet das UWG nur unter bestimmten Voraussetzungen und nur in bestimmten Vertragsbeziehungen Anwendung,[293] und kann daher nicht als Maßstab für die Begriffe des Allgemeinen Teils des BGB dienen.

Ebenso wenig erlaubt die Irrtumsanfechtung gemäß § 119 BGB Rückschlüsse auf eine erweiterte Auslegung des § 123 Abs. 1 BGB. Richtig ist, dass § 119 BGB auch diejenigen

[287] Vgl. BGH, NJW 1988, 2599, 2601; BAG, NJW 1983, 2958, 2959.
[288] Motive zu dem Entwurfe eines Bürgerlichen Gesetzbuches für das Deutsche Reich, Bd. I, Allgemeiner Theil, Amtliche Ausgabe Berlin SW, 1896, zu § 106, S. 204.
[289] Ebd.
[290] So aber: *Sack*, GRUR 2004, 625, 631.
[291] So: *Sack*, GRUR 2004, 625, 630.
[292] *Grigoleit,* Vorvertragliche Informationshaftung, S. 138; *Sack*, GRUR 2004, 625, 630.
[293] S. hierzu: Zweiter Teil, II. 4.

schützt, die unabhängig vom Verhalten des Vertragspartners einem Irrtum unterliegen. Ein Rückschluss auf die Auslegung von § 123 Abs. 1 BGB verkennt aber die Differenzierung zwischen Täuschungs- und Beeinflussungsanfechtung. Hier bestehen gewichtige systematische Unterschiede: Gemäß § 122 BGB hat derjenige, der aufgrund Irrtums gemäß §§ 119, 120 BGB anficht, den Vertrauensschaden des Erklärungsgegners zu ersetzen. Auf diese Weise werden Privatautonomie und Vertrauensschutz im Bereich selbstverantwortlicher Irrtümer in einen Ausgleich gebracht.[294]

§ 123 Abs. 1 BGB schützt hingegen vor unzulässiger Willensbeeinträchtigung, ohne dass in der Rechtsfolge der Ersatz eines Vertrauensschadens vorgesehen ist. Grund hierfür ist, dass das Anfechtungsrecht gemäß § 123 Abs. 1 BGB durch das widerrechtliche Verhalten des Anfechtungsgegners verursacht wird. Dieser ist daher nicht schutzwürdig, weshalb es keines Ausgleichs bedarf. Im Gegensatz hierzu stehen §§ 119, 120, 122 BGB, die entstandenes Vertrauen des Anfechtungsgegners und eine nicht vom Willen des Anfechtenden getragene Willenserklärung in Einklang bringen, das jedoch um den Preis des Schadensersatzanspruchs des Anfechtungsgegners gegen den Anfechtenden tun.[295] Weiterhin ist § 123 Abs. 1 BGB ein gesetzlich normierter Fall des Motivirrtums, der bei § 119 Abs. 1 BGB grundsätzlich unbeachtlich ist. Die Unterschiede zwischen § 119 BGB und § 123 BGB sind so gravierend, dass aus § 119 BGB keine verallgemeinernden Rückschlüsse zu § 123 BGB gezogen werden könnten.[296]

d) Fazit

Die analoge Anwendung und die extensive Auslegung von § 123 Abs. 1 BGB sind mit der überwiegenden Meinung abzulehnen.[297] Das ergibt sich aus der Betrachtung des klaren Wortlauts, aber auch durch die Systematik des Anfechtungsrechts und durch die historische Auslegung. Wenn auch die Erweiterung des Tatbestandes möglicherweise „*rechtspolitisch überzeugend*“[298] oder teleologisch geboten erscheinen mag, besteht diese de lege lata nicht.

---

[294] Mit Verweis auf den Aspekt des Vertrauensschutzes: OLG Frankfurt a.M., BeckRS 2018, 28596, Rn. 26.
[295] Vgl. *Leipold,* BGB I: Einführung und Allgemeiner Teil, § 18 Rn. 4.
[296] *Lorenz,* Der Schutz vor dem unerwünschten Vertrag, S. 345.
[297] BGH, NJW 1988, 2599, 2601; *Ehrich*, DB 1992, 2239, 2243; MüKo/BGB/*Armbrüster*, § 123 Rn. 135; *Lorenz,* Der Schutz vor dem unerwünschten Vertrag, S. 345; *Schmidt-Westphal,* Der arbeitsrechtliche Aufhebungsvertrag im Rechtsvergleich, S. 135; BeckOK/BGB/*Wendtland*, § 123 Rn. 28.
[298] S. Fn. 270.

4. Das Verbot unzulässiger Beeinflussung gemäß § 4a Abs. 1 S. 2 Nr. 3 UWG

Abgesehen von § 123 Abs. 1 BGB gibt es im BGB keine Norm, die einzelne Verhandlungsmethoden explizit verbietet oder mit negativen Rechtsfolgen bedroht. Allerdings finden sich im Lauterkeitsrecht[299] Vorschriften, die Handlungen gegenüber Verbrauchern einschränken.[300] Hierbei ist insbesondere § 4a UWG zu nennen, der aggressive geschäftliche Handlungen untersagt, wenn diese geeignet sind, den Verbraucher oder sonstigen Marktteilnehmer zu einer geschäftlichen Entscheidung zu veranlassen, die er andernfalls nicht getroffen hätte.

§ 4a Abs. 1 S. 2 Nr. 1 und Nr. 2 UWG erfasst die Belästigung, die Nötigung und körperliche Gewalt als verbotene aggressive geschäftliche Handlungen. Die Norm enthält in § 4a Abs. 1 S. 2 Nr. 3 UWG zudem mit der „*unzulässigen Beeinflussung*" des Verbrauchers oder sonstigen Marktteilnehmers einen Auffangtatbestand,[301] der ebenfalls eine verbotene aggressive geschäftliche Handlung darstellt. Durch die Norm könnten viele Verhandlungsmethoden, zumindest im Verhältnis zwischen Unternehmer und Verbraucher, bereits erfasst sein. So können etwa der Einsatz fremder Autoritäten oder die Ausnutzung wirtschaftlicher, rechtlicher oder moralischer Macht tatbestandsmäßig sein,[302] wenn diese geeignet sind, die Entscheidungsfreiheit des Verbrauchers erheblich zu beeinträchtigen.[303]

a) Tatbestand

Die unzulässige Beeinflussung ist gemäß § 4a Abs. 1 S. 2 Nr. 3 UWG unlauter und damit nach § 3 Abs. 1 UWG verboten.

---

299 Das Lauterkeitsrecht regelt das Marktverhalten im Interesse der Mitbewerber, Abnehmer und der Allgemeinheit. Gemäß § 1 S. 1 UWG sollen Mitbewerber, Verbraucherinnen und Verbraucher sowie die sonstigen Marktteilnehmer vor unlauteren geschäftlichen Handlungen geschützt werden. § 1 S. 2 UWG schreibt zudem vor, dass das UWG das Interesse der Allgemeinheit an einem unverfälschten Wettbewerb schützt.

300 Die folgenden Ausführungen beziehen sich ausschließlich auf das Verhältnis zwischen Unternehmer und Verbraucher. Dass die Vorschriften des UWG auch auf das Verhältnis zwischen Unternehmern bezogen ist, bleibt außer Betracht.

301 *Köhler/Lettl*, WRP 2003, 1019, 1046; *Hülsewig*, Der so genannte Sachlichkeitsgrundsatz im Lauterkeitsrecht, S. 161; *Scherer*, GRUR 2016, 233, 236; a. A.: *Apetz*, Das Verbot aggressiver Geschäftspraktiken, S. 293f.

302 Aufzählung nach: Köhler/Feddersen/*Köhler*, UWG, § 4a, Rn. 1.67 ff.

303 Den Schutz der Entscheidungsfreiheit hatte auch der Gesetzgeber bei der Schaffung des Gesetzes im Blick: BT Drucksache 15/1487, S. 17.

Gemäß § 4a Abs. 1 S. 2 Nr. 3 UWG liegt eine unzulässige Beeinflussung vor, wenn der Unternehmer eine Machtposition[304] gegenüber dem Verbraucher oder sonstigen Marktteilnehmer zur Ausübung von Druck,[305] auch ohne Anwendung oder Androhung von körperlicher Gewalt in einer Weise ausnutzt, die die Fähigkeit des Verbrauchers oder sonstigen Marktteilnehmers zu einer informierten Entscheidung wesentlich einschränkt.[306] Dies stellt die Legaldefinition der unzulässigen Beeinflussung dar,[307] die jener in Artikel 2 lit j) der RL 2005/29/EG entspricht.

Gemäß § 4a Abs. 2 S. 2 UWG sind bei der Bestimmung der unzulässigen Beeinflussung insbesondere geistige und körperliche Beeinträchtigungen, das Alter, die geschäftliche Unerfahrenheit, die Leichtgläubigkeit, die Angst und die Zwangslage von Verbrauchern zu berücksichtigen. Das ermöglicht eine umfassende und einzelfallbezogene Prüfung unter Berücksichtigung verschiedener Kriterien. Auch dies entspricht der Bestimmung in Artikel 9 der RL/2005/29/EG.

Mit § 4a Abs. 1 S. 2 Nr. 3 UWG besteht eine Norm, die bei ihrer Anwendung Verhandlungsmethoden einschränkt und über den Tatbestand des § 123 Abs. 1 BGB hinausgeht. Parallelen zur bisherigen Anwendung des Gebots fairen Verhandelns sind erkennbar. Eine allgemeingültige Anwendung von § 4a UWG würde daher zu Überschneidungen mit dem Gebot fairen Verhandelns in seiner bisherigen Anwendung führen.[308] Fraglich bleibt jedoch, inwieweit § 4a UWG überhaupt im allgemeinen Zivilrechtsverkehr Anwendung findet. Die Norm würde dann greifen, wenn die aus einem Verstoß gegen § 4a UWG zustande gekommenen Verträge unwirksam oder angreifbar wären.

---

304 Eine Machtposition ist dann gegeben, wenn der Unternehmer in der Lage ist, Druck auf einen Verbraucher auszuüben, um ihn dadurch zu einer bestimmten geschäftlichen Entscheidung zu veranlassen, die er sonst nicht getroffen hätte, vgl. *Apetz,* Das Verbot aggressiver Geschäftspraktiken, S. 305; Köhler/Bornkamm/Feddersen/UWG/*Köhler*, § 4a Rn. 1.57; MüKo/UWG/*Raue*, § 4a Rn. 164.

305 Aufgrund der systematischen Stellung des § 4a Abs. 1 S. 3 UWG ist eine aggressive Form des Drucks zu verlangen, also Bedrängung, Drohung, Beleidigung, Überrumpelung, oder Ähnliches: BGH, GRUR 2011, 532, 534; *Apetz,* Das Verbot aggressiver Geschäftspraktiken, S. 337; MüKo/UWG/*Raue*, § 4a Rn. 172; Fezer/Büscher/Obergfell/UWG/*Scherer*, § 4a Rn. 136.

306 Voraussetzung hierfür ist, dass eine rationale Entscheidung des Verbrauchers aufgrund der unzulässigen Beeinflussung nicht mehr möglich ist: EuGH, GRUR 2012, 1269, 1272, Gewinnmitteilungen als aggressive Geschäftspraktik; BGH, NJW-RR 2018, 1442, 1443; GRUR 2015, 1134; Köhler/Bornkamm/Feddersen/UWG/*Köhler*, § 4a Rn. 1.66.

307 *Apetz,* Das Verbot aggressiver Geschäftspraktiken, S. 294.

308 Vgl. *Plum*, MDR 2020, 69, 70.

b) Die Wirksamkeit des Folgevertrags

Als Folgeverträge werden Verträge bezeichnet, die aufgrund eines Verstoßes gegen § 3 oder § 7 UWG zustande gekommen sind.[309] Der unmittelbare Einfluss von Verstößen gegen das UWG auf die zivilrechtliche Wirksamkeit der geschlossenen Verträge wurde insbesondere vor der UWG-Reform 2022 überwiegend verneint.[310] Die Folgeverträge waren daher nicht gemäß § 134 BGB nichtig,[311] sittenwidrig[312] oder gemäß § 123 Abs. 1 BGB anfechtbar. Allerdings besteht seit 2022 gemäß § 9 Abs. 2 S. 1 UWG ein Individualschutz für Verbraucher, wonach ein Verstoß gegen § 4a UWG einen Schadensersatzanspruch begründen kann.[313]

aa) Schutzzweck des UWG

§ 4a Abs. 1 S. 2 Nr. 3 UWG stellt ein Verbot der unzulässigen Einflussnahme dar. Allerdings richten sich die Rechtsfolgen eines Verstoßes ausschließlich nach den Vorschriften des UWG. Dieses bezweckt gemäß § 1 UWG, die Mitbewerber, Verbraucherinnen und Verbraucher sowie die sonstigen Marktteilnehmer vor unlauteren geschäftlichen Handlungen zu schützen. Dieser Schutz soll insbesondere schwächere Vertrags- und Verhandlungspartner erfassen. Deutlich wird das in § 4a Abs. 2 Nr. 3 UWG, der besonders schützenswerten Verbrauchern einen besonderen Schutz unter Berücksichtigung ihrer geistigen und körperlichen Verfassung und ihrer Erfahrung im Geschäftsverkehr einräumt. Der Schutz der Verbraucher und der explizite Schutz besonders Schwacher werden nochmals in Erwägungsgrund 19 der RL 2005/29/EG erwähnt.

bb) Rechtsfolge eines Verstoßes – Historie und UWG-Novelle 2022

Bis zur Umsetzung der UWG-Novelle 2022, die am 28.05.2022 in Kraft trat, sah das UWG systematisch keinen individualrechtlichen Anspruch vor. Daher war umstritten, wie sich ein Verstoß gegen § 4a UWG überhaupt auf den zivilrechtlichen Vertrag zwischen Verbraucher und Unternehmer ausgewirkt hat.

---

309 Köhler/Bornkamm/Feddersen/UWG/*Köhler*, § 3 Rn. 10.2; *Sack*, GRUR 2004, 625.

310 In Bezug auf die europäische Richtlinie: EuGH, GRUR 2012, 639, 641; Ohly/Sosnitza/UWG/*Ohly*, § 8 Rn. 4; MüKo/UWG/*Raue*, § 4a Rn. 45; Ohly/Sosnitza/UWG/*Sosnitza*, § 1 Rn. 26.

311 OLG Hamburg, GRUR 1994, 65.

312 BGH, GRUR 1998, 945, 946.

313 Köhler/Bornkamm/Feddersen/UWG/*Köhler*, § 4a Rn. 1.2, s.u., bb).

(1) Die Rechtslage bis zur UWG-Novelle

War der Tatbestand von § 4a UWG erfüllt, so begründete das ursprünglich keinen Anspruch des Verbrauchers auf Schadensersatz oder Unterlassung, wie aus § 8 Abs. 3, 9 UWG a.F. abschließend folgte.[314] Das UWG und die RL/2005/29/EG sahen demnach keine Individualansprüche oder Gestaltungsrechte vor und ließen Folgeverträge unberührt. Zudem stellte § 3 UWG kein Schutzgesetz gemäß § 823 Abs. 2 UWG dar.[315] Das folgte einerseits aus der gesetzgeberischen Konzeption, die einen Individualanspruch der Verbraucher im Gegensatz zu den explizit erwähnten Ansprüchen der Rechtsträger in § 8 Abs. 3 UWG nicht vorsah und andererseits aus der Begründung des Regierungsentwurfs, der die abschließende Wirkung von § 8 Abs. 3 und § 9 UWG betonte.[316]

Um ein Leerlaufen des Schutzzweckes des UWG zu verhindern, hielt es *Sack* für geboten, aus dem UWG einen unmittelbaren Schadensersatzanspruch für Verbraucher herzuleiten.[317] Es sei inkonsequent, das hohe Verbraucherschutzniveau zu betonen, dann aber einen Individualanspruch für Verbraucher abzulehnen.[318] Auch der Hinweis der Begründung im Regierungsentwurf, dass die *„Regelungen der zivilrechtlichen Rechtsfolgen (...) sowohl hinsichtlich der Klagebefugnis als auch hinsichtlich der Anspruchsgrundlagen abschließend“*[319] seien, sei kein durchschlagenes Argument gegen einen unmittelbaren Schadensersatzanspruch aus dem UWG, da dies im Wortlaut keine eindeutige Berücksichtigung fände.[320] Selbiges gelte für die fehlende Einstufung von § 3 UWG als Schutzgesetz im Sinne von § 823 Abs. 2 BGB: Der Verbraucherschutz und die Gleichstellung in § 1 UWG von Verbrauchern, sonstigen Marktteilnehmern und Mitbewerbern gebiete es, unabhängig von den Ausführungen des Regierungsentwurfs, § 3 UWG als Schutzgesetz im Sinne von § 823 Abs. 2 UWG anzusehen.[321]

Sack war aufgrund des unstreitigen Schutzzwecks des UWG zuzugestehen, dass es zweckwidrig erschien, einen Individualanspruch aus dem UWG zu verneinen. Allerdings hatte der Gesetzgeber in seinem Regierungsentwurf klargestellt, dass es seinem Willen entsprach, den §§ 8-10 UWG eine abschließende Wirkung beizumessen. Das war der gesetzlichen Systematik zu entnehmen, da aus dem Umkehrschluss von § 8 Abs. 3 und

[314] S. Fn. 311.
[315] *Birk*, GRUR-Prax 2020, 605; MüKo/UWG/*Raue*, § 4a Rn. 46; *Sack*, GRUR 2004, 625, 629; *Sack*, GRUR 2004, 625, 630.
[316] BT-Drucksache 15/1487, S. 22.
[317] *Sack*, GRUR 2004, 625.
[318] Ebd.
[319] BT-Drucksache 15/1487, S. 22.
[320] *Sack*, GRUR 2004, 625, 630.
[321] Ebd.

§ 9 UWG a.F. folgte, dass die Ansprüche aus dem UWG dem einzelnen Verbraucher nicht zustanden. Lediglich Mitbewerber, qualifizierte Verbände, Einrichtungen und Verbände gemäß § 8 Abs. 3 UWG konnten Unterlassungs- und Beseitigungsansprüche durchsetzen. Auch aus Erwägungsgrund 9 der RL/2005/29/EG folgte, dass ein Individualanspruch keine Voraussetzung für die richtlinienkonforme Umsetzung des UWG ist, da laut diesem die Richtlinie weder individuelle Klagen von geschädigten Personen noch die nationalen Vorschriften des Vertragsrechts berührt. Insofern bestand bis 2022 keinerlei Individualanspruch zu Gunsten von Verbrauchern aus dem UWG. § 4a Abs. 1 S. 3 UWG stellte somit keinen Anspruch für Verbraucher dar, der im Rahmen der zivilrechtlichen Verhältnisse bei einer unzulässigen Einflussnahme zu berücksichtigen gewesen wäre. Allerdings war anhand von § 4a Abs. 1 S. 3 UWG erkennbar, dass dem deutschen Gesetz der Schutz der Entscheidungsfreiheit neben den „*bewährten*“ Schutzmechanismen des BGB zumindest nicht gänzlich fremd ist.[322]

(2) Die Rechtslage ab dem 28.05.2022

Mit der UWG-Reform von 2022 hat der Gesetzgeber gemäß § 9 Abs. 2 UWG n.F. einen Individualanspruch für Verbraucher geschaffen, der am 28.05.2022 in Kraft getreten ist. Die Neuschaffung diente der Umsetzung von § 11a RL 2005/29/EG, der vorsieht, dass Verbraucher der Mitgliedsstaaten Zugang zu angemessenen und wirksamen Rechtsbehelfen haben müssen, einschließlich Ersatz des dem Verbraucher entstandenen Schadens sowie gegebenenfalls Preisminderung oder Beendigung des Vertrags. Mit § 9 Abs. 2 UWG n.F. ist ein individualrechtlicher Schadensersatzanspruch für Verbraucher geschaffen worden, die durch einen Unternehmer zu einer geschäftlichen Handlung veranlasst wurden. Laut dem Referentenentwurf soll der Schadensersatzanspruch gemäß § 9 Abs. 2 UWG in „*freier Anspruchskonkurrenz*“ zu den Ansprüchen des BGB stehen,[323] so dass der Schadensersatzanspruch neben sämtlichen Ansprüchen aus dem BGB Anwendung finden kann.[324] Aufgrund des Tatbestands des § 4a Abs. 1 Nr. 3 UWG ist ein Schadensersatzanspruch gegeben, der im Einzelfall ähnliche Voraussetzungen wie das Gebot fairen Verhandelns in seiner bisherigen Anwendung hat und Überschneidungen mit dessen Voraussetzungen aufweist.

---

322 Vgl. MüKo/BGB/*Armbrüster*, § 123 Rn. 139, Fn. 580; *Plum*, MDR 2020, 69, 70.

323 Referentenentwurf des Bundesministeriums der Justiz und für Verbraucherschutz vom 04.11.2020, S. 35.

324 Das gilt bei Mängelgewährleistungsansprüchen nicht. Diese sind im Einzelfall vorrangig, s. *Heinze/Engel*, NJW 2021, 2609, 2612f; *Scherer*, GRUR 2022, 787, 793

Es ist allerdings zu beachten, dass ein Schadensersatzanspruch nach dem UWG eine unzulässige geschäftliche Handlung § 3 UWG i.V.m. § 2 Abs. 1 Nr. 2 UWG eines Unternehmers gegenüber einem Verbraucher voraussetzt,[325] was den Anwendungsbereich verengt und dadurch diverse Konstellationen nicht erfasst, wie beispielsweise arbeitsrechtliche Verträge oder auch familien- und erbrechtliche Verträge.[326] Weiterhin muss der Verbraucher das Vorliegen aller Umstände des Schadensersatzanspruchs beweisen, auch das Verschuldens des Unternehmers.[327] § 9 Abs. 2 UWG verfolgt zudem den Schutz des wirtschaftlichen Interesses des Verbrauchers und nicht primär den Schutz der Entscheidungsfreiheit.[328] Zudem differenziert der mit Wirkung zum 07.01.2020 eingefügte Art. 11a Abs. 1 S. 1 RL 2005/29/EG zwischen einem Schadensersatzanspruch einerseits und Preisminderung und Vertragsbeendigung andererseits. Das wird dadurch das Wort „*gegebenenfalls*" deutlich, dass in Art. 11a Abs. 1 S. 1 RL 2005/29/EG in Bezug auf Preisminderung und Vertragsbeendigung gegeben ist. Da der deutsche Gesetzgeber keinen expliziten Mechanismus zu Vertragsbeendigung und Preisminderung im UWG aufgenommen hat, ist fraglich, inwieweit der europarechtlich determinierte Schadensbegriff überhaupt eine etwaige Vertragsloslösung ermöglicht.[329]

cc) Fazit

Auf den ersten Blick ist mit der unzulässigen Beeinflussung gemäß § 4a Abs. 1 S. 2 Nr. 3 UWG, bei dessen Bestehen ein Schadensersatzanspruch gemäß § 9 Abs. 2 UWG entstehen kann, ein Schutz vor unzulässiger Beeinflussung unterhalb der Schwelle von Anfechtung und Sittenwidrigkeit gegeben, der gar in die bewährten Vorschriften des allgemeinen Vertragsrechts eingreift und Lücken schließt,[330] ähnlich wie es das Gebot fairen Verhandelns tun könnte. Das legt auch die englische Fassung der Richtlinie nahe, die in Art. 9 die im deutschen bezeichnete unzulässige Beeinflussung wörtlich mit „*undue influence*" übersetzt und damit eine Nähe zum anglo-amerikanischen

---

[325] S. *Heinze/Engel*, NJW 2021, 2609, 2610; *Köhler*, GRUR 2022, 435, 436.

[326] *Gräf*, Das Gebot fairen Verhandelns beim Abschluss eines arbeitsrechtlichen Aufhebungsvertrags, S. 140f.

[327] Köhler/Bornkamm/Feddersen/UWG/*Köhler*, § 9 Rn. 2.62; hierzu kritisch: *Glöckner*, GRUR 2021, 919, 928; *Heinze/Engel*, NJW 2021, 2609, 2611.

[328] Köhler/Bornkamm/Feddersen/UWG/*Köhler*, § 9 Rn. 2.15.

[329] Vgl. *Alexander*, GRUR 2021, 1445, 1450; bejahend hingegen: *Birk*, GRUR-Prax 2020, 605; *Heinze/Engel*, NJW 2021, 2609, 2613; *Scherer*, GRUR 2022, 787, 793; s.a. *Köhler*, GRUR 2022, 435, 441, der darauf hinweist, dass der Begriff "*gegebenenfalls*" als "*soweit erforderlich*" zu verstehen ist und somit zur normalen Anwendung des deutschen Schadensrecht führt, was auch eine Vertragsauflösung ermöglicht.

[330] Vgl. *Birk*, GRUR-Prax 2020, 605; *Glöckner*, GRUR 2021, 919; *Scherer*, GRUR 2022, 787; s.a. Referentenentwurf des Bundesministeriums der Justiz und für Verbraucherschutz vom 04.11.2020, S. 19.

Rechtsinstitut nahelegt, das zur Herleitung des Gebots fairen Verhandelns gebraucht wurde.[331] Es ist aber zu bedenken, dass mit § 9 Abs. 2 UWG ein Anspruch besteht, der nur in bestimmten Rechtsverhältnissen Anwendung findet. Er setzt zwingend eine geschäftliche Handlung voraus, was diverse Vertragsschlüsse bereits im Vorhinein ausschließt. Weiterhin wird der Anspruch im Einzelfall aufgrund mangelnder Beweiserleichterungen nur schwer durchsetzbar sein, was dessen regelmäßige Anwendung in individuellen Rechtsverhältnissen unwahrscheinlich erscheinen lässt.[332] Zudem steht der Anspruch aus § 9 Abs. 2 UWG in freier Anspruchskonkurrenz zu den Ansprüchen des BGB, so dass er im Ergebnis nicht in deren Anwendungsbereich eingreift. Gleichwohl ist der Anspruch aus § 9 Abs. 2 UWG zu berücksichtigen, wenn aus der Auslegung von Generalklauseln ein Schutz der Entscheidungsfreiheit folgt. Da auch § 4a Abs. 1 Nr. 3 UWG dem Schutz der Entscheidungsfreiheit dient, müssen etwaige Überschneidungen beachtet und Wertungswidersprüche vermieden werden.

III. Zusammenfassung

Aus der Betrachtung des bestehenden Schutzes des BGB (und des UWG) folgt ein Erkenntnisgewinn für die Betrachtung von Vertragsverhandlungen. Insbesondere ist festzustellen, dass der Schutz der Entscheidungsfreiheit, den das BGB mit bestehenden Vorschriften beinhaltet, zwar weitreichend, aber nicht lückenlos und abschließend ist.[333]

Gemäß § 123 Abs. 1 BGB führen arglistige Täuschung und widerrechtliche Drohung zur Anfechtbarkeit einer Willenserklärung – eine extensive oder teleologische Auslegung überzeugt nicht. § 242 BGB und § 138 BGB bieten nur in engen Grenzen die Möglichkeit der Abschlusskontrolle. Das Verbraucherschutzrecht gewährt eingeschränkten Schutz vor übereilten Entscheidungen und Überrumpelung, verbietet aber keine bestimmten Verhandlungsmethoden. § 4a Abs. 1 S. 2 Nr. 3 UWG bezieht sich zwar auf die unzulässige Beeinflussung des Verhandlungspartners, hat jedoch einen begrenzten Anwendungsbereich. Ebenso sollen die Formvorschriften vor Übereilung schützen und die

---

331 S. Zweiter Teil, 2. a) b).

332 *Heinze/Engel*, NJW 2021, 2609, 2614; *Köhler*, GRUR 2022, 435, 446; s.a. *Alexander*, GRUR 2021, 1445, 1452f., der die praktische Rechtsdurchsetzung eher auf dem Weg der Verbandsklage sieht.

333 Eher für einen abschließenden Schutz sprechen sich aus: *Burkardt,* Der arbeitsrechtliche Aufhebungsvertrag, S. 252; *D. E. Holler*, NJW 2019, 2206, 2209; *Fischinger*, NZA 2019, 729, 730; *Krebs,* Sonderverbindung und außerdeliktische Schutzpflichten, S. 492; APS/*Rolfs*, Aufhebungsvertrag Rn. 108c; BeckOK/BGB/*Sutschet*, § 311 Rn. 61.

Vertragsschließenden warnen, doch sie verhindern nicht abschließend, dass unfaire Vertragsverhandlungen die Entscheidungsfreiheit überwinden.

Ein Vertragsschluss zu unüblichen Orten oder Zeiten, die Ausnutzung einer geistigen, körperlichen oder sprachlichen Schwäche, drohungsähnliche Praktiken, die personelle oder intellektuelle Überlegenheit einer Vertragspartei, Ablenkung und ähnliche Verhandlungsmethoden lassen sich weder isoliert noch in Kombination unter die „*bewährten*“[334] Schutzvorschriften des Zivilrechts subsumieren.[335] Ein objektiver Betrachter kann diese Erkenntnis nicht gutheißen.[336] Es gibt eine Vielzahl von Methoden, mit denen der Wille einer anderen Person überwunden werden kann. Diese Methoden können im Einzelfall den Willen des Gegenübers genauso überwinden, wie eine arglistige Täuschung oder eine widerrechtliche Drohung. Wenn solche Methoden gänzlich unberücksichtigt bleiben, wird das Gleichgewicht zwischen den Verhandlungspartnern nicht hinreichend geschützt.

Eine systematische Ungereimtheit ergibt sich zudem bei der Einordnung des Widerrufrechts für Verbraucher: Dem Verbraucher, der außerhalb eines Geschäftsraumes von einem Verkäufer überrascht wird, und ein (womöglich wirtschaftlich unbedeutendes) Rechtsgeschäft abschließt, erhält aufgrund des psychischen Drucks der Verkaufssituation ein Widerrufsrecht.[337] Derjenige, der außerhalb des Widerrufsrechts durch mehrere Verhandlungspartner vor einem bedeutenden Rechtsgeschäft durch Zeitdruck, Einschüchterung und ähnliche Methoden unter Druck gesetzt wird, soll dieser psychischen Ausnahmesituation im Zweifel standhalten können.[338] Diese Situation, die sich aus der „konsequenten“ Auslegung der „bewährten“ Schutznormen ergibt, ruft wenig nachvollziehbare Schwankungen im Schutz der Entscheidungsfreiheit hervor.[339] Das teilweise vorgebrachte Argument, der beeinflusste Verhandlungspartner könne schlicht „Nein“ sagen,[340] ist keine Rechtfertigung, jegliche Verhandlungsmethode als rechtlich unangreifbar anzusehen.

---

334 *Fischinger*, NZA-RR 2020, 516, 519.
335 *Kurzer,* Das Gebot fairen Verhandelns im Arbeitsrecht, S. 89f.
336 Vgl. MüKo/BGB/*Armbrüster*, § 123 Rn. 139, der die Analyse der Situation teilt, sie aber im Kontext des § 123 Abs. 1 BGB hinnimmt.
337 Das ist explizit der Schutzzweck des Widerrufsrechts für außerhalb von Geschäftsräumen geschlossene Verträge: Richtlinie 2011/83/EU des Europäischen Parlaments und des Rates vom 25. Oktober 2011 vom 25.10.2011, Erwägungsgrund 21.
338 Vgl. BAG, BeckRS 2022, 3692.
339 Vgl. *Hümmerich*, NZA 2004, 809, 813f.
340 *Boemke*, NZA 1993, 532, 537; *Fischinger*, NZA-RR 2020, 516f; *S. Müller*, DB 2019, 1792, 1793

Ebenso ist diese Auslegung angesichts der grundgesetzlich zu schützenden Entscheidungsfreiheit nicht zufriedenstellend.[341] Selbstverständlich ist bei dieser Betrachtung zu berücksichtigen, dass bei allen Schutzinstrumenten das Verhältnis von Privatautonomie und Vertragsfreiheit unter Berücksichtigung der Eigenverantwortung nicht aus dem Gleichgewicht geraten darf.[342] Dieses Gleichgewicht ist aber dann gefährdet – und nicht gewahrt – wenn das Recht keine Mittel bereithält, eine Überrumpelung des Vertragspartners durch unfaire Verhandlungsmethoden zu verhindern. Das lenkt den Blick auf die unmittelbare Prüfung des Gebots fairen Verhandelns und die Frage, ob, in welchen Fällen und in welcher Form hierdurch der Schutz der Entscheidungsfreiheit gewährleistet wird.

---

[341] BVerfG, NJW 1994, 36, 38; ArbG Schwerin, BeckRS 2019, 44159, Rn. 34; Dürig/Herzog/Scholz/*Di Fabio*, Art. 2 GG Rn. 107; *Lorenz*, NJW 1997, 2578, 2579.

[342] Hierzu kritisch: *Fischinger*, NZA-RR 2020, 516, der in den bestehenden Rechtsnormen des BGB ein bestehendes Gleichgewicht sieht; MüKo/BGB/*Bachmann*, § 241 Rn. 60; s. auch: *Krebs,* Sonderverbindung und außerdeliktische Schutzpflichten, S. 485.

C. Dritter Teil – Die Dogmatik und die Rechtsgrundlagen des Gebots fairen Verhandelns

Angesichts der festgestellten Lücke beim Schutz der Entscheidungsfreiheit ist zu prüfen, ob der „*Rückgriff*“[343] auf schuldrechtliche Regelungen, insbesondere die Auslegung vorvertraglicher Nebenpflichten, zu Einschränkungen von Verhandlungsmethoden führt. Dieser „*Rückgriff*“ hat in der Vergangenheit zur Anwendung von § 311 Abs. 2 i.V.m. § 241 Abs 2 BGB geführt und zum daraus hergeleiteten sogenannten[344] Gebot fairen Verhandelns. Zur näheren Bestimmung und zum Anwendungsbereich dieses Rechtsinstituts ist zunächst der dogmatische Anknüpfungspunkt zu klären. Dabei ist insbesondere zu differenzieren, ob es sich bei dem Gebot um ein Instrument des Allgemeinen Schuldrechts oder des Arbeitsrechts[345] handelt.

I. Das Gebot fairen Verhandelns als vorvertragliche Nebenpflicht aus §§ 311 Abs. 2 i.V.m. § 241 Abs. 2 BGB

Verschiedene Stimmen sehen das Gebot fairen Verhandelns als eine Nebenpflicht gemäß § 241 Abs. 2 BGB. Diese ergibt sich aus der Aufnahme von Vertragsverhandlungen gemäß § 311 Abs. 2 BGB und wird daher als vorvertragliche Pflicht des allgemeinen Schuldrechts eingeordnet. Dabei unterscheiden sich die jeweiligen Ansichten in der Frage, inwieweit das bestehende Schuld- bzw. Arbeitsverhältnis Einfluss auf das vorvertragliche Schuldverhältnis hat, das durch die Aufnahme von Vertragsverhandlungen begründet wird.

1. Die Herleitung des BAG

Das BAG erwähnte das Gebot fairen Verhandelns zwischen 2003 und 2005 insgesamt vier Mal bei der Prüfung der Wirksamkeit arbeitsrechtlicher Aufhebungsverträge, ohne es inhaltlich näher zu konkretisieren.[346] Dabei verwies das BAG auf die Texte von *Lorenz*,[347]

---

[343] So Thüsing, der es beim arbeitsrechtlichen Aufhebungsvertrag für „*legitim*“ und sogar „*notwendig*“ bezeichnete, bis zur Schaffung eines Widerrufsrechts durch die Auslegung von culpa in contrahendo einen stärkeren Schutz der Arbeitnehmer zu gewährleisten: *Thüsing*, RdA 2005, 257, 269f.

[344] Der Begriff des „Gebots fairen Verhandelns“ wurde in der Vergangenheit verschiedentlich kritisiert, da dieser unklar sei und Fairness keine rechtliche Kategorie sei, vgl. *Kamanabrou*, RdA 2020, 201, 210; *Fischinger*, NZA-RR 2020, 516; *D. E. Holler*, NJW 2019, 2206, 2209, s. hierzu Fünfter Teil, I. 3. b).

[345] In der Praxis ist das Gebot fairen Verhandelns bisher nur bei arbeitsrechtlichen Aufhebungsverträgen oder Schuldanerkenntnissen von Arbeitnehmern angewandt worden.

[346] BAG, NJW 2004, 2401, 2405; NJOZ 2004, 4096, 4100; BeckRS 2004, 30342479; NJW 2005, 3164, 3167.

[347] *Lorenz*, JZ 1997, 277.

© Der/die Autor(en), exklusiv lizenziert an Springer Fachmedien Wiesbaden GmbH, ein Teil von Springer Nature 2026
L. Bona, *Rechtsgrundlagen, Anwendungsbereiche und Inhalte des Gebots fairen Verhandelns*, Juridicum – Schriften zum Arbeitsrecht,
https://doi.org/10.1007/978-3-658-52723-5_4

Däubler[348] und *Henssler*,[349] ohne selbst eine ausführliche dogmatische Begründung vorzunehmen.

Erst mit dem Urteil vom 07.02.2019,[350] bei dem das BAG erstmalig einen Verstoß gegen das Gebot fairen Verhandelns für möglich hielt, das Urteil des LAG Niedersachsen[351] aufhob und die Sache an das Landesarbeitsgericht zurückverwies, nahm das BAG eine inhaltliche Einordnung vor. Dabei ging das BAG unter Bezugnahme auf verschiedene Stimmen im Schrifttum umfassend auf die dogmatische Begründung des Gebots fairen Verhandelns ein und ordnete es als vorvertragliche Nebenpflicht ein, die durch Aufnahme von Vertragsverhandlungen eines arbeitsrechtlichen Aufhebungsvertrags begründet sei. Das Gericht trennte dabei zwei Aspekte: Einerseits arbeitete das BAG heraus, dass der arbeitsrechtliche Aufhebungsvertrag ein eigenständiges Rechtsgeschäft sei. Andererseits ging das BAG davon aus, dass bei der Bestimmung der vorvertraglichen Nebenpflichten bei den Verhandlungen zum Aufhebungsvertrag zu berücksichtigen sei, dass sich die Parteien zum Zeitpunkt der Vertragsverhandlungen bereits in einem Schuldverhältnis befinden. Die gegenseitigen Verpflichtungen aus dem bestehenden Arbeitsverhältnis würden auf die Verhandlungen zu dessen Beendigung ausstrahlen.[352]

Nach dieser Feststellung machte das BAG umfangreiche Ausführungen zu der Bestimmung der Pflichten aus § 241 Abs. 2 BGB. So könnten die Rücksichtnahmepflichten nicht mit einem abschließenden Katalog bestimmt werden, sondern würden sich nach den Umständen des Einzelfalls richten. Bei einem arbeitsrechtlichen Aufhebungsvertrag könnten bestimmte Verhaltensweisen eine unfaire Behandlung des Vertragspartners darstellen. Aus der Gesetzesbegründung zur Schuldrechtsreform folge, dass die Entscheidungsfreiheit des Vertragspartners im Rahmen der schuldrechtlichen Nebenpflichten gemäß § 241 Abs. 2 BGB zu schützen sei.[353] Daraus folge das sogenannte Gebot fairen Verhandelns, das missachtet werde, wenn die Entscheidungsfreiheit des Vertragspartners in missbilligender Weise beeinflusst wird.[354]

Das BAG sieht das Gebot fairen Verhandelns damit als eine vorvertragliche Pflicht an und knüpft es dogmatisch an § 311 Abs. 2 i.V.m. § 241 Abs. 2 BGB. Die Anwendung verlangt

[348] *Däubler*, NZA 2001, 1329.
[349] *Henssler*, RdA 2002, 129.
[350] BAG, NZA 2019, 688.
[351] LAG Niedersachsen, BeckRS 2017, 143892.
[352] BAG, NZA 2019, 688, 691.
[353] Zutreffend vom BAG zitiert: BT-Drucksache 14/6040, S. 126.
[354] BAG, NZA 2019, 688, 691.

daher zumindest ein vorvertragliches Schuldverhältnis im Sinne von § 311 Abs. 2 BGB, das im Einzelfall festzustellen ist. Dieses begründet ein Schuldverhältnis mit Pflichten aus § 241 Abs. 2 BGB. Den Ausführungen des BAG kann aber nicht abschließend entnommen werden, ob das Gebot fairen Verhandelns auf die Situation des arbeitsrechtlichen Aufhebungsvertrags beschränkt ist. Zwar meint das BAG, dass das Gebot fairen Verhandelns eine Pflicht im Zusammenhang mit der Verhandlung eines arbeitsrechtlichen Aufhebungsvertrags sei, die dogmatische Begründung lässt allerdings eine darüberhinausgehende Anwendung offen.[355] Weiterhin wird nicht deutlich, welche Anforderungen konkret an die Bestimmung der Nebenpflichten zu stellen sind und welche Umstände zur Anwendung des Gebots fairen Verhandelns führen können. Ebenso wenig ist klar, ob das Gebot fairen Verhandelns immer ein vor den Vertragsverhandlungen bestehendes Schuldverhältnis mit entsprechender Ausstrahlungswirkung verlangt oder ob es auch bei Vertragsverhandlungen Anwendung finden kann, wenn kein vorheriges Schuldverhältnis besteht.

2. Die dogmatische Begründung für eine vorvertragliche Pflicht

Das BAG berief sich in seiner Entscheidung vom 07.02.2019 auf verschiedene Stimmen in der Literatur, die das Gebot fairen Verhandelns mit ähnlicher dogmatischer Begründung bejahten. Dabei bewegt sich die Diskussion hauptsächlich im Kontext des Arbeitsrechts. Das Gebot fairen Verhandelns ist bisher in seinem Anwendungsbereich seitens der Rechtsprechung auf die Verhandlungen zu arbeitsrechtlichen Aufhebungs- oder Änderungsverträgen beschränkt. Erst in der Folge der Entscheidung des BAG ist im Schrifttum vereinzelt die Bedeutung des Gebots fairen Verhandelns für das gesamte Zivilrecht erwähnt worden.[356] Dabei wurde bereits vor der Schuldrechtsreform[357] aber auch nach Schaffung des § 311 Abs. 2 BGB und § 241 Abs. 2 BGB,[358] auf das Rechtsinstitut der c.i.c. verwiesen. Die vorvertragliche Pflicht beinhalte, die freie Willensentschließung des Gegenübers nicht in einer Art und Weise zu beeinflussen, die eine autonome Entscheidung des Vertragspartners verunmöglichen würde. Fälle, in denen auf die Entscheidungsfreiheit des Vertragspartners unzulässig eingewirkt werde, könnten daher über eine Haftung aus

---

[355] Noch deutlicher wurde dies im Urt. vom 24.02.2022, BAG, BeckRS 2022, 3692, bei dem das Gebot fairen Verhandelns zwar bestätigt wurde, aber der unmittelbare Zusammenhang zu Verhandlungen zu einem arbeitsrechtlichen Aufhebungsvertrag in der dogmatischen Herleitung nicht mehr erwähnt wurde.

[356] Insb. *Fischinger*, NZA 2019, 729; *Gundel/Sartorius*, ZAP 2019, 1241, 1244; *Plum*, MDR 2020, 69, 70; auch vorher: *Zimmer*, NJW 2017, 513; später: *Jung*, ZfA 2024, 24.

[357] *Lorenz,* Der Schutz vor dem unerwünschten Vertrag, S. 391; *Lorenz*, JZ 1997, 277, 281.

[358] Köhler/Bornkamm/Feddersen/UWG/*Köhler*, § 3 Rn. 10.3; *Thüsing*, RdA 2005, 257, 269.

c.i.c. gelöst werden.[359] Dabei gelte dies bei einem arbeitsrechtlichen Aufhebungsvertrag umso mehr, weil die noch stärkere arbeitsrechtliche Fürsorgepflicht zu berücksichtigen sein könnte.[360]

Von dieser Kombination aus vorvertraglichen und arbeitsvertraglichen Pflichten gehen verschiedene Stimmen aus und sehen eine Verbindung zwischen arbeitsvertraglicher Rücksichtnahme- und Schutzpflicht und vorvertraglicher Pflicht hinsichtlich des vom Arbeitgeber angestrebten (Aufhebungs-)Vertrags. Der Aufhebungsvertrag sei zwar ein eigenständiges Rechtsgeschäft und unterliege eigenen Regeln, der Arbeitsvertrag begründe jedoch erhöhte Nebenpflichten, die das zu erwartende Verhalten der Vertragsparteien bestimmen würden.[361]

Für eine klarere Abgrenzung stehen die Ansichten von *Bauer* und *Becker*, die betonen, dass durch den Aufhebungsvertrag ein neues Schuldverhältnis entstehe, das Pflichten aus §§ 311 Abs. 2, 241 Abs. 2 BGB begründe. Durch jede Aufnahme von Vertragsverhandlungen würden Sorgfaltspflichten begründet, die aus dem allgemeinen Schuldrecht entstehen und unabhängig von den arbeitsrechtlichen Pflichten bestünden.[362] Diese Pflichten seien strikt von einer Hinweispflicht zu trennen, die aus dem Arbeitsverhältnis selbst stammen würden.[363] Die Ausübung von Druck auf den Arbeitnehmer würde das Arbeitsverhältnis selbst und deren Pflichten nur am Rande berühren, weshalb die Pflichtverletzung nur in der unzulässigen Bestimmung zum Abschluss das Aufhebungsvertrags liegen könne.[364] Eine pflichtwidrige Beeinflussung der Willensfreiheit des Gegenübers könne demnach zu einem Anspruch aus §§ 280 Abs. 1, 311 Abs. 2, 241 Abs. 2 BGB führen.[365] Auch *Thüsing* knüpft die unzulässige Einflussnahme vor Vertragsschluss an die c.i.c. an, ohne das bestehende Arbeitsverhältnis als Maßstab für die Herleitung dieser Nebenpflicht heranzuziehen, und

---

[359] *Lorenz,* Der Schutz vor dem unerwünschten Vertrag, S. 482.

[360] *Lorenz*, JZ 1997, 277, 282.

[361] *Burkardt,* Der arbeitsrechtliche Aufhebungsvertrag, S. 89; *Franz,* Der Abschluss eines Aufhebungsvertrags, S. 398; *Giesing,* Inhaltskontrolle und Abschlusskontrolle arbeitsrechtlicher Aufhebungsverträge, S. 215.

[362] *G. Becker,* Die unzulässige Einflussnahme des Arbeitgebers auf die Entscheidungsfreiheit des Arbeitnehmers am Beispiel des arbeitsrechtlichen Aufhebungsvertrages, S. 388f; *Heinkel*, ZTR 2020, 261, 265f.

[363] *Bauer* in: FS Däubler, 143, 153.

[364] *G. Becker,* Die unzulässige Einflussnahme des Arbeitgebers auf die Entscheidungsfreiheit des Arbeitnehmers am Beispiel des arbeitsrechtlichen Aufhebungsvertrages, S. 389.

[365] Die Ansicht von *Bauer* differenziert zwischen arbeitsrechtlichen Hinweispflichten und vorvertraglichen Sorgfaltspflichten. Mögliche Willensbeeinflussungen im vorvertraglichen Stadium sieht er vor allem in der Verletzung von Hinweispflichten. Das Gebot fairen Verhandelns selbst kritisierte er und sah es als zu unbestimmt an, weshalb es Rechtsunsicherheit schaffe, *Bauer*, FD-ArbR 2019, 414232.

bezeichnete es gar als *„notwendig“* bis zur Einführung eines Widerrufsrechts für arbeitsrechtliche Aufhebungsverträge, auf das Gebot fairen Verhandelns zurückzugreifen.[366] Dabei verwies er auf Einzelurteile des OLG München[367] und des OLG Bamberg,[368] bei denen Verbrauchern jeweils Rückgewähransprüche aus c.i.c. zugesprochen wurden, da sie bei Kaufverträgen überrumpelt worden seien. Beide Urteile sahen auch ohne vorher bestehendes Schuldverhältnis die Pflicht, den Käufer nicht durch die Ausübung von Zeitdruck zum Kauf zu bewegen, ohne das Geschäft von nicht unerheblicher wirtschaftlicher Bedeutung[369] in Ruhe überdenken zu können. Dazu führte *Thüsing* aus, dass der Arbeitnehmer schutzwürdiger als der Verbraucher und der Arbeitgeber schutzpflichtiger als der Verkäufer sei.[370]

In dem Meinungsspektrum derjenigen, die das Gebot fairen Verhandelns als vorvertragliche Nebenpflicht gemäß § 311 Abs. 2 i.V.m. § 241 Abs. 2 BGB betrachten, geht die Meinung von *Plum* am weitesten, der das Rechtsinstitut ohne jeden Bezug auf ein vorher bestehendes Schuldverhältnis als vorvertragliche Pflicht einordnet.[371] Konsequenterweise entkoppelt er das Gebot fairen Verhandelns gänzlich vom arbeitsrechtlichen Aufhebungsvertrag und nennt als einzige Anwendungsvoraussetzung ein vorvertragliches Schuldverhältnis, bei dem er allerdings die Aufnahme von Vertragsverhandlungen gemäß § 311 Abs. 2 Nr. 1 BGB verlangt und somit das vorvertragliche Schuldverhältnis aus der Vertragsanbahnung oder ähnlichen rechtsgeschäftlichen Kontakten im Sinne von § 311 Abs. 2 Nr. 2 u. 3 BGB nicht erfasst. Der Anwendungsbereich sei nicht auf arbeitsrechtliche Aufhebungsverträge beschränkt, sondern könne beispielsweise auch bei familien-, erb- und öffentlich-rechtlichen Verträgen zu berücksichtigen sein.[372] Ähnlich weit geht auch die Ansicht von *Gräf*, der zwar zwischen den verschiedenen Intensitäten von Nebenpflichten differenziert, aber das Gebot fairen Verhandelns als grundsätzliches vorvertragliches Schutzinstrument sieht.[373] Einen ergebnisorientierten Ansatz verfolgt *Zimmer*, der das Gebot fairen Verhandelns für

[366] *Thüsing*, RdA 2005, 257, 269f.
[367] OLG München, BeckRS 2002, 30252535.
[368] OLG Bamberg, NJW-RR 1997, 694.
[369] Im Urteil des OLG Bamberg ging es um den Kauf eines Time-Sharing-Anteils zum Preis von 24.500 DM, während das OLG München den Kauf einer Eigentumswohnung zum Preis von 134.420 DM behandelte. Beide Gerichte betonten die wirtschaftliche Bedeutung des Geschäfts.
[370] *Thüsing*, RdA 2005, 257, 269f.
[371] *Plum*, MDR 2020, 69.
[372] *Plum*, MDR 2020, 69, 70.
[373] *Gräf*, Das Gebot fairen Verhandelns beim Abschluss eines arbeitsrechtlichen Aufhebungsvertrags, S. 184f.

verschiedene Verträge[374] in Erwägung zieht, bei denen es in der Vergangenheit typischerweise zu Überrumpelungssituationen gekommen ist. *Zimmer* sieht dabei das Gebot fairen Verhandelns als Chance, den erhöhten Schutzbedarf in Fällen ungleicher oder gestörter Verhandlungspositionen abzudecken.[375]

II. Das Gebot fairen Verhandelns als arbeitsvertragliche Nebenpflicht

In Abgrenzung zur Einordnung als Rechtsinstitut des Allgemeinen Schuldrechts wird das Gebot fairen Verhandelns ebenso mit arbeitsrechtlichen Besonderheiten dogmatisch begründet. Demnach sei es beim arbeitsrechtlichen Aufhebungsvertrag kaum vorstellbar, eine Trennung zwischen vorvertraglichem Schuldverhältnis und Arbeitsverhältnis vorzunehmen, da die Vertragsverhandlungen für den arbeitsrechtlichen Aufhebungsvertrag vollständig in das arbeitsrechtliche Schuldverhältnis eingebettet seien. Es bestehe daher kein Raum für eigene vorvertragliche Pflichten.[376] Die Begründung hierfür liege in der Nebenpflicht des Arbeitgebers, die allein eine solche Pflicht begründen könne.[377] Der Fairnessbegriff könne daher aus einer ausgeprägten arbeitsrechtlichen Nebenpflicht gemäß § 241 Abs. 2 BGB sowie aus grundrechtlichen Wertungen der Art. 12 und Art. 14 GG herzuleiten sein. Die Qualität und Intensität der Vertragsbeziehung könnten daher zu einem Fairnessgebot führen, seien jedoch aufgrund des Prinzips der Eigenverantwortung nur in engen Grenzen anwendbar.[378]

Diese Ansicht wird durch *Kamanabrou* gestützt, die den Rückgriff auf § 311 Abs. 2 Nr. 1 BGB als unnötig erachtet.[379] Das bestehende Arbeitsverhältnis präge die Pflichten beim Aufhebungsvertrag. Zwar könnten Parallelen zu vorvertraglichen Pflichten bestehen, während des Arbeitsverhältnisses sei der Rückgriff aber nicht erforderlich, weshalb allenfalls ein Anspruch aus §§ 280 Abs. 1, 241 Abs. 2 BGB bestehen

---

[374] Explizit werden Verträge über „Schrottimmobilien", Eheverträge, erbrechtliche Verzichtverträge und Bürgschaften für nahe Angehörige, arbeitsrechtliche Verträge und Vorteilsversprechen nach § 14 Abs. 2 HeimG genannt, *Zimmer*, JZ 2019, 897, 899f.

[375] *Zimmer*, JZ 2019, 897, 900.

[376] *Kaiser*, EzA, 611 BGB Aufhebungsvertrag Nr. 13; *Schacht,* Der Übereilungsschutz beim arbeitsrechtlichen Aufhebungsvertrag, S. 153.

[377] In diese Richtung gehend: *S. Müller*, DB 2019, 1792f; *Schacht,* Der Übereilungsschutz beim arbeitsrechtlichen Aufhebungsvertrag, S. 161f.

[378] *Franz,* Der Abschluss eines Aufhebungsvertrags, S. 395f.

[379] *Kamanabrou*, RdA 2020, 201, 210.

könne. Die Pflicht habe einen sehr kleinen Anwendungsbereich. Darüber hinaus sei der Begriff der „*Fairness*“ ebenso verfehlt, wie die Schaffung einer eigenen Fallgruppe.[380]

III. Unklarheit in der Rechtsprechung

Die Unsicherheit der dogmatischen Einordnung des Gebots fairen Verhandelns spiegelt sich auch in der Rechtsprechung der Instanzgerichte wider, die nach dem Urteil des BAG das Gebot fairen Verhandelns in verschiedenen Urteilen aufgegriffen haben. Dabei ist auffällig, dass die verschiedenen Arbeitsgerichte das Gebot fairen Verhandelns in den Details dogmatisch unterschiedlich begründen. Teilweise wird die Begründung des Gebots fairen Verhandelns des BAG nahezu wortgleich wiedergegeben und dabei die vorvertragliche Pflicht gemäß §§ 311 Abs. 2 Nr. 1, 241 Abs. 2 BGB betont.[381] Andere Urteile setzen das Gebot fairen Verhandelns in unmittelbaren Bezug zu den Verhandlungen des arbeitsrechtlichen Aufhebungsvertrags, zitieren jedoch § 311 BGB nicht.[382] Dabei wird nicht klar, ob die Gerichte das Gebot fairen Verhandelns aus den Pflichten des Arbeitsvertrags herleiten, oder ebenso den Bezug zum vorvertraglichen Schuldverhältnis sehen. Da jedoch die Vertragsverhandlungen des arbeitsrechtlichen Aufhebungsvertrags stets erwähnt werden, ist davon auszugehen, dass die Gerichte im Kern die Herleitung des BAG übernommen haben und das fehlende Zitieren des § 311 Abs. 2 Nr. 1 BGB eine bloße Ungenauigkeit ist, oder für entbehrlich erachtet wurde.

Das LAG Berlin-Brandenburg argumentiert hingegen ohne jeglichen Bezug auf das vorvertragliche Schuldverhältnis und spricht von einem aus § 241 Abs. 2 BGB hergeleiteten Gebot, dass Arbeitgeber auf Arbeitnehmer Rücksicht zu nehmen haben.[383] Eine noch deutlichere Verortung des Gebots fairen Verhandelns als arbeitsvertragliche Nebenpflicht findet sich in den Urteilen des LAG Rheinland-Pfalz, das im Jahr 2019 insgesamt vier Mal das Gebot fairen Verhandelns im Kontext arbeitsrechtlicher Aufhebungs- und Änderungsverträge prüfte. Das LAG Rheinland-Pfalz lässt vereinzelt offen, ob das Gebot fairen Verhandelns überhaupt dogmatisch vertretbar ist.[384] Bemerkenswert ist jedoch vor allem, dass das LAG in seinen Urteilsbegründungen stets

---

380 *Kamanabrou*, RdA 2020, 201, 209f.
381 LAG Hamm, BeckRS 2021, 15285, Rn. 55; ArbG Schwerin, BeckRS 2019, 44159, Rn. 33f.
382 LAG Hessen, BeckRS 2021, 21456, Rn. 34; LAG Mecklenburg-Vorpommern, BeckRS 2020, 12247, Rn. 24.
383 LAG Berlin-Brandenburg, BeckRS 2019, 38121, Rn. 33f.
384 LAG Rheinland-Pfalz, BeckRS 2019, 38069, Rn. 29

von einer „*arbeitsvertraglichen Nebenpflicht*" ausgeht, die bei den Verhandlungen eines arbeitsrechtlichen Aufhebungs- oder Änderungsvertrags zu berücksichtigen sei.[385] § 311 BGB wird dabei konsequent nicht zitiert, und die Pflicht wird allein aus § 241 Abs. 2 BGB hergeleitet. Deshalb ist in Verbindung mit den Formulierungen des Gerichts davon auszugehen, dass das Gebot fairen Verhandelns vom LAG Rheinland-Pfalz tatsächlich als bloße Pflicht des Arbeitsvertrags gesehen wird, und nicht als vorvertragliche Pflicht.

IV. Gebot fairen Verhandelns – culpa in contrahendo oder Arbeitsrecht

Wie schon aus den unterschiedlichen Ansätzen im Schrifttum und der Unklarheit innerhalb der Rechtsprechung folgt, ist das Rechtsinstitut des Gebots fairen Verhandelns in seiner Anwendung, seiner Dogmatik und damit auch in seinem Anwendungsbereich nicht gesichert. Vor dem Hintergrund, dass schon die Befürworter des Rechtsinstituts in der dogmatischen Begründung uneinig sind, ist es wenig verwunderlich, dass sich verschiedene Stimmen gegen das Gebot fairen Verhandelns aussprachen und die Ablehnung mit dem Argument der Rechtsunsicherheit begründeten.[386]

1. Notwendigkeit der dogmatischen Begründung

Lorenz knüpft die dogmatische Begründung ausdrücklich an die c.i.c. an, hält es aber wiederum für gleichgültig, ob man einen Anspruch wegen Verletzung vorvertraglicher Verhaltenspflichten auf die c.i.c. oder eine positive Vertragspflichtverletzung des Arbeitsvertrags stützt.[387] Das mag für die Bewertung der Rechtslage im arbeitsrechtlichen Einzelfall zutreffen, ist aber bei einer ganzheitlichen Betrachtung des Gebots fairen Verhandelns unbefriedigend. Würde man das Gebot fairen Verhandelns als eine arbeitsvertragliche Pflicht einordnen, wäre der Anwendungsbereich für andere Vertragstypen nicht eröffnet oder bedürfte zumindest eines erhöhten Argumentationsaufwands, um die mit arbeitsrechtlichen Besonderheiten begründete Pflicht auf andere Vertragstypen zu übertragen.

---

[385] LAG Rheinland-Pfalz, BeckRS 2019, 16044, Rn. 49; BeckRS 2019, 16038, Rn. 53; BeckRS 2019, 6831, Rn. 35.

[386] MüKo/BGB/*Armbrüster*, § 123 Rn. 57; *Fischinger*, NZA 2019, 729, 732; *D. E. Holler*, NJW 2019, 2206, 2209; *Ostermeier*, GWB 2019, 350; APS/*Rolfs*, Aufhebungsvertrag Rn. 108c; *A. Zimmermann/Völkerding*, DB 2019, 1628.

[387] *Lorenz*, JZ 1997, 277, 280, Fn. 53; s. auch: *Burkardt*, Der arbeitsrechtliche Aufhebungsvertrag, S. 88; *Franz*, Der Abschluss eines Aufhebungsvertrags, S. 397f.

Die Einordnung des Gebots fairen Verhandelns als vorvertragliche Nebenpflicht gemäß § 311 Abs. 2 BGB i.V.m. § 241 Abs. 2 BGB könnte hingegen Auswirkungen auf das gesamte Zivilrecht haben,[388] da bei einem Rechtsinstitut des Allgemeinen Schuldrechts keine Exklusivität für Verträge zwischen Arbeitgeber und Arbeitnehmer anzunehmen wäre. Der Begründungsbedarf bestünde in diesem Fall genau umgekehrt: Es bedürfte einer Begründung, warum diese vorvertragliche Nebenpflicht nur beim Arbeitsvertrag Anwendung finden soll, und nicht im allgemeinen Zivilrecht. Insofern ist die Frage der dogmatischen Begründung von erheblicher Bedeutung für die grundsätzliche Anwendung des Gebots fairen Verhandelns. Aufgrund des bisherigen Anwendungsbereichs des Gebots fairen Verhandelns, der in der Praxis ausschließlich im Arbeitsrecht lag, ist zunächst ein Blick auf die Besonderheiten der arbeitsrechtlichen Nebenpflichten zu werfen, die Rechtsgrundlage für das Gebot fairen Verhandelns sein könnten. Ebenso ist der arbeitsrechtliche Aufhebungsvertrag näher zu betrachten, um festzustellen, ob die konkrete Konstellation zwischen Arbeitgeber und Arbeitnehmer Besonderheiten aufweist, die das Gebot fairen Verhandelns spezifisch begründet.

2. Arbeitsrechtliche „Fürsorgepflicht“ und die Situation des arbeitsrechtlichen Aufhebungsvertrags

Wie dargestellt, sehen verschiedene Stimmen im Schrifttum und in der Rechtsprechung das Gebot fairen Verhandelns als arbeitsvertragliche Pflicht an. Auch das BAG spricht von einer *„im Zusammenhang mit der Verhandlung eines arbeitsrechtlichen Aufhebungsvertrags“*[389] stehenden Pflicht. Konsens besteht darin, dass sich das Rechtsinstitut aus den Rücksichtnahmepflichten gemäß § 241 Abs. 2 BGB ergibt. Fraglich ist jedoch, ob § 241 Abs. 2 BGB nur innerhalb eines Arbeitsverhältnisses zu den entsprechenden Verhandlungspflichten führt oder ob sich aus § 241 Abs. 2 BGB ein Gebot fairen Verhandelns ergibt, das in vorvertraglichen Schuldverhältnissen grundsätzlich Anwendung finden kann.

[388] *Fischinger*, NZA 2019, 729; *Plum*, MDR 2020, 69, 70.
[389] BAG, NZA 2019, 688, 691.

a) (Keine) Exklusivität der arbeitsrechtlichen „Fürsorgepflicht“

Rücksichtnahmepflichten sind im Arbeitsverhältnis aus historischen[390] und tatsächlichen Gründen besonders stark ausgeprägt. Das liegt an den schon vor der Schuldrechtsreform anerkannten Fürsorge- und Treuepflichten im Arbeitsverhältnis, die aus § 242 BGB hergeleitet wurden und Konsequenz der dauerhaften und umfassenden Einbindung des Arbeitnehmers in fremde Strukturen darstellen.[391] Lange prägte der Begriff der Fürsorgepflichten die gegenseitigen Rechte und Pflichten in einem Arbeitsverhältnis. Die Fürsorgepflicht des Arbeitgebers dient(e) dem Schutz der Rechtsgüter der Arbeitnehmer, die aufgrund der Natur des Arbeitsverhältnisses in den Einflussbereich des Arbeitgebers fallen.[392] Hierzu zählten der Schutz des Lebens und der Gesundheit des Arbeitnehmers, der Schutz seiner Persönlichkeitsbelange und der Schutz des Vermögens und des Eigentums des Arbeitnehmers.[393] Historisch geht diese Pflicht auf die Lehre vom personenrechtlichen Gemeinschaftsverhältnis zurück, wonach der Arbeitgeber aufgrund seiner Gewalt über die Person des Arbeitnehmers besondere Fürsorge zu treffen hatte.[394]

Mit der Einführung des § 241 Abs. 2 BGB stellte der Gesetzgeber klar, dass Rücksichtnahme- und Schutzpflichten in allen Schuldverhältnissen bestehen können[395] und sich diese Pflichten nach deren Inhalt richten.[396] Diese Pflichten galten bereits vor der Schuldrechtsreform, der Gesetzgeber hielt es aber für angezeigt, diese zum „*Kernbestand des deutschen Zivilrechts*“ gehörende Pflicht zu kodifizieren.[397] § 241 Abs. 2 BGB bildet seit der Schuldrechtsreform 2002 daher die normative Grundlage für die Nebenpflichten im Schuldverhältnis, die auch innerhalb eines Arbeitsverhältnisses zu berücksichtigen sind. Aus diesem Grund besteht für arbeitsrechtliche Fürsorge- und Treuepflichten aus anderen Normen grundsätzlich kein Raum mehr.[398] Rechtsprechung und Schrifttum sind in diesem Punkt hingegen unbeständig, was angesichts des vagen Begriffs der Schutzpflichten[399] kaum verwundert. Auch nach Einführung des § 241 Abs. 2 BGB wird die Fürsorgepflicht

390 S. hierzu: MüKo/BGB/*Spinner*, § 611a Rn. 896ff.
391 Die Situation herausarbeitend: BAG, NZA 2014, 903, 904; NZA 2011, 345, 346f; NZA 2006, 502, 504; s. a.: NZA 1996, 637, 638; NZA 1995, 777, 778; *Burkardt*, Der arbeitsrechtliche Aufhebungsvertrag, S. 85; MHdB/ArbR/*Reichold*, § 91 Rn. 8; MüKo/BGB/*Spinner*, § 611a Rn. 900.
392 *Franz*, Der Abschluss eines Aufhebungsvertrags, S. 395; MHdB/ArbR/*Reichold*, § 91 Rn. 8; MüKo/BGB/*Spinner*, § 611a Rn. 902; *G. Wiese*, ZfA 1996, 439, 459.
393 BAG, NZA 2014, 903, 904; BeckOK/GewO/*Hoffmann*, § 105 Rn. 182.
394 *Von Gierke* in: FS Brunner, 37, 57; zur historischen Einordnung, s.: MHdB/ArbR/*Reichold*, § 91 Rn. 1f..
395 *Bodewig*, JURA 2005, 505, 507.
396 BT-Drucksache 14/6040, S. 125f.
397 BT-Drucksache 14/6040, S. 125.
398 *Franz*, Der Abschluss eines Aufhebungsvertrags, S. 392f; ErfK/*U. Preis*, § 611a Rn. 708; MHdB/ArbR/*Reichold*, § 91 Rn. 1.
399 BeckOK/ArbR/*Joussen*, § 611a Rn. 289.

des Arbeitgebers weiterhin erwähnt und zur Argumentation verwendet.[400] Sie wird gar als „*Korrelat zu der persönlichen Abhängigkeit des Arbeitnehmers*" bezeichnet, die darauf beruhe, dass der Arbeitnehmer aufgrund seiner Weisungsgebundenheit keine Chance habe, selbstständig zu handeln.[401] Das BAG hat diese explizite Herleitung der vertraglichen Nebenpflichten aus arbeitsrechtlichen Fürsorgepflichten aufgegeben und leitet stattdessen die arbeitsrechtlichen Schutz- und Rücksichtnahmepflichten aus § 241 Abs. 2 BGB ab.[402] Dennoch gebrauchte es den Begriff der Fürsorgepflicht auch nach der Schuldrechtsreform zunächst weiter und verglich die Schutz- und Rücksichtnahmepflichten aus § 241 Abs. 2 BGB mit den vor der Schuldrechtsreform bestehenden Fürsorgepflichten des Arbeitgebers aus § 242 BGB.[403] Auch noch heute wird die Terminologie der Fürsorgepflicht teilweise unkritisch fortgeführt und größtenteils unter die Rücksichtnahmepflichten aus § 241 Abs. 2 BGB subsumiert.[404] Mit § 241 Abs. 2 BGB besteht jedoch eine Norm, die allen Schuldverhältnissen immanent ist und ihnen im Einzelfall Schutz- und Rücksichtnahmepflichten verleihen kann.[405] Vor diesem Hintergrund stellt sich die Frage, ob für eine eigenständige arbeitsrechtliche Fürsorgepflicht noch Raum besteht.

Aus § 241 Abs. 2 BGB ergibt sich jedoch Gegenteiliges: Zunächst betrifft § 241 Abs. 2 BGB, wie auch § 242 BGB, jedes Schuldverhältnis.[406] Die Pflicht zur gegenseitigen Rücksichtnahme ist nicht auf Arbeitsverhältnisse beschränkt. Daher sind bei allen Schuldverhältnissen die jeweiligen Rücksichtnahmepflichten zu bestimmen und gegebenenfalls zu berücksichtigen. Der Wortlaut des § 241 Abs. 2 BGB verdeutlicht, dass die Rücksichtnahmepflichten im Einzelfall unterschiedlich stark ausgeprägt sein können. Ein Schuldverhältnis „*kann*" zur gegenseitigen Rücksichtnahme verpflichten, muss es aber nicht in ausgeprägter Form tun.[407] Die Rücksichtnahmepflichten richten sich in ihrer Reichweite nach dem Inhalt des Schuldverhältnisses und sind nach der jeweils konkreten Situation im Einzelfall zu

[400] So etwa: BAG, NZA 2008, 223, 225f., wonach die Fürsorgepflicht Ausfluss aus § 242 BGB sei und gebiete, auf die berechtigten Interessen des Arbeitgebers Rücksicht zu nehmen.
[401] Jauernig/BGB/*Mansel*, § 611 Rn. 38; MüKo/BGB/*Spinner*, § 611a Rn. 902.
[402] BAG, BeckRS 2018, 25846, Rn. 29; NJW 2018, 2346, 2347; BeckRS 2017, 116757.
[403] BAG, NZA 2010, 337, 338; NZA 2007, 262, 263; NZA 2006, 502, 504.
[404] *Eufinger*, NZA 2017, 619, 621; Küttner Personalbuch/*Kreitner*, A. Arbeitsrecht, Fürsorgepflicht Rn. 3; Jauernig/BGB/*Mansel*, § 611 Rn. 38; MüKo/BGB/*Spinner*, § 611a Rn. 902; TUMK Ausländische Mitarbeiter/*Uznanski*, V. Die Beschäftigung von Ausländern, 6. Fürsorgepflicht des Arbeitgebers Rn. 1105.
[405] MüKo/BGB/*Bachmann*, § 241 Rn. 61; Jauernig/BGB/*Mansel*, § 241 Rn. 10; Grüneberg/BGB/*Grüneberg*, § 241 Rn. 6; ErfK/*U. Preis*, § 611a Rn. 708.
[406] S. Fn. 395.
[407] Vgl. MüKo/BGB/*Bachmann*, § 241 Rn. 58; *Kersting*, Die Dritthaftung für Informationen im Bürgerlichen Recht, S. 337ff; NK/BGB/*Krebs*, § 241 Rn. 21; Staudinger/*Olzen*, § 241 Rn. 419.

bestimmen.[408] § 241 Abs. 2 BGB nennt zudem den Begriff der „*Interessen*" des anderen Vertragspartners, auf die Rücksicht zu nehmen sein kann. Mit der Aufnahme des Begriffs des „*Interesses*" sollte deutlich gemacht werden, dass sämtliche Belange der Parteien des Schuldverhältnisses zu schützen sein können, wie eben die Entscheidungsfreiheit.[409]

Aus diesen Grundsätzen folgt, dass die allgemeine arbeitsrechtliche Fürsorgepflicht obsolet ist.[410] Zurecht begründet das BAG die früher aus § 242 BGB hergeleiteten Schutzpflichten nunmehr aus § 241 Abs. 2 BGB.[411] Die arbeitsrechtliche Fürsorgepflicht sollte nur noch in den Fällen begrifflich angewendet werden, in denen das Gesetz diese explizit vorsieht, um eine hinreichende Abgrenzung zu den Schutz- und Rücksichtnahmepflichten aus § 241 Abs. 2 BGB vornehmen zu können. So spricht die Verwendung des Begriffs in § 619 BGB gegen eine generelle Fürsorgepflicht aus § 241 Abs. 2 BGB. § 619 BGB bezeichnet die in § 617 BGB und § 618 BGB normierten Pflichten zur Kranken- und Gesundheitsfürsorge als Fürsorgepflichten. Systematisch passt hierzu, dass § 62 HGB in der Überschrift ebenfalls von Fürsorgepflichten spricht, und auch diese Norm den Gesundheitsschutz des Arbeitnehmers in den Vordergrund stellt. Insofern sollten die Rücksichtnahmepflichten aus § 241 Abs. 2 BGB hiervon begrifflich differenziert werden, auch wenn es inhaltliche Überschneidungen geben mag. Die Fürsorgepflicht ist nach heutiger Gesetzeslage eine Konkretisierung der Pflichten des Arbeitgebers zum Kranken- und Gesundheitsschutz und nicht als allgemeine Pflicht nach §§ 241 Abs. 2, 242 BGB zu subsumieren.[412]

Der umfassende Schutz der Interessen, insbesondere der Entscheidungsfreiheit, ist aus diesen Gründen keine Exklusivität des Arbeitsrechts, oder gar der allgemeinen Fürsorgepflicht. Sie kann in unterschiedlichen Schuldverhältnissen zu berücksichtigen sein und ist nach dem jeweiligen Inhalt zu bestimmen. Die Rücksichtnahmepflichten können unterschiedlich weit sein und zum Schutz der Entscheidungsfreiheit verpflichten. Die Pflichten variieren je nach Art und Umfang des Schuldverhältnisses. Nur durch eine einzelfallbezogene Bestimmung der Pflichten wird dem Willen des Gesetzgebers sowie der Gesetzessystematik Rechnung getragen. Da der Schutz der Entscheidungsfreiheit

---

[408] BGH, NJW 2010, 1135, 1137; *Bodewig*, JURA 2005, 505, 509; Grüneberg/BGB/*Grüneberg*, § 241 Rn. 6; BeckOK/BGB/*Sutschet*, § 241 Rn. 42f.

[409] BT-Drucksache 14/6040, S. 126; *Canaris*, JZ 2001, 499, 519; NK/BGB/*Krebs*, § 241 Rn. 23; *Weller*, Die Vertragstreue, S. 244.

[410] *Franz*, Der Abschluss eines Aufhebungsvertrags, S. 392f; ErfK/*U. Preis*, § 611a Rn. 709; MHdB/ArbR/*Reichold*, § 91 Rn. 1.

[411] S. Fn. 402.

[412] MüKo/HGB/*Thüsing*, § 62 Rn. 1.

ausdrücklich als Interesse in § 241 Abs. 2 BGB genannt ist, muss er bei der Bestimmung der Nebenpflichten berücksichtigt werden.[413]

b) Rücksichtnahmepflicht im Arbeitsverhältnis

Die Nebenpflichten gemäß § 241 Abs. 2 BGB sind nach dem Vertragszweck, der Verkehrssitte, den Anforderungen des redlichen Geschäftsverkehrs und nach der Auslegung der jeweiligen Situation zu bestimmen.[414] Bei Anwendung dieses Grundsatzes ist im Arbeitsverhältnis von sehr umfangreichen und stark ausgeprägten Rücksichtnahme- und Schutzpflichten auszugehen.[415] Dies hat vielfältige und offensichtliche Gründe: Arbeitnehmer und Arbeitgeber stehen in einem Dauerschuldverhältnis, das per se zu stärkeren Rücksichtnahmepflichten führt.[416] Dieses ist durch nahezu täglichen Kontakt über längere Zeit geprägt.[417] Der Arbeitnehmer bringt regelmäßig nicht nur seine bloße Arbeitsleistung, sondern auch seine Persönlichkeit in die betriebliche Organisation des Arbeitgebers ein.[418] Weiterhin bestreitet der Arbeitnehmer durch die Tätigkeit beim Arbeitgeber regelmäßig seinen Lebensunterhalt, was zur besonderen Sozialverantwortung des Arbeitgebers führt.[419] Der Arbeitnehmer ist persönlich abhängig vom Arbeitgeber und unterliegt dessen Weisungen. Das Gesetz erkennt diese Konstellation dadurch an, dass es diverse Schutzvorschriften zugunsten der Arbeitnehmer enthält, die vor allem dazu dienen, das bestehende Über-/Unterordnungsverhältnis und die besondere Nähe zwischen Arbeitnehmer und Arbeitgeber auszugleichen.[420] Diese Umstände führen in der Gesamtbetrachtung zu einer Intensivierung der Nebenpflichten gemäß § 241 Abs. 2 BGB, wie sie in kaum einem anderen Schuldverhältnis bestehen.

---

[413] MüKo/BGB/*Bachmann*, § 241 Rn. 58; *S. Wagner*, NJW 2005, 2956, 2958; BT-Drucksache 14/6040, S. 126.

[414] BGH, NJW 2013, 3366, 3368; NJW 2010, 1135, 1137; *Bodewig*, JURA 2005, 505, 509; Grüneberg/BGB/*Grüneberg*, § 241 Rn. 7.

[415] Vgl. BAG, NZA 2011, 345, 346f; MüKo/BGB/*Spinner*, § 611a Rn. 899; *G. Wiese*, ZfA 1996, 439, 459.

[416] MüKo/BGB/*Bachmann*, § 241 Rn. 65; Jauernig/BGB/*Mansel*, § 241 Rn. 10; *Oetker*, Das Dauerschuldverhältnis und seine Beendigung, S. 202 ff.

[417] *G. Wiese*, ZfA 1996, 439, 459.

[418] So schon: *Farthmann*, RdA 1960, 5, 7; MHdB/ArbR/*Reichold*, § 91 Rn. 8; MüKo/BGB/*Spinner*, § 611a Rn. 902.

[419] *Reichold*, Betriebsverfassung als Sozialprivatrecht, S. 512 ff.

[420] *Dieterich*, NZA 1996, 673, 675; *Gräf*, Das Gebot fairen Verhandelns beim Abschluss eines arbeitsrechtlichen Aufhebungsvertrags, S. 226f.

c) Die besondere Situation des arbeitsrechtlichen Aufhebungsvertrags

Neben der Feststellung, dass im Arbeitsverhältnis von besonders ausgeprägten Rücksichtnahme- und Schutzpflichten auszugehen ist, ist auch ein Blick auf die Besonderheiten des arbeitsrechtlichen Aufhebungsvertrags und seiner vorvertraglichen Nebenpflichten erforderlich. Dieser war bisher einziger praktischer Anwendungsfall des Gebots fairen Verhandelns und enthält Merkmale, die bei Betrachtung des Vertragszwecks, der Verkehrssitte und der konkreten Situation[421] zu einer Intensivierung der Rücksichtnahmepflichten führen können. Um die Situation zunächst konkret erfassen zu können, ist zudem zu prüfen, ob dem Arbeitnehmer im Falle des Aufhebungsvertrags grundsätzlich ein Widerrufsrecht zusteht.

aa) Exkurs: Widerrufsrecht de lege lata bei arbeitsrechtlichen Aufhebungsverträgen aufgrund Verbraucherschutzrechts?

Beim arbeitsrechtlichen Aufhebungsvertrag besteht die Gefahr der Überrumpelung des Arbeitnehmers durch den Arbeitgeber.[422] Häufig bereuen Arbeitnehmer den abgeschlossenen Aufhebungsvertrag[423] und versuchen, sich im Nachhinein von diesem zu lösen. In diesen Fällen behaupten die betroffenen Arbeitnehmer häufig, dass sie beim Abschluss des Aufhebungsvertrags überrumpelt und unter Druck gesetzt worden seien.[424] Um dieser Problematik zu begegnen, wurde rechtspolitisch schon vor längerer Zeit diskutiert und vereinzelt befürwortet, ein generelles Widerrufsrecht oder eine Pflicht zur Gewährung einer Bedenkzeit[425] für den Fall arbeitsrechtlicher Aufhebungsverträge gesetzlich einzuführen.[426] Einzelne Tarifverträge sehen das bereits heute vor.[427] Ansätze, eine solche „Bedenkzeitpflicht" oder ein Widerrufsrecht aus § 242 BGB herzuleiten, überzeugen hingegen nicht.[428]

---

[421] S. Fn. 415.

[422] *Burkardt,* Der arbeitsrechtliche Aufhebungsvertrag, S. 209; *Hromadka*, NJW 1992, 1985, 1992; *Hümmerich*, NJW 2004, 2921, 2929; *Notzon*, öAT 2020, 4; *Reinecke* in: FS Küttner, 327, 328; *Tödtmann/Schauer*, AiB 2005, 357.

[423] *Bauer*, NJW 1994, 980; *Bauer*, NZA 1992, 1015; *Wurm*, SPA 2022, 121.

[424] *Bauer*, NZA-RR 1999, 1; *Hromadka*, NJW 1992, 1985, 1992.

[425] i.F.: „Bedenkzeitpflicht".

[426] *Arbeitskreis Deutsche Rechtseinheit im Arbeitsrecht,* Diskussionsentwurf eines Arbeitsvertragsgesetzes, § 131; *Pauly*, MDR 1995, 1081, 1085; *Henssler/U. Preis,* Diskussionsentwurf eines Arbeitsvertragsgesetzes (ArbVG) 2006, § 134; *U. Preis*, RdA 2003, 65, 80; *Thies,* Der Schutz des Arbeitnehmers bei Abschluss arbeitsrechtlicher Aufhebungsverträge, S. 404f; *Kurzer,* Das Gebot fairen Verhandelns im Arbeitsrecht, S. 213ff., s.u., bb) .

[427] So etwa der Mantel-TV Einzelhandel NRW, der in § 11 Abs. 10 ein Recht auf Inanspruchnahme einer Bedenkzeit vorsieht, auf die nur schriftlich verzichtet werden kann.

[428] S. Zweiter Teil, II. 1.

Teilweise wird jedoch angenommen, dass das Problem überrumpelter Arbeitnehmer mit der Anwendung des Verbraucherschutzrechts gemäß §§ 312 ff. BGB und ein hierdurch begründetes Widerrufsrecht gemäß § 312g BGB zu lösen sein könnte. Das aktuelle Widerrufsrecht könnte insbesondere solche Aufhebungsverträge erfassen, die außerhalb des Arbeitsplatzes des Arbeitnehmers geschlossen wurden. Denn in einem solchen Fall liegt die Anwendung des Widerrufsrechts gemäß § 312g i.V.m. § 312b BGB nahe, da „*außerhalb von Geschäftsräumen*" ein Vertrag geschlossen wurde.[429] Die Mehrheit lehnt die Anwendung des verbraucherschutzrechtlichen Widerrufsrechts für den Fall des Aufhebungsvertrags ab,[430] obgleich der teleologische Aspekt des Überrumpelungsschutzes[431] nahelegt, sich mit der Anwendung des verbraucherschutzrechtlichen Widerrufsrechts gemäß § 312g BGB für arbeitsrechtliche Aufhebungsverträge näher zu befassen.

(1) Nach der Schuldrechtsreform bis zum Jahr 2014

Nach der Schuldrechtsreform bis zum Jahr 2014 regelte § 312 BGB a.F. das Widerrufsrecht bei den damals sogenannten „*Haustürgeschäften.*" Dort hieß es in Abs. 1 wie folgt:

> „*Bei einem Vertrag zwischen einem Unternehmer und einem Verbraucher, der eine entgeltliche Leistung zum Gegenstand hat und zu dessen Abschluss der Verbraucher*
>
> *1. durch mündliche Verhandlungen an seinem Arbeitsplatz oder im Bereich einer Privatwohnung,*
>
> *(...)*
>
> *3. im Anschluss an ein überraschendes Ansprechen in Verkehrsmitteln oder im Bereich öffentlich zugänglicher Verkehrsflächen*

---

[429] Vgl. die Konstellation bei: BAG, NZA 2019, 688; s. hierzu: *Fischinger/Werthmüller*, NZA 2016, 193.

[430] BAG, NZA 2019, 688, 690; NJW 2004, 2401, 2405; *Bachmann/Ponßen*, NJW 2019, 1966, 1970; *Bauer*, FD-ArbR 2019, 414232; *Benecke*, RdA 2004, 147, 148; *Giesing*, Inhaltskontrolle und Abschlusskontrolle arbeitsrechtlicher Aufhebungsverträge, S. 177; *Heinkel*, ZTR 2020, 261, 264; *Hördt*, ArbRAktuell 2019, 289; *Jung*, ZfA 2024, 24, 44; *Kamanabrou*, RdA 2020, 201, 205; *Lembke*, BB 2016, 3125, 3128; *Lembke*, NJW 2004, 2941, 2943; *S. Müller*, DB 2019, 1792; ErfK/*Müller-Glöge*, § 620 Rn. 14; *Schwarze*, JA 2019, 789, 790.

[431] MHdB/ArbR/*Fischinger*, § 9 Rn. 12; *Fischinger/Werthmüller*, NZA 2016, 193, 194; *Hümmerich*, NZA 2004, 809, 811; *Singer*, RdA 2003, 194, 197.

bestimmt worden ist (Haustürgeschäft), steht dem Verbraucher ein Widerrufsrecht gemäß § 355 zu."

Als die Norm noch gültig war, führte eine wortlautgetreue Auslegung zur Entstehung eines Widerrufsrechts des Arbeitnehmers für einen am Arbeitsplatz geschlossenen Aufhebungsvertrag.[432] Demnach war der Arbeitnehmer als Verbraucher und der Arbeitgeber als Unternehmer zu subsumieren. Zudem wurde teilweise bejaht, dass ein Aufhebungsvertrag eine entgeltliche Leistung[433] begründe. Da der Wortlaut auch Vertragsschlüsse am Arbeitsplatz erfasste, sei ein nach einer solchen Auslegung ein Widerrufsrecht für am Arbeitsplatz geschlossene Aufhebungsverträge gegeben.[434]

Diese Auslegung der Norm wurde aus verschiedenen Gründen kritisiert. Manche lehnten bereits die Verbrauchereigenschaft des Arbeitnehmers ab,[435] andere verneinten das Vorliegen einer entgeltlichen Leistung durch einen Aufhebungsvertrag.[436] Im Mittelpunkt der Ablehnung stand jedoch die systematische Betrachtung des Verbraucherschutzrechts. Der Arbeitsplatz sei der „*natürliche Ort*" des Aufhebungsvertrags, weshalb kein Überraschungsmoment vorliege.[437] Zudem seien die Vorschriften des Verbraucherschutzrechts erkennbar nicht auf arbeitsrechtliche Aufhebungsverträge ausgelegt. Die Widerrufsfrist von zwei Wochen sei nicht kompatibel mit der Dreiwochenfrist gemäß § 4 KSchG,[438] ebenso wie die Obliegenheit des Arbeitgebers, den Arbeitnehmer über sein Widerrufsrecht zu belehren, um eine Widerrufsfrist von sechs Monaten gemäß § 355 Abs. 4 S. 1 a.F. zu verhindern.[439] Das widerspreche dem Beschleunigungsinteresse des Arbeitsrechts.[440] Aus der Überschrift des 2. Buches, Abschnitt 3, Titel 1, Untertitel 2 („*Besondere Vertriebsformen*") folge, dass dieser Unterabschnitt lediglich einen Vertrag erfasse, in dem der Verbraucher eine Gegenleistung

[432] *G. Becker,* Die unzulässige Einflussnahme des Arbeitgebers auf die Entscheidungsfreiheit des Arbeitnehmers am Beispiel des arbeitsrechtlichen Aufhebungsvertrages, S. 366; *Burkardt,* Der arbeitsrechtliche Aufhebungsvertrag, S. 248; *Hümmerich/Holthausen*, NZA 2002, 173, 178; *Riesenhuber/Vogel*, NJW 2005, 3457, 3459; *Schleusener*, NZA 2002, 949, 952; noch zu Zeiten des HWiG: *Lorenz*, JZ 1997, 277, 279.

[433] *Lorenz*, JZ 1997, 277, 278.

[434] Mit dem Hinweis auf den „*eindeutigen Wortlaut*": *Hümmerich/Holthausen*, NZA 2002, 173, 178.

[435] *Lembke*, NJW 2004, 2941, 2943; *Natzel*, NZA 2002, 595, 597.

[436] LAG Brandenburg, NZA 2003, 503, 504; *Benecke*, RdA 2004, 147, 148; *Giesing,* Inhaltskontrolle und Abschlusskontrolle arbeitsrechtlicher Aufhebungsverträge, S. 169f; *Schmitt-Rolfes*, AuA 2019, 207.

[437] BAG, NJW 2004, 2401, 2405; *Däubler*, NZA 2001, 1329, 1334; *Henssler*, RdA 2002, 129, 135; *Lembke*, NJW 2004, 2941; *Thüsing*, RdA 2005, 257, 266; *Tödtmann/Schauer*, AiB 2005, 357, 359.

[438] § 4 KSchG schreibt vor, dass ein gekündigter Arbeitnehmer innerhalb von 3 Wochen nach Zugang der Kündigungsschutzklage eine Kündigungsschutzklage erheben muss, da sie andernfalls gemäß § 7 KSchG als rechtswirksam gilt.

[439] *Bauer*, NZA 2002, 169, 172; *Hönn*, ZfA 2003, 325, 347.

[440] BAG, NJW 2004, 2401, 2404; LAG Brandenburg, NZA 2003, 503, 504.

für eine Ware oder Dienstleistung erbringt.[441] Selbiges ergebe sich aus der Auslegung von Art. 1 RL 85/577/EWG.[442] Ebenso habe der Gesetzgeber bei der Schuldrechtsreform und der damit verbundenen Änderung des § 312 BGB die Situation der arbeitsrechtlichen Aufhebungsverträge gekannt und hätte daher, wenn es sein Wille gewesen wäre, das Widerrufsrecht auf diese erstrecken können.[443] Das Widerrufsrecht sei daher für arbeitsrechtliche Aufhebungsverträge gemäß § 312 Abs. 1 Nr. 1 BGB a.F. nach historischer und systematischer Auslegung abzulehnen.

(2) Das Widerrufsrecht nach 2014

Mit dem Gesetz zur Umsetzung der Verbraucherrechterichtlinie und zur Änderung des Gesetzes zur Regelung von Wohnraumvermittlung vom 20.09.2013[444] änderte sich zum 13.06.2014 die gesetzliche Situation. Die §§ 312 ff. BGB wurden mit dieser Änderung „*vollständig neu gefasst.*“[445] Die Überschrift des 2. Untertitels des 3. Abschnitts änderte sich dahingehend, dass in der aktuellen Fassung des BGB von „*Grundsätze bei Verbraucherverträgen und besonderen Vertriebsformen*“ die Rede ist. Der Passus, der nach seinem Wortlaut die Situation erfasste, in der ein Verbraucher durch mündliche Verhandlungen am Arbeitsplatz zum Vertragsschluss bestimmt wurde (§ 312 Abs. 1 Nr. 1 BGB a.F.), wurde zudem mit dieser Gesetzesänderung gestrichen. Hieraus folgt zweierlei: Einerseits ist das Argument, wonach durch die Überschrift des Untertitels eine Beschränkung auf „*besondere Vertriebsformen*“ begründet sei, gegenstandslos geworden. Andererseits ist die Vorschrift, die bei reiner Betrachtung des Wortlauts[446] zur Anwendbarkeit für am Arbeitsplatz geschlossene arbeitsrechtliche Aufhebungsverträge führte, entfallen. Schließlich wurde in § 312b BGB der Begriff des „*außerhalb von Geschäftsräumen geschlossenen Vertrags*“ näher bestimmt. Diese Konstellation führt dazu, dass Aufhebungsverträge, die am Arbeitsplatz des Arbeitnehmers geschlossen wurden, schon nach dem Wortlaut „*eindeutig*“ nicht vom Widerrufsrecht nach §§ 312g Abs. 1, 312b Abs. 1 BGB erfasst werden, da Aufhebungsverträge regelmäßig im Betrieb des Arbeitgebers vereinbart werden.[447] Es bleibt daher ausschließlich die Frage offen, ob

---

441 LAG Brandenburg, NZA 2003, 503, 504.
442 EuGH, EuZW 1998, 252, 253.
443 BAG, NJW 2004, 2401, 2404f.
444 BGBl. I 2014, 3642.
445 BT-Drucksache 17/12637, S. 33.
446 Vgl. *Hümmerich/Holthausen*, NZA 2002, 173, 178.
447 *Schwab/Hromek*, JZ 2015, 271, 273; *Fischinger/Werthmüller*, NZA 2016, 193f.

Aufhebungsverträge, die nicht in den Geschäftsräumen des Arbeitgebers geschlossen werden, gemäß §§ 312g Abs. 1, 312b Abs. 1 BGB widerruflich sind.

(3) Stellungnahme

Mit der Gesetzesänderung vom 20.09.2013, die zum 13.06.2014 in Kraft trat, hat sich die Bewertung der Widerrufbarkeit arbeitsrechtlicher Aufhebungsverträge in gewisser Weise verändert. Der Wortlaut von § 312 Abs. 1 Nr. 1 BGB erfasste Aufhebungsverträge, die nach dem Sinn und Zweck der Norm nicht erfasst werden sollten. Er erfasste hingegen Verträge nicht, bei denen der Zweck einschlägig gewesen wäre. Nunmehr könnte der aktuelle Gesetzeswortlaut und der Zweck des Widerrufsrechts Aufhebungsverträge gleichermaßen erfassen.[448] Das ist insbesondere dann der Fall, wenn Arbeitnehmer außerhalb der Betriebsstätte von ihren Arbeitgebern aufgesucht werden.[449] Der Wortlaut von § 312b Abs. 1 Nr. 1 BGB, wonach Verträge, die bei gleichzeitiger körperlicher Anwesenheit des Verbrauchers und des Unternehmers an einem Ort geschlossen werden, der kein Geschäftsraum des Unternehmers ist, erfasst diese Konstellation.[450] Auch das teleologische Argument des Überrumpelungsschutzes spricht für die Anwendbarkeit des Widerrufsrechts. Ein Arbeitnehmer muss nicht damit rechnen, dass er ohne Ankündigung außerhalb seines Arbeitsplatzes vom Arbeitgeber mit der Eingehung eines Aufhebungsvertrags konfrontiert wird.[451] Denselben Schutz, nämlich die Verhinderung der Überrumpelung durch ein Vertragsangebot an einem ungewöhnlichen Ort, verfolgt § 312b BGB.[452] Weiterhin ist mit der Gesetzesänderung von 2014 das systematische Argument der Unterüberschrift des Abschnitt 3 Untertitel 2 weggefallen. Da dieser nunmehr die *„Grundsätze bei Verbraucherverträgen und besonderen Vertriebsformen“* erfasst, behandelt dieser nicht mehr nur – wie vorher – *„besondere Vertriebsformen“*.[453] Zudem lässt sich aus der Systematik des Gesetzes nicht ableiten, dass der Gesetzgeber die Anwendung des Widerrufsrechts auf arbeitsrechtliche Aufhebungsverträge explizit ausschließen wollte. Gleiches hat er mit dem Katalog des § 312g Abs. 2 BGB getan, nicht für den arbeitsrechtlichen Aufhebungsvertrag. Gleichwohl bestehen die meisten

[448] *Beck*, ArbRAktuell 2018, 186; *Fischinger/Werthmüller*, NZA 2016, 193, 196.
[449] Vgl. Sachverhalt bei: BAG, NZA 2019, 688.
[450] *Fischinger/Werthmüller*, NZA 2016, 193, 194; *Kamanabrou*, NZA 2016, 919; *M.-O. Schulze/Kittel/Pfeffer*, ArbRAktuell 2017, 105, 107.
[451] *Fischinger*, NZA 2019, 729; MHdB/ArbR/*Fischinger*, § 9 Rn. 12.
[452] Richtlinie 2011/83/EU des Europäischen Parlaments und des Rates vom 25. Oktober 2011 vom 25.10.2011, Erwägungsgrund 21; *Beck*, ArbRAktuell 2018, 186; BeckOK/BGB/*Maume*, § 312b Rn. 4; MüKo/BGB/*Wendehorst*, § 312b Rn. 2.
[453] *Kamanabrou*, NZA 2016, 919, 920.

systematischen Bedenken gegen die Anwendung des Widerrufsrechts weiterhin fort. Das gilt zunächst für die Obliegenheit des Unternehmers, den Verbraucher bei Eingehung des Rechtsgeschäfts nach den Anforderungen der Art. 246a § 1 Abs. 2 S. 1 Nr. 1 oder Art. 246b § 2 Abs. 1 EGBGB über sein Widerrufsrecht zu unterrichten. Unterrichtet der Unternehmer den Verbraucher nicht, erlischt das Widerrufsrecht erst zwölf Monate und 14 Tage nach Vertragsschluss oder Erhalt der Ware, § 356 Abs. 3 i.V.m. § 355 Abs. 2 und § 356 Abs. 2 BGB, was im Widerspruch zum Beschleunigungsinteresse des Arbeitsrechts steht.[454] Ebenso lassen sich die in § 312d i.V.m. Art. 246a EGBGB vorgeschriebenen Informationspflichten des Unternehmers nicht sinnvoll auf arbeitsrechtliche Aufhebungsverträge anwenden, da sie ausschließlich auf geleistete Waren oder Dienstleistungen des Unternehmers ausgelegt sind.[455] Auch der Katalog des § 312g Abs. 2 BGB erlaubt keinen Rückschluss auf dort nicht erfasste Konstellationen, da mit diesem lediglich bestimmte Warenlieferungen und Dienstleistungen vom Widerrufsrecht ausgeschlossen werden, nicht jedoch andere Vertragstypen. Gleiches gilt für § 357 BGB, der die Rückabwicklung widerrufener Verträge regelt. Dieser ist nicht auf Aufhebungsverträge zugeschnitten, sondern enthält Regelungen für die Rückgabe von Waren oder digitaler Produkte.[456] Die Systematik des Verbraucherschutz- und des Widerrufsrechts ist daher nur auf Warenlieferungs- und Dienstleistungsverträge beschränkt. Ein Widerrufrecht für arbeitsrechtliche Aufhebungsverträge wäre systematisch naheliegender in den Kontext von § 623 BGB einzuordnen gewesen. Die systematischen Argumente wiegen zu schwer, als dass man dem Gesetzgeber ein Widerrufsrecht für arbeitsrechtliche Aufhebungsverträge gemäß § 312g BGB zubilligen könnte.[457]

Demnach besteht de lege lata weder ein Widerrufsrecht des Arbeitnehmers noch eine Pflicht zur Gewährung einer Bedenkzeit. Der Überrumpelung des Arbeitnehmers muss daher auf anderem Weg begegnet werden, was den Blick zurück auf die Rücksichtnahmepflichten beim Aufhebungsvertrag und das Gebot fairen Verhandelns lenkt.

---

[454] *Bauer/C. Arnold/Zeh*, NZA 2016, 449, 451; a.A., mit Verweis auf § 124 BGB: *M.-O. Schulze/Kittel/Pfeffer*, ArbRAktuell 2017, 105, 107.
[455] BAG, NZA 2019, 688, 690; *Glahe*, Die Rückabwicklung arbeitsrechtlicher Aufhebungsverträge, S. 134.
BAG, NZA 2019, 688, 690; *Glahe*, Die Rückabwicklung arbeitsrechtlicher Aufhebungsverträge, S. 134
[456] BAG, NZA 2019, 688, 690; *Kamanabrou*, RdA 2020, 201, 205.
[457] *Glahe*, Die Rückabwicklung arbeitsrechtlicher Aufhebungsverträge, S. 129; *Gräf*, Das Gebot fairen Verhandelns beim Abschluss eines arbeitsrechtlichen Aufhebungsvertrags, S. 77; *Bauer/C. Arnold/Zeh*, NZA 2016, 449; *Heinkel*, ZTR 2020, 261, 264; *Schwarze*, JA 2019, 789, 790; *Zimmer*, JZ 2019, 897, 898.

bb) Exkurs: Widerrufsrecht beim arbeitsrechtlichen Aufhebungsvertrag – de lege ferenda

Wie oben bereits erwähnt, gibt es bereits seit langem die rechtspolitische Forderung, ein Widerrufsrecht für arbeitsrechtliche Aufhebungsverträge zu schaffen.[458] Diese Forderung wurde zuletzt erneut von *Kurzer* erhoben, jedoch in direkten Zusammenhang mit dem Gebot fairen Verhandelns gebracht.[459] *Kurzer* argumentiert, dass das Gebot fairen Verhandelns mit der Einführung eines Widerrufsrechts für arbeitsrechtliche Aufhebungsverträge weiter in den Hintergrund rücken würde, so dass nur dann Raum für das Gebot fairen Verhandelns bleibe, solange es kein solches Widerrufsrecht gäbe,[460] und plädiert im Anschluss für die Einführung eines solchen.[461]

Die Schaffung eines allgemeinen Widerrufsrechts für arbeitsrechtliche Aufhebungsverträge ist rechtspolitisch vertretbar. Die Konstellation des arbeitsrechtlichen Aufhebungsvertrags ist anfällig für Überrumpelungen, wie bereits die Vielzahl gerichtlicher Entscheidungen zeigt, und ein Widerrufsrecht würde einen effektiven Überrumpelungsschutz schaffen.[462] Gleiches gilt für die Schaffung einer Bedenkzeit- oder Ankündigungspflicht.[463] Insofern ist den entsprechenden Gesetzesvorschlägen in diesem Punkt nicht zu widersprechen. Stellt man jedoch diese rechtspolitische Forderung in Zusammenhang mit dem Gebot fairen Verhandelns, so drängt sich der Vergleich dieser möglichen Lösungen auf. Einerseits wäre das Widerrufsrecht für arbeitsrechtliche Aufhebungsverträge streng auf diesen Vertragstypus beschränkt. Wenn man, wie *Kurzer*,[464] den Anwendungsbereich des Gebots fairen Verhandelns ebenfalls auf diese Situation verengt, so würde ein Widerrufsrecht dessen Anwendungsbereich weitgehend verdrängen.[465] Nach der hier vertretenen Ansicht ist das Gebot fairen Verhandelns jedoch nicht nur auf arbeitsrechtliche Aufhebungsverträge beschränkt,[466] so dass mit der Einführung eines allgemeinen Widerrufsrechts für arbeitsrechtliche Aufhebungsverträge nur ein partieller Anwendungsbereich des Gebots fairen Verhandelns anderweitig abgedeckt wäre. Selbst wenn man jedoch das Gebot fairen Verhandelns auf die

---

[458] S. Fn. 426.
[459] *Kurzer,* Das Gebot fairen Verhandelns im Arbeitsrecht, S. 213ff.
[460] *Kurzer,* Das Gebot fairen Verhandelns im Arbeitsrecht, S. 244.
[461] Diese Argumentation erinnert an die Gedanken von *Thüsing*, RdA 2005, 257, 269f.
[462] *Hromadka*, NJW 1992, 1985, 1992.
[463] *Jung*, ZfA 2024, 24, 48ff.
[464] *Kurzer,* Das Gebot fairen Verhandelns im Arbeitsrecht, S. 188.
[465] Zumindest innerhalb einer zu schaffenden Widerrufsfrist gäbe es keinen Bedarf für einen Rückgriff auf das Gebot fairen Verhandelns, weshalb sich die Frage nach der Anwendung womöglich nach Ablauf dieser Frist stellen dürfte.
[466] S. Vierter Teil, III.

Konstellation des arbeitsrechtlichen Aufhebungsvertrags beschränkt, so schafft das Gebot fairen Verhandelns mehr Einzelfallgerechtigkeit als ein allgemeines Widerrufsrecht. Das Gebot fairen Verhandelns ermöglicht im Einzelfall die Lösung für eine Situation, in der eine Partei erheblichen Einfluss auf die Entscheidungsfreiheit der anderen Partei nimmt.[467] Ein allgemeines Widerrufsrecht wäre hiervon unabhängig und würde selbst dann eingreifen, wenn die Initiative zum Aufhebungsvertrag vom Arbeitnehmer selbst ausgeht.[468] Die Einführung eines allgemeinen Widerrufsrechts birgt daher zumindest die Gefahr, dass hierdurch Arbeitnehmern ein Widerrufsrecht (sogar mit Entgeltfortzahlungsanspruch bis zur Ausübung[469]) eingeräumt wird, die selbst den Vertragsschluss initiiert haben, und diesen ohne jegliche Beeinflussung abgeschlossen. Dieses Ergebnis ist nicht interessengerecht und stellt im Vergleich zu einer einzelfallgerechten Anwendung des Gebots fairen Verhandelns die schlechtere Alternative dar. Es besteht kein Grund, Arbeitnehmer in diesem Maß von ihrer Selbstverantwortung zu befreien und das Vertrauen des Arbeitgebers auf einen selbstbestimmt abgeschlossenen Vertrag zu erschüttern.[470]

Wenn man daher die rechtspolitische Forderung nach der Einführung eines allgemeinen Widerrufsrechts für arbeitsrechtliche Aufhebungsverträge bejaht, so sollte dieses zumindest auf Fälle beschränkt werden, in denen die Initiative zum Vertragsschluss vom Arbeitgeber ausgeht.[471] Andernfalls ist das Gebot fairen Verhandelns die bessere Alternative: Es ist zwar weniger absolut als ein allgemeines Widerrufsrecht, stellt jedoch keine Verträge in Frage, die aus freien Stücken und ohne Beeinflussung geschlossen wurden.

cc) Erhöhte Rücksichtnahmepflichten bei Verhandlungen zum Aufhebungsvertrag

Wie aus § 623 BGB folgt, ist es möglich, das Arbeitsverhältnis einvernehmlich durch Aufhebungsvertrag zu beenden. Es sind weder Kündigungsschutzvorschriften noch Kündigungsfristen oder etwaige Betriebsratsbeteiligungen zu beachten.[472] Das führt dazu,

---

[467] Vgl. *Thüsing*, RdA 2005, 257, 268, Gebot fairen Verhandelns als "*Königsweg*".

[468] Vgl. *Kurzer*, Das Gebot fairen Verhandelns im Arbeitsrecht, S. 245ff., die in ihrem Gesetzesvorschlag die Vertragsinitiative unberücksichtigt lässt; ebenso: *Henssler/U. Preis*, Diskussionsentwurf eines Arbeitsvertragsgesetzes (ArbVG) 2006, § 134.

[469] *Kurzer*, Das Gebot fairen Verhandelns im Arbeitsrecht, S. 247, Gesetzesvorschlag, § 623a Abs. 4 BGB.

[470] Vgl. *Jung*, ZfA 2024, 24, 49.

[471] *Jung*, ZfA 2024, 24, 50, die diesen Aspekt zutreffenderweise in ihren rechtspolitischen Vorschlag berücksichtigt.

[472] *Boemke*, JuS 2019, 1204; ErfK/*Müller-Glöge*, § 620 Rn. 5; *Seel*, JA 2006, 366, 372.

dass der Arbeitgeber ein erhöhtes Interesse an einem solchen Vertrag haben kann und der Arbeitnehmer – unabhängig von der konkreten Situation – auf die Kündigungsschutzvorschriften verzichtet. Hat der Arbeitgeber ein erhöhtes Beendigungsinteresse, das vom Arbeitnehmer nicht geteilt wird, ist die Gefahr gegeben, dass der Arbeitgeber versucht, seinen Beendigungswunsch mit anderen Mitteln durchzusetzen. Häufig übt er Druck aus, unter dem der Arbeitnehmer einen Aufhebungsvertrag unterschreibt und dadurch seinen Kündigungsschutz übereilt aufgibt.[473] Das Schriftformerfordernis aus § 623 BGB stellt insoweit den einzigen expliziten Schutz des Arbeitnehmers vor Übereilung dar.[474] Obwohl das Gesetz die Möglichkeit eines Aufhebungsvertrags explizit vorsieht und dies wegen der Privatautonomie der Parteien auch möglich sein muss,[475] ist die gesetzgeberische Wertung zu beachten. Das Gesetz geht bei der Beendigung von Arbeitsverhältnissen grundsätzlich von der Schutzbedürftigkeit des Arbeitnehmers aus. Wenn dieser Schutz – wenn auch einvernehmlich – aufgegeben werden soll, ist der Weg zur Umgehung des Schutzes mit hoher Sensibilität zu betrachten.[476]

Der Aufhebungsvertrag führt zur Beendigung des Arbeitsverhältnisses und stellt für den Arbeitnehmer regelmäßig ein einschneidendes Ereignis dar.[477] Zumindest wenn der Aufhebungsvertrag vom Arbeitgeber ausgeht, wird in dieser Situation schon an sich von einer psychischen Belastung des Arbeitnehmers auszugehen sein, die dadurch entsteht, dass er vom beendigungswilligen Arbeitgeber mit der Vorlage eines Aufhebungsvertrags konfrontiert wird.[478] Zudem gibt der Arbeitnehmer mit einem Aufhebungsvertrag seine berufliche Existenz auf, zumindest wenn der Arbeitgeber den Aufhebungsvertrag initiiert und der Arbeitnehmer hiervon unvorbereitet getroffen wird.[479] Der Arbeitnehmer kann die Situation häufig nicht einordnen und übersieht die Folgen des Aufhebungsvertrags.[480] Der Vertragszweck spricht nach alledem für erhöhte Rücksichtnahmepflichten in den Vertragsverhandlungen.

[473] Vgl. *Hromadka*, NJW 1992, 1985, 1991; *M.-O. Schulze/Kittel/Pfeffer*, ArbRAktuell 2017, 105.
[474] *Notzon*, öAT 2020, 4.
[475] BAG, NJW 1994, 1021, 1023; *Gräf*, Das Gebot fairen Verhandelns beim Abschluss eines arbeitsrechtlichen Aufhebungsvertrags, S. 51; *Boemke*, NZA 1993, 532, 537; *S. Müller*, DB 2019, 1792, 1793.
[476] Vgl. *Becker-Schaffner*, BB 1993, 1281.
[477] *Thies*, Der Schutz des Arbeitnehmers bei Abschluss arbeitsrechtlicher Aufhebungsverträge, S. 24f.
[478] Vgl. ArbG Berlin, BeckRS 2015, 66780; *K. Müller/Deeg*, ArbRAktuell 2010, 620, 623.
[479] Relativierend: *Gräf*, Das Gebot fairen Verhandelns beim Abschluss eines arbeitsrechtlichen Aufhebungsvertrags, S. 150.
[480] *Wank*, RdA 1992, 225, 234.

dd) Die Möglichkeit eines bloßen „Nein" – die „starke" Verhandlungsposition des Arbeitnehmers

Neben den verschiedenen Punkten, die beim Aufhebungsvertrag für erhöhte Rücksichtnahmepflichten und eine erweiterte Schutzbedürftigkeit des Arbeitnehmers sprechen, gibt es ebenso Umstände, die den Aufhebungsvertrag als ein Rechtsgeschäft erscheinen lassen, bei dem keine besonders hohen Maßstäbe an die vorvertraglichen Rücksichtnahmepflichten anzunehmen sind. So wird teilweise darauf hingewiesen, dass der Arbeitnehmer durch das Schriftformerfordernis des § 623 BGB bereits ausreichend geschützt sei.[481] Zudem befände sich der Arbeitnehmer durch den gesetzlichen Kündigungsschutz bei der Situation des Aufhebungsvertrags in einer starken Verhandlungsposition und könne schlicht „Nein" sagen, und damit die Verhandlungen beenden.[482] Zudem sei der Aufhebungsvertrag ein rechtlich neutrales Rechtsgeschäft.[483]

Aus diesen Gründen und der objektiv positiven Verhandlungssituation ist es, anders als beim Abschluss des Arbeitsvertrags,[484] verfehlt, im Falle der Verhandlungen zum Aufhebungsvertrag von einer strukturellen Unterlegenheit des Arbeitnehmers auszugehen. Diese ist nach der Rechtsprechung des BVerfG Voraussetzung für eine Korrektur des Vertragsinhalts bei einem erkennbaren inhaltlichen Ungleichgewicht.[485] Diese „*Gleichordnung*" zwischen Arbeitnehmer und Arbeitgeber existiert allerdings nur auf rechtlicher, nicht auf tatsächlicher Ebene.[486] Obwohl beim Aufhebungsvertrag keine Situation struktureller Ungleichheit vorliegt, unterscheidet sich der Aufhebungsvertrag erheblich von anderen Verträgen, die etwa auf den einmaligen Austausch von (Sach-)Leistungen gerichtet sind.[487] Durch die Verhandlungen zum Aufhebungsvertrag ist die gemäß Art. 12 Abs. 1 GG geschützte Berufsfreiheit des Arbeitnehmers berührt.[488] Der Arbeitnehmer ist häufig mehr auf den Arbeitgeber angewiesen als der Arbeitgeber auf den Arbeitnehmer. Er ist dem Arbeitgeber wirtschaftlich und womöglich aufgrund fehlender

---

[481] *D. E. Holler*, NJW 2019, 2206, 2208; *Kamanabrou*, RdA 2020, 201, 205f; *Tschöpe/Pirschner*, RdA 2004, 358, 366.

[482] *Baeck/Winzer/Schaaf*, NZG 2022, 1192, 1195; *Boemke*, NZA 1993, 532, 537; *Fischinger*, NZA-RR 2020, 516f; *Granetzny/Sandkamm*, juris PraxisReport Compliance & Investigations 5/2021, Anm. 2; *Kamanabrou*, RdA 2020, 201, 204; *Schacht,* Der Übereilungsschutz beim arbeitsrechtlichen Aufhebungsvertrag, S. 134.

[483] *Gräf,* Das Gebot fairen Verhandelns beim Abschluss eines arbeitsrechtlichen Aufhebungsvertrags, S. 150.

[484] BVerfG, NZA 2007, 85, 87; NZA 2005, 153, 155.

[485] BAG, NJW 1996, 2593; LAG Mecklenburg-Vorpommern, NZA 1996, 535, 538; *Bauer*, NZA-RR 1999, 1, 2; *G. Becker,* Die unzulässige Einflussnahme des Arbeitgebers auf die Entscheidungsfreiheit des Arbeitnehmers am Beispiel des arbeitsrechtlichen Aufhebungsvertrages, S. 182; *Lorenz*, JZ 1997, 277, 281; *Schacht,* Der Übereilungsschutz beim arbeitsrechtlichen Aufhebungsvertrag, S. 132ff; *Weber/Ehrich*, NZA 1997, 414, 421; MüKo/BGB/*Wendehorst*, § 312 Rn. 33; *Zimmer*, JZ 2019, 897, 898.

[486] *Thies,* Der Schutz des Arbeitnehmers bei Abschluss arbeitsrechtlicher Aufhebungsverträge, S. 28.

[487] *Giesing,* Inhaltskontrolle und Abschlusskontrolle arbeitsrechtlicher Aufhebungsverträge, S. 213.

[488] BVerfG, NZA 2007, 85, 87; NZA 2007, 42, 45; NZA 2005, 153, 155.

Verhandlungserfahrung intellektuell unterlegen und in den Betrieb des Arbeitgebers eingegliedert. Das Arbeitsverhältnis wird durch die Aufnahme von Vertragsverhandlungen zum Aufhebungsvertrag in Frage gestellt. Er wird daher meistens verhandlungsschwächer sein als der Arbeitgeber.[489]

§ 623 BGB stellt keinen Schutz dar, der in dieser Konstellation einen Übereilungsschutz garantiert. § 623 BGB soll in erster Linie der Rechtssicherheit dienen und bezweckte ursprünglich eine Entlastung der Arbeitsgerichte.[490] Die Warnfunktion ist nicht das vorrangige Ziel der Norm.[491] Gleichwohl wird regelmäßig auf den tatsächlichen Schutz hingewiesen,[492] der durch das Schriftformerfordernis und die damit begründete Willenshandlung des Vertragsschließenden begründet wird.[493] Dieser Schutz ist gegeben, da durch das Schriftformerfordernis zumindest der Vertragsschluss durch konkludente Verhaltensweisen oder Spontanäußerungen verhindert wird. Gleichwohl ist § 623 BGB nicht geeignet, den Arbeitnehmer ernsthaft vor Überrumpelung zu schützen. Ein überrumpelter Arbeitnehmer, der sich einer unangenehmen Situation befindet, wird keinen Unterschied zwischen einer formal benötigten Unterschrift und einer mündlichen Beendigung des Vertrags machen. Er wird sich primär der Situation entziehen wollen – sowohl eine Spontanäußerung als auch eine Unterschrift können in diesem Fall fremdbestimmt sein.[494]

Weiterhin ist der Arbeitnehmer in der Praxis nicht allein dadurch geschützt, dass er dem Arbeitgeber ein schlichtes „Nein“ zur Abwendung des Aufhebungsvertrags entgegensetzen kann. Der Arbeitnehmer wird, zumindest wenn die Initiative zum Verhandlungsgespräch vom Arbeitgeber ausgeht, mit Kritik an seiner Person oder seinem Verhalten, seiner Entbehrlichkeit, jedenfalls aber mit dem Verlust seines Arbeitsplatzes bedroht. Das ist per se schon eine Ausnahmesituation, die das Arbeitsverhältnis belastet.[495] Durch die Weisungsgebundenheit und die Eingliederung des Arbeitnehmers in den Betrieb kann sich der Arbeitnehmer dem Einfluss des Arbeitgebers nicht entziehen.[496] Er ist verpflichtet, an

489 *Tödtmann/Schauer*, AiB 2005, 357.
490 BT-Drucksache 14/626, S. 11.
491 BAG, NZA 2008, 348, 350.
492 BAG, NZA 2007, 1227, 1229; NZA 2005, 162; ErfK/*Müller-Glöge*, § 623 Rn. 1; APS/*Greiner*, § 623 Rn. 2; s.a. BT-Drucksache 14/4987, S. 22.
493 *Gräf,* Das Gebot fairen Verhandelns beim Abschluss eines arbeitsrechtlichen Aufhebungsvertrags, S. 65.
494 *Giesing,* Inhaltskontrolle und Abschlusskontrolle arbeitsrechtlicher Aufhebungsverträge, S. 209f; *Fischinger/Werthmüller*, NZA 2016, 193, 194.
495 Vgl. *Reiß*, DNotZ 2006, 47, 54; *Thies,* Der Schutz des Arbeitnehmers bei Abschluss arbeitsrechtlicher Aufhebungsverträge, S. 25f.
496 *Reinecke* in: FS Küttner, 327, 328; *G. Wiese*, ZfA 1996, 439, 459.

einem Personalgespräch teilzunehmen. Ort und Zeitpunkt kann der Arbeitgeber in diesem Fall festlegen.[497] Selbst wenn es dem Arbeitnehmer gelingt, im Verhandlungsgespräch den Aufhebungsvertrag abzulehnen, wird er in der Folge dem Einfluss des beendigungswilligen Arbeitgebers ausgesetzt sein. Dieser kann in den Grenzen des billigen Ermessens Weisungen erteilen. Diese können weitreichend und zu Ungunsten des Arbeitnehmers sein. Ein Verstoß gegen das Maßregelungsverbot des § 612a BGB wird innerhalb dieser Grenzen regelmäßig nicht festgestellt werden können. Zumindest nach einem konfrontativen Verhandlungsgespräch wird das Arbeitsverhältnis daher unweigerlich belastet sein.[498]

Unabhängig von den Folgen eines missglückten Verhandlungsgesprächs ist der Gedanke, dass ein mündiger Arbeitnehmer dem Arbeitgeber jederzeit durch ein bloßes „Nein" widersprechen könne, mit *Hümmerich* als *„Irrtum des akademischen Betrachters"*[499] zu bezeichnen.[500] Denn die Befähigung zum schlichten Entgegensetzen des bloßen „Neins" setzt voraus, dass sich der Arbeitnehmer in der konkreten Situation des Verhandlungsgesprächs seiner guten Verhandlungsposition bewusst ist und diese einsetzen kann. Der durchschnittliche Arbeitnehmer wird sich allerdings vordergründig dem Druck des Arbeitgebers entziehen wollen, was durch Nachgeben am einfachsten gelingt.[501] Der durchschnittliche Arbeitnehmer wird dem professionell aufgestellten Arbeitgeber ebenso wenig abweisen können, wie der überrumpelte Verbraucher den psychologisch geschulten Verkäufer.[502] Der Verbraucher hat jedoch ohne Weiteres die Möglichkeit, sich dem Einflussbereich des Verkäufers zu entziehen und hat dabei im Gegensatz zum Arbeitnehmer keinerlei negativen Folgen zu befürchten.[503] Mit dem Verweis auf die Möglichkeit des bloßen „Neins" ließe sich das ganze verbraucherschützende Widerrufsrecht für obsolet erklären. Denn bei der Verwendung dubioser Verhandlungstechniken oder Überrumpelung steht die Überwindung des erwarteten „Neins" der Gegenseite gerade im Vordergrund.[504] Daher kann bei einem Aufhebungsvertrag die Entscheidungsfreiheit des Arbeitnehmers im Einzelfall trotz der

[497] LAG Mecklenburg-Vorpommern, BeckRS 2012, 65889; LAG Hamm, BeckRS 2001, 41047; *Schrader/Thoms/Mahler*, NZA 2018, 965, 973f.
[498] Ausführlich: *Thies,* Der Schutz des Arbeitnehmers bei Abschluss arbeitsrechtlicher Aufhebungsverträge, S. 25f.
[499] *Hümmerich*, NZA 2004, 809, 810.
[500] Ähnlich: *Keppeler*, AuR 1996, 263, 265.
[501] Ebd.
[502] Vgl. *Husemann,* Der moderierte Vertrag, S. 477.
[503] *Reinecke* in: FS Küttner, 327, 328.
[504] Vgl. *Heinkel* ZTR 2020, 261, 265.

grundsätzlich äquivalenten Verhandlungssituation stark beeinträchtigt sein.[505] Der *„Irrtum des akademischen Betrachters"* führt daher zur Missachtung der *„psychologisch bedingten Verhandlungsschwäche"*[506] des Arbeitnehmers.

Die Schutzmechanismen beim arbeitsrechtlichen Aufhebungsvertrag stehen somit in keinem Verhältnis zur wirtschaftlichen, aber in jedem Fall hohen persönlichen Bedeutung des arbeitsrechtlichen Aufhebungsvertrags. Der Arbeitnehmer wird – unabhängig von seiner Verhandlungsposition und dem Einzelfall – in einem bestehenden Vertragsverhältnis, das ein Dauerschuldverhältnis mit hohem persönlichem Charakter darstellt, mit dem Verlust seiner wirtschaftlichen Existenz bedroht. Er muss Zeit, Ort und Umstände des Personalgesprächs in weiten Grenzen hinnehmen, ohne selbst auf eine Vertrauensperson[507] oder auf die Verschiebung des Gesprächs bestehen zu können. Diese Konstellation ist zwar nicht auf der Ebene des strukturellen Ungleichgewichts und der Vertragskorrektur zu lösen, führt aber gleichwohl zu erhöhten Rücksichtnahmepflichten.[508]

Die Interessen des Arbeitnehmers sind vom Arbeitgeber im Rahmen der Auslegung des § 241 Abs. 2 BGB zu berücksichtigen. Diese Interessen führen daher zu erhöhten Rücksichtnahmepflichten, die bereits durch die Aufnahme von Vertragsverhandlungen zum Aufhebungsvertrag entstehen.

d) Zwischenfazit

Unter Berücksichtigung all dieser Umstände kommt man zum Ergebnis, dass sowohl der Arbeitsvertrag als auch die Verhandlungen zum Aufhebungsvertrag zu erhöhten Rücksichtnahmepflichten führen. Der Ansatz des BAG, in dieser Konstellation ein Mittel zum gesteigerten Beendigungsschutz aus § 241 Abs. 2 BGB herzuleiten, ist daher naheliegend. Unabhängig vom Arbeitsrecht und der Konstellation des arbeitsrechtlichen Aufhebungsvertrags ist weiterhin festzuhalten, dass sich die Pflichten des § 241 Abs. 2 BGB je nach Schuldverhältnis unterscheiden, und im Einzelfall zum Schutz der Entscheidungsfreiheit führen können. Andernfalls bliebe der Wille des Gesetzgebers

---

[505] *Granetzny/Sandkamm*, juris PraxisReport Compliance & Investigations 5/2021, Anm. 2; ausführlich: *Thies,* Der Schutz des Arbeitnehmers bei Abschluss arbeitsrechtlicher Aufhebungsverträge, S. 17ff.
[506] *Singer*, RdA 2003, 194, 196.
[507] Vgl. LAG Mecklenburg-Vorpommern, BeckRS 2012, 65889.
[508] Vgl. *Horstmeier*, ZAP 2023, 289, 291f., s. zur konkreten Bestimmung der Rücksichtnahmepflichten unten: Vierter Teil, III.

unberücksichtigt.[509] Fraglich ist jedoch weiterhin, wie und in welchen Fällen der Schutz der Entscheidungsfreiheit gemäß § 241 Abs. 2 BGB zu gewährleisten ist. Zudem bleibt offen, ob die beim arbeitsrechtlichen Aufhebungsvertrag vom BAG angenommene Ausstrahlungswirkung des Arbeitsverhältnisses tatsächlich besteht und gar Anwendungsvoraussetzung für den Schutz der Entscheidungsfreiheit nach § 241 Abs. 2 BGB ist.

3. Ausstrahlung vertraglicher auf vorvertragliche Pflichten

Die jeweiligen Pflichten des Arbeitsvertrags und der Verhandlungen zum Aufhebungsvertrag würden sich zusätzlich intensivieren, wenn die jeweiligen Schuldverhältnisse in ihren Rücksichtnahmepflichten aufeinander ausstrahlen und Einfluss nehmen würden. Schon die obige Argumentation bezüglich der Verhandlungssituation des Aufhebungsvertrags deutet auf diese Annahme hin, denn die Ergebnisse der Vertragsverhandlungen haben unmittelbare Auswirkungen auf das Arbeitsverhältnis. Wird ein Aufhebungsvertrag geschlossen, wird dessen Umsetzung zur Beendigung des Arbeitsverhältnisses führen. Wird ein Aufhebungsvertrag abgelehnt, kann das weitere Arbeitsverhältnis unter der Belastung der gescheiterten Verhandlungsgespräche und dem Beendigungswillen einer Vertragspartei stehen. Daher erscheint es auf faktischer Ebene kaum möglich, die Verhandlungen zum Aufhebungsvertrag vom bestehenden Arbeitsverhältnis trennen zu können.

a) Der Aufhebungsvertrag als eigenständiges Rechtsgeschäft

Der Aufhebungsvertrag ist ein eigenes Rechtsgeschäft nach § 311 Abs. 1 BGB.[510] Er unterliegt eigenen Regeln und ist von den Vorschriften des Kündigungsschutzes unabhängig. Dennoch ist er der actus contrarius des Arbeitsvertrags und als solcher vom Bestand des Arbeitsverhältnisses nicht gänzlich unabhängig. Die Pflichten werden dennoch nach §§ 311 Abs. 1, 241 Abs. 2 BGB begründet und sind nach den allgemeinen Regeln auszulegen.

---

509 Aus diesem Grund ist das Gebot fairen Verhandelns nicht nur als „nicht unvertretbar“, sondern als zwingend zu erachten: *Kurzer,* Das Gebot fairen Verhandelns im Arbeitsrecht, S. 80.

510 *G. Becker,* Die unzulässige Einflussnahme des Arbeitgebers auf die Entscheidungsfreiheit des Arbeitnehmers am Beispiel des arbeitsrechtlichen Aufhebungsvertrages, S. 388f; *Giesing,* Inhaltskontrolle und Abschlusskontrolle arbeitsrechtlicher Aufhebungsverträge, S. 215; *D. E. Holler*, NJW 2019, 2206, 2207.

aa) Die Ausstrahlungswirkung

Das BAG geht davon aus, dass die Pflichten aus dem Arbeitsverhältnis auf die Verhandlungen zum Aufhebungsvertrag ausstrahlen.[511] Der Aufhebungsvertrag lässt sich in seinen Verhandlungen und im Ergebnis der Verhandlungen nicht vom Arbeitsverhältnis abgrenzen. Diese Konstellation ist rein faktisch mit Aufhebungs- oder Änderungsverträgen verbunden, da diese ein bestehendes Schuldverhältnis zur Disposition stellen und nicht nur die Begründung eines neuen Vertrags ohne vorherige vertragliche Bindung betreffen. Ein Aufhebungsvertrag kommt nicht nur bei Arbeitsverträgen, sondern bei jedem bestehenden Schuldverhältnis in Betracht.[512] Diese Konstellation könnte eine spezifische Kombination[513] aus vertraglicher Schutzpflicht und vorvertraglicher Pflicht begründen, die in dieser Form nur dem Aufhebungs- oder Änderungsvertrag zugesprochen werden könnten. Jedenfalls würde die Ausstrahlungs- oder Kombinationswirkung stets ein bereits bestehendes Schuldverhältnis zwischen den Verhandlungspartnern erfordern. Setzt man diese Kombinations- und Ausstrahlungswirkung als konstitutives Element des Gebots fairen Verhandelns voraus, wäre der Anwendungsbereich auf Vertragsverhandlungen zwischen Personen begrenzt, zwischen denen bereits ein Schuldverhältnis besteht.

bb) Stellungnahme

Aufgrund der beschriebenen Umstände ist es zutreffend, dass ein bestehendes Schulverhältnis die Pflichten nach § 241 Abs. 2 BGB bei Aufnahme von Vertragsverhandlungen zur Änderung oder Aufhebung dieses Schuldverhältnisses intensiviert. Das bestehende Schuldverhältnis ist Maßstab für die zu erwartende Rücksichtnahme der Verhandlungspartner.[514] Dabei darf aber nicht vergessen werden, dass die Gesetzesbegründung die Entscheidungsfreiheit als ein grundsätzliches Schutzgut des § 241 Abs. 2 BGB bezeichnet hat.[515] Der Gesetzgeber hatte bei der Schaffung des § 241 Abs. 2 BGB nicht nur die Situation des (arbeitsrechtlichen) Aufhebungsvertrags im Auge, sondern wollte den Schutz der Entscheidungsfreiheit generell als mögliche Nebenpflicht in vorvertraglichen Schuldverhältnissen verankern. Ansonsten hätte der Gesetzgeber entsprechende Schutzmechanismen nur für bestehende Schuldverhältnisse

---

[511] BAG, NZA 2019, 688, 691.

[512] Vgl. etwa: MüKo/BGB/*Schlüter*, § 397 Rn. 18; Miete/BGB/Börstinghaus/Siegmund/*Siegmund*, § 542 Rn. 147.

[513] *Giesing*, Inhaltskontrolle und Abschlusskontrolle arbeitsrechtlicher Aufhebungsverträge, S. 215.

[514] Ebd.

[515] BT-Drucksache 14/6040 S. 126.

oder gar Arbeitsverhältnisse normieren können. Insofern ist in Anlehnung an die Gesetzesbegründung, wonach die Schutzpflichten nach der konkreten Situation zu bestimmen sind,[516] stets eine Gesamtbetrachtung zwischen den Vertrags- bzw. Verhandlungspartnern durchzuführen. Dabei ist primär das zwischen den Parteien vertraglich Vereinbarte zu berücksichtigen, da ansonsten der Begriff des „*Inhalts*“ in § 241 Abs. 2 BGB obsolet wäre.[517]

cc) Fazit

Bei der Gesamtbetrachtung sind die Pflichten bei einem vorvertraglichen Schuldverhältnis dann besonders hoch, wenn während der Vertragsverhandlungen bereits ein anderes Schuldverhältnis besteht. Das gilt umso mehr, wenn der angestrebte Vertragszweck des neuen Schuldverhältnisses darin besteht, das alte Schuldverhältnis zu beenden, da Anlass des Aufhebungsvertrags nur das bestehende Schuldverhältnis sein kann und somit dessen Charakter prägt. Bei Anwendung der erarbeiteten Grundsätze kann der arbeitsrechtliche Aufhebungsvertrag daher als „Musterbeispiel“ für die Anwendbarkeit des Gebots fairen Verhandelns bezeichnet werden.[518] Zwischen den Verhandlungsparteien liegt bereits ein Dauerschuldverhältnis mit ausgeprägten Schutzpflichten vor. Dieses begründet hohe Schutzpflichten des Arbeitgebers. Dieser Umstand ist aufgrund der Gesamtbetrachtung bei den Verhandlungen zum Aufhebungsvertrag, die ein vorvertragliches Schuldverhältnis gemäß § 311 Abs. 2 Nr. 1 BGB begründen, zu berücksichtigen. Mit dem Aufhebungsvertrag wird ein Schuldverhältnis angestrebt, das insbesondere für den Arbeitnehmer durch den Wegfall des Arbeitsplatzes erhebliche Bedeutung hat, die nicht mit anderen auf einmaligen Austausch von Leistungen gerichteten Schuldverhältnissen zu vergleichen ist. Die auf dem Papier starke Verhandlungsposition des Arbeitnehmers relativiert zwar das Ungleichgewicht zwischen den Parteien und ist bei der Auslegung zu berücksichtigen, ändert jedoch im Ergebnis nichts an den stark ausgeprägten Rücksichtnahmepflichten gemäß §§ 311 Abs. 2 Nr. 1, 241 Abs. 2 BGB. Insofern ist die vom BAG und vom Schrifttum vertretene Ausstrahlungswirkung zutreffend, daraus folgt aber weder dessen Notwendigkeit für das Gebot fairen Verhandelns noch dessen Exklusivität für das Arbeitsrecht und die Situation arbeitsrechtlicher Aufhebungsverträge.

---

[516] Ebd.

[517] Ebd.

[518] S. zu den Anwendungsvoraussetzungen: Vierter Teil – III.

4. Zwischenergebnis: Der Schutz der Entscheidungsfreiheit als grundsätzliche Pflicht gemäß §§ 311 Abs. 2, 241 Abs. 2 BGB

Um dem Willen des Gesetzgebers zu entsprechen, muss auch bei anderen Schuldverhältnissen und bei (ausschließlich) vorvertraglichen Schuldverhältnissen gemäß § 311 Abs. 2 BGB der Schutz der Entscheidungsfreiheit irgendeine Berücksichtigung finden.[519] Aus der Gesetzesbegründung zu § 311 Abs. 2 BGB ergibt sich, dass die c.i.c. der Ausdifferenzierung und Fortentwicklung durch die Rechtsprechung zugänglich bleiben soll.[520] Bezüglich der Inhalte der Pflichten aus einem vorvertraglichen Schuldverhältnis wird uneingeschränkt auf die Pflichten des § 241 Abs. 2 BGB verwiesen.[521] Eine Differenzierung zwischen unterschiedlichen Vertragstypen findet nicht statt.[522] Daraus folgt, dass der Gesetzgeber auch bei einem bloßen vorvertraglichen Schuldverhältnis den Schutz der Entscheidungsfreiheit als Pflicht gesehen hat. Nach dem Regelungsgehalt des § 241 Abs. 2 BGB sind Art und Umfang des Schutzes der Entscheidungsfreiheit mittels einer umfassenden Betrachtung von Vertragszweck, der Verkehrssitte, den Anforderungen des redlichen Geschäftsverkehrs und der Auslegung der Gesamtsituation zu bestimmen.[523] Der Schutz der Entscheidungsfreiheit kann daher stark divergieren.

Auch der angestrebte Vertragsinhalt muss angesichts der Gesetzesbegründung bei der Bestimmung der Pflichten Berücksichtigung finden.[524] Diese Auslegung folgt aus der Betrachtung des § 241 Abs. 2 BGB, da bei enger Auslegung des Wortlauts mangels eines tatsächlichen Vertragsinhalts im vorvertraglichen Verhältnis gar keine Schutzpflichten möglich wären.[525] Bei einem vorvertraglichen Schuldverhältnis gemäß § 311 Abs. 2 Nr. 1 BGB besteht noch kein Vertragsinhalt. Jedoch sind die Rücksichtnahmepflichten des Vertrags gemäß § 241 Abs. 2 BGB *„nach seinem Inhalt"* zu bestimmen. Da § 311 Abs. 2 BGB ohne Einschränkung auf § 241 Abs. 2 BGB verweist,[526] kann in einem vorvertraglichen Schuldverhältnis nicht der Inhalt maßgeblich sein. Vielmehr müssen andere Aspekte, wie etwa der angestrebte Vertragsinhalt, für die vorvertraglichen Pflichten nach § 311 Abs. 2 BGB eine Rolle spielen. Es macht daher einen Unterschied, ob der angestrebte Vertrag eine hohe (persönliche oder wirtschaftliche)

---

[519] NK/BGB/*M. Becker*, § 311 Rn. 53; *Horstmeier*, ZAP 2023, 289, 291f.
[520] BT-Drucksache 14/6040, S. 162.
[521] BT-Drucksache 14/6040, S. 162; MüKo/BGB/*Emmerich*, § 311 Rn. 50.
[522] MüKo/BGB/*Emmerich*, § 311 Rn. 53; *Joussen*, ZMV 2020, 15, 17.
[523] S. Fn. 415.
[524] NK/BGB/*Krebs*, § 241 Rn. 22.
[525] *Münder*, Juris-PR-ArbR 49/2018, Anm. 2.
[526] *Canaris*, JZ 2001, 499, 519.

Bedeutung für die Vertragsparteien hat, oder ob beispielsweise ein einmaliger Austausch einer geringwertigen Leistung in Frage steht.

Der Schutz der Entscheidungsfreiheit ist aus diesen systematischen Gründen, und dem in der Gesetzesbegründung geäußerten Willen des Gesetzgebers, eine Folge der Rücksichtnahmepflichten aus § 241 Abs. 2 BGB. Er ist keine Besonderheit des Arbeitsrechts, sondern ist im Allgemeinen Schuldrecht zu verordnen.[527] Es ist nicht erkennbar, dass das Gebot fairen Verhandelns ausschließlich bei der Konstellation des arbeitsrechtlichen Aufhebungsvertrags Anwendung finden könnte.[528] Die Konstellation des arbeitsrechtlichen Aufhebungsvertrag mag die dogmatischen Voraussetzungen des Gebots fairen Verhandelns aufgrund der oben beschriebenen Umstände[529] am deutlichsten treffen. Der Schutz der Entscheidungsfreiheit, erhöhte Schutzpflichten und eine drohende Überrumpelung sind jedoch nicht den spezifischen Rücksichtnahmepflichten des Arbeitsverhältnisses oder der Konstellation des arbeitsrechtlichen Aufhebungsvertrags zuzuschreiben. Der Gesetzgeber hat mit der c.i.c. ein Rechtsinstitut geschaffen, das grundsätzlich bei jedem vorvertraglichen Schuldverhältnis relevant ist. Durch den ausdrücklichen und uneingeschränkten Verweis auf § 241 Abs. 2 BGB, muss die Entscheidungsfreiheit auch im „bloßen" vorvertraglichen Schuldverhältnis gemäß § 311 Abs. 2 BGB geschützt werden können.[530] Dieser Schutz kann als Gebot fairen Verhandelns bezeichnet werden, das Überrumpelung durch unfaire Verhandlungsmethoden verhindern soll.[531]

Bei der Bestimmung des Gebots fairen Verhandelns ist auf der anderen Seite die Systematik des BGB zu berücksichtigen. Der Gesetzgeber hat die Entscheidungsfreiheit an anderer Stelle und im Allgemeinen Teil des BGB bereits weitgehend geregelt.[532] Es würde daher ebenfalls einen Verstoß gegen die gesetzliche Systematik darstellen, wenn das Gebot fairen Verhandelns als vorvertragliche Pflicht eingeordnet würde, die einschränkungslos bei jeder Vertragsverhandlung Anwendung fände.[533]

---

[527] *Jung*, WM 2023, 901; *Plum*, MDR 2020, 69, 70; *S. Wagner*, NJW 2005, 2956, 2958.
[528] So aber: *Kurzer*, Das Gebot fairen Verhandelns im Arbeitsrecht, S. 78f., 176.
[529] S. Dritter Teil, IV. 3. a) bb).
[530] NK/BGB/*M. Becker*, § 311 Rn. 53; BeckOK/BGB/*Sutschet*, § 311 Rn. 44.
[531] S. zum Begriff: Fünfter Teil, I. 3. b).
[532] *Fischinger*, Arbeitsrecht, Rn. 1135, "*austariert*".
[533] Hierüber sorgen sich zurecht: *Fischinger*, NZA 2019, 729, 734f; *Gaul/Breuer*, NZA-Beilage 2021, 29, 31; *Jung*, WM 2023, 901, 902; *Tiedemann*, ArbRB 2020, 61, 63.

Es besteht die komplexe Aufgabe, die dem Rechtsanwender vorbehalten ist,[534] den Schutz der Entscheidungsfreiheit gemäß §§ 311 Abs. 2, 241 Abs. 2 BGB in die bestehende Systematik des BGB zu integrieren. Das kann nur gelingen, wenn sich Anwendungsbereich, Tatbestand und Rechtsfolge bündig in das System des BGB einfügen und Wertungswidersprüche vermieden werden.[535] Nur dann kann ein Schutz der Entscheidungsfreiheit *„unterhalb der Schwelle"* von §§ 104 ff, 119 ff., 134 und 138 BGB erfolgen und dem Willen des Gesetzgebers entsprochen werden.[536] Dieser Einordnung wird im folgenden Abschnitt nachgegangen.

---

[534] BT-Drucksache 14/6040, S. 162.
[535] Vgl. *Barczak*, JuS 2015, 969, 974; Erman/*Martens*, § 241 Rn. 16.
[536] *Denke*, RdA 2023, 171, 177.

D. Vierter Teil: Qualifiziertes (vorvertragliches) Schuldverhältnis – Voraussetzung für die Anwendung des Gebots fairen Verhandelns

Gemäß § 241 Abs. 2 BGB „*kann*“ ein Schuldverhältnis nach seinem Inhalt dazu verpflichten, Rücksicht auf die Interessen des anderen Teils zu nehmen. Die „*Interessen*“ des Vertrags- und Verhandlungspartners, vor allem die Entscheidungsfreiheit, können aus systematischen Gründen nur in bestimmten Konstellationen hinreichende Berücksichtigung finden, so dass das Gebot fairen Verhandelns nur in einem eingegrenzten Bereich Anwendung finden kann. Es kann demzufolge von einem „qualifizierten Schuldverhältnis“ gesprochen werden, das Voraussetzung für die Anwendbarkeit des Gebots fairen Verhandelns ist. Eine solche Begrenzung des Anwendungsbereichs ist rechtssystematisch geboten und entspricht dem Wortlaut und Sinn und Zweck des § 241 Abs. 2 BGB sowie dem Willen des Gesetzgebers.

I. Notwendigkeit der Begrenzung des Anwendungsbereichs

Am Gebot fairen Verhandelns gemäß § 241 Abs. 2 BGB wird verschiedentlich kritisiert, dass der Schutz der Entscheidungsfreiheit unterhalb der Schwelle der §§ 104 ff., 119 ff., 134 und 138, 312 ff. BGB in das System des BGB eingreife, da die vom Gesetzgeber geschaffenen Schutzvorschriften abschließend seien.[537] Das ist aber nur dann der Fall, wenn das Gebot fairen Verhandelns durch den Rechtsanwender beliebig angewendet[538] und dadurch die Systematik des BGB gestört wird, das sowohl im Allgemeinen Teil des BGB als auch im Schuldrecht die Entscheidungsfreiheit der Teilnehmer im Rechtsverkehr durch konkrete Vorschriften schützt. Der Gesetzgeber hat mit § 123 Abs. 1 BGB eine rote Linie gezogen, die allgemeingültig für alle Vertragsverhandlungen gültig ist. Wird nun mit einem anderen Rechtsinstitut ein Tatbestand unter dessen Schwelle geschaffen, der genauso allgemeingültig gelten würde und sogar in der Rechtsfolge wirkungsgleich mit einer Anfechtung sein soll,[539] wird der gesetzgeberischen Systematik widersprochen.[540] Gleiches gilt, wenn man ein allgemeingültiges Rechtsinstitut schafft, das unterhalb der

---

[537] *Fischinger*, NZA 2019, 729, 730; *Fischinger*, NZA-RR 2020, 516; *Fischinger,* Arbeitsrecht, Rn. 1135; *D. E. Holler*, NJW 2019, 2206, 2209; *Kienast/Schmiedl*, DB 2003, 1440, 1442; APS/*Rolfs*, Aufhebungsvertrag Rn. 108c.

[538] Auf Tatbestandsebene ist als negatives Beispiel das Judikat des LAG Mecklenburg-Vorpommern zu nennen, bei dem das Gericht die Äußerung „*so geht es bei uns nicht*“ für ausreichend erachtete, um vom Aufbau eines „*massiven Drucks*“ auszugehen, und damit einen Verstoß gegen das Gebot fairen Verhandelns bejahte, s. LAG Mecklenburg-Vorpommern, BeckRS 2020, 12247.

[539] So die Auslegung des BAG: BAG, NZA 2019, 688, 692: "*Eine Vertragsaufhebung als Schadensersatz ist jedenfalls bei arbeitsrechtlichen Aufhebungsverträgen letztlich wirkungsgleich mit einer Anfechtung*".

[540] *Hamann*, Juris-PR-ArbR 2020, Anm. 4.

© Der/die Autor(en), exklusiv lizenziert an
Springer Fachmedien Wiesbaden GmbH, ein Teil von Springer Nature 2026
L. Bona, *Rechtsgrundlagen, Anwendungsbereiche und Inhalte des Gebots fairen Verhandelns*, Juridicum – Schriften zum Arbeitsrecht,
https://doi.org/10.1007/978-3-658-52723-5_5

Schwelle von § 138 BGB ansetzt. Ebenso müssen die Vorschriften für Vertragsschlüsse unter Anwesenden gemäß §§ 145 ff. BGB berücksichtigt werden. Weiterhin hat sich der Gesetzgeber mit den §§ 312 ff. BGB entschieden, nur in bestimmten Konstellationen und Situationen ein Widerrufsrecht zu gewähren. All diese Schutzvorschriften müssen bei der Bestimmung der Voraussetzungen des Gebots fairen Verhandelns so berücksichtigt werden, so dass sich das Gebot fairen Verhandelns bündig in die gesetzliche Systematik einfügt.[541] Dazu gehören Anwendungsbereich, Tatbestand und Rechtsfolge.

Die vorhandenen Schutzvorschriften führen aber nicht dazu, dass Handlungen unterhalb der Schwelle von §§ 123, 138 BGB, die auf ähnliche Weise die Entscheidungsfreiheit beeinflussen, in keiner Weise berücksichtigt werden können. Wer den Schutz vor Beeinflussung der Entscheidungsfreiheit auf die §§ 123, 138, 312 ff. BGB apodiktisch beschränkt, der übergeht den Willen des Gesetzgebers. Dieser hat in § 241 Abs. 2 BGB die Entscheidungsfreiheit, und damit auch den Schutz vor unzulässiger Beeinflussung, als schützenswertes Interesse bezeichnet.[542]

Um eine systematische Unterscheidung zwischen den allgemeingültigen §§ 123 und 138 BGB und dem Schutz der Entscheidungsfreiheit gemäß §§ 241 Abs. 2, 311 Abs. 2 BGB zu ermöglichen, ist es geboten, das Gebot fairen Verhandelns nicht generell anzuwenden, sondern bereits auf der Ebene des Anwendungsbereichs einzuschränken.[543] Das Gebot fairen Verhandelns kann in Abgrenzung zu § 123 und § 138 BGB nur dann Anwendung finden, wenn erhöhte Rücksichtnahmepflichten gemäß § 241 Abs. 2 BGB bestehen, die einen über die bestehenden Schutzvorschriften hinausgehenden Schutz der Entscheidungsfreiheit angemessen erscheinen lassen. Eine solche Differenzierung muss durch Auslegung des § 241 Abs. 2 BGB im Einzelfall erfolgen.[544] Während hierbei sowohl an die normativen Grundlagen, nämlich § 311 Abs. 2 BGB und § 241 Abs. 2 BGB unmittelbar angeknüpft werden sollte, kann rechtsvergleichend die undue influence-Doktrin herangezogen werden, die zur Erarbeitung des Anwendungsbereichs ebenfalls hilfreich sein könnte.[545]

---

[541] Vgl. Erman/*Martens*, § 241 Rn. 16.
[542] *Kamanabrou*, RdA 2020, 201, 206; im Ergebnis auch: BAG, BeckRS 2022, 3692.
[543] Zur Notwendigkeit der Systematisierung: NK/BGB/*Krebs*, § 241 Rn. 22.
[544] Diese Auslegung ist sowohl erforderlich als auch gesetzlich geboten. § 241 Abs. 2 BGB differenziert nach unterschiedlichen Schuldverhältnissen und gilt nicht für jedes Schuldverhältnis gleichermaßen, irreführend: *Jung*, WM 2023, 901, 902.
[545] Zur Bestimmung des Tatbestands wurde die undue influence bereits als Anhaltspunkt genannt und diskutiert, vgl. *Lembke/Michels*, RdA 2023, 353, 358.

II. Die Begrenzung des Anwendungsbereichs – Orientierung an der undue influence

Um den Rechtsvergleich, der ursprünglich zur Erarbeitung des Gebots fairen Verhandelns geführt hat,[546] zu vervollständigen, könnte sich zur Bestimmung des Anwendungsbereichs im Rahmen der Auslegung des § 241 Abs. 2 BGB an der undue influence orientiert werden.[547] Bei der Bestimmung des Anwendungsbereichs geht es nicht darum, die konkrete Art der Beeinflussung zu untersuchen, um damit den Tatbestand des Gebots fairen Verhandelns zu konkretisieren,[548] sondern die Konstellationen zu betrachten, in denen die undue influence überhaupt angenommen wurde. Da der Nachweis der undue influence im anglo-amerikanischen Recht häufig nur gelingt, wenn zwischen den Verhandlungspartnern bereits vor Vertragsschluss eine persönliche oder vertragliche Verbindung bestand,[549] könnten die bereits bekannten Fälle der anglo-amerikanischen Rechtsprechung ein wichtiges Indiz für den Anwendungsbereich des Gebots fairen Verhandelns darstellen. Es könnte eine an der Auslegung des § 241 Abs. 2 BGB orientierte Lösung sein, den Anwendungsbereich des Gebots fairen Verhandelns auf die Fälle zu beschränken, in denen die undue influence im angloamerikanischen Recht vermehrt angenommen werden.

Während § 123 Abs. 1 BGB ausschließlich für die Art und Weise der Beeinflussung, nämlich für Täuschung und Drohung, eine negative Rechtsfolge für den Täuschenden oder Drohenden vorsieht, nimmt die undue influence Bezug auf die Person des Beeinflussten und beurteilt, ob diese durch die Manipulation zu einer Handlung bewegt wurde, die nicht mit ihrem tatsächlichen Willen übereinstimmt.[550] Dabei wird die vor Vertragsschluss bestehende Beziehung zwischen den Verhandlungspartnern berücksichtigt. Es wird geprüft, ob der Beeinflussende gerade durch die Verbindung zum Beeinflussenden einen Vorteil erlangt.[551] So beschreibt das US-Amerikanische Restatement 2nd of Contracts[552] in § 177 Abs. 1 die undue influence wie folgt:

---

[546] S. hierzu: *Lorenz,* Der Schutz vor dem unerwünschten Vertrag, S. 454.
[547] S. zu den Grundlagen der undue influence: Zweiter Teil, I. 2 a).
[548] S. hierzu: *G. Becker,* Die unzulässige Einflussnahme des Arbeitgebers auf die Entscheidungsfreiheit des Arbeitnehmers am Beispiel des arbeitsrechtlichen Aufhebungsvertrages, S. 390ff; *Giesing,* Inhaltskontrolle und Abschlusskontrolle arbeitsrechtlicher Aufhebungsverträge, S. 224ff; *Husemann,* Der moderierte Vertrag, S. 506ff.
[549] S.u.: Vierter Teil, II.
[550] *Husemann,* Der moderierte Vertrag, S. 497.
[551] *Poole,* Textbook on contract law, S. 586: "*What matters is whether the end result involves a taking advantage of the relationship*".
[552] Die vom American Law Institute herausgegebenen Restatements of Law sind eine Reihe von Abhandlungen, die über die allgemeinen Grundsätze des Common Law informiert.

„Undue influence is unfair persuasion of a party who is under the domination of the person exercising the persuasion or who by virtue of the relation between them is justified in assuming that that person will not act in a manner inconsistent with his welfare."[553]

Für die Eingrenzung des Anwendungsbereichs des Gebots fairen Verhandelns ist insbesondere der zweite Teil der Beschreibung interessant. Eine undue influence kann danach in Konstellationen vorliegen, in denen die zwischen den Verhandlungspartnern bestehende Beziehung die berechtigte Sorge begründet, dass die Beeinflussung zu einer Handlung des Beeinflussten führen wird, die seinem Wunsch nicht entspricht. Es kommt entscheidend auf den Missbrauch einer Einflussmöglichkeit an, die aufgrund der bestehenden Beziehung zwischen den Verhandlungspartnern besteht. Um diese Konstellationen auch in der Praxis angemessen berücksichtigen zu können, arbeitet die undue-influence-Doktrin mit einer Beweislastverlagerung, die anhand der Qualität der zwischen den Verhandlungspartnern bestehenden Beziehung bestimmt wird. Um zu überprüfen, ob die Beweislastverteilung der undue influence zur Bestimmung des Anwendungsbereichs herangezogen werden kann, ist zunächst ein Blick auf den Mechanismus der Beweislastumkehr erforderlich, um anschließend dessen Übertragbarkeit in das deutsche Recht zu analysieren.

1. Die Kategorien der undue influence

Bei der undue influence werden regelmäßig[554] die Fälle einer actual undue influence von einer presumed (vermuteten) undue influence unterschieden. Die actual undue influence wird dabei auch als „*Class 1*", die presumed undue influence als „*Class 2*" beschrieben.

a) Class 1: actual undue influence

Die Class 1 beschreibt die undue influence in ihrer Reinform.[555] Es gelten hier keinerlei Besonderheiten hinsichtlich der Darlegungs- und Beweislast, weshalb derjenige, der sich auf die undue influence beruft und mit ihr einen Vertrag beseitigen will, die volle Beweislast dafür trägt, dass die Möglichkeit der Beeinflussung bestand und diese ausgenutzt wurde. Der Behauptende muss daher darlegen und beweisen, dass:

---

553 Zitiert nach: *Klass,* Contract Law in the USA, S. 116; *Lembke/Michels*, RdA 2023, 353, 358; s. auch: *Thüsing*, RdA 2005, 257, 268.
554 S. hierzu: *Schindler,* Rechtsgeschäftliche Entscheidungsfreiheit und Drohung, S. 135.
555 *Husemann,* Der moderierte Vertrag, S. 498.

1. der andere in der Lage war, ihn zu beeinflussen,
2. er beeinflusst wurde,
3. die Beeinflussung unzulässig war,
4. die Beeinflussung für den Vertragsschluss ursächlich war.[556]

Die Möglichkeit, den geschlossenen Vertrag mittels des Nachweises der actual undue influence zu beseitigen, besteht für jedermann, ohne dass es des Nachweises einer Sonderbeziehung oder eines Schuldverhältnisses bedarf.[557] Ausreichend ist der Nachweis der unfairen Vertragsverhandlung. Allerdings ist der vollständige Nachweis der undue influence in der Praxis sehr schwierig, weshalb diese dort auch nur selten vorkommt.[558]

Aus der Betrachtung der actual undue influence kann daher kein Erkenntnisgewinn für den Anwendungsbereich des Gebots fairen Verhandelns erzielt werden. Da diese gerade unabhängig von einer vorherigen Beziehung zwischen den Parteien oder vom angestrebten Vertrag ist, würde eine Übertragung ins deutsche Recht zu einem allgemeingültigen Gebot fairen Verhandelns führen, das bei jeglichem vorvertraglichen Schuldverhältnis Anwendung finden könnte. Das verstößt jedoch sowohl gegen die Systematik des BGB als auch gegen die Wertung des § 241 Abs. 2 BGB.[559] Daher bleibt eine möglicher Erkenntnisgewinn auf die presumed undue influence beschränkt.

b) Class 2: presumed undue influence

Die presumed undue influence ist keine veränderte Form der undue influence.[560] Die Voraussetzungen bleiben dieselben.[561] Es geht bei der presumed undue influence darum, durch Vermutungsregelungen der beeinflussten Partei den Nachweis des Vorliegens der undue influence zu erleichtern. Dabei wird primär an der zwischen den Vertragsparteien bestehenden Beziehung angeknüpft, die überhaupt die Möglichkeit für eine solche

---

[556] Court of Appeal (UK) in: BCCI v. Aboody, 1992, 4 All ER 955, s. auch: *Husemann,* Der moderierte Vertrag, S. 498; *Lorenz,* Der Schutz vor dem unerwünschten Vertrag, S. 462, Fn. 1433, der darauf verweist, dass sich diese Voraussetzungen auch in Kodifizierungen, wie etwa in § 1575 des Califonia Civil Code wiederfindet.
[557] *Lorenz* in: FS Canaris, 777, 780.
[558] *Burrows,* The law of restitution, S. 285; *Klass,* Contract Law in the USA, S. 116; *Poole,* Textbook on contract law, S. 588.
[559] S. Dritter Teil, IV. 4.
[560] *Burrows,* The law of restitution, S. 285: "*Undue influence is a single concept. It does not have two different forms*".
[561] *Husemann,* Der moderierte Vertrag, S. 499.

Beeinflussung schafft.[562] Grundsätzlich kann festgehalten werden, dass eine besondere Vertrauensbeziehung zwischen den Vertragspartnern in Kombination mit einem nachteiligen Vertrag immer zur Vermutung der undue influence durch die andere Verhandlungspartei führt.[563] Die jeweiligen Vermutungsregelungen richten sich nach der Qualität der zwischen den Parteien bestehenden Beziehung und unterscheiden sich in Class 2A und Class 2B.

aa) Class 2A: protected relationships

Bei Bestehen einer sog. protected oder special relationship wird eine Einflussnahme vermutet und der angeblich Beeinflusste muss die Möglichkeit der Beeinflussung und Ausnutzung nicht nachweisen.[564] Die bestehende Beziehung zwischen den Parteien wirkt vermutungsbegründend, ohne dass Ausnahmen oder ein Gegenbeweis möglich sind. Insbesondere ist nicht erforderlich, dass der Beeinflusste nachweist, dass die Beziehung von besonderem Vertrauen geprägt war. Lediglich das Bestehen einer solchen Beziehung muss nachgewiesen werden.[565] Die Natur der Beziehung, die auf gegenseitigem Vertrauen und auf der Möglichkeit der Dominanz einer Partei beruht, begründet diese Vermutungswirkung.[566] Dem Beeinflussten obliegt nur noch der Nachweis, dass die Beeinflussung unzulässig (undue) war.

Eine special relationship wurde bisher zwischen Rechtsanwalt und Mandant, Arzt und Patient, Eltern und Kind, nicht jedoch bei Eltern und ihren erwachsenen Kindern angenommen.[567] Das Verhältnis von Ehegatten zueinander[568] und von Bänker und Kunde[569] wurden nicht als sog. special relationship eingeordnet. Im Einzelfall können aber auch solche und andere persönliche oder vertragliche Verbindungen zu einer presumed undue influence führen, nämlich zu einer solchen nach Class 2B.

---

[562] *Husemann,* Der moderierte Vertrag, S. 500.

[563] *Giesing,* Inhaltskontrolle und Abschlusskontrolle arbeitsrechtlicher Aufhebungsverträge, S. 220.

[564] *Husemann,* Der moderierte Vertrag, S. 500f; *Lorenz,* Der Schutz vor dem unerwünschten Vertrag, S. 457; *Poole,* Textbook on contract law, S. 589f.

[565] House of Lords (UK) in: Royal Bank of Scotland plc v Etridge (AP), 2001, 4 All ER 449: *„In these cases the law presumes, irrebuttably, that one party had influence over the other. The complainant need not prove he actually reposed trust and confidence in the other party. It is sufficient for him to prove the existence of the type of relationship.“*

[566] *Richards/Mollica,* English Law and Technology, S. 97.

[567] *Poole,* Textbook on contract law, S. 589.

[568] Cord of Appeal (UK) in: Midland Bank plc v Shephard, 1988, 3 All ER 17.

[569] House of Lords (UK) in: National Westminster Bank Ltd v Morgan, 1985, AC 686.

bb) Class 2B: evidential undue influence

Liegt keine special relationship im Sinne der Class 2A vor, bleibt für denjenigen, der sich auf die undue influence beruft, die Möglichkeit, den Vermutungstatbestand durch den Nachweis eines Vertrauensverhältnisses auszulösen. Dazu ist erforderlich, dass der Beeinflusste nachweist, dass eine Beziehung zwischen den Parteien vorlag, die durch Vertrauen und darauf beruhender Willensdominanz geprägt war.[570] So kann es Personen gelingen, die Vermutungswirkung der Class 2A (widerleglich) hervorzurufen, die ansonsten keine *„protected relationship“* zum Beeinflussenden haben. Dies galt etwa für einen Mann, der nachgewiesen hatte, seit vielen Jahren Kunde einer Bank gewesen zu sein und sich bezüglich all seiner finanziellen Angelegenheiten auf seinen Bankberater verlassen zu haben.[571] Ebenso konnte eine auf Vertrauen basierende Beziehung (relationship of trust and confidence) zwischen Eheleuten nachgewiesen werden, in der ein Ehegatte sämtliche finanziellen Angelegenheiten gänzlich auf den anderen übertrug und die persönliche Beziehung der Ehegatten die Möglichkeit einer unzulässigen Beeinflussung nahelegte.[572] Selbiges wurde auch für andere Beziehungen angenommen, etwa für außereheliche Lebensgefährte,[573] die Beziehung eines erwachsenen Sohnes zu seinen Eltern,[574] oder auch zwischen Arbeitgeber und Arbeitnehmer.[575] Die Beziehung aus trust and confidence musste in diesen Fällen im Einzelfall bewiesen werden, ohne dass die zwischen den Parteien bestehende Beziehung konstitutive Wirkung hierfür hatte. Die relationship of trust and confidence kann demnach in jeder zwischenmenschlichen und/oder vertraglichen Beziehung bestehen, in der zwei Personen notwendigerweise Vertrauen entgegenbringen und eine Person Einfluss auf die andere ausüben und diesen Einfluss missbrauchen kann.[576]

---

570 *Poole,* Textbook on contract law, S. 590; *Schmidt-Westphal,* Der arbeitsrechtliche Aufhebungsvertrag im Rechtsvergleich, S. 148.

571 Court of Appeal (UK) in: Lloyds Bank Ltd v Bundy, 1974, QB 326.

those cases which still occur that wehre the wife relies in all financial matters on her husband and simply does what he suggests, a presumption of undue influence within class 2B can be established solely from proof of such trust and confidence without proof of actual undue influence (...). The sexual emotional ties between the parties provide a ready weapon for undue influence“, zitiert nach: *Poole,* Textbook on contract law, S. 591.

573 Court of Appeal (UK) in: Massey v Midland Bank plc, 1995, 1 All ER 929.

574 Court of Appeal (UK) in: Avon Finance Co. Ltd v. Bridger, 1985, 2 All ER 281.

575 Court of Appeal (UK) in: Credit Lyonnais Bank Nederland v Burch, 1997, 1 All ER 144.

576 So schon: House of Lords (UK) in: Tate v. Williamson, 1866, LR 2 Ch App: *„Wherever two persons stand in such a relation that, while it continues, confidence is necessarily reposed by one, and the influence which naturally grows out of that confidence is possessed by the other, and this confidence is abused, or the influence is exerted to optain an advantage at the expense of the confiding party, the person so availing himself of this position will not be permitted to retain the advantage, although the transaction could not have been impeached if no such confidential relation had existed*“, zitiert nach: *Burrows,* The law of restitution, S. 295.

(1) Rechtsfolgen der Vermutung

Wenn es demjenigen, der sich von dem geschlossenen Vertrag lösen möchte, gelingt, eine besondere Beziehung nach Class 2A oder Class 2B nachzuweisen, besteht zu seinen Gunsten eine Vermutungswirkung: Es wird vermutet, dass eine Beeinflussung stattgefunden hat. Diese Beeinflussung kann nur in Fällen der Class 2B durch die Gegenseite widerlegt werden, nicht aber im Fall der Class 2A.[577]

Was durch den Bestand einer Beziehung nach Class 2 nicht erfolgt, ist der Nachweis, dass die vermutete Beeinflussung tatsächlich undue, also unzulässig war. Da auch dieser Umstand im Einzelfall schwer nachzuweisen ist, arbeitet das anglo-amerikanische Recht mit einer weiteren Vermutungsregelung, die sich am Inhalt des geschlossenen Vertrags orientiert. So wurde eine undue influence ursprünglich dann vermutet, wenn das Rechtsgeschäft für den Beeinflussten offensichtlich nachteilig war, sogenannter *„manifest disadvantage.“*[578] Das Erfordernis des *„manifest disadvantage“*, das nach der prägnanten Beschreibung von Lorenz dann vorliegt, wenn die Nachteiligkeit des Rechtsgeschäfts geradezu *„auf der Hand liegt“*[579], wurde jedoch in jüngerer Vergangenheit abgeschwächt,[580] so dass nunmehr ein sog. *„call of explanation“* genügt, um die Vermutungswirkung auszulösen.[581] Der sog. *„call of explanation“* liegt dann vor, wenn sich Art und Umfang des Vertrags nicht ohne Weiteres durch die Beziehung der Parteien erklären lassen und dadurch der Verdacht begründet ist, dass eine Partei den Vertrag gegen ihren Willen geschlossen hat.[582] Ist ein Vertrag offensichtlich nachteilig (*„manifestly disadvantageous“*), ruft auch das einen *„call for explanation“* hervor und führt zur Vermutungswirkung.[583] Im Umkehrschluss bedeutet dies, dass die Vermutungswirkung dann nicht eintritt, wenn der Vertrag nicht offensichtlich nachteilig ist, kein *„call of explanation“* besteht und durch die Verbindung Vertragsparteien objektiv erklärbar ist.

---

[577] *Husemann,* Der moderierte Vertrag, S. 502f; *Poole,* Textbook on contract law, S. 589f.
[578] House of Lords (UK) in: National Westminster Bank plc v Morgan, 1985, AC 686.
[579] *Lorenz,* Der Schutz vor dem unerwünschten Vertrag, S. 458.
[580] *Poole,* Textbook on contract law, S. 596.
[581] House of Lords (UK) in: Royal Bank of Scotland plc v Etridge (AP), 2001, 4 All ER 449: *„Proof that the complainant placed trust and confidence in the other party in relation to the management of the complainant's financial affairs, coupled with a transaction which calls for explanation, will normally be sufficient, failing satisfactory evidence to the contrary, to discharge the burden of proof.“*
[582] *Poole,* Textbook on contract law, S. 596.
[583] Ebd.

(2) Entkräftung der Vermutungswirkung

Bei Entstehen einer Vermutung besteht auch die Möglichkeit, diese Vermutung im Einzelfall zu entkräften. Die Beweislast hierfür geht in diesem Fall auf den (vermeintlich) Beeinflussenden über.[584] Die Widerlegung der Vermutung erfordert, dass derjenige, dessen Beeinflussung vermutet wird, nachweist, dass der Beeinflusste nicht aufgrund der unzulässigen Beeinflussung den Vertrag geschlossen hat, sondern die Entscheidung frei und im vollen Bewusstsein der Situation getroffen hat.[585] Das kann etwa dadurch erfolgen, dass der Beeinflussende nachweist, dass der andere Teil den Vertrag nach Inanspruchnahme (oder zumindest der Möglichkeit)[586] einer neutralen, informierten und kompetenten Beratung geschlossen hat.[587] Doch auch eine solch informierte Beratung ist keine Garantie dafür, dass der Gegenbeweis gelingt.[588] Insofern werden an den Gegenbeweis hohe Anforderungen gestellt.[589]

2. Bestehende Vermutungswirkung im deutschen Recht

Die Vermutungswirkung, wonach eine zwischen Vertragsparteien bestehende persönliche Verbindung in Kombination mit einem für eine Partei nachteiligen Vertrag zur Unwirksamkeit des Rechtsgeschäfts führen kann, ist dem deutschen Recht nicht fremd. Einen ähnlichen Mechanismus wendet die Rechtsprechung durch Auslegung des § 138 Abs. 1 BGB seit mehreren Jahren bei der Bewertung von Bürgschaften für nahe Angehörige an. Bei solchen Bürgschaften besteht die Vermutung, dass der Gläubiger die emotionale Bindung des Bürgen zum Schuldner ausgenutzt hat, wenn der Bürgende ein naher Angehöriger des Schuldners ist und die Bürgschaft eine krasse finanzielle Überforderung des Bürgen darstellt. In diesem Fall ist der Gläubiger dafür beweisbelastet, dass er nicht die emotionale Bindung zwischen dem Schuldner und dem Bürgen ausgenutzt hat.[590] Gelingt dieser Gegenbeweis nicht, ist die Bürgschaft des nahen Angehörigen gemäß § 138 Abs. 1 BGB nichtig.

---

[584] *Burrows,* The law of restitution, S. 298: "*the onus of proof switches to the defendent to rebut the presumption of undue influence*".
[585] *Lorenz,* Der Schutz vor dem unerwünschten Vertrag, S. 459.
[586] *Lorenz,* Der Schutz vor dem unerwünschten Vertrag, S. 460f.
[587] *Burrows,* The law of restitution, S. 298; *Giesing,* Inhaltskontrolle und Abschlusskontrolle arbeitsrechtlicher Aufhebungsverträge, S. 221; *Poole,* Textbook on contract law, S. 597; *Schmidt-Westphal,* Der arbeitsrechtliche Aufhebungsvertrag im Rechtsvergleich, S. 148.
[588] House of Lords (UK) in: Royal Bank of Scotland plc v Etridge (AP), 2001, 4 All ER 449.
[589] *Burrows,* The law of restitution, S. 299.
[590] BGH, NJW-RR 2017, 241, 243; NJW 2009, 2671, 2672; NJW 2005, 971, 972; NJW 2001, 815.

Diese Rechtsprechung enthält Parallelen zum Mechanismus der Vermutungswirkung. Beide berücksichtigen den Einfluss der zwischenmenschlichen/emotionalen Verbindung auf wirtschaftliche Entscheidungen. Beide Rechtsinstitute schützen den freien Willen der Teilnehmer des Rechtsverkehrs.[591] In beiden Fällen führt eine persönliche Verbindung in Kombination mit einem nachteiligen Rechtsgeschäft zu einer entsprechenden Vermutungswirkung. Der Unterschied besteht allerdings darin, dass das krasse finanzielle Ungleichgewicht für die Anwendung des § 138 Abs. 1 BGB konstitutiv ist,[592] während es bei der undue influence ein bloßes Mittel zur Beweiserleichterung ist. Daher ist zwischen der Sittenwidrigkeit als einer Inhalts- und der undue influence als einer Abschlusskontrolle zu differenzieren. Da eine bloße Abschlusskontrolle gemäß § 138 Abs. 1 BGB nicht möglich ist,[593] besteht auch keine Übertragbarkeit dieses Mechanismus der undue influence im Rahmen des § 138 Abs. 1 BGB.[594]

Eine mit der undue-influence-Doktrin vergleichbare Vermutungswirkung lässt zudem weder das allgemeine Schuldrecht noch die Systematik des Rechts der Leistungsstörungen zu. Eine solche Vermutungsregelung entspricht nicht dem Wortlaut der §§ 311 Abs. 2, 241 Abs. 2 BGB[595] und fügt sich nicht sinnvoll in die Systematik des Rechts der Leistungsstörungen ein. Zwar wird das Verschulden einer Partei gemäß § 280 Abs. 1 S. 2 BGB vermutet, regelmäßig jedoch nicht das Vorliegen einer Pflichtverletzung.[596] Für eine solche Annahme gibt das Gesetz keinen Anlass. Das muss jedenfalls bei dem beim Gebot fairen Verhandelns in Frage stehenden Verstoß gegen Rücksichtnahmepflichten gemäß § 241 Abs. 2 BGB gelten: Hierzu ist die Feststellung einer konkreten Missachtung von Verhaltenspflichten durch ein bestimmtes Verhalten erforderlich.[597] Dieser Nachweis kann dem Gläubiger nicht vollständig abgenommen

---

591 S. zur undue influence: *Burrows,* The law of restitution, S. 284: "*Where the other oarty enters into a particular transaction as a result of the undue influence of the other, the influenced party fails to apply a full and free independent judgement in relation to that transaction and transaction is, therefore, voidable at the instance of the influenced party*"; S. zum Aspekt der Entscheidungsfreiheit bei der Sittenwidrigkeit von Angehörigenbürgschaften: BGH, NJW 1997, 1980, 1981.

592 S. Zweiter Teil, II., 2., dd): keine „bloße Umstandssittenwidrigkeit".

593 Ebd.

594 Eine andere Auslegung würde systemwidrig zur Einführung einer „bloßen Umstandssittenwidrigkeit" führen.

595 Es soll nicht verkannt werden, dass § 241 Abs. 2 BGB generalklauselartiger Charakter zukommt, und auslegungsfähig ist, vgl. MüKo/BGB/*Bachmann*, § 241 Rn. 55.

596 MüKo/BGB/*F. Ernst*, § 280 Rn. 156; BeckOK/BGB/*Lorenz*, § 280 Rn. 81.

597 Vgl. *Riehm* in: FS Canaris, 1079, 1096.

werden, weshalb eine Übertragung der Vermutungswirkung in Bezug auf das bloße Verhalten des Schuldners fehlschlägt.[598]

Allerdings bieten die Kategorien der undue influence einen Anhaltspunkt für die weitere Auslegung des § 241 Abs. 2 BGB, mittels derer das für das Gebot fairen Verhandelns notwendige qualifizierte vorvertragliche Schuldverhältnis ermittelt werden kann.[599]

III. „Trust and confidence“ – Merkmal eines qualifizierten vorvertraglichen Schuldverhältnisses

Durch die Beweiserleichterung im anglo-amerikanischen Recht, die durch die Art und Intensität der Beziehung zwischen den Verhandlungspartnern, aber auch durch die Möglichkeit und Gefahr der Beeinflussung begründet wird, wird konzediert, dass Verhandlungspartner in bestimmten vertraglichen oder persönlichen Beziehungen schutzwürdiger sind als andere.[600] Dieser Grundgedanke entspricht jenem des § 241 Abs. 2 BGB, der ebenfalls die Intensität der Rücksichtnahmepflichten nach der Qualität der Sonderverbindung zwischen den Parteien bemisst.[601] Um diese Differenzierung nach der Qualität der – vertraglichen oder persönlichen – Verbindung zwischen den Parteien bestimmen zu können, bietet die Class 2 der undue influence Orientierungspunkte.

Zwar ist es wenig sinnvoll, einzelne Beziehungen, die sogenannten special relationships der Class 2A,[602] als „qualifizierte Schuldverhältnisse“ zu betrachten, und für diese erhöhte Rücksichtnahmepflichten anzuwenden. In diese Richtung gehen die Ausführungen von *Zimmer*, der das Gebot fairen Verhandelns als mögliche Lösung für die Behandlung von Fällen ansieht, die in der Vergangenheit anfällig für Überrumpelungen waren. *Zimmer* nennt hier nicht die Beispiele anglo-amerikanischer Rechtsprechung, sondern Eheverträge, Bürgschaften, Erbverzichte, Verträge innerhalb von Arbeitsverhältnissen oder Verträge

---

598 Im Ergebnis auch: *Giesing,* Inhaltskontrolle und Abschlusskontrolle arbeitsrechtlicher Aufhebungsverträge, S. 223; *Gräf,* Das Gebot fairen Verhandelns beim Abschluss eines arbeitsrechtlichen Aufhebungsvertrags, S. 342.

599 A.A.: *Gräf,* Das Gebot fairen Verhandelns beim Abschluss eines arbeitsrechtlichen Aufhebungsvertrags, S. 205ff., der zwar eine Parallele in den jeweiligen Schutz der Entscheidungsfreiheit sieht, jedoch eine detaillierte Untersuchung der Ausgestaltung für "*nicht notwendig*" erachtet.

600 House of Lords (UK) in: Royal Bank of Scotland plc v Etridge (AP), 2001, 4 All ER 449: *„The law has adopted a sternly protective attitude towards certain types of relationship in which one party acquires influence over another who is vulnerable and dependent and where, moreover, substantial gifts by the influenced or vulnerable person are not normally to be expected.“*

601 S. Dritter Teil, IV., 3. b).

602 S. Vierter Teil, II., 1. a).

über sog. Schrottimmobilien.[603] Für die Übernahme der special relationships als qualifizierte Schuldverhältnisse, oder sonst für eine einfache Auflistung bestimmter Schuldverhältnisse, fehlt es aber an einer gesetzlichen Grundlage. Die Fälle, in denen eine special relationship zwischen den Parteien angenommen wurden, betreffen nur wenige bestimmte Verbindungen, weshalb eine Übernahme keinen Mehrwert bringen würde. Sie sind das „*Sammelbecken*“ bekannter und ausgewählter Abhängigkeitsverhältnisse im anglo-amerikanischen Recht.[604] Es besteht weder Anlass noch eine nachvollziehbare gesetzliche Begründung, die in der anglo-amerikanischen Rechtsprechung entwickelten special relationships als Anwendungsfälle für das Gebot fairen Verhandelns zu übernehmen. Gegen eine entsprechende Auflistung spricht auch der Unterschied zwischen case-law und civil-law: Das case law arbeitet zu großen Teilen nicht auf Basis von kodifizierten Vorschriften.[605] Das deutsche Recht hingegen arbeitet auf Basis von gesetzlichen Regelungen, unter die Sachverhalte zu subsumieren sind. Für eine Übernahme von Gerichtsentscheidungen des case-law in ein System des civil-law besteht kein Anlass. Gleiches gilt für die Ansicht von *Zimmer*,[606] da das Gebot fairen Verhandelns kein Billigkeitsrecht für problematische Einzelfälle ist, sondern dessen Voraussetzungen anhand des § 241 Abs. 2 BGB bestimmt wird. Daher ist stets das Vertrags- und Vertrauensverhältnis der Parteien in den Blick zu nehmen. Die pauschale Betrachtung einzelner Vertragsverhältnisse oder Vertragstypen genügt hierfür nicht.

Aus diesem Grund stellt das Kriterium des „*trust and confidence*“ lediglich einen Gedankenanstoß dar, wenn es darum geht, den Inhalt von vorvertraglichen Schuldverhältnissen gemäß § 241 Abs. 2 BGB zu bestimmen. Umfang und Inhalt der Schutzpflichten gemäß § 241 Abs. 2 BGB sind nicht in jedem Schuldverhältnis einheitlich, sondern hängen vom Zweck des Schuldverhältnisses, der Verkehrssitte und den Anforderungen des redlichen Geschäftsverkehrs ab.[607] Das jeweilige Schutzbedürfnis und das gegenseitige Vertrauen der Parteien haben Einfluss auf den Inhalt der Schutzpflichten.[608] Um das gegenseitige Vertrauen der Parteien, die Verkehrssitte und die Anforderungen des Rechtsverkehrs im vorvertraglichen Schuldverhältnis sinnvoll bestimmen zu können, ist die zwischen den Verhandlungspartnern bestehende Beziehung

---

[603] *Zimmer*, JZ 2019, 897, 899f.
[604] *Schindler,* Rechtsgeschäftliche Entscheidungsfreiheit und Drohung, S. 132.
[605] *Häcker*, JuS 2014, 872, 874.
[606] S. Fn. 605.
[607] BGH, NJW 2013, 3366, 3368; NJW 2010, 1135, 1137; MüKo/BGB/*Bachmann*, § 241 Rn. 63; Grüneberg/BGB/*Grüneberg*, § 241 Rn. 7; *Kersting,* Die Dritthaftung für Informationen im Bürgerlichen Recht, S. 337ff.
[608] *Bodewig*, JURA 2005, 505, 509; *Krebber*, VersR 204, 150, 151.

näher in den Blick zu nehmen. Dem Willen des Gesetzgebers, die Entscheidungsfreiheit in vorvertraglichen Schuldverhältnissen zu schützen,[609] kann rechtssystematisch nur entsprochen werden, wenn jeweils eine Differenzierung zwischen verschiedenen vorvertraglichen Schuldverhältnissen erfolgt. Das kann nur gelingen, wenn zwischen den Verhandlungspartnern bestehende Verbindungen berücksichtigt werden. Es ist nicht nur an dem unmittelbaren Inhalt des durch die Voraussetzungen des § 311 Abs. 2 BGB begründeten vorvertraglichen Schuldverhältnis haften zu bleiben, sondern es ist die gesamte Beziehung zwischen den Verhandlungspartnern in den Blick zu nehmen. Diese an der Systematik und des Zwecks der §§ 311 Abs. 2, 241 Abs. 2 BGB orientierte Auslegung deckt sich auch mit dem Begriff des „*Inhalts des Schuldverhältnisses*“, der im Sinne der Systematik der c.i.c. sehr weit auszulegen ist.[610] Andernfalls gäbe es im bloßen vorvertraglichen Schuldverhältnis überhaupt keine Schutzpflichten, da in diesem noch nichts vereinbart sein kann.[611]

Selbiges ergibt sich aus einer detaillierten Betrachtung der Gesetzesbegründung. Auf den ersten Blick ist dies nicht der Fall, da in der Gesetzesbegründung davon die Rede ist, dass mit dem Inhalt des Schuldverhältnisses „*vor allem das konkret Geregelte*“ gemeint ist.[612] So sehr dieser Satz auf die Vereinbarungen zwischen den Vertragsparteien in bestehenden Schuldverhältnissen sinnvoll erscheinen mag, so sehr schlägt dessen Sinnhaftigkeit im Kontext des vorvertraglichen Schuldverhältnisses fehl. In einem ausschließlich vorvertraglichen Schuldverhältnis kann zwischen den Parteien nichts geregelt sein. Da noch keine Vereinbarungen bestehen, kann es zur Bestimmung der Pflichten in einem vorvertraglichen Schuldverhältnis gerade nicht auf das „*konkret Geregelte*“ ankommen. Das scheint auch der Gesetzgeber zu sehen, da es in der Begründung weiter heißt, dass eine „*konkrete Abgrenzung*“ des konkret Geregelten nicht möglich ist.[613] Zudem sollen die Schutzpflichten letztlich nach der konkreten Situation zu bestimmen sein.[614] Der Begriff des „*Inhalts*“ sage alles, was maßgeblich ist.[615] Aus diesen Formulierungen, und des unmittelbaren Bezugs der Gesetzesbegründung von § 311 Abs. 2 BGB zu § 241 Abs. 2 BGB,[616] folgt, dass die vorvertraglichen Pflichten im Ergebnis nach einer

[609] Dritter Teil, IV. 4.
[610] Vgl. NK/BGB/*Krebs*, § 241 Rn. 22.
[611] Ebd.
[612] BT-Drucksache 14/6040, S. 126.
[613] Darauf verweist auch: *Münder*, Juris-PR-ArbR 49/2018, Anm. 2.
[614] BT-Drucksache 14/6040, S. 126.
[615] Ebd.
[616] BT-Drucksache 14/6040, S. 162.

Gesamtbetrachtung im Einzelfall zu bestimmen sind, bei der die konkrete Situation zwischen den Verhandlungspartnern in den Blick zu nehmen ist.

Hierzu ist einerseits der (vor-)vertragliche Inhalt und andererseits – vor allem im vorvertraglichen Schuldverhältnis – der gesamte soziale Kontakt zwischen den Verhandlungspartnern zu berücksichtigen.[617] Hierbei ist wie bei der undue influence, insbesondere „*trust and confidence*“, also das gegenseitige Vertrauen und die damit verbundene Einflussmöglichkeit der Parteien relevant. Eine Beziehung of trust and confidence liegt im Kontext der undue influence dann vor, wenn eine Partei nachweisen kann, qua der bestehenden Verbindung der anderen Partei entsprechendes Vertrauen entgegengebracht zu haben.[618] Der Nachweis kann für jede Konstellation gelingen oder scheitern.[619] Eine schematische und jedem Einzelfall gerecht werdende Musterlösung kann es hierzu nicht geben.

Dieser Ansatz deckt sich mit der Auslegung des § 241 Abs. 2 BGB. Die Rücksichtnahmepflichten sind in unterschiedlichen Schuldverhältnissen verschieden. Aus systematischen Gründen besteht nicht in jedem Schuldverhältnis ein Gebot fairen Verhandelns, sondern nur in bestimmten Fällen, hier „qualifiziertes Schuldverhältnis“ genannt.[620] Für ein qualifiziertes Schuldverhältnis in diesem Sinne sind Tatsachen erforderlich, die ein auf gegenseitigem Vertrauen basierendes Verhältnis zwischen den Parteien belegen. Nach den allgemeinen Beweislastregeln hat derjenige, der sich auf einen Verstoß gegen das Gebot fairen Verhandelns beruft, diese Tatsachen darzulegen und zu beweisen. Analog hierzu kann die Gegenseite schon auf der Ebene des Anwendungsbereichs einen Verstoß gegen das Gebot fairen Verhandelns durch den Nachweis entkräften, dass keine auf gegenseitigem Vertrauen basierende Beziehung vorlag.[621] Zur Bewertung dieser Frage kommt es auf unterschiedliche Aspekte an, die im Rahmen einer Gesamtbetrachtung abgewogen werden müssen. Dabei sind der Zweck des angestrebten Vertrags und etwaige gesetzgeberische Wertungen zum Vertragszweck zu berücksichtigen.[622] Ein zusätzlicher Fokus ist entsprechend des „*trust and confidence*“ auf die persönliche Beziehung zwischen den Verhandelnden zu legen. Für eine abschließende

[617] Vgl. NK/BGB/*Krebs*, § 241 Rn. 27.

[618] *Poole, Textbook on contract law, S. 586: "Outside the class of protected relationships, the evidential presumption of influence may arise where one of the parties can be shown on the facts to have confidence in the other"*.

[619] *Husemann,* Der moderierte Vertrag, S. 502.

[620] S. Vierter Teil, I.

[621] *Poole,* Textbook on contract law, S. 590: "*However, the other party can seek to rebut the presumption of influence by evidence that no such trust and confidence existed*".

[622] Vgl. BGH, NJW 2013, 3366, 3368; NJW 2010, 1135, 1137.

Bewertung wird es stets auf die konkreten Umstände des Einzelfalls ankommen. Der Rechtsanwender hat bei der Bestimmung eines qualifizierten (vor-)vertraglichen Schuldverhältnisses allerdings bestimmbare Kriterien zu beachten, die aus dem Sinn und Zweck des § 241 Abs. 2 BGB, der gesetzlichen Systematik und dem Wortlaut einzelner Normen folgen. Diese sollen nachfolgend herausgearbeitet werden.

1. Bewertungskriterien für ein qualifiziertes (vor-)vertragliches Schuldverhältnis

Zur Bestimmung eines qualifizierten Schuldverhältnisses sind unterschiedliche und nicht abschließend zu benennende Kriterien zu berücksichtigen. Dabei kann zwischen drei verschiedenen Ebenen unterschieden werden, die vom Rechtsanwender zur Bestimmung erhöhter Rücksichtnahmepflichten zwischen den Verhandlungsparteien untersucht werden müssen. Ein vorher bestehendes Schuldverhältnis und dessen Ausstrahlung auf die Verhandlungen, eine persönliche Beziehung der Verhandelnden und der Inhalt des angestrebten Vertrags können die Schutzpflichten eines vorvertraglichen Schuldverhältnisses prägen.

a) Ebene 1: Ausstrahlung der Pflichten eines bestehenden (Dauer-)Schuldverhältnisses

Die Rücksichtnahmepflichten eines bestehenden Dauerschuldverhältnisses strahlen auf die Verhandlungen zu einem neuen Vertrag zwischen den Parteien des Dauerschuldverhältnisses aus.[623] Dabei ist das betreffende Dauerschuldverhältnis auf seine jeweiligen Pflichten im Einzelfall zu untersuchen. Sowohl die Dauer des Schuldverhältnisses als auch die Art des Schuldverhältnisses und die darauf bezogenen gesetzgeberischen Wertungen[624] sind zu berücksichtigen. Insbesondere die Dauer und die durch das Schuldverhältnis begründete persönliche Bindung zwischen den Vertragspartnern können zu erhöhten Schutzpflichten führen.[625] Ein mehrere Jahre andauerndes Dauerschuldverhältnis zweier Verhandlungspartner[626] spricht für höhere

[623] BAG, BeckRS 2022, 3692; NZA 2019, 688, 691.

[624] Vgl. *Oetker*, Das Dauerschuldverhältnis und seine Beendigung, S. 202f., der darauf verweist, dass eine personale Wurzel des Schuldverhältnisses "*präzise aufgehellt und aus legislativen Regelungsstrukturen abgeleitet*" werden muss.

[625] Jauernig/BGB/*Mansel*, § 241 Rn. 10, "*Dauer und personenrechtlicher Einschlag*".

[626] Vgl. *Heinkel*, ZTR 2020, 261, 265f., mit Bezug auf die vom BAG festgestellte Ausstrahlungswirkung bei Verhandlungen zu einem Aufhebungsvertrag; zur Intensivierung der Rücksichtnahmepflichten bei einem Dauerschuldverhältnis: Jauernig/BGB/*Mansel*, § 241 Rn. 10; *Weller*, JZ 2012, 881, 882.

gegenseitige Rücksichtnahmepflichten bei der Verhandlung eines neuen Vertrags oder aber eines Aufhebungsvertrags, als ein kurz andauerndes bestehendes Dauerschuldverhältnis.[627] Das gilt insbesondere bei einem Dauerschuldverhältnis mit besonderer personaler Dimension,[628] auf die das jeweilige Schuldverhältnis im Einzelfall untersucht werden muss.[629] Hier kommen insbesondere das Arbeitsverhältnis, das (Wohnraum-)Mietverhältnis sowie das Gesellschafterverhältnis in Betracht, da diese Schuldverhältnisse nicht mit einem einmaligen Leistungsaustausch abgewickelt, sondern zumeist auf langfristige Verbindungen ausgelegt sind und die gesamte Persönlichkeitsentfaltung der Vertragsparteien betreffen.[630] Der BGH spricht im Kontext der Bestimmung von Verträgen mit Schutzwirkung zu Gunsten Dritter bei der Bestimmung des Einbeziehungsinteresses auch von Schuldverhältnissen mit *„personenrechtlichem Einschlag"*, kraft derer eine besondere Schutz- und Fürsorgepflicht besteht, und nennt hier insbesondere miet-, arbeits- und familienrechtliche Beziehungen.[631]

aa) Das Arbeitsverhältnis

Bei einem Arbeitsverhältnis ist aufgrund des Über-/ Unterordnungsverhältnisses zwischen Arbeitgeber und Arbeitnehmer, der täglichen Nähe, der notwendigen Vertrauensbasis und den gesetzlichen Wertungen regelmäßig von einem qualifizierten vorvertraglichen Schuldverhältnis auszugehen,[632] wenn es zu Verhandlungen zwischen Arbeitgeber und Arbeitnehmer kommt.[633] Die Pflichten aus dem bestehenden Arbeitsverhältnis strahlen auf die Verhandlungen eines neuen Vertrags aus und begründen regelmäßig damit die Anwendbarkeit des Gebots fairen Verhandelns.[634] Voraussetzung hierfür ist ein bestehendes Arbeitsverhältnis, so dass die Anwendbarkeit des Gebots fairen Verhandelns bei den Verhandlungen zum Abschluss eines Arbeitsvertrags nicht angezeigt ist.[635]

Das dürfte jedenfalls bei einem Arbeitsverhältnis gelten, das einen gewissen Zeitraum besteht. Die spezifischen Rücksichtnahmepflichten eines Arbeitsverhältnisses, die früher

[627] Vgl. ArbG Heilbronn, BeckRS 2022, 13202, Rn. 26.
[628] S. zu diesem Begriff: *Oetker,* Das Dauerschuldverhältnis und seine Beendigung, S. 202 ff., der jedoch (vor der Schuldrechtsreform) aus der personalen Dimension bestimmter Schuldverhältnisse keine bestimmte Rechtsfolge herleitete; s.a. Jauernig/BGB/*Mansel*, § 241 Rn. 10.
[629] *Doralt,* Langzeitverträge, S. 249f.
[630] *Oetker,* Das Dauerschuldverhältnis und seine Beendigung, S. 203f.
[631] BGH, NJW-RR 2017, 888, 889f; BeckRS 2009, 13337, Rn. 16.
[632] Vgl. *Jung*, ZfA 2024, 24, 39.
[633] A.A., *Kurzer,* Das Gebot fairen Verhandelns im Arbeitsrecht, S. 180, die das Gebot fairen Verhandelns auf die Konstellation des arbeitsrechtlichen Aufhebungsvertrags beschränkt.
[634] BAG, BeckRS 2022, 3692; NZA 2019, 688.
[635] Im Ergebnis zutreffend: *Kurzer,* Das Gebot fairen Verhandelns im Arbeitsrecht, S. 185ff.

als Fürsorgepflichten bezeichnet wurden,[636] führen immer zu einer erhöhten Rücksichtnahmepflicht im Sinne des § 241 Abs. 2 BGB. Zweifel bestehen aber dann, wenn sich das Arbeitsverhältnis noch in einem Probezeitstadium befindet. Das Gesetz sieht in § 622 Abs. 3 BGB vor, dass ein Arbeitsverhältnis in einem Probeverhältnis sowohl der kurzfristigen als auch der unbegründeten Beendigung unterliegt. Der Arbeitnehmer unterliegt in dieser Zeit daher lediglich geringen Schutzvorschriften, jedenfalls was den Bestand seines Arbeitsverhältnisses angeht. Daher spricht ein kurzzeitig bestehendes Arbeitsverhältnis mit der Möglichkeit einer Probezeitkündigung gegen die Annahme eines qualifizierten Schuldverhältnisses.[637]

bb) Das Wohnraummietverhältnis

Die Ausstrahlungswirkung eines bestehenden Schuldverhältnisses auf die Verhandlungen zu einem neuen Vertrag ist nicht auf Arbeitsverhältnisse begrenzt.[638] So können im Einzelfall in einem bestehenden Wohnraummietverhältnis[639] ebenso Rücksichtnahmepflichten bestehen, die bei den Verhandlungen zu einem neuen Rechtsgeschäft die Annahme des Gebots fairen Verhandelns rechtfertigen. Zwar dürfte ein Mietverhältnis bei Bestimmung der Rücksichtnahmepflichten nicht mit einem Arbeitsverhältnis gleichzusetzen sein, da die persönliche Beziehung und Abhängigkeit beim Arbeitsverhältnis regelmäßig stärker sind. Aber auch der Mieter kann den Vermieter nicht ohne Weiteres kurzfristig und dauerhaft abweisen. Er hat seinen Lebensmittelpunkt im Eigentum des Vermieters und wird sich – jedenfalls subjektiv – von ihm abhängig und auf ihn angewiesen fühlen. Der Gesetzgeber sieht ebenso eine Schutzbedürftigkeit des Mieters, der vor allem durch das Erfordernis von Kündigungsgründen, Vollstreckungs- und Mieterhöhungsschutzvorschriften privilegiert ist.[640] Diese gesetzgeberische Wertung folgt aus der sozialen Schutzbedürftigkeit des Wohnraummieters, für den das Mietverhältnis regelmäßig eine wesentliche Rolle seiner Persönlichkeitsentfaltung einnimmt.[641] Das

[636] S. Dritter Teil, IV., 2.

[637] Im Ergebnis ist eine Gesamtabwägung vorzunehmen, s.u. Die praktische Relevanz dieser Frage dürfte sehr überschaubar sein, da der Arbeitgeber in einem Probearbeitsverhältnis regelmäßig keinen Anlass hat, das Arbeitsverhältnis durch einen Aufhebungsvertrag beenden zu müssen.

[638] *Franz*, Der Abschluss eines Aufhebungsvertrags, S. 395.

[639] Vgl.: EWHC in: Evans v Lloyd, 2013, 1725 (Ch): Der Fall betraf einen wenig gebildeten Landwirt, der seit seinem 14. Lebensjahr auf dem Grundstück seiner Vermieter lebte und sowohl auf dessen Bezahlung als auch auf den gestellten Wohnraum angewiesen war, wenngleich undue influence abgelehnt wurde, s. zur Bedeutung eines lang andauernden Mietvertrags: *Weller*, JZ 2012, 881, 886.

[640] Vgl. *Blank*, WuM 2004, 243.

[641] *Weller*, JZ 2012, 881.

Vertragsobjekt, die Wohnung, ist in seiner Unverletzlichkeit gemäß Art. 13 Abs. 1 GG verfassungsrechtlich abgesichert und daher in seinem Bestand besonders schützenswert. Diese Schutzvorschriften und Wertungen müssen auch in hiervon unabhängigen vorvertraglichen Schuldverhältnissen zwischen den Parteien Berücksichtigung finden, insbesondere wenn „neue" Vertragsverhandlungen das alte Schuldverhältnis betreffen, oder es sogar in Frage stellen.[642] Daher kann das Gebot fairen Verhandelns im Kontext des Mietrechts insbesondere beim mietrechtlichen Aufhebungs- oder Änderungsvertrag relevant werden.[643]

cc) Das Innenverhältnis der Gesellschafter

Ein drittes Dauerschuldverhältnis, das zu höheren Rücksichtnahmepflichten führen kann, ist das Innenverhältnis der Gesellschafter.[644] Zwar ist in einem Gesellschaftsvertrag die soziale Schutzbedürftigkeit des einzelnen Vertragspartners und die persönliche Abhängigkeit häufig geringer als beim Arbeits- oder Wohnraummietverhältnis, da sich in einer Gesellschaft regelmäßig gleichrangige Vertragspartner zur Verfolgung eines gemeinsamen Zwecks binden, jedoch liegt bei einer Gesellschaft eine rechtsgeschäftliche Verbindung vor, die wie kaum ein zweites Rechtsverhältnis durch gegenseitiges Vertrauen geprägt ist.[645] Diese Konstellation führt dazu, dass die gesellschaftsrechtliche Treuepflicht anerkannt und für ein Gesellschaftsverhältnis wesentlich ist.[646] Der dogmatische Anknüpfungspunkt für den Maßstab der gegenseitigen Pflichten ist auch in einem Gesellschaftsverhältnis in § 241 Abs. 2 BGB zu suchen,[647] da die Gesellschafter durch einen Gesellschaftsvertrag in einem Schuldverhältnis stehen und deren gegenseitige Pflichten durch dessen Inhalt begründet werden.[648] Insofern kann auch eine bestehende Personengesellschaft, besonders wenn sie eine lange Dauer und eine intensive Beziehung

[642] Vgl. *Doralt,* Langzeitverträge, S. 248, der aus den Kündigungsvorschriften und verlängerten Kündigungsfristen für Arbeitnehmer, Handelsvertreter und Mieter zurecht eine erhöhte Rücksichtnahmepflicht herleitet.

[643] MüKo/BGB/*Bachmann*, § 241 Rn. 137.

[644] Vgl. MüKo/BGB/*Bachmann*, § 241 Rn. 65; Jauernig/BGB/*Mansel*, § 241 Rn. 10.

[645] S. bereits: *Hueck*, Sitzungsberichte der Bayrischen Akademie der Wissenschaften 1947, 3, 13.

[646] BGH, NZG 2015, 995, 997; MAH/GmbHR/*Grunewald*, § 19 Rn. 80; *L. Holler/Mann*, NZG 2021, 402; Oetker/HGB/*Oetker*, § 161 Rn. 39; *Reif/Walter*, JuS 2021, 630; MüKo/BGB/*Schäfer*, § 705 Rn. 273.

[647] Vgl. OLG München, NZG 2012, 663, 665, wonach eine "*Pflicht zur Rücksichtnahme bei Verfolgung eigener Interessen*" bestünde; *Reif/Walter*, JuS 2021, 630, 631.

[648] BGH, NJW 2011, 1667, 1669; OLG München, NZG 2012, 663, 665.

zwischen den Gesellschaftern aufweist,[649] zu erhöhten Rücksichtnahmepflichten führen, die auf Verhandlungen zwischen den Gesellschaftern ausstrahlen.

dd) Fazit

Die drei genannten Schuldverhältnisse *„mit personenrechtlichem Einschlag“* können vordergründig, aber nicht ausschließlich, zu einem qualifizierten (vor-)vertraglichen Schuldverhältnis führen. Weitere vergleichbare (Dauer-)Schuldverhältnisse, die zur Anwendbarkeit des Gebots fairen Verhandelns führen, sind denkbar. Da aber ein solches Dauerschuldverhältnis nicht per se zu einer persönlichen Beziehung führt,[650] die anfällig für gegenseitige Überrumpelung und Einflussnahme ist, kann nicht allein das abstrakte Bestehen des Schuldverhältnisses konstitutiv für die Annahme erhöhter Rücksichtnahmepflichten sein. Um die konkreten Pflichten im Einzelfall zu untersuchen, ist neben dem objektiv festzustellendem Schuldverhältnis die persönliche Beziehung zwischen den Parteien als zweite Ebene in den Blick zu nehmen. Das persönliche und gegenseitige Vertrauen der Parteien ist für die Annahme erhöhter Rücksichtnahmepflichten ebenso wesentlich wie die Dauer des bestehenden Dauerschuldverhältnisses,[651] wenngleich die Dauer des Schuldverhältnisses aufgrund der damit einhergehenden wirtschaftlichen Bindung und möglicher persönlicher Abhängigkeit als gewichtiges Argument zu berücksichtigen ist.[652]

b) Ebene 2: Die persönliche Verbundenheit zwischen den Verhandelnden und die gesetzgeberischen Wertungen

In Anlehnung an die Class 2B der presumed undue influence ist auch eine zwischen den Parteien bestehende persönliche Beziehung zur Bestimmung der Rücksichtnahmepflichten in Vertragsverhandlungen, und damit zur Anwendbarkeit des Gebots fairen Verhandelns, zu berücksichtigen. Ein persönliches Vertrauensverhältnis ist anfällig für gegenseitigen Einfluss und Abhängigkeit. Dieses Vertrauen kann dazu ausgenutzt werden, die andere Partei unter Umgehung ihres tatsächlichen Willens zu einem Rechtsgeschäft zu

---

649 MüKo/BGB/*Bachmann*, § 241 Rn. 65.
650 *Oetker*, Das Dauerschuldverhältnis und seine Beendigung, S. 203.
651 Vgl. *Doralt*, Langzeitverträge, S. 294.
652 Vgl. *Jickeli*, Der langfristige Vertrag, S. 158.

bewegen.[653] Dabei kann sich eine solche Beziehung aus einem vorher bestehenden Schuldverhältnis ergeben. Ebenso kann aus dem bestehenden Dauerschuldverhältnis (s.o.) eine persönliche Beziehung erwachsen, die zu einem solchen Vertrauensverhältnis führt. Ebene 1 und 2 sind daher nicht zu trennen, sondern verbinden einander.[654]

Allerdings kann auch eine persönliche Beziehung unabhängig von einem bestehenden Schuldverhältnis zu einem Vertrauensverhältnis führen, das innerhalb der §§ 311 Abs. 2, 241 Abs. 2 BGB gesteigerte Rücksichtnahmepflichten begründet. Wie bei der undue influence obliegt es demjenigen, der sich auf einen Verstoß gegen das Gebot fairen Verhandelns beruft, eine Vertrauensbeziehung zwischen ihm und dem Verhandelnden nachzuweisen, während die Gegenseite den Gegenbeweis erbringen kann.[655] Im deutschen Recht ist bei persönlichen Verhältnissen zudem an die darauf bezogenen gesetzlichen Wertungen zu anzuknüpfen,[656] die, ähnlich wie bei den Dauerschuldverhältnissen, auf die vorvertraglichen Pflichten bei Verhandlungen zwischen nahen Angehörigen ausstrahlen. Gesetzliche Vorschriften, die Rücksichtnahmepflichten explizit regeln, sind eine praxistaugliche Orientierungshilfe für die Bestimmung von Nebenpflichten.[657] Im Vordergrund stehen dabei die Beziehungen zwischen Ehegatten sowie Eltern und ihren (volljährigen) Kindern, bei denen entsprechende familienrechtliche Normen bestehen, die erhöhte Rücksichtnahmepflichten gesetzlich konstituieren. Ob auch Verbindungen, bei denen weder eine familiäre noch eine schuldrechtliche Verbindung, also lediglich ein außerrechtliches Näheverhältnis besteht, zu erhöhten Rücksichtnahmepflichten und zur Anwendbarkeit des Gebots fairen Verhandelns führen können, ist ebenfalls zu untersuchen.

aa) Ehegatten

Gemäß § 1353 Abs. 1 S. 2 BGB sind Ehegatten zu einer ehelichen Lebensgemeinschaft verpflichtet und tragen füreinander Verantwortung. Diese Vorschrift konstituiert die Ehe zu einem familienrechtlich geprägten Rechtsverhältnis, das zur gegenseitigen

---

653 Vgl. *Burrows,* The law of restitution, S. 295, mit Verweis auf: House of Lords (UK) in: Tate v Williamson, 1866, LR 2 Ch App 55.

654 Vgl.: EWHC in: Evans v Lloyd, 2013, 1725 (Ch), bei dem das andauernde Arbeits- und Mietverhältnis zu einer solchen persönlichen Verbindung führte.

655 *Poole,* Textbook on contract law, S. 590.

656 So: *Oetker,* Das Dauerschuldverhältnis und seine Beendigung, S. 203, der darauf verweist, dass die persönliche Verbundenheit als solche zu konturenlos ist, um eine Gruppe personaler Dauerschuldverhältnisse aufzuzeigen.

657 Vgl. MüKo/BGB/*Bachmann*, § 241 Rn. 65.

Rücksichtnahme und auch zur Zurückstellung eigener Interessen gegenüber dem Ehegatten verpflichtet.[658] Sicherlich ist der familienrechtliche Begriff der Rücksichtnahme nicht mit jenem aus § 241 Abs. 2 BGB gleichzusetzen. Die familienrechtliche Rücksichtnahme ist vielmehr auf das gemeinsame Zusammenleben und die gemeinsame Lebensführung der Ehegatten bezogen, und erfasst demnach hierauf bezogene Pflichten.[659] Diese Pflichten sind nicht mit solchen vergleichbar, die in vertraglichen Beziehungen bestehen. Gerade weil die ehelichen Pflichten sehr viel weiter gehen als vertragliche Rücksichtnahmepflichten, ist es geboten, diese bei der Bestimmung vorvertraglicher Pflichten gemäß § 241 Abs. 2 BGB zwischen Ehegatten zu berücksichtigen. In diesem vertraglichen Kontext spielt insbesondere die eheliche Schadensminderungspflicht in finanziellen Angelegenheiten eine Rolle, die die Ehegatten wechselseitig verpflichtet, die finanziellen Lasten des anderen Ehegatten zu mindern, soweit dies ohne Verletzung der eigenen Interessen möglich ist.[660] Ebenso erfordert die Ehe die Verständigungsbereitschaft der Ehegatten, die diese dazu verpflichtet, gemeinsame Angelegenheiten im gegenseitigen Einvernehmen zu regeln, ohne den Willen des anderen Ehegatten illegitim zu überwinden.[661] Die Gemeinschaft zwischen den Ehegatten fordert eine Verständigungsbereitschaft, die im Rahmen von Einigungsbemühungen zu Rücksichtnahme und Toleranz verpflichtet.[662] Diese Verständigungsbereitschaft schlägt sich auch in vorvertraglichen Pflichten nieder, wenn zwischen Ehegatten Verträge geschlossen werden. Eine solche Auslegung ist ebenso vor dem Hintergrund des Schutzzwecks des § 241 Abs. 2 BGB geboten, da die Entscheidungsfreiheit in innerfamiliären Verträgen durch die persönliche Verbundenheit, die emotionale Abhängigkeit und Divergenzen in der Geschäftserfahrenheit häufig zu einer Beeinträchtigung der Entscheidungsfreiheit führen.[663] Daher indiziert eine bestehende Ehe die Anwendung des Gebots fairen Verhandelns, wenn es zwischen den Ehegatten zu Vertragsverhandlungen kommt.

658 BGH, NJW-RR 2005, 225; NJW 1987, 2032, 2033; BeckOK/BGB/*Hahn*, § 1353 Rn. 27; HK/BGB/*Kemper*, § 1353 Rn. 8.
659 S. hierzu mit entsprechenden Beispielen: JHA/*Kohlenberg*, § 1353 Rn. 7.
660 OLG Hamm, NJW-RR 2016, 644, 645.
661 *Erbarth*, NZFam 2021, 250, 251; JHA/*Kohlenberg*, § 1353 Rn. 6; MüKo/BGB/*A. Roth*, § 1353 Rn. 27.
662 Ebd.
663 *Röthel*, NJW 2012, 337, 338.

bb) Kinder und Eltern

Bei Eltern und ihren minderjährigen Kindern besteht angesichts der fehlenden Geschäftsfähigkeit der Kinder kein Raum für einen Anwendungsbereich des Gebots fairen Verhandelns. Insichgeschäfte zwischen Eltern und ihren minderjährigen Kindern sind gemäß §§ 1629 Abs. 2 S. 1, 1824 Abs. 2 BGB i.V.m. § 181 BGB regelmäßig unwirksam. Der Gesetzgeber hat die hiesige Interessenkollision und die damit verbundene mögliche Vermögensgefährdung des Minderjährigen gesehen und verbietet grundsätzlich das Selbstkontrahieren des Elternteils, ohne dass es auf eine konkrete Gefährdung der Interessen des Kindes ankommt.[664] Ein relevanter Verstoß gegen das Gebot fairen Verhandelns seitens eines Elternteils gegenüber dem minderjährigen Kind scheidet somit aus und hat praktisch keine Relevanz. Interessanter ist hingegen die Konstellation, in der Eltern mit ihren erwachsenen Kindern kontrahieren. Hier könnte man aufgrund des bestehenden Näheverhältnisses, aber auch aufgrund des Rechtsverhältnisses zwischen Eltern und erwachsenen Kindern, ein qualifiziertes Schuldverhältnis annehmen.[665]

Die elterliche Sorge für das Kind inklusive der gesetzlichen Vertretungsmacht endet stets mit dem Erreichen der Volljährigkeit durch das Kind, also mit der Vollendung des 18. Lebensjahrs des Kindes. Daher besteht die Frage, welche vorvertraglichen Pflichten zu berücksichtigen sind, wenn Verträge zwischen Eltern und erwachsenen Kindern geschlossen werden. Hierzu lassen sich normativ vereinzelt Anknüpfungspunkte finden: Ehegatten sind etwa gemäß §§ 1356 Abs. 2 S. 2, 1360, 1353 Abs. 1 S. 2 BGB zu Beistand und Rücksichtnahme verpflichtet. Haben die Ehegatten gemeinsame Kinder, so schlagen sich diese Vorschriften auch auf die Rechtsbeziehung der Eltern zu den erwachsenen Kindern nieder, und verpflichten zur kindeswohlorientierten Regelung der gemeinschaftlichen Angelegenheiten. Dies gilt auch nach Eintritt der Volljährigkeit der gemeinsamen Kinder.[666] So profitieren etwa volljährige, unterhaltsberechtigte Kinder, die im elterlichen Haushalt leben, jedenfalls mittelbar[667] von der gemäß § 1360 S. 1 BGB bestehenden Pflicht der verheirateten Eltern, die Familie angemessen zu unterhalten.[668] Volljährige Kinder, die das 21. Lebensjahr noch nicht vollendet haben, bei einem Elternteil leben und sich in der allgemeinen Schulausbildung befinden, haben gemäß § 1603 Abs. 2 S. 2 BGB einen Unterhaltsanspruch gegen ihre Eltern. Das

---

[664] OLG München, FGPrax 2015, 137; MüKoBGB/*Huber*, § 1629 Rn. 49.

[665] Vgl. die Konstellation bei: OLG Hamm, NJW 2017, 576; so auch: *Zimmer*, NJW 2017, 513, 516f.

[666] *Erbarth*, NZFam 2021, 250, 254.

[667] Einen eigenen Anspruch der Kinder nehmen etwa an: *Gernhuber/Coester-Waltjen*, Familienrecht, § 21 Rn. 2 f.

[668] *Erbarth*, NZFam 2021, 250, 254.

unterhaltsbedürftige und volljährige Kind ist gemäß § 1619 BGB seinen Eltern zu Dienstleistungen im elterlichen Haushalt oder Geschäft verpflichtet, insofern es dem elterlichen Hausstand angehört. Gleichermaßen besteht zwischen (unverheirateten) Eltern und Kindern eine aus Art. 6 Abs. 1 GG hergeleitete Rücksichtnahmepflicht.[669] Diese manifestiert sich in den einfachgesetzlichen Vorschriften, die die Personen- und Vermögensfürsorge der Eltern für die Kinder geregelt haben.[670] Für das Verhältnis von erwachsenen Kindern zu ihren Eltern ist zudem insbesondere § 1618a BGB relevant.

Gemäß § 1618a BGB sind Eltern und Kinder einander Beistand und Rücksicht schuldig. Die Norm ist Ausdruck eines solidarischen Familiengedankens und konstituiert Beistand und Rücksicht zu einer familienrechtlichen Pflicht, die auch zwischen Eltern und erwachsenen Kindern besteht.[671] Die Pflicht ist unabhängig von der Führung eines gemeinsamen Haushalts.[672] Zwar ist die Norm als familienrechtliche Leitformel und Generalklausel keine eigene Anspruchsgrundlage,[673] sie ist jedoch geeignet, die Auslegung speziellerer Normen zu beeinflussen.[674] Die Norm verpflichtet zur gegenseitigen Rücksichtnahme, was als Pflicht zum Zurückstellen eigener Interessen gegenüber Familienmitgliedern bezeichnet werden[675] und zu besonderen Duldungspflichten führen kann, die gegenüber anderen Dritten nicht bestehen.[676] Wird diese Pflicht verletzt, so können Schadensersatzansprüche gemäß § 280 Abs. 1 BGB entstehen.[677] Auf dieser Grundlage ist es konsequent, aus dem persönlichen Näheverhältnis zwischen Eltern und erwachsenem Kind, das in § 1618a BGB gesetzlich manifestiert ist, bei Vertragsverhandlungen ein qualifiziertes vorvertragliches Schuldverhältnis anzunehmen. Dieses Näheverhältnis wird regelmäßig eine ähnliche Abhängigkeit begründen, wie das Arbeitsverhältnis oder andere Schuldverhältnisse mit personaler Dimension.[678] Zudem können durch erbrechtliche Vorschriften, Abhängigkeiten hinsichtlich Pflege und Versorgung, sowie durch die etwaige gemeinschaftliche Verwaltung von Vermögen oder Unternehmen, gegenseitige Abhängigkeiten bestehen, die hohes Konfliktpotenzial

[669] *Preisner,* Das Gesetzliche mittreuhänderische Schuldverhältnis kraft gemeinsamer Elternschaft, S. 277.
[670] Dürig/Herzog/Scholz/*Badura*, Art. 6 Rn. 111.
[671] BGH, NJW 2014, 1177; BT Drucksache 8/2788, S. 36; HK/BGB/*Kemper*, § 1618a Rn. 2.
[672] Grüneberg/BGB/*Götz*, § 1618a Rn. 1; BT Drucksache 8/2788, S. 43.
[673] Jauernig/BGB/*Budzikiewicz*, § 1618a Rn. 1.
[674] Vgl. BGH, NJW 1994, 1278, 1280; MüKoBGB/*v. Sachsen Gessaphe*, § 1618a Rn. 2; *Lüderitz* in: FS Gaul, 411, 420.
[675] MüKoBGB/*v. Sachsen Gessaphe*, § 1618a Rn. 10.
[676] Vgl. BayOLG, NJW-RR 1993, 336f.
[677] Jauernig/BGB/*Budzikiewicz*, § 1618a Rn. 2.
[678] *Zimmer*, NJW 2017, 513, 516f.

hervorrufen.[679] Die familiäre Verbundenheit führt dazu, dass sich ein Verhandelnder der Beeinflussung des Gegenübers nicht ohne Weiteres entziehen kann.[680] Das gilt besonders dann, wenn ein Elternteil, dem gerade erst volljährigen, geschäftsunerfahrenen Kind gegenübertritt, und dieses in Vertragsverhandlungen verwickelt.[681] Hier fallen das persönliche Näheverhältnis, sogar ein Abhängigkeitsverhältnis, etwaige Unterhalts- und Sorgfaltspflichten des Elternteils und die gesetzgeberische Wertung des § 1618a BGB zusammen, die eine Vergleichbarkeit mit entsprechenden Dauerschuldverhältnissen mit personaler Dimension herstellen. Dazu kommt, dass die Volljährigkeit wenig über die Selbstbestimmung eines Kindes gegenüber seinen Eltern aussagt. Vielmehr ist wahrscheinlich, dass sich auch nach Eintreten der Volljährigkeit zunächst erziehungstypische Abhängigkeiten fortsetzen und eine hohe Divergenz zwischen Durchsetzungskraft, Geschäftserfahrung und Konfliktbereitschaft zwischen dem Elternteil und dem erwachsenen Kind bestehen.[682] Das Gebot fairen Verhandelns ist daher zwischen Eltern und ihren volljährigen Abkömmlingen ebenfalls im Grundsatz anwendbar.[683] Auch hier kommt es im Ergebnis auf eine Betrachtung im Einzelfall an, bei der die Entscheidungsfreiheit des Beeinflussten im Vordergrund stehen muss. Je weniger abhängig und schutzbedürftig der volljährige Abkömmling vom Elternteil ist, desto weniger wahrscheinlich wird die Anwendbarkeit des Gebots fairen Verhandelns. So sind gesteigertes Alter und damit verbundene Lebens- und Geschäftserfahrung sowie wirtschaftliche Unabhängigkeit Indizien gegen die Anwendbarkeit des Gebots fairen Verhandelns.[684]

cc) Nichteheliche Beziehungen, Lebensgemeinschaften und andere Näheverhältnisse

Fraglich ist zudem, ob die obigen Grundsätze auch gelten, wenn eine nichteheliche Lebensgemeinschaft oder eine sonstige außerrechtliche Beziehung besteht. Die Frage ist deswegen anders zu beurteilen als bei den vorher erörterten Rechtsbeziehungen, weil in nichtehelichen Lebensgemeinschaften weder grundsätzlich eine schuldrechtliche Verbindung besteht noch familienrechtliche Vorschriften greifen. Insbesondere sind die normativen Anknüpfungen des § 1618a BGB oder § 1353 Abs. 1 S. 2 BGB nicht

[679] Vgl. *Grziwotz*, FamRB 2023, 113, 114.
[680] *Zimmer*, NJW 2017, 513, 517.
[681] OLG Hamm, NJW-RR 2016, 644; Vorinstanz: LG Detmold, BeckRS 2015, 116857.
[682] LG Detmold, BeckRS 2015, 116857; *Röthel*, NJW 2012, 337, 338; Gegenansicht: *Evertz*, ZEV 2017, 163, 166; *Proff*, ZEV 2017, 301, 302
[683] *Zimmer*, NJW 2017, 513, 517.
684 Vgl. *Röthel*, NJW 2012, 337, 340.

anwendbar. Die nichtehelichen Lebensgemeinschaften haben regelmäßig ihren Ursprung darin, dass zwischen den Gemeinschaftspersonen keine rechtliche Verbindung und Verpflichtung gewünscht ist, da sich die Personen vorbehalten, die Gemeinschaft nach freien Stücken beenden zu können.[685] Gleichwohl kennt das Gesetz an einzelnen Stellen den Begriff der *„eheähnlichen Gemeinschaft"*, etwa in § 20 S. 1 SGB XII, oder in § 7 Abs. 2 S. 1 SGB II den Begriff der *„Bedarfsgemeinschaft"*. Dieser erfasst gemäß § 7 Abs. 3 Nr. 3c SGB II unter bestimmten Voraussetzungen auch außereheliche Lebensgemeinschaften. Voraussetzung hierfür ist das Zusammenleben in einem Haushalt in der Weise, dass nach verständiger Würdigung der gegenseitige Wille anzunehmen ist, Verantwortung füreinander zu übernehmen. Gemäß § 7 Abs. 3a SGB II wird dieser Wille dann vermutet, wenn Partner mindestens ein Jahr zusammenleben, Kinder oder Angehörige im Haushalt versorgen, oder berechtigt sind, über Vermögen oder Einkommen des anderen zu verfügen.

Diese Vorschriften sind jedoch keine des Zivilrechts. Wenige Vorschriften, wie etwa § 563 Abs. 1 BGB, erwähnen die Konstellation eines *„Lebenspartners"*, ohne diese näher zu bestimmen. Eine nichteheliche Lebensgemeinschaft wird in der Rechtsprechung definiert als eine auf Dauer angelegte Beziehung, die eine weitere Lebensgemeinschaft ausschließt, sich durch innere Bindungen auszeichnet und gegenseitiges Einstehen der Partner füreinander begründet, die über eine reine Haushalts- und Wirtschaftsgemeinschaft hinausgeht.[686] Dabei fällt die Abgrenzung zwischen Freundschaft, Liebesverhältnis und fester Beziehung nicht immer leicht und hängt von verschiedenen Kriterien, wie etwa einem gemeinsamen Haushalt, dem Auftreten in der Öffentlichkeit, Dauer der Verbindung und Ähnlichem ab.[687] Jedoch sind auch Lebensgemeinschaften außerhalb einer Liebesbeziehung, zum Bespiel eine Fürsorgegemeinschaft zwischen Geschwistern, möglich. Sie werden von dieser Definition erfasst.[688] Unabhängig von der konkreten Definition einer außerehelichen Lebensgemeinschaft besteht die Frage, welche Rechtspflichten die Partner treffen und ob auch eine solche Lebensgemeinschaft die Rücksichtnahmepflichten gemäß § 241 Abs. 2 BGB steigern kann. Der BGH vertritt, dass nichteheliche Beziehungen ihre Partnergemeinschaft aus der Rechtsordnung ausgeklammert hätten, da sich die Partner bewusst gegen eine rechtliche Bindung wie bei

---

[685] Scholz/Kleffmann/FamR/*Kemper*, Teil N Nichteheliche Lebensgemeinschaft/Eingetragene Lebenspartnerschaft Rn. 2.
[686] BVerfG, NJW 1993, 643, 645; BGH, NJW 2008, 443, 444.
[687] *Grziwotz*, NZFam 2015, 543, 544.
[688] BGH, NJW 2013, 2025.

der Ehe entschieden hätten. Die persönlichen Beziehungen stünden derart im Vordergrund, dass sie auch das die Gemeinschaft betreffende Handeln bestimmen würden, so dass weder in persönlicher noch in wirtschaftlicher Hinsicht eine Rechtsgemeinschaft bestehen könne.[689] Lediglich wenn in ausdrücklicher oder konkludenter Form ein Gesellschaftsvertrag geschlossen wurde, der deutlich über die bloße Lebensgemeinschaft hinausgeht,[690] können gesellschaftsrechtliche Rechtsgrundlagen entsprechend angewendet werden. Das ist insbesondere in Fällen von streitigen Ausgleichsansprüchen nach Beendigung der Lebensgemeinschaften relevant geworden, bei denen in Ermangelung von gesellschaftsrechtlichen Ansprüchen Ausgleichsansprüche versagt wurden. Hinsichtlich der Ausgleichsansprüche ist der BGH zwischenzeitlich von seiner Linie abgerückt, bejaht unter bestimmten Voraussetzungen Ausgleichsansprüche nach der Beendigung von außerehelichen Lebensgemeinschaften und zieht hierfür die Zweckverfehlungskondiktion gemäß § 812 Abs. 1 S. 2 Alt. 2 BGB oder den Wegfall der Geschäftsgrundlage gemäß § 313 BGB[691] als Rechtsgrundlage heran.[692] Trotz der möglichen Ausgleichsansprüche ist einhellige Meinung, dass eine nichteheliche Lebensgemeinschaft eine rein faktische Willensübereinstimmung ohne Rechtsbindungswillen, und damit keine Gesellschaft oder andere Rechtsgemeinschaft im Sinne des § 705 BGB darstellt.[693] Die tägliche Deckung des Lebensbedarfs ist lediglich eine aktuelle Zweckverfolgung, die keine Anwendung gesellschaftsrechtlicher Regeln erfordert.[694] Die Förderung des Gesellschaftszwecks könnte im Trennungsfall keinesfalls einvernehmlich weiter verfolgt werden, weshalb ein klagbarer Anspruch auf Weiterführung – der bei der Annahme einer Gesellschaft faktisch bestünde – mit dem Wesen einer außerehelichen Beziehung unvereinbar wäre.[695] Dieses fehlende Rechtsverhältnisses zwischen Partnern außerehelicher Beziehungen und Lebensgemeinschaften spricht gegen die Annahme erhöhter Rücksichtnahmepflichten, wenn die Partner in Vertragsverhandlungen eintreten. Angesichts der weiten Auslegung des Begriffs des Inhalts gemäß § 241 Abs. 2 BGB im vorvertraglichen Stadium und der Durchführung einer Gesamtbetrachtung ist es allerdings fernliegend, die zwischenmenschliche Verbindung und Lebensgemeinschaft zweier Verhandlungspartner

---

689 BGH, NJW 2004, 58, 59; NJW 1996, 2727.
690 BGH, NJW 2006, 1268, 1270.
691 Hierzu kritisch: *Majer*, NJOZ 2009, 114, 117.
692 BGH, NJW 2008, 3277, 3281; zeitgleich: NJW 2008, 3282, 3283; noch offen gelassen in: NJW 2008, 443, 445.
693 BGH, NJW 2013, 2187; NJW 2008, 3277, 3278; OLG Bremen, NZG 2013, 134; *Grziwotz*, NZFam 2015, 543, 546; *Majer*, NJOZ 2009, 114, 116; *Schulz/Hauß*, Vermögensauseinandersetzung bei Trennung und Scheidung, S. 531.
694 *Grziwotz*, NZFam 2015, 543, 546.
695 *Majer*, NJOZ 2009, 114, 116.

nicht zu berücksichtigen, wenn es um die Bestimmung der Rücksichtnahmepflichten geht. Im Rahmen der Class 2B der undue influence hat jedermann die Möglichkeit, eine „*relationship of trust and confidence*“ nachzuweisen und den Vermutungstatbestand auszulösen, was auch in außerehelichen Lebensbeziehungen möglich ist.[696] Analog hierzu könnte man im Rahmen der Bestimmung vorvertraglicher Pflichten berücksichtigen, wenn sich eine Person auf eine „außerrechtliche“ Vertrauensbeziehung beruft und das Bestehen einer außerehelichen Beziehung oder Lebensgemeinschaft darlegt. Die Intensität dieser Beziehung oder Lebensgemeinschaft könnte ebenso durch verschiedene Umstände, namentlich der Dauer der Beziehung, der Führung eines gemeinsamen Haushalts, das gemeinsame Verbringen von Freizeit und Urlaub etc. dargelegt werden[697] und wäre so einer Differenzierung und Auslegung im Einzelfall zugänglich. Allerdings besteht dabei die Problematik, dass man sich bei einer solchen Auslegung von rechtlich greifbaren Vorschriften entfernen würde. Das begründet die Gefahr, dass die Auslegung des § 241 Abs. 2 BGB und die Anforderungen für das Gebot fairen Verhandelns zu konturenlos werden könnte.[698]

Eine Parallele ist hingegen zur rechtlichen Einordnung von Bürgschaften naher Angehöriger zu ziehen. Auch hier wird ohne Rücksicht auf das konkrete Rechtsverhältnis zwischen dem Bürgen und dem Hauptschuldner eine rechtliche Würdigung im Rahmen des § 138 Abs. 1 BGB vorgenommen, bei der der Aspekt des persönlichen Näheverhältnisses unabhängig vom Bestehen einer Ehe oder sonstiger rechtlicher Vorschriften bewertet wird.[699] Zwar hat § 241 Abs. 2 BGB mit dem Begriff des „*Inhalts des Schuldverhältnisses*“ grobe Voraussetzungen, die die Norm in einen rechtlichen Rahmen bringen und Kontur verleihen, hat aber ebenso einen generalklauselartigen Charakter, der einer weiten Auslegung zugänglich ist.[700] So ist die Verkehrssitte ein Begriff, der zur Bestimmung der vorvertraglichen Pflichten regelmäßig gebraucht wird.[701] Die Rücksichtnahmepflichten sind im jeweiligen Einzelfall durch eine konkrete Analyse der Interessen und einer

---

[696] *Poole,* Textbook on contract law, S. 592, mit Bezug auf die Entscheidung House of Lords (UK) in: Barclays Bank pcl v O'Brien, 1993, 4 All ER 417: "*this discussion (...) is also applicable whenever there is an emotional relationship between cohabitees, whether married or unmarried, heterosexual or homosexual*"; s. a. *Burrows,* The law of restitution, S. 295: "*As an alternative to fixed categories, the clamant may be able to establish that, on the facts, there was a relationship in which he was under the defendant's influence*".

[697] Vgl. Fn. 689.

[698] Vgl. *Oetker* Das Dauerschuldverhältnis und seine Beendigung, S. 203, der diese Sorge bereits im Kontext der Differenzierung verschiedener Schuldverhältnisse vorbrachte.

[699] BGH, NJW-RR 2004, 337, 338: "(…) *insofern sind Lebensgefährten und Ehegatten gleich zu behandeln*"; NJW 2002, 744, 745.

[700] MüKo/BGB/*Bachmann*, § 241 Rn. 63; *Canaris*, JZ 2001, 499, 519.

[701] BGH, NJW 2013, 3366, 3368; NJW 2010, 1135, 1137; MüKo/BGB/*Bachmann*, § 241 Rn. 63.

entsprechenden Bewertung zu bestimmen.[702] Der BGH knüpft bei der Bewertung von Bürgschaften von Nahbereichspersonen ebenso an die emotionale Verbundenheit an, nicht an eine vertragliche Bindung.[703] Das Recht kennt mithin die Möglichkeit, Lebensgemeinschaften und andere Näheverhältnisse bei der Bewertung vertraglicher Pflichten einzubeziehen. Die Beziehung, die Lebensgemeinschaft oder das sonstige Näheverhältnis muss eine besondere Verbindung zwischen den Verhandlungspartnern begründen, die die Annahme von gegenseitigem Vertrauen und einer entsprechenden Möglichkeit zur Beeinflussung rechtfertigt.[704] Beide Seiten können im Streitfall Tatsachen vortragen, die für die eine oder andere Richtung sprechen.

Dieser Mechanismus, der im anglo-amerikanischen Recht zur Bestimmung der Vermutungswirkung gebraucht wird, ist geeignet, um den Anwendungsbereich des Gebots fairen Verhandelns bestimmen zu können. Es ist interessengerecht und nach dem Wortlaut und Sinn und Zweck von § 241 Abs. 2 BGB gerechtfertigt, in einem (außerrechtlichen) Näheverhältnis besondere Verhandlungspflichten anzunehmen, die über die Vorschriften des Allgemeinen Teils des BGB hinausgehen. Anders als bei einem bestehenden (Dauer-)Schuldverhältnis oder familienrechtlichen Verbindungen, bei denen erhöhte Rücksichtnahmepflichten einen gesetzlich manifestierten Bezug haben,[705] ist bei der Anwendung des Gebots fairen Verhandelns in bloßen Näheverhältnissen jedoch Zurückhaltung geboten. Die Untersuchung der konkreten Situation zwischen den Parteien ist geboten, da aber erhöhte Rücksichtnahmepflichten außerhalb von rechtlich greifbaren Beziehungen nicht kodifiziert sind, ist nur in engen Grenzen ein Gebot fairen Verhandelns zwischen den Personen eines außerrechtlichen Näheverhältnisses möglich. Es ist im Einzelfall genau zu untersuchen, ob die Annahme von hinreichendem Vertrauen und entsprechender Beeinflussbarkeit gerechtfertigt ist. Dies dürfte nur in langjährigen und engen Näheverhältnissen, innerhalb derer ein Abhängigkeitsverhältnis besteht, der Fall sein.

dd) Zwischenfazit

Neben einer schuldrechtlichen Verbindung ist ein persönliches Näheverhältnis als zweite Ebene zur Bestimmung vorvertraglicher Nebenpflichten zu prüfen und kann bei

---

702 *Blank*, WuM 2004, 243, 244.
703 BGH, NJW-RR 2004, 337, 338; NJW 2002, 744, 745.
704 *Husemann*, Der moderierte Vertrag, S. 502.
705 S.Vierter Teil, III. b) bb).

hinreichender Intensität zur Anwendbarkeit des Gebots fairen Verhandelns führen. Dabei stehen solche Näheverhältnisse im Vordergrund, die von gesetzlichen Rücksichtnahmepflichten erfasst sind. Dazu gehört das Verhältnis zwischen Ehegatten sowie zwischen Eltern(teilen) und ihrer Kinder. Gerade familien- und erbrechtliche Verträge können aufgrund der persönlichen Verbindung der Parteien anfällig für die einseitige Interessendurchsetzung einer Partei und fehlende Rationalität der anderen Partei sein.[706] Doch auch andere Näheverhältnisse, wie außereheliche Beziehungen oder Lebensgemeinschaften können analog zur Class 2B der undue influence zur Anwendbarkeit des Gebots fairen Verhandelns führen, wenn gegenseitiges Vertrauen nachgewiesen wird. Das ergibt sich aus einer weiten Auslegung des Begriffs des *„Inhalts"* in § 241 Abs. 2 BGB, der Betrachtung der Verkehrssitte im Rahmen der Bestimmung der Pflichten sowie aus einer zweckorientierten Betrachtung in Abgrenzung zu anderen Vertragsverhandlungen. Ein persönliches Näheverhältnis kann ebenso wie ein bestehendes (Dauer-)Schuldverhältnis zu persönlicher und wirtschaftlicher Abhängigkeit führen und ist somit anfällig für Überrumpelung und die Überwindung der Entscheidungsfreiheit eines Verhandlungspartners. Dabei bietet die Class 2B der undue influence und das Konzept des trust and confidence eine Orientierungshilfe, wenngleich eine 1:1-Übertragung der Anwendungsfälle im deutschen Recht nicht geboten ist. Die Anwendung des Gebots fairen Verhandelns ist ohne das Bestehen eines vorherigen Dauerschuldverhältnisses mit personaler Dimension oder eines gesetzlich manifestierten persönlichen Näheverhältnisses nur in seltenen Ausnahmefällen geboten. Weiterhin sollte der Rechtsanwender die Beziehung der Verhandlungspartner stets auf Überschneidungen zwischen der schuldrechtlichen und der persönlichen Ebene überprüfen. Wenn schuldrechtliche Verbindung und persönliches Näheverhältnis aufeinandertreffen, ist die Anwendung des Gebots fairen Verhandelns in jedem Fall geboten. Ebenso hat der Rechtsanwender neben der Verbindung der Parteien die dritte Ebene zu untersuchen – den Zweck des angestrebten Vertrags.

c) Ebene 3 – Der angestrebte Vertrag

Die Gesetzesbegründung zu vorvertraglichen Schuldverhältnissen gemäß § 311 Abs. 2 BGB verweist hinsichtlich der Bestimmung der Rücksichtnahmepflichten

[706] S. *Röthel*, NJW 2012, 337, 338.

uneingeschränkt auf § 241 Abs. 2 BGB.[707] Doch wie bereits ausgeführt, läuft diese Formulierung bei einem vorvertraglichen Schuldverhältnis ins Leere, da sich die Pflichten des § 241 Abs. 2 BGB nach dem Inhalt des Schuldverhältnisses richten, womit nach der Gesetzesbegründung vor allem das konkret Geregelte gemeint ist.[708] Da jedoch im vorvertraglichen Schuldverhältnis nichts konkret geregelt sein kann, muss der Begriff des Inhalts im vorvertraglichen Stadium weiter ausgelegt werden und die Gesamtsituation erfassen,[709] da ansonsten Schutzpflichten im vorvertraglichen Schuldverhältnis ausgeschlossen wären.[710] Zu dieser Gesamtsituation gehört es auch, im Rahmen von Vertragsverhandlungen die Tragweite, den Inhalt und den Zweck des angestrebten Vertrags in die Bestimmung der Rücksichtnahmepflichten aufzunehmen. Je größere Bedeutung der angestrebte Vertrag hat, desto höhere Maßstäbe sind an die Entscheidungsfreiheit der Verhandlungspartner anzulegen.[711] Das erkennt zum Teil bereits der Gesetzgeber, der bei Verträgen mit hoher wirtschaftlicher oder persönlicher Bedeutung entsprechende Formvorschriften eingeführt hat, die regelmäßig zumindest auch eine Warnfunktion erfüllen.[712] Diese Schutzvorschriften garantieren aber keinen absoluten Schutz der Entscheidungsfreiheit. Das belegen diverse Judikate, die sich mit der Überrumpelung beim Grundstückskaufvertrag,[713] Aufhebungsvertrag[714] oder Erb- und Pflichtteilsverzichtsvertrag[715] beschäftigt haben. Aus den gesetzlichen Formerfordernissen ist kein abschließender Schutz, sondern vielmehr der Grundsatz zu folgen, dass bei Verträgen dieser Art der Entscheidungsfreiheit ein besonderes Augenmerk gilt, und diese in jedem Fall zu wahren ist.[716] Die Rücksichtnahme auf die Entscheidungsfreiheit des Gegenübers führt dazu, dass in Verträgen mit hoher wirtschaftlicher oder persönlicher Bedeutung die Pflicht besteht, gegenüber dem Vertragspartner Zurückhaltung zu üben.[717] Das gilt aufgrund der Gesamtabwägung insbesondere dann, wenn zwischen den

---

[707] BT-Drucksache 14/6040, S. 162.
[708] BT-Drucksache 14/6040, S. 126.
[709] *Blank*, WuM 2004, 243, 244.
[710] NK/BGB/*Krebs*, § 241 Rn. 22; *Münder*, Juris-PR-ArbR 49/2018, Anm. 2.
[711] *Gräf,* Das Gebot fairen Verhandelns beim Abschluss eines arbeitsrechtlichen Aufhebungsvertrags, S. 283.
[712] MüKo/BGB/*Einsele*, 125 Rn. 8, mit dem Hinweis, dass die Warnfunktion bei Verträgen, die das Vermögen betreffen, im Vordergrund steht, s. §§ 311b Abs. 1-3, 518, 766 BGB.
[713] OLG München, BeckRS 2002, 30252535.
[714] BAG, BeckRS 2022, 3692; NZA 2019, 688.
[715] OLG Hamm, NJW 2017, 576; OLG München, ZEV 2006, 313.
[716] Für den Grundstückskaufvertrag entschieden: OLG München, BeckRS 2002, 30252535; ähnlich: OLG Bamberg, NJW-RR 1997, 694, bei einem Rechtskauf über 24.500 DM mit Verweis auf die erhebliche wirtschaftliche Bedeutung des Geschäfts; s.a. *Hönn,* Kompensation gestörter Vertragsparität, S. 260; *Singer,* Selbstbestimmung und Verkehrsschutz im Recht der Willenserklärungen, S. 34.
[717] So bereits: *Gottwald,* JuS 1982, 877, 882.

Vertragspartnern ein wirtschaftliches oder intellektuelles Gefälle liegt oder ein Abhängigkeitsverhältnis besteht.[718]

Um die Vertragstypen und Vertragszwecke, bei denen das Gebot fairen Verhandelns Anwendung finden kann, näher bestimmen zu können, hilft es erneut, sich an gesetzgeberischen Bestimmungen zu orientieren und die hieraus entstehenden Wertungen in die Abwägung einzubeziehen. Das bloße Anknüpfen an die hohe wirtschaftliche Bedeutung, wie es das OLG München und das OLG Bamberg getan haben,[719] fällt mangels eines hierfür bestehenden gesetzlichen Anknüpfungspunktes schwer.[720] Das BGB liefert hierzu keinen qualitativen Anhaltspunkt. Das tut das Strafrecht, das hohes geschädigtes bzw. erwirtschaftetes Vermögen etwa in § 263 Abs. 2 Nr. 2, § 264 Abs. 2 Nr. 1 oder in § 335 Abs. 2 Nr. 1 StGB als Strafzumessungsgesichtspunkt bei bestimmten Vermögensdelikten verwendet und mit einer Größenordnung von etwa 50.000 € definiert.[721] Für eine Übernahme dieser Definition ins Zivilrecht ist jedoch kein Anhaltspunkt gegeben, weshalb es gebotener ist, bei Betrachtung eines jeweiligen Vertragszwecks die hierauf bezogenen Normen zu betrachten. Als gesetzlicher Anknüpfungspunkt für die Differenzierung der Rücksichtnahmepflichten nach dem Zweck und der Bedeutung des angestrebten Vertrags lassen sich daher die jeweiligen Vertragstypen und die dazugehörigen Vorschriften benennen. Als „Faustformel“ kann formuliert werden, dass ein qualifiziertes vorvertragliches Schuldverhältnis überall dort bestehen kann, wo das Gesetz einen besonderen Schutz der Entscheidungsfreiheit des Vertragsschließenden oder einen Bestandsschutz für den bestehenden Vertrag vorschreibt. Das Gesetz manifestiert diesen Schutz der Entscheidungsfreiheit insbesondere durch Formvorschriften, die eine Warnfunktion erfüllen.[722] Der Bestandsschutz von bestehenden Verträgen wird vor allem durch Beendigungsschutzvorschriften und Kündigungsfristen gewährleistet.

Insbesondere die einfachen Schriftformerfordernisse sind im Vergleich zu dem Erfordernis der notariellen Beurkundung nicht umfassend schützend, da hierbei der Vertragsschließende auf sich allein gestellt ist und die Kontrolle des Vertragsabschlusses

---

[718] *Thüsing*, RdA 2005, 257, 270, der darauf verweist, dass die Schutzwürdigkeit des Arbeitnehmers höher als die des Verbrauchers ist.
[719] S. Fn. 718.
[720] Vgl. LG Landau, MDR 1974, 41 (Ls.), wo das Gericht bei einem Haustürverkauf ein Geschäft von über 2.000 DM für ausreichend hielt, um bei einer Überredung durch den Verkäufer eine Vertragspflichtverletzung anzunehmen. Die Grenzziehung wird praktisch kaum umzusetzen sein; s.a. *Lorenz*, Der Schutz vor dem unerwünschten Vertrag, S. 503
[721] NK/StGB/*Kindhäuser*, § 263 Rn. 394 m.w.N.
[722] S. Erster Teil, I. 7.

nicht durch eine neutrale sowie beratende Instanz gewährleistet ist.[723] Gleichwohl ist auch bei einer notariellen Beurkundung der Schutz des überrumpelten Vertragsschließenden nicht in jedem Fall garantiert. Einerseits ist § 17 BeurkG[724] eine bloße Sollvorschrift, die auch im Falle ihrer Nichtbeachtung die Wirksamkeit des beurkundeten Vertrags nicht berührt,[725] und andererseits kann es nicht ausgeschlossen werden, dass sich auch bei der Beurkundung eines Vertrags ein vorher ausgeübter Druck fortsetzt und für den Vertragsschluss ursächlich ist.[726] Weder wird der Notar jedes unfaire Verhandeln im Vorhinein verhindern können noch ist in jedem Fall gewährleistet, dass der Notar seine Amtspflichten erfüllt. Dies gilt auch trotz des neu eingeführten § 17 Abs. 2a Nr. 2 BeurKG, der Verbrauchern einen besonderen Schutz gewähren soll[727] und dem zum Teil eine Leitbildfunktion zugesprochen wird.[728] Zudem kann der Notar im Einzelfall einen bereits aufgebauten und aufrecht erhaltenen Druck nicht mehr neutralisieren.[729] Im Einzelfall wurde er sogar als Bestandteil einer erzeugten Überrumpelungsstrategie eingesetzt oder zumindest so empfunden.[730]

Die gesetzlichen Formvorschriften schützen vor Übereilung und unterstützen die Gewährleistung der Privatautonomie. Sie entbinden aber nicht von einer Prüfung der Entscheidungsfreiheit der beteiligten Vertragspartner, sondern indizieren vielmehr, dass ein Vertrag von hoher Bedeutung vorliegt, bei dem die Privatautonomie der Vertragsschließenden unbedingt zu wahren und diese vor einer übereilten Entscheidung zu schützen sind.[731] Ein abschließender Schutz kann ihnen nicht zugesprochen werden. Vor diesem Hintergrund sind bei vorvertraglichen Schuldverhältnissen, bei denen ein Vertrag mit Formerfordernis angestrebt wird, erhöhte Rücksichtnahmepflichten im vorvertraglichen Schuldverhältnis zu beachten.

---

[723] MüKo/BGB/*Einsele*, 125 Rn. 8, die neben der Warnfunktion die Beratungsfunktion der notariellen Beurkundung betont.
[724] § 17 BeurkG sieht bei der notariellen Beurkundung bestimmte Pflichten des Notars vor. Insbesondere besteht gemäß § 17 Abs. 1 BeurkG die Pflicht des Notars, Irrtümer und Zweifel zu vermeiden sowie unerfahrene und ungewandte Beteiligte vor Benachteiligung zu schützen. Ebenso soll durch den 2002 eingefügten § 17 Abs. 2a BeurkG die Wahrung des Verbraucherschutzes gewährleistet werden.
[725] BeckOK/BGB/*Litzenburger*, BeurkG § 17 Rn. 53; *Zimmer*, JZ 2019, 897, 899.
[726] Vgl. OLG Hamm, NJW 2017, 576; LAG Thüringen, NZA-RR 1999, 399.
[727] *Zimmer*, NJW 2017, 513, 516f; *Zimmer*, JZ 2019, 897, 899, mit dem Verweis auf sog. "*Mitternachtsnotare*"; s. hierzu auch: *Junglas*, NJOZ 2012, 561; für eine indizielle Anwendung des § 17 Abs. 2a BeurkG im Rahmen des § 138 Abs. 1 BGB: *Milzer*, NZFam 2023, 480.
[728] *Grziwotz*, FamRB 2023, 113, 114.
[729] A.A.: *Gräf*, Das Gebot fairen Verhandelns beim Abschluss eines arbeitsrechtlichen Aufhebungsvertrags, S. 267.
[730] BGH, NJW 2023, 846.
[731] Vgl. *Kamanabrou*, RdA 2020, 201, 206.

Ähnliche Grundsätze gelten bei Verträgen, mit denen die Beendigung eines Vertrags oder der Ausschluss einer Rechtsfolge bezweckt wird, die gesetzlich vorgesehen ist. Dieser Schutz wird durch das Erfordernis von Kündigungsgründen und Kündigungsfristen manifestiert die die schutzlose Loslösung von eben diesen Verträgen verhindern sollen. Werden diese Schuldverhältnisse durch einen Aufhebungsvertrag in Frage gestellt, wird der Schutz dieser Vorschriften umgangen. So geraten insbesondere arbeits- und mietrechtliche Aufhebungsverträge in den Mittelpunkt, da diese Verträge durch Kündigungsschutzvorschriften und Beendigungsfristen in ihrem Bestand geschützt sind, und die Aufhebungsverträge diesen Bestandsschutz aufheben.[732] Daher sind die Aufhebungsverträge aufgrund des oftmals unbedingten Beendigungswillens einer Vertragspartei anfällig für Überrumpelung.[733] Sie erfordern aufgrund der gesetzgeberischen Wertung, der Arbeitnehmer und Mieter vor Verlust des Arbeitsplatzes oder der Wohnung schützen möchte, erhöhte Sensibilität hinsichtlich der Entscheidungsfreiheit der Parteien. Da Aufhebungsverträge nur im Rahmen eines bestehenden Schuldverhältnisses in Betracht kommen, sind sie aufgrund der vertraglichen Bindung, der damit verbundene Ausstrahlung auf die Rücksichtnahmepflichten im vorvertraglichen Schuldverhältnis und ihrer teils erheblichen Bedeutung das Musterbeispiel für den Anwendungsbereich des Gebots fairen Verhandelns.[734]

2. Zwischenergebnis

Der Anwendungsbereich des Gebots fairen Verhandelns kann aufgrund vorstehender Umstände wie folgt bestimmt und zusammengefasst werden:

Das Gebot fairen Verhandelns findet bei vorvertraglichen Schuldverhältnissen Anwendung, ist aber nur dann zu beachten, wenn zwischen den Verhandlungspartnern erhöhte Rücksichtnahmepflichten gemäß §§ 311 Abs. 2, 241 Abs. 2 BGB gegeben sind (sog. „qualifiziertes vorvertragliches Schuldverhältnis“). Die Rücksichtnahmepflichten sind nach dem Inhalt des vorvertraglichen Schuldverhältnisses im Rahmen einer Gesamtbetrachtung zu bestimmen und hängen von der Beziehung der

---

[732] Vgl. LG Hanau, BeckRS 2014, 12974; BeckRS 2014, 12973, die beide aus § 568 Abs. 1 BGB erhöhte Anforderungen für den Mietaufhebungsvertrag herleiten; s.a. *Becker-Schaffner*, BB 1993, 1281; *Zwanziger*, DB 1994, 982, 983.
[733] Für den arbeitsrechtlichen Aufhebungsvertrag s. BAG, NZA 2019, 688; für das Mietrecht s.: AG Halle, BeckRS 2009, 28397; LG Köln, NJW-RR 2001, 1377; zum Mieterhöhungsverlangen als Haustürgeschäft: OLG Koblenz NJW 1994, 1418.
[734] S. Dritter Teil, IV. c) cc).

Verhandlungspartner, dem Vertragszweck, den Anforderungen des Geschäftsverkehrs und der Verkehrssitte ab.[735] Die erhöhten Rücksichtnahmepflichten können sich aus vertraglichen,[736] persönlichen[737] oder vertragszweckbezogenen[738] Gründen ergeben. Sie liegen dann vor, wenn die Verhandlungspartner durch vertragliche und/oder persönliche Beziehungen verbunden sind und/oder einen Vertrag von erheblicher wirtschaftlicher und persönlicher Bedeutung anstreben.

Auf der vertraglichen bzw. persönlichen Ebene bestehen erhöhte Rücksichtnahmepflichten, wenn die Verbindung der Parteien durch gegenseitiges Vertrauen geprägt ist (relationship of trust and confidence). Dies ist im Einzelfall zu bestimmen und strahlt auf den Inhalt des vorvertraglichen Schuldverhältnisses aus. Eine solche Verbindung liegt regelmäßig vor, wenn die Parteien bereits durch ein vorheriges (Dauer-)Schuldverhältnis mit persönlicher Dimension (personenrechtlicher Einschlag) miteinander verbunden sind, dessen Pflichten auf die Verhandlungen des neuen Vertrags ausstrahlen. Hierfür kommen vor allem das Arbeitsverhältnis, das Wohnraummietverhältnis und ein Gesellschafterverhältnis in Betracht. Die Verbindung kann sich aber auch aus einer persönlichen Beziehung ergeben, insbesondere wenn es durch gesetzgeberische Wertungen gestützt ist, was bei Ehegatten sowie Eltern und ihren Kindern der Fall ist, §§ 1353 Abs. 1 S. 2, 1618a BGB. Auch bei außerrechtlichen Nahbereichspersonen ist im Einzelfall eine erhöhte Rücksichtnahmepflicht gegeben. Weiter kann das Gebot fairen Verhandelns im Einzelfall zu beachten sein, wenn die Parteien einen Vertrag verhandeln, bei dem der Gesetzgeber durch einzelne Vorschriften oder die gesetzliche Systematik eine erhöhte Schutz- und Warnbedürftigkeit einer oder beider Parteien vorgesehen, und damit den besonderen Schutz der Entscheidungsfreiheit konzediert hat. Das ist insbesondere durch Form- und Beendigungsschutzvorschriften der Fall.

Die vertragliche, persönliche und vertragszweckbezogene Ebene sind im Rahmen einer Gesamtbetrachtung nicht isoliert, sondern kumulativ zu prüfen. Je mehr Aspekte erfüllt sind, desto näher liegt die Anwendung des Gebots fairen Verhandelns. Eine Bewertung kann nur im Einzelfall erfolgen. Im Streitfall hat derjenige, der sich auf einen Verstoß gegen das Gebot fairen Verhandelns beruft, die Tatsachen darzulegen und zu beweisen, die

[735] S. Vierter Teil, III.
[736] S. Vierter Teil, III. 1. a).
[737] S. Vierter Teil, III. 1. b).
[738] S. Vierter Teil, III. 1. c).

für die Anwendung des Gebots fairen Verhandelns sprechen.[739] Die andere Seite kann den Beweis erschüttern oder gar das Gegenteil nachweisen.

In Abgrenzung zu den genannten Grundsätzen ist das Gebot fairen Verhandelns nicht zu beachten, wenn die Parteien keine vertragliche oder persönliche Verbindung haben und kein Geschäft von erheblicher wirtschaftlicher und persönlicher Bedeutung eingehen wollen. Das ist etwa der Fall, wenn zwischen den Verhandelnden eine bloße Geschäftsbeziehung ohne persönliche Verbindung gegeben ist. Gleiches gilt, wenn die Parteien ein Geschäft verhandeln, bei dem die Entscheidungsfreiheit der Verhandlungspartner nicht gesetzlich durch Form- oder andere Schutzvorschriften geschützt ist. Ebenso spricht die gegenseitige Unabhängigkeit gegen die Anwendung des Gebots fairen Verhandelns, da die Unabhängigkeit auch die jeweilige Entscheidungsfreiheit indiziert. Wer sich dem Verhandlungspartner ohne Weiteres und ohne greifbare Nachteile entziehen kann, muss sich als in seinem Willen frei betrachten lassen.[740] In diesen Fällen ist der gesetzliche Schutz mangels erhöhter Rücksichtnahmepflichten auf die sonstigen Schutzvorschriften des BGB beschränkt. Sollte eine tatbestandliche Beeinflussung in diesen Verhältnissen dennoch stattfinden, so ist dem Beeinflussten unterhalb der Schwelle von §§ 123, 138 BGB zuzumuten, den Vertragsschluss durch ein klares „Nein“ abzulehnen.

IV. Zwischenfazit und praktische Anwendung

Als Zwischenfazit des vierten Teils der Untersuchung kann festgehalten werden, dass das Gebot fairen Verhandelns existiert, und unter der Voraussetzung erhöhter vorvertraglicher Rücksichtnahmepflichten gemäß § 241 Abs. 2 BGB anzuwenden ist. Durch diese Voraussetzung erfolgt die systematisch gebotene Abgrenzung zu den allgemeingültigen Vorschriften des BGB, die in jedem Fall die Entscheidungsfreiheit der Rechtsteilnehmer schützen. Ein solches Institut ist auch nicht systemwidrig gegenüber §§ 123, 138 BGB, da es mit dem Erfordernis eines, hier so bezeichneten, qualifizierten Schuldverhältnisses nur unter erhöhten Voraussetzungen Anwendung findet. Die Vorschriften des Allgemeinen Teils stehen dem Gebot fairen Verhandelns deswegen nicht entgegen, weil die Normen von Verhandlungspartnern ausgehen, die nicht durch vorherige Bindung gegenseitiges

[739] Vgl. zu den prozessualen Erfordernissen beim Nachweis des Tatbestands: *Plum*, MDR 2020, 69, 73f.
[740] Vgl. *Denke*, RdA 2023, 171, 177.

Vertrauen in Anspruch nehmen.[741] Daher sind die Vorschriften nur außerhalb eines solchen Vertrauensverhältnisses abschließend.

Das Gebot fairen Verhandelns hat aufgrund vorstehender Umstände bei bestimmten Verträgen Relevanz, bei denen die thematisierten Aspekte kumulativ vorliegen und bei denen die Überwindung des Willens des Gegenübers typischerweise erforderlich ist. Das betrifft vor allem formbedürftige Verträge innerhalb eines Arbeitsverhältnisses, insbesondere den Aufhebungsvertrag oder Schuldanerkenntnisse durch Arbeitnehmer. Selbiges gilt für mietrechtliche Aufhebungsverträge oder Mieterhöhungsvereinbarungen. Innerhalb einer Personengesellschaft dürfte insbesondere eine Ausscheidungsvereinbarung unter den Anwendungsbereich des Gebots fairen Verhandelns fallen. Praktische Relevanz könnte jedoch auch bestehen, wenn im Innenverhältnis einer Gesellschaft der Wille eines Gesellschafters überwunden werden soll. Im Hinblick auf die persönlichen Beziehungen sind vor allem Vereinbarungen im Bereich des Familien- und Erbrechts von Bedeutung. Bei den Verhandlungen eines Ehe- oder Erbvertrags kommt ein Verstoß gegen das Gebot fairen Verhandelns ebenso in Betracht, wie beim Erb- und Pflichtteilsverzichtsvertrag. In all diesen Verträgen treffen regelmäßig bestehende vertragliche oder persönliche Verbindungen sowie hohe persönliche oder wirtschaftliche Bedeutung der Vereinbarungen und das Erfordernis, den Willen einer anderen Partei zu überwinden, aufeinander.

Werden die vorstehenden Grundsätze bei der Rechtsanwendung beachtet, fügt sich das Gebot fairen Verhandelns als Rechtsinstitut in den bestehenden Schutz der Entscheidungsfreiheit auf der Ebene des Anwendungsbereichs in die Rechtsordnung ein. Dasselbe Erfordernis des „Einfügens" in die Rechtsordnung ist auch auf der nächsten Ebene zu untersuchen: Der Ebene des Tatbestands.

[741] Vgl. *Schumacher,* Vertragsaufhebung wegen fahrlässiger Irreführung unerfahrener Vertragspartner, S. 123.

E. Fünfter Teil – Der Tatbestand des Gebots fairen Verhandelns

Auch auf der Ebene des Tatbestands ist es rechtssystematisch geboten, das Gebot fairen Verhandelns in die Rechtsordnung einzufügen, um Wertungswidersprüche zu vermeiden. Dazu gehört die Beachtung der bestehenden gesetzlichen Vorschriften, die bereits Einschränkungen für Vertragsverhandlungen enthalten. Das gilt etwa für § 123 Abs. 1 BGB, der die arglistige Täuschung und die widerrechtliche Drohung als „Rote Linie" für Vertragsverhandlungen zieht. Ebenso spielt hierbei § 147 Abs. 1 BGB eine entscheidende Rolle, da dieser als Grundsatz bestimmt, dass der einem Anwesenden gemachte Antrag im Interesse der Rechtssicherheit[742] nur sofort angenommen werden kann. Weiterhin ist das Gebot fairen Verhandelns unter Berücksichtigung gesetzlicher Rücktritts- und Widerrufsrechte sowie sonstiger zeitlicher oder örtlicher Beschränkungen von Vertragsschlüssen zu bestimmen.[743] Ebenso enthält das Gesetz einzelne Anhaltspunkte zu Verhaltensweisen, die in bestimmten Vertragsverhandlungen zu beachten sind.[744] Rechtsvergleichend ist wiederum die undue influence-Doktrin hinzuzuziehen, auf die das Gebot fairen Verhandelns und die in diesem Kontext bestehenden Fallgruppen zurückgehen.[745]

I. Die bisherige Anwendung des Gebots fairen Verhandelns – Erkenntnisse und Streitstände im Tatbestand

Bevor auf den konkreten Tatbestand und die einzelnen Verhaltensweisen im Detail eingegangen werden kann, ist zunächst auf die bisherige Anwendung und Subsumtion des Gebots fairen Verhandelns einzugehen. Verschiedentlich wurde dabei eine abstrakte Definition bzw. Beschreibung des Gebots fairen Verhandelns aufgestellt.

---

[742] MüKo/BGB/*Busche*, § 147 Rn. 1.

[743] Man denke etwa an die sog. *„Kündigung zur Unzeit"*, die in den §§ 627 Abs. 2, 671 Abs. 2, 723 Abs. 2, 712 Abs. 2 sowie 2226 BGB normiert ist und aus denen vielfach ein gesetzliches Leitbild hergeleitet wird, das über die explizite Anwendung der einzelnen Normen hinausgeht, s. für die Kündigung eines Darlehensvertrags: BGH, NJW 1978, 947, 948; explizit: BAG, NJW 2001, 2994; MüKo/BGB/*Henssler*, § 627 Rn. 33; ErfK/*Müller-Glöge*, § 627 Rn. 7; *Oetker,* Das Dauerschuldverhältnis und seine Beendigung, S. 312; *van Venrooy*, JZ 1981, 53.

[744] S. etwa das Verbot der unzulässigen Beeinflussung in § 4a Abs. 1 Nr. 3 UWG oder der Anspruch eines Arbeitnehmers gemäß § 82 Abs. 2 BetrVG, in bestimmten Gesprächssituationen ein Mitglied des Betriebsrats hinzuzuziehen, s. hierzu: *Hümmerich*, RdA 2005, 314, 315f., der den engen Anwendungsbereich dieser Norm rechtspolitisch kritisch sieht.

[745] S. Vierter Teil, II.

© Der/die Autor(en), exklusiv lizenziert an
Springer Fachmedien Wiesbaden GmbH, ein Teil von Springer Nature 2026
L. Bona, *Rechtsgrundlagen, Anwendungsbereiche und Inhalte des Gebots fairen Verhandelns*, Juridicum – Schriften zum Arbeitsrecht,
https://doi.org/10.1007/978-3-658-52723-5_6

1. Bisherige Anwendung und der Vorwurf der Rechtsunsicherheit

Abgesehen von einzelnen Stimmen im Schrifttum, die entsprechend der hier vertretenen Ansicht auch außerhalb des Arbeitsrechts den Anwendungsbereich befürworten,[746] wurde das Gebot fairen Verhandelns in der Praxis bisher ausschließlich innerhalb des Arbeitsrechts thematisiert und angewendet. Dabei wurden verschiedene Sachverhalte und Verhandlungsmethoden Bestandteil gerichtlicher Auseinandersetzungen.

a) Die bisherige Anwendung

Eine klare Richtung innerhalb aller Instanzgerichte ist in der Auslegung und Anwendung des Gebots fairen Verhandelns bisher nicht zu erkennen. Die Gerichte entschieden verschiedene Sachverhalte bei direktem Vergleich inkonsistent. Das LAG Mecklenburg-Vorpommern hielt eine sachlich formulierte Kritik an einem unerfahrenen Lehrer ohne pädagogische Ausbildung als ausreichend, um die Schaffung einer psychischen Drucksituation zu bejahen und nahm damit einen Verstoß gegen das Gebot fairen Verhandelns an.[747] Demgegenüber stehen Entscheidungen, denen ein Sachverhalt zugrunde lag, bei dem die Arbeitnehmerin ohne Vorbereitung zum Personalgespräch geladen wurde, sich einem Rechtanwalt und einem vorbereiteten Aufhebungsvertrag gegenübersah, der Arbeitgeber für den Fall des Verlassens des Raumes mit Polizei, Strafanzeige und außerordentlicher Kündigung drohte, und ein Verstoß gegen das Gebot fairen Verhandelns abgelehnt wurde.[748] Die Entscheidungen stehen sinnbildlich für die Kritik am Gebot fairen Verhandelns, das aufgrund fehlender Einheitlichkeit dem Vorwurf der Rechtsunsicherheit ausgesetzt ist.[749] Vereinzelt wird in einem personellen Ungleichgewicht zwischen den verhandelnden Personen ein Verstoß gegen das Gebot fairen Verhandelns gesehen,[750] während andere dies ablehnen.[751] Im Einzelfall wird die Pflicht zur Gewährung einer

[746] Vgl. MüKo/BGB/*Bachmann*, § 241 Rn. 137; *M. Becker* in: FS Kittner, 53, 59; *Gundel/Sartorius*, ZAP 2019, 1241, 1244; *Plum*, MDR 2020, 69; s.a. *S. Wagner*, NJW 2005, 2956, 2958.

[747] LAG Mecklenburg-Vorpommern, BeckRS 2020, 12247, s. Fn. XYZ.

[748] BAG, BeckRS 2022, 3692; ebenso entschieden durch die Vorinstanz: LAG Hamm, BeckRS 2021, 15285; noch anders entschieden durch: ArbG Paderborn, BeckRS 2020, 48299, das in der Vorgehensweise eine Verletzung des Gebot fairen Verhandelns "*in erheblichem Maße*" sah.

[749] MüKo/BGB/*Armbrüster*, § 123 Rn. 57; *Fischinger*, NZA 2019, 729, 732; *D. E. Holler*, NJW 2019, 2206, 2209; *Jung*, ZfA 2024, 24, 36; *Tiedemann*, ArbRB 2020, 61, 63; schon früher: *Franz,* Der Abschluss eines Aufhebungsvertrags, S. 394.

[750] ArbG Paderborn, BeckRS 2020, 48299; ArbG Berlin, BeckRS 2015, 66780; ArbG Paderborn, BeckRS 2011, 140781.

[751] BAG, BeckRS 2022, 3692; LAG Hamm, BeckRS 2021, 15285; BeckRS 2011, 79293.

Bedenkzeit unter Abwägung der konkreten Umstände bejaht,[752] obwohl eine solche Pflicht aufgrund des gesetzlichen Leitbildes des § 147 Abs. 1 BGB vielfach verneint wird.[753]

b) Der Vorwurf der Rechtsunsicherheit

Obwohl einzelne Urteile und Stimmen im Schrifttum berechtigt kritisiert werden,[754] kann dem Gebot fairen Verhandelns nicht mit dem pauschalen Vorwurf begegnet werden, es führe zu einer erheblichen Rechtsunsicherheit. Vor dem Hintergrund der auslegungsfähigen, einzelfallbezogenen Begriffe sowie der historischen Begründung des Gebots fairen Verhandelns, wird eine abstrakte und jeden Einzelfall erfassende Definition des Begriffs weder möglich noch erstrebenswert sein.[755] Die Beantwortung einer rechtlichen Frage ist regelmäßig vom Einzelfall abhängig. Das gilt nicht nur für das Gebot fairen Verhandelns, sondern auch für andere Fallgruppen der c.i.c.[756] So wie es im Schrifttum regelmäßig unterschiedliche Meinungen zur Auslegung einer Norm und zur Subsumtion eines Lebenssachverhalts geben wird, wird es weiterhin zu einzelnen Rechtsfragen unterschiedliche Rechtsansichten von verschiedenen Gerichten geben.[757] Die Rechtsunsicherheit beim Gebot fairen Verhandelns besteht in Detailfragen und in der Einzelfallbetrachtung. Dass bestimmte Verhandlungsmethoden einem rechtlichen Risiko unterliegen, ist jedoch keine Rechtsunsicherheit, die gegen das Gebot fairen Verhandelns als solche spricht. Mit dieser Erkenntnis ist vielmehr das vorhersehbare und kalkulierbare Risiko für Verhandlungsführer verbunden, bestimmte Verhandlungsmethoden zu unterlassen,[758] oder aber das Risiko negativer Rechtsfolgen zu tragen. Gleichwohl ist die Schaffung verlässlicher Leitlinien geboten, um die Rechtssicherheit des Gebots fairen Verhandelns zu schärfen.

---

[752] ArbG Heilbronn, BeckRS 2022, 13202.
[753] BAG, BeckRS 2022, 3692.
[754] Vgl. *Fischinger*, NZA-RR 2020, 516, 517; *Eufinger*, DB 2020, 2695
[755] Vgl. *Husemann*, Der moderierte Vertrag, S. 508; *Lorenz*, Der Schutz vor dem unerwünschten Vertrag, S. 455.
[756] So lassen sich etwa auch zu Inhalt und Umfang von Aufklärungspflichten gemäß §§ 311 Abs. 2, 241 Abs. 2 BGB aufgrund der Vielzahl der denkbaren Fallkonstellationen kaum abstrakte Aussagen treffen, BeckOK/BGB/*Sutschet*, § 241 Rn. 82.
[757] Vgl. *T. Zimmermann/Bales*, JuS 2019, 1137.
[758] *Bauer/Krieger/C. Arnold*, Arbeitsrechtliche Aufhebungsverträge, Teil A. Rn. 80-85; So auch der regelmäßige Hinweis für die Praxis: *Frohne*, DB 2022, 2223; *Granetzny/Sandkamm*, juris PraxisReport Compliance & Investigations 5/2021, Anm. 2; *Hülbach*, ArbRB 2020, 237, 238; *Reufels*, Aufhebung und Abfindung, § 3 II. Rn. 116; *A. Schubert*, EWiR 2019, 537, 538; *Seel*, öAT 2020, 214; *Tiedemann*, ArbRB 2020, 61, 63; *Voßberg*, SPA 2022, 122, 123; *Wurm*, SPA 2022, 121, 122.

2. Erkenntnisse aus der abstrakten Beschreibung

Das BAG beschreibt das Gebot fairen Verhandelns tatbestandlich wie folgt:

> *„Das Gebot fairen Verhandelns schützt unterhalb der Schwelle der von §§ 105, 119 ff. erfassten Willensmängel die Entscheidungsfreiheit bei Vertragsverhandlungen. (...) Das Gebot fairen Verhandelns wird missachtet, wenn die Entscheidungsfreiheit des Vertragspartners in zu missbilligender Weise beeinflusst wird. Es geht dabei nicht um das Erfordernis der Schaffung einer für den Vertragspartner besonders angenehmen Verhandlungssituation, sondern um das Gebot eines Mindestmaßes an Fairness im Vorfeld des Vertragsschlusses. Eine Verhandlungssituation ist vielmehr erst dann als unfair zu bewerten, wenn eine psychische Drucksituation geschaffen oder ausgenutzt wird, die eine freie und überlegte Entscheidung des Vertragspartners erheblich erschwert oder sogar unmöglich macht.“*[759]

Wenngleich die Beschreibung keine absolute Klarheit und Grenzziehung ermöglicht,[760] wird das Gebot fairen Verhandelns zumindest in einen gewissen Rahmen gebracht und tatbestandlich eingegrenzt. Als prägende Aspekte des Gebots fairen Verhandelns lassen sich in der Lesart des BAG insbesondere die Wahrung von Entscheidungsfreiheit, aber auch der Eigenverantwortung herauslesen.

a) Wahrung der Entscheidungsfreiheit

Bei der Beschreibung steht die Entscheidungsfreiheit im Vordergrund, die für einen Verstoß gegen das Gebot fairen Verhandelns in zu missbilligender Weise durch den Beeinflussenden überwunden werden muss. Das Gebot fairen Verhandelns wird daher im Ergebnis nicht gewahrt, wenn die Entscheidungsfreiheit dergestalt beeinflusst worden ist, dass der Vertragsschluss kein Ergebnis von Selbstbestimmung, sondern von Fremdbestimmung ist.[761] Die im Wesentlichen vom BAG aufgestellte Beschreibung ist eine Zusammensetzung verschiedener Stimmen des Schrifttums, die sich bereits vor dem

[759] BAG, NZA 2019, 688, 691.

[760] *Gräf,* Das Gebot fairen Verhandelns beim Abschluss eines arbeitsrechtlichen Aufhebungsvertrags, S. 241: "*vage Vorgaben*"; *Husemann,* Der moderierte Vertrag, S. 478.

[761] Diesen Aspekt betonend: *Baeck/Winzer/Schaaf,* NZG 2022, 1192, 1195; *Husemann,* Der moderierte Vertrag, S. 483; *Lorenz,* Der Schutz vor dem unerwünschten Vertrag, S. 501; *S. Wagner*, NJW 2005, 2956, 2958; so schon: LAG Mecklenburg-Vorpommern, NZA 1996, 535, 538.

BAG mit dem Tatbestand des Gebots fairen Verhandelns auseinandergesetzt hatten.[762] Ebenso ähnelt die Beschreibung den abstrakten Bezeichnungen der undue influence. Auch die undue influence erfasst Methoden der Beeinflussung, die zur rechtswidrigen Überwindung des Willens einer anderen Person und damit zu einer fremdbestimmten Entscheidung führen.[763] Nach Auslegung der abstrakten Beschreibung ist der Aspekt der Entscheidungsfreiheit daher wesentlich, wenn es um die Ermittlung eines Verstoßes gegen das Gebot fairen Verhandelns geht.

Dieser Gedanke ist schon aufgrund der Auslegung des § 241 Abs. 2 BGB notwendig und zutreffend. Nur wenn die Beeinflussung zu einer Einschränkung der Entscheidungsfreiheit führt, lässt sich das Verhalten des Beeinflussenden unter einen Verstoß gegen Rücksichtnahmepflichten subsumieren.[764] Wird das Schutzgut der Entscheidungsfreiheit nicht berührt, kann § 241 Abs. 2 BGB nicht verletzt sein, da das Schutzgut des *„Interesses"* andernfalls nicht berührt wäre.[765] Dieselbe Erkenntnis lässt sich aus der Betrachtung der in Art. 2 Abs. 1 GG grundgesetzlich verbrieften allgemeinen Handlungsfreiheit gewinnen. Aus dieser folgt der Grundsatz der Privatautonomie, der nur dann gewahrt wird, wenn der Vertragsschließende eine selbstbestimmte Entscheidung treffen kann.[766] Das Korrektiv des Gebots fairen Verhandelns kann daher nur dann eingreifen, wenn bei Vertragsschluss die Selbstbestimmung des Gegenübers verletzt wird,[767] da es andernfalls keinen Anlass gibt, den Vertragsschluss in Frage zu stellen.

b) Wahrung der Eigenverantwortung

Der Verhandelnde muss zwar die Entscheidungsfreiheit der anderen Partei wahren, er ist nach der abstrakten Beschreibung des BAG allerdings nicht verpflichtet, eine angenehme Verhandlungssituation zu schaffen. Dadurch wird der Grundsatz der Eigenverantwortung bekräftigt, wonach jede Vertragspartei für die Wahrnehmung der eigenen Interessen

---

[762] Zur Erarbeitung der abstrakten Beschreibung verwies das BAG insb. auf *G. Becker,* Die unzulässige Einflussnahme des Arbeitgebers auf die Entscheidungsfreiheit des Arbeitnehmers am Beispiel des arbeitsrechtlichen Aufhebungsvertrages; *Giesing,* Inhaltskontrolle und Abschlusskontrolle arbeitsrechtlicher Aufhebungsverträge; *Lorenz,* JZ 1997, 277; *Thüsing,* RdA 2005, 257.
[763] S. Zweiter Teil, I. 2. a).
[764] Dazu eingehend: Dritter Teil, IV. 3. b).
[765] *Husemann,* Der moderierte Vertrag, S. 471.
[766] BVerfG, NJW 1994, 36, 38.
[767] *Husemann,* Der moderierte Vertrag, S. 483.

verantwortlich ist.[768] Der Verhandelnde muss seine Interessen nicht zurückstellen und ist auch nicht für das Wohlergehen des Gegenübers verantwortlich,[769] sondern muss lediglich die Interessen des Gegenübers in einem Mindestmaß berücksichtigen. So wird niemand gehalten sein, die Verhandlungsfähigkeit des Gegenübers anlasslos[770] zu überprüfen oder Vorkehrungen für dessen Verhandlungsstärke zu treffen.[771] Hierin liegt eine Parallele zur Fallgruppe der Aufklärungspflichten, die ebenso in §§ 311 Abs. 2, 241 Abs. 2 BGB verortet sind.[772] Zwar kann derjenige, der über überlegenes und dem Vertragspartner unzugängliches Wissen verfügt, verpflichtet sein, seinen Vertragspartner über bestimmte Pflichten aufzuklären.[773] Das ist insbesondere dann der Fall, wenn offensichtlich erkennbar ist, dass bestimmte und dem anderen verborgene Umstände für seinen Vertragsentschluss von wesentlicher Bedeutung sind.[774] Im Grundsatz ist aber jeder Teilnehmer des Rechtsverkehrs selbst verantwortlich, sich die notwendigen und für seine Willenserklärung prägenden Informationen selbst zu beschaffen.[775] Analog hierzu ist auch jeder Verhandlungspartner im Grundsatz für seine Verhandlungsfähigkeit und das Treffen seiner Entscheidung verantwortlich. Die Eigenverantwortung besteht auch, wenn seitens des Verhandlungspartners der in Vertragsverhandlungen übliche Druck ausgeübt wird. Der Vertragspartner muss daher weder die Verhandlungsfähigkeit überprüfen noch bestimmte Maßnahmen zur Wahrung der Entscheidungsfreiheit ergreifen.

c) Fazit

Bei Auswertung der abstrakten Definition des BAG wird deutlich, dass es beim Gebot fairen Verhandelns im Ergebnis darum geht, die Entscheidungsfreiheit und Eigenverantwortung des Beeinflussten zu untersuchen und in Ausgleich zu bringen. Die für den Rechtsverkehr und in § 241 Abs. 2 BGB geschützte Entscheidungsfreiheit des Verhandlungspartners darf nicht durch Fremdbestimmung ersetzt werden. Gleichwohl ist jeder Vertragspartner im Grundsatz für seine Entscheidungen selbst verantwortlich,

[768] Vgl. LAG Mecklenburg-Vorpommern, NZA 1996, 535, 538; *Bengelsdorf*, BB 1996, 904, 907; *Joussen*, ZMV 2020, 15, 17; *Thies*, Der Schutz des Arbeitnehmers bei Abschluss arbeitsrechtlicher Aufhebungsverträge, S. 62.
[769] *Kursawe*, NZA 1997, 245, 246.
[770] S.u. zum Kriterium des „Ausnutzens" bestimmter Schwächen: Fünfter Teil, II. bb) (3).
[771] BAG, BeckRS 2022, 3692.
[772] Vgl. *Gräf*, Das Gebot fairen Verhandelns beim Abschluss eines arbeitsrechtlichen Aufhebungsvertrags, S. 181f., bezeichnet Überrumpelungsschutz als Schwester der Aufklärungspflichten.
[773] MüKo/BGB/*Bachmann*, § 241 Rn. 184; *Lorenz*, JuS 2015, 398, 400.
[774] BGH, NJW 2010, 3362.
[775] OLG Düsseldorf, NJW-RR 2020, 402, 403; BeckRS 2018, 13427, Rn. 42.

weshalb von Teilnehmern im Rechtsverkehr zu erwarten ist, nicht jedem Druck nachzugeben. Aus diesen Grundsätzen ergibt sich ein gewisser Rahmen, der den Tatbestand des Gebots fairen Verhandelns eingrenzt und auf Extremfälle beschränkt.[776]

3. Schlussfolgerungen

Aus den soeben dargestellten Grundsätzen ergeben sich gewisse Schlussfolgerungen für die Bestimmung des Tatbestandes. So verbietet der Grundsatz der Eigenverantwortung eine zu enge Auslegung des Gebots fairen Verhandelns. Die Eigenverantwortung verbietet es, den Beeinflussten von jeder notwendigen Form der Gegenwehr freizusprechen.[777] Ebenso ist der Einzelne aufgrund seiner Eigenverantwortung dazu angehalten, selbst für seine Interessen zu sorgen. Er kann nicht darauf vertrauen, dass der Verhandlungsgegner seine Interessen proaktiv unterstützt oder Vorkehrungen zur Wahrung oder Herstellung seiner Entscheidungsfreiheit trifft. Daraus folgt, dass ein Verstoß gegen das Gebot fairen Verhandelns nur bei einem aktiven Tun des Verhandelnden gegeben sein kann.[778] Weiterhin ist die gesetzliche Wertung, die Eigenverantwortung und den Schutz der Selbstbestimmung bereits *„austariert“*[779] hat, dadurch zu beachten, dass sich der Tatbestand des Gebots fairen Verhandelns in die gesetzlichen Regelungen einfügt.[780]

Um Widersprüche innerhalb des Gesetzes zu vermeiden, muss es dem Verhandelnden zugestanden sein, sich innerhalb der gesetzlich zugelassenen Verhaltensweisen zu bewegen.

a) Gesetzlich erlaubte Verhaltensweisen

Das Vertragsrecht sieht im Allgemeinen Teil des BGB bestimmte Verhandlungsmethoden als rechtmäßig an. Dazu gehören das Bestehen auf einen sofortigen Vertragsschluss, die

[776] LAG Hamm, BeckRS 2021, 15285, Rn. 80; *Baeck/Winzer/Schaaf*, NZG 2022, 1192, 1195; *Fischinger*, Arbeitsrecht, Rn. 1136; *Fischinger*, NZA 2019, 729, 732, der die Beschränkung auf Extremfälle als Mindestanforderung für das von ihm abgelehnte Rechtsinstitut sieht; *Lembke/Michels*, RdA 2023, 353, 357.

[777] *G. Becker*, Die unzulässige Einflussnahme des Arbeitgebers auf die Entscheidungsfreiheit des Arbeitnehmers am Beispiel des arbeitsrechtlichen Aufhebungsvertrages, S. 396; *Bengelsdorf*, BB 1996, 904, 907; *Lorenz*, Der Schutz vor dem unerwünschten Vertrag, S. 452.

[778] Einzige Ausnahme kann hier das Kriterium des „Ausnutzens“ einer gestörten Entscheidungsfreiheit sein. Die Grenzen zwischen aktiven Tun und Unterlassen sind hier fließend, darauf eingehend: *G. Becker*, Die unzulässige Einflussnahme des Arbeitgebers auf die Entscheidungsfreiheit des Arbeitnehmers am Beispiel des arbeitsrechtlichen Aufhebungsvertrages, S. 391, s. darauf eingehend: Fünfter Teil, II. bb) (3).

[779] *Fischinger*, Arbeitsrecht, Rn. 1135; im Ergebnis auch: *Köhler*, GRUR 2003, 265, 272; anders: *Gräf*, Das Gebot fairen Verhandelns beim Abschluss eines arbeitsrechtlichen Aufhebungsvertrags, S. 141, im Schutz der vorvertraglichen Willensbildung eine explizite Schutzlücke im BGB sieht.

[780] Erman/*Martens*, § 241 Rn. 16.

rechtmäßige Drohung und das Recht auf rechtsgeschäftliche (und anwaltliche) Vertretung. Diese Verhaltensweisen sind gesetzlich gebilligt und können, isoliert betrachtet, nicht zu einem Verstoß gegen Rücksichtnahmepflichten führen. Auch dann nicht, wenn sie kumulativ angewendet werden.

Hierzu rückt das Urteil des BAG[781] aus dem Jahr 2022 in den Mittelpunkt, dem genau eine solche Konstellation zu Grunde lag: Der Geschäftsführer eines Arbeitgebers bat die Arbeitnehmerin zum Personalgespräch. Er hatte den begründeten Verdacht, dass die Arbeitnehmerin wiederholt Einkaufspreise in der EDV des Arbeitgebers verändert hatte, um damit einen höheren Verkaufspreis vorzuspiegeln. Er legte der Arbeitnehmerin unter Zuhilfenahme eines Rechtsanwalts einen Aufhebungsvertrag vor. Der Rechtsanwalt erklärte, dass der Aufhebungsvertrag nur sofort abgeschlossen werden könne und beim Verlassen des Raumes nicht mehr in Betracht komme. Die Arbeitnehmerin könne zwischen dem Abschluss des Aufhebungsvertrags und einer außerordentlichen Kündigung wählen. Nach 10-minütigem Schweigen unterschrieb die Arbeitnehmerin den Aufhebungsvertrag.

Berechtigterweise lehnte das BAG einen Verstoß gegen das Gebot fairen Verhandelns ab und versagte der Arbeitnehmerin einen Schadensersatzanspruch gemäß §§ 311 Abs. 2 Nr. 1, 241 Abs. 2 BGB.[782] Auch wenn das Verhalten des Arbeitgebers in diesem Fall für manche als unzulässige Überrumpelung erscheint, bewegt sich das Verhalten exakt in dem gesetzlichen Rahmen, den der Allgemeine Teil des BGB für den Vertragsschluss vorsieht.

aa) Das Drängen auf einen sofortigen Vertragsschluss

§ 147 Abs. 1 BGB sieht vor, dass der einem Anwesenden gemachte Antrag nur sofort angenommen werden kann. Mit dem Begriff „*sofort*" ist jegliche, auch schuldlose, Hinauszögerung gemeint.[783] Der Antragssteller muss dem Antragsempfänger die Möglichkeit einräumen, die Rechtsfolgen der Annahme zu verstehen.[784] Je nach Komplexität des angestrebten Vertrags ergeben sich Unterschiede, die im Einzelfall zu

[781] BAG, BeckRS 2022, 3692; ebenso entschieden durch das LAG Hamm, BeckRS 2021, 15285.
[782] Überwiegend begrüßt von: *Baeck/Winzer/Schaaf*, NZG 2022, 1192, 1196; *Baring/N. Stein*, Juris-PR-ArbR 35/2022, Anm. 2; *Fuhlrott/Diepenthal*, NZA-RR 2023, 1, 2; *Gralla*, ArbRAktuell 2022, 123; zur Vorinstanz: *Fischinger*, NZA-RR 2021, 537; a.A.: *Schindele*, ArbRAktuell 2021, 360.
[783] MüKo/BGB/*Busche*, § 147 Rn. 33; BeckOK/BGB/*Eckert*, § 147 Rn. 8.
[784] Ebd.

bestimmen sind. Hat der Empfänger den Sinn und Zweck des angestrebten Vertragsschlusses verstanden, hat er das Angebot so schnell wie möglich[785] anzunehmen, ansonsten gilt die Annahme gemäß § 150 Abs. 1 BGB als neuer Antrag. Mit dieser Regelung soll die Rechtssicherheit gefördert und das Risiko des Antragenden gemindert werden, da der Antragendende stets ansonsten stets das Risiko tragen müsste, dass sich Umstände nach Abgabe seines Angebots ändern.[786]

Aus dieser gesetzlichen Wertung geht hervor, dass es dem Verhandelnden nicht vorgeworfen werden kann, dass er sein Angebot nur zur sofortigen Annahme unterbreitet. Ein solches zeitlich beschränktes Angebot entspricht dem gesetzlichen Regelfall eines Vertragsschlusses und kann somit nicht als unfair bewertet werden. Besteht der Verhandelnde darauf, dass das Angebot nur sofort angenommen werden kann und kündigt ansonsten den Verfall des Angebots an, so liegt darin die Orientierung am gesetzlichen Regelfall des Vertragsschlusses unter Anwesenden.[787] Gleichwohl kommt der Ausübung von Zeitdruck bei der Bewertung des Gebots fairen Verhandelns entscheidende Bedeutung zu. Ein Verstoß gegen das Gebot fairen Verhandelns ohne Ausübung von Zeitdruck ist kaum denkbar,[788] weshalb es richtig ist, den Zeitdruck isoliert nicht als verwerflich, aber als konstitutives Element für unfaires Verhandeln zu betrachten.[789]

[785] Jauernig/BGB/*Mansel*, § 147 Rn. 8.
[786] MüKo/BGB/*Busche*, § 147 Rn. 1.
[787] BAG, BeckRS 2022, 3692, Rn. 27; NJW 2004, 2401, 2406; LAG Hamm, BeckRS 2011, 79293; LAG Rheinland-Pfalz, BeckRS 2019, 16038, Rn. 54; LAG Hamm, BeckRS 2021, 15285, Rn. 73; *Franz,* Der Abschluss eines Aufhebungsvertrags, S. 396; *Fuhlrott,* GWR 2016, 177, 178; *Gräf,* Das Gebot fairen Verhandelns beim Abschluss eines arbeitsrechtlichen Aufhebungsvertrags, S. 257; *Giesing,* Inhaltskontrolle und Abschlusskontrolle arbeitsrechtlicher Aufhebungsverträge, 227; *Lorenz,* Der Schutz vor dem unerwünschten Vertrag, S. 483; a.A: *Schacht,* Der Übereilungsschutz beim arbeitsrechtlichen Aufhebungsvertrag, S. 162f., der zumindest aus einer arbeitsrechtlichen Fürsorgepflicht eine Bedenkzeitpflicht herleitet; *Weiler,* Die beeinflusste Willenserklärung, S. 634, der bei besonders komplexen Rechtsgeschäften bei der Ausübung von Zeitdruck eine analoge Anwendung von § 123 Abs. 1 Var. 2 BGB befürwortet.
[788] S.u.: Fünfter Teil, II. 1.
[789] *Lorenz,* Der Schutz vor dem unerwünschten Vertrag, S. 446, wonach ein Zeit- und ein Umstandsmoment für die Alternativlosigkeit des Vertragsschließenden erforderlich ist; so auch: *G. Becker,* Die unzulässige Einflussnahme des Arbeitgebers auf die Entscheidungsfreiheit des Arbeitnehmers am Beispiel des arbeitsrechtlichen Aufhebungsvertrages, 395; *Husemann,* Der moderierte Vertrag, S. 476.

bb) Die rechtmäßige Drohung

Neben dem Drängen auf den sofortigen Vertragsschluss ist die Drohung eine Methode, um in Verhandlungen Druck zu erzeugen.[790] Dabei ist zwischen einer rechtmäßigen und einer rechtswidrigen Drohung zu unterscheiden.

Eine rechtswidrige Drohung ist gemäß § 123 Abs. 1 Var. 2 BGB anfechtbar. Diese liegt vor, wenn entweder das angedrohte Verhalten oder der angestrebte Zweck widerrechtlich sind oder sich die Widerrechtlichkeit der Drohung aus der Verbindung zwischen Mittel und Zweck ergibt.[791] Gerade die Bewertung der Zweck-Mittel-Relation ist schwierig und vom Einzelfall abhängig, da für die Bestimmung auf Treu und Glauben und die Verkehrssitte abzustellen ist.[792] Wertungsfragen und Meinungsverschiedenheiten[793] führen bei dieser Rechtsfrage zu Grenzentscheidungen. Gleichwohl wirft die Entscheidung des Gesetzgebers, nur rechtswidrige Drohungen als anfechtbar zu bezeichnen, die Frage auf, wie Drohungen zu bewerten sind, die der Rechtsanwender nicht unter § 123 Abs. 1 Var. 2 BGB subsumiert. Auch eine – sodann zu bezeichnende – „rechtmäßige" Drohung kann bei dem Betroffenen zu einer Zwangslage und zur Beeinflussung der eigentlichen Entscheidungsfreiheit führen, da sie dem Beeinträchtigten faktisch kein Alternativverhalten belassen, als der Drohung nachzugeben,[794] und somit die Entscheidungsfreiheit des Bedrohten beeinträchtigen. Die abstrakte Betrachtung der Entscheidungsfreiheit im Kontext des § 241 Abs. 2 BGB spricht dafür, auch eine solche Drohung bei der Bewertung einer unzulässigen Beeinflussung mit einzubeziehen. Ebenso ist das Gebot fairen Verhandelns von den Vorschriften der Rechtsgeschäftslehre zu trennen, weshalb die Schlüsse aus § 123 Abs. 1 Var. 2 BGB nicht zwangsläufig gleichlaufen müssen.[795]

Gleichwohl würde es zu einem Wertungswiderspruch führen, wenn eine Drohung, die nach § 123 Abs. 1 Var. 2 BGB keine Anfechtungslage auslöst, dann aber über ein anderes Rechtsinstitut möglicherweise die Unwirksamkeit des Rechtsgeschäfts begründen würde.[796] Das Gesetz grenzt durch die Formulierung der Widerrechtlichkeit in § 123 Abs. 1 Var. 2 BGB eine rechtswidrige und eine nicht rechtswidrige Drohung

[790] So etwa in: BAG, BeckRS 2022, 3692; NZA 2016, 1409; ArbG Berlin, BeckRS 2015, 66780.
[791] BGH, NJOZ 2017, 1701, 1702; NJW 2010, 1364, 1366; BAG, NZA 2016, 1409, 1415.
[792] BGH, NJW-RR 2021, 84, 88; NJOZ 2017, 1701, 1702; s. auch: *Weiler,* Die beeinflusste Willenserklärung, S. 632.
[793] S. Zweiter Teil, II 3.
[794] Vgl. *Lorenz,* Der Schutz vor dem unerwünschten Vertrag, S. 446; *Weiler,* Die beeinflusste Willenserklärung, S. 630f.
[795] *Denke*, RdA 2023, 171, 179.
[796] BAG, BeckRS 2022, 3692; *Fischinger*, NZA-RR 2021, 538.

voneinander ab.[797] Mit dieser Abgrenzung bringt das Gesetz Rechtssicherheit sowie die Elemente von Selbstverantwortlichkeit und dem Schutz vor Fremdbestimmung grundsätzlich in einen Ausgleich.[798] Die mit der Abweichung von diesem Grundsatz verbundene Rechtsunsicherheit ist den Teilnehmern des Rechtsverkehrs nicht zuzumuten.[799] Das muss im Grundsatz auch beim Gebot fairen Verhandelns gelten. Würde man eine rechtmäßige Drohung – gegebenenfalls in Kombination mit dem Drängen auf den sofortigen Vertragsschluss – für einen Verstoß gegen das Gebot fairen Verhandelns halten, würde sich der Tatbestand nicht in die gesetzlichen Wertungen einfügen. Ein nicht zu vertretender Wertungswiderspruch wäre die Folge. Daran vermag es auch nichts zu ändern, dass sich die Parteien in einem qualifizierten Schuldverhältnis befinden. Aufgrund dieses Schuldverhältnisses sind die Rücksichtnahmepflichten zwar erhöht, sie begründen aber nicht die Pflicht, gesetzlich explizit zugelassene Verhandlungsmethoden auszuklammern. Der von *Denke* ausgeführte Ansatz, die Drohung könne Folge der Einwirkungsmöglichkeit auf die andere Partei sein,[800] ist zwar richtig, ändert aber an der Wertung nichts. Das konzediert *Denke* im Ergebnis auch selbst, da er eine Interessenabwägung im Rahmen des § 123 Abs. 1 Alt. 2 BGB verlangt, die zu einer leicht abweichenden Rechtsmäßigkeitsprüfung führt.[801] Die rechtmäßige Drohung kann daher nur ergänzend und im Rahmen der Gesamtabwägung zur Bestimmung eines Verstoßes gegen das Gebot fairen Verhandelns herangezogen werden.[802]

cc) Die einseitige Hinzuziehung von Personen

Ein weiterer Umstand, der regelmäßig unter dem Schlagwort der „*Waffengleichheit*“ diskutiert wird, ist die einseitige Hinzuziehung einer oder mehrerer Personen zum Verhandlungsgespräch durch einen Verhandlungspartner. Insbesondere im Arbeitsrecht wird die Hinzuziehung mehrerer Personen auf der Seite des Arbeitgebers häufig als Teil unfairer bzw. rechtswidriger Verhandlungsmethoden angesehen.[803] Richtigerweise ist

797 *Gräf,* Das Gebot fairen Verhandelns beim Abschluss eines arbeitsrechtlichen Aufhebungsvertrags, S. 268f; BeckOK/BGB/*Wendtland*, § 123 Rn. 28.
798 *Fischinger*, NZA-RR 2021, 538.
799 BGH, NJW 1988, 2599, 2601.
800 *Denke*, RdA 2023, 171, 179.
801 Ebd.
802 *Gräf,* Das Gebot fairen Verhandelns beim Abschluss eines arbeitsrechtlichen Aufhebungsvertrags, S. 270ff.
803 *G. Becker* Die unzulässige Einflussnahme des Arbeitgebers auf die Entscheidungsfreiheit des Arbeitnehmers am Beispiel des arbeitsrechtlichen Aufhebungsvertrages, S. 176; OLG Düsseldorf, NZA-RR 1999, 397, 398; LAG Thüringen, NZA-RR 1999, 399; ArbG Paderborn, BeckRS 2011, 140781, 37.

dieser Aspekt zu diskutieren,[804] da in Verhandlungsgesprächen das personelle Übergewicht einer Partei zur Beeinflussung des Verhandlungsgesprächs führen kann.[805] Davon abzugrenzen ist hingegen das einfache Recht auf rechtsgeschäftliche und anwaltliche Vertretung, die mit dem Vertreter gemeinschaftliche Wahrnehmung von Interessen und die Inanspruchnahme eines Verhandlungsgehilfen.

Die gewillkürte Stellvertretung ist Ausdruck der Privatautonomie.[806] Jeder Teilnehmer des Rechtsverkehrs hat das Recht, sich für Vertragsverhandlungen eines Stellvertreters oder Verhandlungsgehilfen zu bedienen. Lehnt der Verhandlungspartner die Verhandlungen oder die Kontraktion mit dem rechtsgeschäftlichen Vertreter oder unter dessen Mitwirkung ab, so obliegt es seiner Verantwortung, die Verhandlungen mit der dritten Person abzulehnen, oder seinerseits auf Hinzuziehung eines Handlungsgehilfen zu bestehen.[807] Lässt sich der Verhandlungspartner auf ein Gespräch oder Verhandlungen mit der dritten Person ein, so gelten die allgemeinen Verhandlungsregeln. Der Vertretene muss sich das Verhalten seines Vertreters zurechnen und das Verschulden seines Vertreters gemäß § 278 S. 1 BGB anrechnen lassen. Gleiches gilt für den Verhandlungsgehilfen.[808]

Dem Vertretenen ist die bloße Hinzuziehung des Dritten nicht als Pflichtverletzung vorzuwerfen. Das gilt auch, wenn die dritte Person ein Rechtsanwalt ist.[809] Dessen Tätigwerden ist durch das Grundgesetz, die BRAO und durch §§ 164 ff. BGB gewährleistet.

§ 3 Abs. 1 u. 3 BRAO normiert die freie Anwaltswahl. Die Norm gibt jedem Bürger ausdrücklich das Recht, sich in allen Rechtsangelegenheiten anwaltlich vertreten zu lassen. Jedermann ist frei darin, einen Anwalt nach seiner Wahl zu mandatieren und zu beauftragen.[810] Die Interessenwahrnehmung des Anwalts findet im gesamten Rechtsverkehr und damit auch außergerichtlich statt. Das Tätigwerden gegenüber Dritten ist sowohl für den Rechtsanwalt als auch für den Mandanten regelmäßiger Bestandteil der Mandatierung. Außergerichtliches Tätigwerden gehört zur sogenannten vorsorgenden Rechtspflege und trägt durch die Möglichkeit, hierdurch gerichtliche Streitigkeiten zu

---

[804] S.u.: Fünfter Teil, II. 2. b) bb) (2) b).
[805] *G. Becker,* Die unzulässige Einflussnahme des Arbeitgebers auf die Entscheidungsfreiheit des Arbeitnehmers am Beispiel des arbeitsrechtlichen Aufhebungsvertrages, S. 177; *Jung*, ZfA 2024, 24, 28.
[806] MüKo/BGB/*C. Schubert,* § 164 Rn. 19.
[807] Vgl. *Fuhlrott*, GWR 2016, 177, 178.
[808] BGH, BeckRS 2013, 14004, Rn. 29; MHdB/ArbR/*Benecke*, § 34 Rn. 10; MüKo/BGB/*C. Schubert*, § 164 Rn. 73.
[809] Hierzu kritisch: OLG München, ZEV 2006, 313, 314; ArbG Paderborn, BeckRS 2020, 48299, Rn. 78–80.
[810] BVerfG, NJW 2003, 2520.

vermeiden, einen wesentlichen Beitrag zur Entlastung der Allgemeinheit bei.[811] Mit der Beauftragung und Bevollmächtigung eines Rechtsanwalts nimmt der Bürger ein Recht wahr, das ihm der Rechtsstaat gewährt.[812] Das außergerichtliche Auftreten des Rechtsanwaltes, auch gemeinsam mit dem Vertretenen, kann daher nicht per se pflichtwidrig sein.[813] Auch gegenüber einem Rechtsanwalt liegt die Verantwortung beim Verhandlungspartner, der Verhandlungen mit einer dritten Person verweigern kann. Für einen staatlichen Eingriff gegen einen von einem Rechtsanwalt verhandelten Vertrag, der mit dem Tätigwerden des Rechtsanwalts begründet wäre, besteht hingegen kein Anlass.

Der Aspekt der Waffengleichheit kann mithin nur dann eine Rolle spielen, wenn die personelle Ungleichheit in den Verhandlungen als Bestandteil einer Überrumpelungsstrategie eingesetzt wird.[814] Hier kommt es auf die Umstände des Einzelfalls und die konkrete Situation zwischen den Parteien an.

dd) Fazit

Das Bestehen auf den sofortigen Vertragsschluss (Zeitdruck), die rechtmäßige Drohung und die Hinzuziehung einer dritten Person sind rechtlich gebilligte Verhaltensweisen, die weder einzeln noch kumulativ zu einer Pflichtverletzung des Verhandelnden führen können. Solange sich der Verhandelnde in diesem Rahmen bewegt und ansonsten keine weiteren Anstalten zur Überwindung des Willens des Gegenübers unternimmt, liegt kein unfaires Verhandeln vor. Mit dieser negativen Definition fügt sich das Gebot fairen Verhandelns in die Regelungen des Allgemeinen Teils des BGB ein und verleiht dem Rechtsinstitut Rechtssicherheit. Insoweit ist insbesondere der jüngsten Entscheidung des BAG[815] zum Gebot fairen Verhandelns zuzustimmen.

Das heißt jedoch nicht, dass diese Elemente bei der Bestimmung des Tatbestands keine Rolle spielen dürfen. Da in einem qualifizierten Schuldverhältnis höhere Rücksichtnahmepflichten gegeben sind als in einem bloßen vorvertraglichen, können auch die grundsätzlich gesetzlich zugelassenen Verhandlungsmethoden ein Bestandteil unfairen

[811] Weyland/BRAO/*Brüggemann*, § 3 Rn. 1.
[812] LAG Hamm, BeckRS 2021, 15285, Rn. 69; *Denke*, RdA 2023, 171, 179

[813] Kritische Ausnahmesituationen, können im Einzelfall möglich sein, vgl. zur Konstellation der Befragung von Arbeitnehmern: *Röß*, NZA 2021, 675, 680; *Lützeler*, CCZ 2011, 19, 22; skeptischer: *Schrader/Thoms/Mahler*, NZA 2018, 965, 966; *Schrader/Mahler*, NZA-RR 2016, 57, 63.
[814] S.u.: Fünfter Teil, II. 2. b) bb) (2) b).
[815] BAG, BeckRS 2022, 3692.

Verhandelns sein. Die gesetzliche Systematik gebietet allerdings, dass zu den rechtlich gebilligten weitere bzw. andere Verhaltensweisen des Verhandelnden hinzukommen, um eine Pflichtverletzung anzunehmen. Die vorstehend beschriebenen Verhandlungsmethoden können für die Begründung eines Pflichtverstoßes daher nur ergänzend und im Rahmen der Gesamtbetrachtung berücksichtigt werden. Die Ermittlung der weiteren Verhaltensweisen, auch in Verbindung mit den bereits beschriebenen erlaubten Verhandlungsmethoden, bedarf der weiteren Analyse. Ergänzend zu den rechtlich neutralen oder gebilligten Verhandlungsmethoden ist jedoch zunächst der Begriff des Gebots fairen Verhandelns zu betrachten, der Irritationen und Kritik hervorgerufen hat.

b) Der Begriff des „*Gebots fairen Verhandelns*" und die Abgrenzung des Tuns vom Unterlassen

Der Begriff des Gebots fairen Verhandelns insinuiert, dass es den Verhandelnden zu einer bestimmten Verhaltensweise, also einem Tun, verpflichtet. § 241 Abs. 2 BGB verlangt aber nicht die Verleugnung des eigenen Interesses.[816] Das bedeutet nicht, dass im Rahmen von vorvertraglichen Schuldverhältnissen der Verhandelnde keine Verhaltenspflichten haben kann, die durch Unterlassen verletzt werden, wie bereits die Fallgruppe der Aufklärungspflichten zeigt. Auch bei den Aufklärungspflichten geht es um das Schutzgut der Entscheidungsfreiheit.[817] Die Schutzrichtung des Gebots fairen Verhandelns ist hingegen eine andere. Mit den Aufklärungspflichten soll eine bereits bestehende Ungleichheit ausgeglichen werden, die auf der Kenntnislosigkeit des Vertragspartners und dessen fehlender Möglichkeit, sich die Kenntnis selbst anzueignen, beruht.[818] Die Aufklärungspflichten sollen den mündigen Verhandlungspartner erst in die Lage versetzen, eine eigenverantwortliche Entscheidung zu treffen.[819] Beim Gebot fairen Verhandeln besteht hierzu ein Unterschied: Es geht darum, die an sich bestehende Selbstbestimmung durch ein Verbot unzulässiger Fremdbestimmung zu bewahren.[820] Die selbstbestimmte Entscheidung muss nicht ermöglicht, sondern durch die Freiheit von Fremdbestimmung

[816] LAG Berlin-Brandenburg, BeckRS 2019, 38121, Rn. 33–34.
[817] Vgl. *Gräf,* Das Gebot fairen Verhandelns beim Abschluss eines arbeitsrechtlichen Aufhebungsvertrags, S. 231f.
[818] MüKo/BGB/*Bachmann*, § 241 Rn. 197; *Kumkar*, JuS 2024, 1001.
[819] MüKo/BGB/*Bachmann*, § 241 Rn. 66; *Lorenz*, JZ 1997, 277, 281f.
[820] *Heinkel*, ZTR 2020, 261, 266.

gewährleistet werden.[821] Vor diesem Hintergrund kann das Gebot fairen Verhandelns grundsätzlich nur durch eine aktive Verhaltensweise und nicht durch ein Unterlassen verwirklicht werden. Wer unter Beibehaltung des Status Quo handelt und darüberhinausgehend keine (unzulässige) Beeinflussung ausübt, der begeht keine Pflichtverletzung im Sinne des Gebots und beachtet in der Regel das gebotene Mindestmaß an Fairness. Daher wird vorgeschlagen, das Rechtsinstitut als *„Verbot unfairen Verhandelns“* zu bezeichnen.[822]

Weiterhin wird der Begriff der *„Fairness“* von Teilen der Literatur kritisiert. Fairness sei kein Rechtsbegriff, sondern mehr ein Ausdruck persönlichen Befindens, der vorschnell und subjektiv angenommen werde,[823] zu einer moralischen Wertung verleite,[824] und dadurch Rechtsunsicherheit schaffe.[825] Deutlich wird dieser Gedanke in den Worten von *Kamanabrou*, die den Begriff als *„smartes Schlagwort mit der Aura des Gerechten“* einordnet.[826] Niemand sei gegen Fairness, weshalb der Begriff zu einer Anwendung verleite, die etliche Umstände erfassen könne.[827]

So nachvollziehbar die Kritik am Begriff des "*Gebots fairen Verhandelns*“ auch ist, so ist sie jedoch nicht geeignet, das Rechtsinstitut als solches in Frage zu stellen. Der Begriff des *„fairen Verhandelns“* wurde bereits 1969 vom BGH aufgegriffen, ohne dass er inhaltlich näher bestimmt wurde.[828] Ebenso wird im Prozessrecht vom Recht auf ein faires Verfahren gesprochen,[829] ohne dass die Verwendung dieses Schlagworts zu einer inhaltlichen Bestimmung führen würde. Die Prägnanz des Begriffes dürfte auch der Grund für die ursprüngliche Bezeichnung gewesen sein. Es stellt daher die bloße „Überschrift“ für eine unzulässige Einflussnahme auf den Vertragspartner, dessen Bezeichnung zweitrangig ist. Obwohl die Begriffe *„Verbot unfairen Verhandelns“* oder *„Verbot unzulässiger Einflussnahme“* treffender wären, wird daher auch hier weiterhin vom Gebot fairen Verhandelns die Rede sein.

---

[821] Selbiges Ergebnis ergibt sich aus der verfassungsrechtlichen Begründung, die ebenfalls die unzulässige Fremdbestimmung verbietet, vgl. BVerfG, NJW 1994, 36, 38; Dürig/Herzog/Scholz/*Di Fabio*, Art. 2 GG Rn. 107

[822] MüKo/BGB/*Bachmann*, § 241 Rn. 133; *Gräf,* Das Gebot fairen Verhandelns beim Abschluss eines arbeitsrechtlichen Aufhebungsvertrags, S. 179; *Fischinger*, NZA-RR 2020, 516, 520; *Heinkel*, ZTR 2020, 261, 266; *Husemann,* Der moderierte Vertrag, S. 480; *Reinecke* in: FS Düwell, 410.

[823] *Baeck/Winzer/Schaaf*, NZG 2022, 1192, 1195; *D. E. Holler*, NJW 2019, 2206, 2210.

[824] *Kurzer,* Das Gebot fairen Verhandelns im Arbeitsrecht, S. 137.

[825] *Horstmeier*, ZAP 2023, 289, 293; *Spitz*, jurisPR-ITR 2019, Anm. 54.

[826] *Kamanabrou*, RdA 2020, 201, 210.

[827] Ebd, ähnlich: *Fischinger*, NZA-RR 2021, 537; *Franz,* Der Abschluss eines Aufhebungsvertrags, S. 395.

[828] BGH, BeckRS 1969, 31173899.

[829] Vgl. Art. 6 EMRK.

Wesentlicher als die Begriffskritik ist die Abgrenzung zwischen einem tatbestandlichen Tun von einem Unterlassen. Die unzulässige Einflussnahme wird nahezu ausschließlich durch ein aktives Tun verwirklicht. Die Verwirklichung durch ein Unterlassen kommt nur durch das Kriterium des „Ausnutzens" bestimmter Umstände in Betracht. Der Ausnutzende erkennt die Situation, behält sie bei und schließt im Wissen der fehlenden Selbstbestimmung des Gegenübers den Vertrag, ohne dass er die gestörte Entscheidungsfreiheit verursacht hat.[830] Liegt eine solche Situation vor, kann der Verhandelnde verpflichtet sein, Maßnahmen zu treffen, um die fehlende Entscheidungsfreiheit des Gegenübers zu beseitigen, wenn er den Vertrag schließen möchte.[831] In dieser Konstellation bedarf es der sorgfältigen Betrachtung und Begründung der gesteigerten Rücksichtnahmepflichten, die dem Verhandelnden das Erkennen und Beseitigen der gestörten Entscheidungsfreiheit zumutet[832] und eine genaue Betrachtung des Verschuldenserfordernisses, wenn sich der Verhandelnde auf die fehlende Kenntnis dieses Zustands beruft.

c) Fazit

Das Gebot fairen Verhandelns ist an dieser Stelle negativ definiert: Es kann nicht verletzt werden, wenn sich der Verhandelnde der gesetzlich zugelassenen Verhandlungsmethoden bedient. Das betrifft insbesondere das Bestehen auf den sofortigen Vertragsschluss, die rechtmäßige Drohung oder die Inanspruchnahme einer rechtsgeschäftlichen Vertretung.

Der Begriff des Rechtsinstituts ist weder hinsichtlich des Wortes des „*Gebots*" noch der „*Fairness*" absolut treffend, gibt diesem jedoch eine prägnante Bezeichnung. Gegen das Gebot fairen Verhandelns wird in der Regel durch ein aktives Tun verstoßen. Ein Grenzfall liegt im Ausnutzen einer Schwäche des Verhandlungspartners.

II. Tatbestand: Die Kombination eines Zeit- und Umstandsmoments

Nach obiger Feststellung ist das Gebot fairen Verhandelns negativ definiert. Es besteht eine Differenzierung zwischen rechtlich gebilligten und missbilligten Verhaltensweisen. Während die in der negativen Definition beschriebenen Verhaltensweisen rechtlich

---

[830] *G. Becker,* Die unzulässige Einflussnahme des Arbeitgebers auf die Entscheidungsfreiheit des Arbeitnehmers am Beispiel des arbeitsrechtlichen Aufhebungsvertrages, S. 390.
[831] S.u.: Fünfter Teil, II. 2. b) bb) (2) b).
[832] Ebd.

gebilligt sind, sind andere Verhandlungsmethoden vom Gesetz nicht erfasst, oder an einigen Stellen des Gesetzes missbilligt. Diese rechtlich neutralen oder missbilligten Verhaltensweisen, die den Gegenüber in seiner Entscheidungsfreiheit beeinflussen, müssen in einer über der negativen Definition hinausgehenden Weise oder in Kombination mit den gebilligten Methoden gegeben sein, um von einer rechtswidrigen Beeinflussung des Vertragspartners ausgehen zu können. Der Beeinflussende muss daher eine Verhandlungsmethode anwenden, die über das Bestehen auf den sofortigen Vertragsschluss, die rechtmäßige Drohung, oder den Einsatz eines Verhandlungsgehilfen hinausgeht. Diese Beeinflussung kann als Umstandsmoment bezeichnet werden.[833]

Gleichwohl ist zunächst auf eine rechtlich gebilligte Verhaltensweise zurückzukommen – die des Drängens auf den sofortigen Vertragsschluss. Denn nur wer auf den sofortigen Vertragsschluss besteht, sichert sich den rechtswidrigen Einfluss auf das Gegenüber. Ein Verstoß gegen das Gebot fairen Verhandelns kann daher nur gegeben sein, wenn der Vertragsschluss unmittelbare Folge der Beeinflussungshandlung ist. Manche benennen dieses Erfordernis als „*Kombination von Zeit- und Umstandsmoment*".[834]

1. Notwendigkeit eines Zeitmoments

Wie festgestellt, erlaubt das deutsche Recht gemäß § 147 Abs. 1 S. 1 BGB grundsätzlich den Einsatz von Zeitdruck, also ein Angebot unter der Bedingung „jetzt oder nie" zu unterbreiten. Im Umkehrschluss folgt daraus aber auch die Konsequenz, dass in dem Einräumen einer Bedenkzeit oder der Gewährung eines Widerrufsrechts ein überobligatorisches Zugeständnis liegt. Wer ein Widerrufsrecht oder eine ungestörte Bedenkzeit erhält, kann sich dem Einfluss des Verhandlungspartners entziehen. Er kann die Sach- und Rechtslage eruieren, Risiken abwägen und sich persönliche wie rechtliche Beratung einholen. All diese Faktoren sorgen für die Beibehaltung oder gar Förderung einer selbstbestimmten Entscheidung, weshalb ein Verstoß gegen das Gebot fairen Verhandelns bei Gewährung eines Widerrufsrechts oder einer Bedenkzeit undenkbar ist.[835] Der Beeinflusste ist an dieser Stelle selbst dafür verantwortlich, die Rechtsfolgen des

[833] Vgl. *Husemann,* Der moderierte Vertrag, S. 476; *Lorenz,* Der Schutz vor dem unerwünschten Vertrag, S. 446.

[834] *Husemann,* Der moderierte Vertrag, S. 476; *Lorenz,* Der Schutz vor dem unerwünschten Vertrag, S. 446; s.a.: *G. Becker,* Die unzulässige Einflussnahme des Arbeitgebers auf die Entscheidungsfreiheit des Arbeitnehmers am Beispiel des arbeitsrechtlichen Aufhebungsvertrages, S. 395, für den Zeitdruck dann rechtwidririg ist, wenn der Vertragspartner zum Vertragsschluss gedrängt wird, ohne dass ihm die Gelegenheit einer eigenen Willensbildung gegeben wird.

[835] Zutreffend: LAG Rheinland-Pfalz, BeckRS 2019, 6831, Rn. 38.

Vertragsschlusses zu überdenken und sich erforderlichenfalls Beistand und Beratung zu holen. Es ist daher für einen Verstoß gegen das Gebot fairen Verhandelns notwendig, dass der Vertragsschluss unmittelbar auf die Beeinflussungshandlung folgt. Zeitdruck ist damit einerseits zulässig, andererseits auch konstitutiv für einen Verstoß gegen das Gebot fairen Verhandelns. Fraglich ist allerdings, in welcher Form dieser ausgeübt werden muss. Unterschieden werden kann zwischen drei verschiedenen Möglichkeiten: Einerseits das Bestehen auf den sofortigen Vertragsschluss – das typische „Jetzt-oder-nie-Angebot." Schwieriger zu beurteilen sind Verhandlungen, bei denen eine kurze Gesprächspause stattfindet, in der die aktive Beeinflussung des Gegenübers zunächst ruht.[836] Ebenso gibt es Konstellationen, in denen der Vertragspartner einem dauerhaften Druck ausgesetzt wird, der trotz des Abbruchs der konkreten Situation anhält.[837] Offen ist, ob diese Konstellationen geeignet sind, das „Zeitmoment" des Tatbestands zu erfüllen.

a) Das Bestehen auf den sofortigen Vertragsschluss

Zeitdruck ist dann gegeben, wenn der Antragende dem Gegenüber das Angebot nur zur sofortigen Annahme unterbreitet. Dabei spielt es keine Rolle, ob sich der Verhandlungspartner eine Bedenkzeit erbeten hat und/oder der Verhandelnde den Zeitdruck explizit betont[838] oder sich dieser aus den Umständen ergibt. Es genügt selbst dann, wenn sich der Beeinflusste dem Druck des Verhandelnden hingibt, ohne dass der Zeitdruck überhaupt zum Thema wird.[839] Entscheidend ist, dass der Verhandelnde den Vertragsschluss erwirkt, ohne dass der Verhandlungspartner eine (zeitliche) Möglichkeit zur Bildung eines eigenen Willens erhält.[840] Wenn der Vertragsschluss unmittelbar in Zusammenhang mit der Beeinflussung steht, ist eine solche unmittelbare Erwirkung des Vertragsschlusses gegeben. Im Ergebnis kann der „Zeitmoment" daher nicht vom „Umstandsmoment" getrennt werden – beide müssen Bestandteil einer

[836] Vgl. ArbG Berlin, BeckRS 2015, 66780; s.a. die Konstellation bei: BAG, BeckRS 2022, 3692, in der die Arbeitnehmerin den Vertrag nach zehnminütigem Schweigen unterschrieb.
[837] Vgl. LAG Thüringen, NZA-RR 1999, 399, wo der Arbeitnehmerin bei Abschluss eines Schuldanerkenntnisses unter Androhung von Konsequenzen verboten wurde, mit jemandem vor Abschluss der notariellen Beurkundung über die Sache zu reden.
[838] Vgl. BAG, BeckRS 2022, 3692, Rn. 31, "*Wenn Sie aus der Tür gehen, ist der Aufhebungsvertrag ‚vom Tisch"*.
[839] Wie bei: BAG, NZA 2019, 688.
[840] *G. Becker,* Die unzulässige Einflussnahme des Arbeitgebers auf die Entscheidungsfreiheit des Arbeitnehmers am Beispiel des arbeitsrechtlichen Aufhebungsvertrages, S. 395.

„*Überrumpelungsstrategie*“ sein.[841] Grenzfälle sind indes die nachfolgend erörterten Situationen der Gesprächspause und des „Dauerdrucks.“

b) Gesprächspausen als Unterbrechung des Zeitmoments

Fraglich ist, wie sich eine Gesprächspause oder die Gewährung einer Bedenkzeit auf die Beeinflussung des Gegenübers auswirkt. Eine Konstellation ist folgende: Es findet ein Verhandlungsgespräch statt, bei dem – hier unterstellt – unfaire Verhandlungsmethoden gebraucht werden und der Gegenüber zum Vertragsschluss aufgefordert wird. Das Gespräch wird zwischenzeitlich unterbrochen und der Beeinflusste kann sich dem Einfluss des Verhandlungspartners entziehen. Nach etwa 10 bis 20-minütiger Pause wird das Gespräch ohne weitere unfaire Verhandlungen fortgesetzt, an dessen Ende der Vertrag geschlossen wird.[842]

Auch in einer solchen Konstellation weicht der Beeinflussende von den Grundsätzen des § 147 Abs. 1 S. 1 BGB ab. Der beeinflusste Verhandlungspartner kann sich durch die Gesprächspause auf den weiteren Verlauf des Gesprächs vorbereiten. Er kann sich sortieren und Rat einholen. Er weiß nun um die Konstellation und die Verhandlungssituation. Eine Gesprächspause ist mithin mit einer Gesprächs- und Themenankündigung gleichzusetzen. In einem solchen Fall kann kein Verstoß gegen das Gebot fairen Verhandelns angenommen werden, da es am entsprechenden Zeitmoment fehlt.[843] Entscheidend hierfür ist, dass sich der Beeinflusste der physischen Präsenz des Gegenübers entziehen kann bzw. ihm dies ohne Weiteres gewährt wird.[844] Die Gesprächspause muss eine gewisse Dauer haben und den Beeinflussten tatsächlich die Möglichkeit geben, entsprechende Überlegungen anzustellen, sich Rat einzuholen oder sogar eine erneute Gesprächssituation zu den gleichen Bedingungen zu verweigern. Sie muss in diesem Sinne eine Zäsur darstellen. Hierbei wäre es verfehlt, einen Zeitraum von 20-30 Minuten grundsätzlich für ausreichend zu erachten.[845] Es kommt auf die konkreten Umstände des Einzelfalls und primär auf die physische Abwesenheit der beeinflussenden Partei an. Während der Abwesenheit des Beeinflussenden ist dem Beeinflussten

[841] *Lorenz,* Der Schutz vor dem unerwünschten Vertrag, S. 483.
[842] Vgl. ArbG Berlin, BeckRS 2015, 66780.
[843] A.A: ArbG Berlin, BeckRS 2015, 66780.
[844] *Lorenz,* Der Schutz vor dem unerwünschten Vertrag, S. 483.
[845] BAG, BeckRS 2022, 3692, Rn. 31, lässt offen, wie eine 10-minütige Schweigepause zu werten ist; *Fischinger*, NZA 2019, 729, 732: hält 20 Minuten für ausreichend; BAG, NZA 2016, 1409, 1412: Verweis auf "*halbe Stunde*"; *Gräf,* Das Gebot fairen Verhandelns beim Abschluss eines arbeitsrechtlichen Aufhebungsvertrags, S. 263, "*Im Regelfall wird eine Überlegungsfrist von 30 Minuten ausreichend sein*".

zuzumuten, Überlegungen anzustellen und Schlüsse zu ziehen. Er wird in der Regel fernmündlich Beratung oder Beistand einholen können. Zudem ist bei physischer Abwesenheit des Gesprächspartners dem Beeinflussten zuzumuten, die Räumlichkeiten schlicht zu verlassen. Der unbeschränkte Entzug der physischen Präsenz und des Einflusses des Verhandlungspartners ist daher zumindest als ein wesentliches Indiz gegen unfaires Verhandeln zu berücksichtigen und spricht gegen einen Verstoß.

Von dieser Konstellation abzugrenzen ist eine bloße Schweigepause, bei der sich der Vertragspartner gerade nicht dem Einfluss der Gegenseite entziehen kann.[846] Die Schweigepause an sich ist keine unfaire Verhandlungsmethode, die physische Präsenz der Gegenseite genügt jedoch, einen bereits entstandenen Druck aufrechtzuerhalten. In Anwesenheit des druckausübenden Verhandlungspartners wird man keine Wiederherstellung der vorher genommenen Entscheidungsfreiheit erreichen können. Vorher durchgeführte Beeinflussungen wirken fort und stellen keine übergesetzliche Rücksichtnahme im Vergleich zu § 147 Abs. 1 S. 1 BGB dar. Die sinngemäße Formulierung, dass ein „*Vertrag vom Tisch sei, sobald man den Raum verlasse*" und eine zwischenzeitliche Schweigepause, entsprechen dem Bestehen auf den sofortigen Vertragsschluss. Eine Schweigepause ohne räumliche Trennung ist daher gerade keine tatsächliche Zäsur zwischen unfairer Verhandlung und Überrumpelung einerseits und Vertragsschluss. Entscheidender als das sog. „*Zeitmoment*" ist der Einfluss der Gegenseite, der primär durch die ununterbrochene physische Präsenz ausgeübt wird. Es ist daher ein Kriterium der Unmittelbarkeit zwischen Einfluss und Vertragsschluss für einen Verstoß gegen das Gebot fairen Verhandelns vorauszusetzen. Die Unmittelbarkeit ist gegeben, wenn der Vertragspartner unter dem Eindruck der Beeinflussung ohne ausreichende räumliche Trennung zum Beeinflussenden den Vertrag abschließt.

c) „Dauerdruck" / Beeinflussung über einen längeren Zeitraum

Neben Gesprächspausen gibt es auch Konstellationen, in denen der Beeinflusste trotz einer räumlichen Trennung dauerhaft vom Beeinflussenden unter Druck gesetzt wird. Diese Konstellation kann untechnisch als „Dauerdruck" bezeichnet werden. Dieser besteht dann, wenn zwar eine zwischenzeitliche räumliche Trennung zwischen den Parteien erfolgt, der

[846] Vgl. die Konstellation bei: BAG, BeckRS 2022, 3692; LAG Hamm, BeckRS 2021, 15285, bei der aus anderen Gründen ein Verstoß gegen das Gebot fairen Verhandelns verneint wurde.

Beeinflussende den Vertragspartner jedoch dauerhaft durch Drohung oder Vorhalten bestimmter Umstände unter Druck gesetzt hat und diese Beeinflussung fortwirkt.[847]

Diese Konstellation gleicht im Grundsatz einer Gesprächspause: Der unfair Beeinflusste ist räumlich und zeitlich vom Beeinflussenden getrennt und hat daher die Möglichkeit, den Vertragsschluss zu überdenken und sich – gegebenenfalls fernmündlich – Hilfe von Dritten zu holen.[848] Sie unterscheidet sich aber dadurch, dass der Beeinflussende zumindest versucht, dauerhaften Druck auf den Verhandlungspartner zu erzeugen, der die durch die Überrumpelungssituation geschaffene Fremdbestimmung trotz einer zwischenzeitlichen physischen Trennung aufrechterhält. Gleichwohl fällt in dieser Konstellation der zeitliche Druck auf den Beeinflussten auf der faktischen Ebene weg. Er ist nicht, wie durch § 147 Abs. 1 S. 1 BGB ausdrücklich zugelassen, gehalten, sich dem Druck des Gegenübers sofort zu beugen. Der vom Gegenüber geschaffene Druck ist durch räumliche und zeitliche Trennung stark abgemildert. Etwaige Verbote, mit einer anderen Person über die Angelegenheit zu sprechen, sind rechtlich nicht haltbar. Bei zeitlicher und räumlicher Trennung wird niemand Gespräche mit einem Dritten nachweisen, kontrollieren oder gar verbieten können. Auch die Einholung von Rechtsrat ist in diesem Fall möglich. Ein wie auch immer gearteter „Dauerdruck" ist daher in jeder Hinsicht ein „stumpfes Schwert", das den Beeinflussten nicht von der Wahrnehmung seiner Rechte abhalten kann. All diese Umstände sind als Indiz gegen unfaire Verhandlungen zu berücksichtigen.[849]

Gleichwohl kann ein solcher „Dauerdruck" das Gegenüber faktisch in der Entscheidungsfreiheit beeinflussen. Die Beeinträchtigung der Entscheidungsfreiheit ist nicht allein auf rechtlicher, sondern auch auf faktischer Ebene zu prüfen.[850] Das deutsche Recht schützt auch denjenigen, der sich in falscher Naivität einer eigentlich nicht wirksamen Beeinflussung hingibt. So erfasst der Tatbestand einer widerrechtlichen Drohung gemäß § 123 Abs. 1 Var. 2 BGB auch eine Drohung, wenn der Drohende nur vorgibt, auf das angedrohte Übel Einfluss zu haben.[851] Entscheidend ist hierfür nicht die

---

[847] Vgl. LAG Thüringen, NZA-RR 1999, 399, wo zwischen der Unterzeichnung zweier Schuldanerkenntnisse und der Unterzeichnung eines dritten, notariell beglaubigten, Schuldanerkenntnisses ein Tag Unterschied lag. Der Arbeitnehmerin wurde unter Androhung von Nachteilen verboten, mit jemandem über die Angelegenheit zu reden.

[848] S.o.: Fünfter Teil, II. 1. b).

[849] Ähnlich: *Gräf,* Das Gebot fairen Verhandelns beim Abschluss eines arbeitsrechtlichen Aufhebungsvertrags, S. 256, wonach in solchen Fällen keine Überraschung des Gesprächspartners gegeben sei, was ein Verstoß gegen das Gebot fairen Verhandelns unwahrscheinlich mache.

[850] Ansonsten würde die Möglichkeit des bloßen „Nein" jegliche rechtswidrige Beeinflussung ausschließen, vgl. Dritter Teil, IV. 2. c) dd).

[851] BGH, NJW 1982, 2301, 2302.

Sicht des Beeinflussenden oder eine rechtlich-objektive Betrachtung, sondern die subjektive Verfassung des Beeinflussten.[852] Selbiges gilt für die gemäß § 241 Abs. 2 BGB geschützte Entscheidungsfreiheit. Das folgt auch aus der Gesetzesbegründung, die den Begriff des „*Interesses*" von den engeren Begriffen der „*Rechte und Rechtsgüter*" trennt[853] und dadurch eine weitergehende Auslegung nahelegt. Gleichwohl sind an den dauerhaft erzeugten Druck, der sogar eine räumlich-zeitliche Trennung der Verhandlungspartner überwinden kann, hohe Anforderungen zu stellen. Es setzt ein hohes Maß an Abhängigkeit und dadurch resultierender Einflussmöglichkeit voraus. Das ist nur in qualifizierten Schuldverhältnissen möglich, die sehr hohe Rücksichtnahmepflichten zwischen den Parteien begründen und in denen die erzeugte Beeinflussung einen ernsthaften Beweggrund für den Beeinflussten darstellen kann. Exemplarisch hierfür kann ein Urteil des BGH aus 2022 herangezogen werden: Die beklagten Enkel hatten vom Kläger, ihrem zu dieser Zeit 95-jährigen Großvater, Wertpapiere im Wert von 219.000 € sowie ein Mehrfamilienhaus übertragen bekommen. Der Kläger hatte die Anfechtung der Übertragung erklärt.[854] Das Gericht ging davon aus, dass die Enkel und deren Vater den Kläger über mehrere Monate intensiv überwacht und weitestgehend isoliert hatten, ihn an einem Abend intensiv „bearbeiteten" und am Folgetag gemeinsam mit ihm zum Notar fuhren und ihm dort erstmalig die Schenkungsverträge vorlegten.[855] Der BGH hat den Fall wegen der unzureichenden Berücksichtigung des Sachvortrags an das Berufungsgericht zurückverwiesen und die Verträge aufgrund der aufgezeigten Umstände möglicherweise für sittenwidrig erachtet. Aufgrund des in diesem Fall vorliegenden Ungleichgewichts zwischen Leistung und Gegenleistung ist die Lösung über die Sittenwidrigkeit naheliegend.[856] Gleichwohl ist in einem solchen Fall auch ein Verstoß gegen das Gebot fairen Verhandelns zu sehen: Die Vertragsschließenden sind nahe Angehörige, stehen in einem Vertrauens-, ggf. auch in einem Abhängigkeitsverhältnis und schließen einen Vertrag von besonders großer wirtschaftlicher und persönlicher Bedeutung, bei dem das Gesetz Schutzvorschriften zugunsten des Erblassers vorsieht.[857] Diese Konstellation eröffnet den Anwendungsbereich des Gebots fairen Verhandelns.[858] Durch die durchgeführte Isolierung des Vaters und des Großvaters und die sich daran anschließenden

---

[852] BGH, NJW-RR 1996, 1281, 1282.
[853] BT-Drucksache 14/6040, S. 126.
[854] BGH, NJW 2023, 846.
[855] BGH, NJW 2023, 846, 847.
[856] Vgl. *Milzer*, NZFam 2023, 480, s. zur Abgrenzung: Zweiter Teil, II. 2.
[857] *Schier/Friedrich*, NJW 2025, 777.
[858] S. Vierter Teil.

einschüchternden[859] Vertragsgespräche hatten die beklagten Enkel mit ihrem Vater eine dauerhafte Beeinflussung geschaffen, die auch eine zwischenzeitliche räumliche Trennung nicht mehr unterbrechen konnte.[860] Der Einsatz eines Notars, der die Bedrängungssituation nur noch verschärfte, führte ebenfalls nicht zur Wiederherstellung der Entscheidungsfreiheit. Der Sachverhalt zeigt anschaulich, dass weder eine zwischenzeitliche räumliche Trennung noch eine strenge Formvorschrift in der Lage sind, eine massive Beeinflussung, Fremdbestimmung verhindern.[861]

Somit kann auch eine erzeugte Beeinflussung, die den Beeinflussten bis zum Zeitpunkt des Vertragsschlusses beeinträchtigt, trotz einer räumlichen und zeitlichen Trennung einen Verstoß gegen das Gebot fairen Verhandelns darstellen. Gleichwohl ist auch hier die räumliche und zeitliche Trennung als Gegenindiz im Rahmen der Gesamtbetrachtung zu berücksichtigen. An den ausgeübten Dauerdruck und an die weiteren Umstände sind daher hohe Anforderungen zu stellen.

d) Zusammenfassung

Das von manchen als Zeitmoment bezeichnete Tatbestandsmerkmal von unfairen Verhandlungen setzt grundsätzlich voraus, dass zwischen Beeinflussung und Vertragsschluss keine Zäsur besteht, die diese unterbricht. Es ist daher eher vom Erfordernis der Unmittelbarkeit der Beeinflussung als von einem Zeitmoment zu sprechen.

Primär wird dieser Umstand dadurch erfüllt, dass der Beeinflusste nach Aufnahme eines Vertragsgesprächs dauerhaft der physischen Präsenz des Gegenübers ausgesetzt ist und äquivalent zu § 147 Abs. 1 S. 1 BGB den Vertrag ohne Verzögerung schließt. Die Voraussetzung ist auch erfüllt, wenn der Beeinflussende dem Beeinflussten das Angebot nur zur sofortigen Annahme unterbreitet. Es ist jedoch auch denkbar, dass die Beeinflussung über Gesprächspausen oder eine räumlich-zeitliche Trennung hinweg andauert und Unfairness trotz einer solchen Distanz besteht. Das ist hingegen der Ausnahmefall: Hier sind erhöhte Voraussetzungen an die Rücksichtnahmepflichten aus

---

[859] Der Kläger konnte den Nachweis führen, dass er die Gespräche beim Notar als besonders bedrängend empfunden hatte und daher keinen Ausweg sah, als die Verträge zu unterzeichnen, BGH, NJW 2023, 846, 847.

[860] Vgl. *Grziwotz/Grziwotz Marc*, NJW 2023, 2377, 2380, die in vergleichbaren Fällen das Kritierum der Isolation als dauerhafte Form der Beeinflussung betonen.

[861] Einschränkend ist anzumerken, dass bei Prüfung eines Verstoßes der genaue Ablauf der Beeinflussung und der Vertragsgespräche zu berücksichtigen sind. Die Konstellation ist ebenso unter dem Gesichtspunkt *„Ausnutzen einer psychischen Schwäche“* zu berücksichtigen, s.u.: S.u.: Fünfter Teil, II. 2. b) bb).

dem Schuldverhältnis und an die Beeinflussung zu knüpfen. In der Regel spricht eine räumliche und zeitliche Trennung nach erfolgter Beeinflussung demnach gegen unfaire Verhandlungsmethoden.

Im Umkehrschluss zu § 147 Abs. 1 S. 1 BGB gilt, dass in der Einräumung einer Bedenkzeit oder einem Widerrufsrecht eine übergesetzliche Rücksichtnahme liegt, die einen Verstoß gegen das Gebot fairen Verhandelns ausschließt.[862] Dieser Umstand darf nicht mit der faktischen Einführung einer Bedenkzeitpflicht oder eines Widerrufsrechts verwechselt werden. Im Gegensatz zu einer solchen unzulässigen Rechtsfortbildung,[863] ist das Bestehen auf den sofortigen Vertragsschluss bzw. die notwendige Unmittelbarkeit zwischen Beeinflussung und Vertragsschluss ein Tatbestandsmerkmal für unfaires Verhandeln, keine Voraussetzung für einen wirksamen Vertragsschluss. Es führt isoliert nicht zu einer Pflichtverletzung. Ist das Kriterium der Unmittelbarkeit erfüllt, muss der Rechtsanwender im nächsten Schritt überprüfen, ob eine inhaltliche Beeinflussung erfolgt ist, die einen Verstoß gegen das Gebot fairen Verhandelns begründet. Wer kein Widerrufsrecht oder eine Bedenkzeit gewähren will, der kann darauf verzichten, ohne den Tatbestand des Gebots fairen Verhandelns zu erfüllen.[864] Er muss allerdings damit rechnen, ein notwendiges Tatbestandsmerkmal des Gebots fairen Verhandelns zu erfüllen, das in Verbindung mit einer inhaltlich unzulässigen Beeinflussung zu einer Pflichtverletzung führt. Hierzu ist nunmehr die „*schwierige*" Aufgabe[865] anzugehen, eine rechtlich unzulässige von einer zulässigen Beeinflussungsmethode abzugrenzen.

2. Umstandsmoment – die Unterscheidung zwischen rechtlich gebilligten und missbilligten Verhaltensweisen

„Druck und Gegendruck sind Bestandteil jeder Vertragsverhandlung."

[862] Vgl. LAG Rheinland-Pfalz, BeckRS 2019, 6831, Rn. 37; *Hördt*, ArbRAktuell 2019, 289, 291; *Plum*, MDR 2020, 69, 74; *Jung*, ZfA 2024, 24, 47ff., die es stets als faire Lösung erachtet, wenn dem Verhandlungspartner das Gesprächsthema angekündigt und eine Bedenkzeit gewährt wird.
[863] So angenommen vom LAG Hamburg, NZA 1992, 309; abgelehnt durch: BAG, NJW 1994, 1021.
[864] BAG, BeckRS 2022, 3692.
[865] *Giesing*, Inhaltskontrolle und Abschlusskontrolle arbeitsrechtlicher Aufhebungsverträge, 215; *Gräf*, Das Gebot fairen Verhandelns beim Abschluss eines arbeitsrechtlichen Aufhebungsvertrags, S. 229; *Husemann*, Der moderierte Vertrag, S. 494; *Lorenz*, Der Schutz vor dem unerwünschten Vertrag, S. 453. *Giesing*, Inhaltskontrolle und Abschlusskontrolle arbeitsrechtlicher Aufhebungsverträge, 215; *Gräf*, Das Gebot fairen Verhandelns beim Abschluss eines arbeitsrechtlichen Aufhebungsvertrags, S. 229; *Husemann*, Der moderierte Vertrag, S. 494; *Lorenz*, Der Schutz vor dem unerwünschten Vertrag, S. 453

Der mehrfach zitierte[866] Satz, der die Dynamiken des Arbeitskampfrechts beschreibt,[867] bringt die Problematik der durchzuführenden Abgrenzung zum Ausdruck. Eine lebhafte Vertragsverhandlung ist von Versuchen geprägt, das Gegenüber von der Eingehung des Vertrags oder von Veränderungen der Vertragskonditionen zu überzeugen. Um dieses Ziel zu erreichen wird versucht, das Gegenüber sowohl auf einer inhaltlichen als auch auf einer persönlichen Ebene zu überzeugen. Hierzu ist der Einsatz von Soft-Skills wie Gesprächstechniken und Beeinflussungsmethoden ebenso üblich wie die Darlegung inhaltlicher Argumente. Diese Art von Vertragsverhandlungen sind Bestandteil der freien Marktwirtschaft, der Privatautonomie und als solche nicht zu beanstanden.[868] Auf der anderen Seite muss der Beeinflusste stets selbstbestimmt entscheiden können – das ist ebenso das Ergebnis der Privatautonomie. Der Beeinflussende sowie der Beeinflusste können sich auf die grundgesetzlich gewährleistete Privatautonomie berufen.[869] Ihre Grundrechte sind in praktische Konkordanz[870] zu bringen. Die gemäß § 241 Abs. 2 BGB zu schützende Entscheidungsfreiheit ist daher erst dann verletzt, wenn sie die Selbstbestimmung des Beeinflussten beseitigt und zur Fremdbestimmung führt. Wenn also der Beeinflusste sich faktisch nur durch Eingehung eines Vertrags der Verhandlungssituation entziehen kann, liegt eine unzulässige Fremdbestimmung vor.[871] Die Feststellung der Fremdbestimmung mittels einer Generalklausel ist jedoch schwierig, da es abgesehen der hierfür eindeutig getroffenen Entscheidungen des Gesetzgebers kaum rechtliche Parameter gibt. Die Frage, ob eine Entscheidung selbstbestimmt oder fremdbestimmt getroffen wird, erfordert faktisch eine psychologische und keine rechtliche Betrachtung.[872]

Diese Situation ist für den Rechtsanwender problematisch und unbefriedigend. Im Sinne der Rechtssicherheit ist es daher geboten, die unzulässige Beeinflussung auf rechtlicher Ebene durch Bestimmung von zu berücksichtigenden Umständen zu ermöglichen. Durch

[866] *G. Becker*, Die unzulässige Einflussnahme des Arbeitgebers auf die Entscheidungsfreiheit des Arbeitnehmers am Beispiel des arbeitsrechtlichen Aufhebungsvertrages, 393; *Lorenz*, JZ 1997, 277, 282; *Lorenz* in: FS Canaris, 777, 788; *Lorenz,* Der Schutz vor dem unerwünschten Vertrag, S. 487; *S. Müller*, DB 2019, 1792, 1793.
[867] BAG, NZA 2019, 100, 103; NZA 2012, 995, 996; *Greiner*, NZA 2012, 529, 530: Arbeitskampfrecht sei "*ein freies Wechselspiel aus Druck und Gegendruck* (…)."; *Stier*, öAT 2017, 177, 178.
[868] *Thies,* Der Schutz des Arbeitnehmers bei Abschluss arbeitsrechtlicher Aufhebungsverträge, S. 62, "*aus dem Grundsatz der Eigenverantwortlichkeit (...) folgt im Privatrechtsverkehr ein gewisser (und insofern gewollter) Egoismus*".
[869] *Germelmann*, NZA 1997, 236, 237.
[870] BVerfG, NJW 1994, 36, 38.
[871] *Lembke/Michels*, RdA 2023, 353, 355.
[872] *Horstmeier*, ZAP 2023, 289, 293f., der Beispiele aus der Verhandlungsforschung nennt.

die negative Definition des Tatbestandes[873] sowie das Erfordernis der unmittelbaren Beeinflussung[874] ist eine Begrenzung bereits erfolgt. Nun geht es aber darum, tatsächlich festzustellen, wann eine Beeinflussung eine Pflichtverletzung darstellt, also unfair bzw. unzulässig ist.

a) Vorgeschlagene Lösungsoptionen für die Bestimmung des Umstandsmoments

Zur Bestimmung unfairer Verhandlungen existieren bereits verschiedene Vorschläge, die sich an bestehenden gesetzlichen Normen oder an der undue influence orientieren. Diese sollen im Folgenden in den Blick genommen werden.

aa) Orientierung an § 136a StPO

Bachmann und *Ponßen* haben vorgeschlagen, wenngleich nicht näher ausgearbeitet, sich zur Bestimmung des Tatbestands an den in § 136a StPO normierten verbotenen Vernehmungsmethoden zu orientieren.[875] Die Rechtsprechung müsse die Grenzen des Gebots fairen Verhandelns weiter schärfen und hierzu Fallgruppen schaffen. Hierbei sei eine Orientierung an der Kasuistik des § 136a StPO hilfreich.[876]

Dem Vorschlag ist zuzugestehen, dass sich aus § 136a StPO einige konkrete Beeinflussungsmethoden herleiten lassen, die begrifflich bestimmbar und bereits definiert sind sowie in der Praxis angewendet werden. Weiterhin soll auch § 136a StPO die Freiheit der Willensentschließung und Willensbetätigung schützen[877] und verfolgt damit im Grundsatz denselben Zweck wie das Gebot fairen Verhandelns. Eine Auflistung, wie in § 136a StPO, würde die Subsumtion der unfairen Verhandlung erleichtern. Gleichwohl ist zu bedenken, dass mit § 136a StPO grundsätzliche Gedanken der Rechtsstaatlichkeit, nämlich der Schutz der Menschenwürde, die Wahrung des Beschuldigten als Rechtssubjekt, die objektive Wahrheitsfindung und der nemo-tenetur-Grundsatz im Strafrecht verfolgt werden.[878] Mit dieser Norm soll der Beschuldigte sein Recht auf ein faires Verfahren gesichert bekommen und vor Übergriffen des Staates geschützt werden. Im Gegensatz hierzu schützt § 241 Abs. 2 BGB die rechtsgeschäftliche

[873] S. Fünfter Teil, I., 3.
[874] S. Fünfter Teil, I., 1.
[875] *Bachmann/Ponßen*, NJW 2019, 1966, 1970.
[876] MüKo/BGB/*Bachmann*, § 241 Rn. 137.
[877] MüKo/StPO/*Schuhr*, § 136a Rn. 2.
[878] KK/StPO/*Diemer*, § 136a Rn. 1; *Krack*, NStZ 2002, 120, 122.

Entscheidungsfreiheit. Insofern besteht zwischen den grundsätzlichen Bedeutungen der Normen ein erheblicher Unterschied, der eine Anknüpfung in Frage stellt. Weiterhin ist eine Willenserklärung, die nach Androhung der in § 136a StPO genannten Vernehmungsmethoden abgegeben wurde, ohnehin gemäß § 123 Abs. 1 Var. 2 BGB anfechtbar. Ebenso ist offenkundig, dass die meisten der in Frage stehenden Vernehmungsmethoden (Misshandlung, körperlicher Eingriff, Verabreichung von Mitteln, Quälerei, Täuschung oder Hypnose) rechtswidrig wären.[879] Sie begründen entweder die Anfechtbarkeit, ggf. die Nichtigkeit gemäß § 105 Abs. 2 BGB oder deliktische Schadensersatzansprüche wegen Körper- und Gesundheitsverletzungen. Die genannten Vernehmungsmethoden führen, wenn sie im Rahmen eines (vorvertraglichen) Schuldverhältnisses erfolgen, auch zu einem Schadensersatzanspruch nach § 280 Abs. 1 BGB, da die Rücksichtnahmepflichten gemäß § 241 Abs. 2 BGB auch die körperliche Integrität schützen.[880] Mithin ist bei Vorliegen der in § 136a StPO normierten Vernehmungsmethoden in Vertragsverhandlungen regelmäßig ein Schadensersatzanspruch gemäß §§ 280 Abs. 1, 311 Abs. 2, 241 Abs. 2 BGB gegeben. Die Betrachtung des § 136a Abs. 1 StPO führt daher nur zum Hinweis auf einige Verhaltensweisen, die einen Verstoß gegen vorvertragliche Verhaltenspflichten begründen können. § 136a StPO dient allerdings nicht dazu, die schwierige Abgrenzung zwischen zulässiger und unzulässiger Beeinflussung vorzunehmen, da die genannten Kriterien gerade nicht auf der Schwelle liegen, sondern unzweifelhaft als rechtswidrige Verhandlungsmethoden einzuordnen sind.

(1) Das Kriterium der Ermüdung

Einzige Ausnahme von Vorstehendem ist das Kriterium der Ermüdung, das in § 136a Abs. 1 S. 1 StPO genannt wird und auch bei rechtsgeschäftlichen Entscheidungen zu einer eingeschränkten Willensfreiheit führen kann. Für dieses Kriterium fehlt es im BGB an einem vergleichbaren Element. Zudem ist es im Gegensatz zu den anderen Kriterien auch nicht eindeutig, dass und welche Art von Ermüdung die Wirksamkeit eines geschlossenen Rechtsgeschäfts in Frage stellt.

---

879 Vgl. *Horstmeier*, ZAP 2023, 289, 294.

880 OLG Saarbrücken, NJW-RR 2012, 152, 153; Grüneberg/BGB/*Grüneberg*, § 311 Rn. 29; HK/BGB/*R. Schulze*, § 311 Rn. 29; BeckOK/BGB/*Sutschet*, § 241 Rn. 89.

Die Ermüdung im Sinne des § 136a Abs. 1 S. 1 StPO muss stets im Einzelfall festgestellt werden.[881] Sie ist dann gegeben, wenn die Erschöpfung des Beschuldigten so ausgeprägt ist, dass sie befürchten lässt, dass eine freie Willensentscheidung nicht mehr gegeben ist und der Beeinflusste der Vernehmung nicht mehr folgen kann.[882] Dabei ist nicht entscheidend, dass der Beschuldigte tatsächlich zu Schlaf gekommen ist.[883] Es ist auch nicht verboten, einem Beschuldigten anstrengende Vernehmungen oder solche zur Nachtzeit zuzumuten.[884] Zudem wird Ermüdung regelmäßig nur dann angenommen werden, wenn sich der Beschuldigte hierauf in der Vernehmung berufen hat.[885] Im Ergebnis wird die Ermüdung im Sinne des Gesetzes nur in besonderen Ausnahmefällen bejaht. So wurde ein Fall der Ermüdung nach mehr als 30 Stunden ohne Schlaf angenommen,[886] Schlaflosigkeit von 24 Stunden jedoch im Einzelfall für irrelevant erachtet.[887] Die Anforderungen an die Dauer des Schlafentzugs sind für die Annahme von Ermüdung hoch. Hingegen genügt bei festgestellter Ermüdung wiederum eine *„Beeinträchtigung der Willensfreiheit“*[888] bzw. die *„Befürchtung der Beeinträchtigung.“*[889]

Zur Ermüdung des Verhandlungspartners kann es in Vertragsverhandlungen dann kommen, wenn diese über mehrere Stunden geführt werden und der Vertragspartner auf diese Weise geschwächt wird.[890] Bezugnehmend auf die bisher angewandten oder vorgeschlagen Kriterien des Gebots fairen Verhandelns ist denkbar, dass die Müdigkeit unter das Ausnutzen einer körperlichen Schwäche des Gegenübers subsumiert wird. Eine Parallele kann weiterhin zur undue influence gezogen werden, bei der die Ermüdung des Beeinflussten ebenfalls als Bestandteil einer unzulässigen Beeinflussung bzw. als Indiz für eine fehlende Willensfreiheit angesehen wurde.[891] Dass eine massive Ermüdung im Sinne der Auslegung des § 136a Abs. 1 S. 1 StPO, nämlich ein Schlafentzug von über 30 Stunden, im Einzelfall die Willensfreiheit beeinflussen kann, dürfte nicht in Frage gestellt werden. Das Kriterium ist mithin auch im rechtsgeschäftlichen Verkehr ein relevanter

[881] *Soiné*, ZRP 2025, 114, 116.
[882] BGH, NStZ 2015, 46, 47; NJW 1992, 2903, 2904; KK/StPO/*Diemer*, § 136a Rn. 12; *Jahn*, JuS 2005, 1057, 1059.
[883] BGH, NStZ 1999, 630; BeckRS 1993, 31079736.
[884] KK/StPO/*Diemer*, § 136a Rn. 12.
[885] BGH, NStZ 1999, 630; NJW 1992, 2903, 2904; NJW 1959, 899.
[886] BGH, NStZ 2015, 46, 47.
[887] BGH, BeckRS 1983, 31110859.
[888] BGH, NStZ 1999, 630.
[889] KK/StPO/*Diemer*, § 136a Rn. 13.
[890] Vgl. LAG Thüringen, NZA-RR 1999, 399, dessen Tatbestand jedoch nicht die Anforderungen des § 136a Abs. 1 S. 1 StPO erfüllt hätte.
[891] S. District Court of Appeal (USA, Cal.): Odorizzi vs. Bloomfield School District, 246 Cal. App. 2d 123, 54 Cal. Rptr. 533 ff. (1966), bei dem der Beeinflusste nach 40-stündiger Untersuchungshaft mit Schlafentzug den Vertrag einging.

Aspekt, wenn es um die Prüfung der Wirksamkeit eines Vertrags geht, der von einem übermüdeten Vertragsschließenden geschlossen wurde. In diesem Fall kann eine Schwäche vorliegen, die vom Gegenüber ausgenutzt oder gar hervorgerufen wird.[892] Eine Übertragung des gesetzlichen Verbots der Ermüdung des § 136a Abs. 1 S. 1 StPO, die zu einem unmittelbaren Schadensersatzanspruch wegen Verletzung des Gebots fairen Verhandelns führt, kann allerdings aufgrund der Unterschiedlichkeit der Rechtsinstitute nicht erfolgen.

(2) Fazit

Eine Orientierung an § 136a StPO zur Bestimmung des Tatbestands des Gebots fairen Verhandelns ist weder hilfreich noch sinnvoll. Die nach § 136a StPO verbotenen Verhandlungsmethoden sind überwiegend auch im Zivilrecht unproblematisch als rechtswidrig einzuordnen und dienen nicht als Abgrenzung zwischen zulässiger und unzulässiger Beeinflussung. Einzige Ausnahme ist das Kriterium der Ermüdung, das im Zivilrecht nicht gesetzlich erfasst ist. Da die Ermüdung eines Verhandlungspartners kaum mit legalen Mitteln proaktiv herbeigeführt werden kann,[893] bleibt dessen praktische Relevanz auf das Ausnutzen des Beeinflussenden beschränkt. Es kann unter das „Ausnutzen einer körperlichen Schwäche" subsumiert werden, das vom BAG als Beispiel für einen denkbaren Bestandteil des Tatbestands des Gebots fairen Verhandelns genannt wurde.[894] Hierbei können die von Rechtsprechung und Literatur aufgestellten Maßstäbe für die Auslegung des Begriffs der Ermüdung eine wertvolle Erkenntnis darstellen. Dies gilt insbesondere für die, restriktiv angenommene, erforderliche Dauer des Schlafentzugs von ca. 30 Stunden und das regelmäßig geforderte Berufen des Beeinflussten auf seinen ermüdeten Zustand.[895] Liegen diese Voraussetzungen vor, kann auf eine Ermüdung des Verhandlungspartners geschlossen werden, die im Rahmen des Gebots fairen Verhandelns zu berücksichtigen sein kann, wenn eine Schwäche des Verhandlungspartners ausgenutzt wird.

---

[892] S. u.: Fünfter Teil, II. 2. b) bb) (2) b).
[893] Es wird in keinem Rechtsverhältnis die Möglichkeit geben, den Verhandlungspartner eine Weisung zu erteilen, über 24 Stunden oder gar mehr an einem bestimmten Ort zu verweilen und von der Möglichkeit einer Erholung abzuhalten. Im Arbeitsrecht ist dies durch das ArbZG sichergestellt, in anderen Rechtsgebieten ist dies ohnehin fernliegend.
[894] BAG, NZA 2019, 688, 692.
[895] S. Fn. 887.

bb) Orientierung an § 4a Abs. 1 S. 2 Nr. 3 UWG

Ein Tatbestand, der der bisherigen Anwendung des Gebots fairen Verhandelns nähersteht, findet sich in dem Verbot der unzulässigen Beeinflussung gemäß § 4a UWG. *Plum* begründete mit § 4a UWG die Legitimität des Gebots fairen Verhandelns, da dem deutschen Gesetz ausweislich dieser Norm ein weitergehender Schutz vor unzulässiger Fremdbestimmung nicht fremd sei.[896] Aufgrund der Ähnlichkeit zwischen dem Tatbestand des § 4a Abs. 1 S. 2 Nr. 3 UWG und der abstrakten Definition des Gebots fairen Verhandelns durch das BAG wird diskutiert, sich zur Bestimmung des Gebots fairen Verhandelns an dem Verbot der unzulässigen Beeinflussung gemäß § 4a Abs. 1 S. 2 Nr. 3 UWG zu orientieren.[897] Dieser Vorschlag knüpft die seit langer Zeit bestehende Frage an, wie mit Folgeverträgen von Verstößen gegen das UWG umzugehen ist.[898] Durch die Schaffung des § 9 Abs. 2 UWG n.F., der nunmehr einen Individualanspruch für Verbraucher bei bestimmten Verstößen gegen das UWG vorsieht, ist diese Frage aktueller denn je. Durch § 9 Abs. 2 UWG n.F. wollte der Gesetzgeber einen Verstoß gegen § 4a Abs. 1 S. 2 Nr. 3 UWG auch individualvertraglich nicht länger folgenlos belassen, sondern ein Rechtsinstitut schaffen, mit dem der Verbraucher die Möglichkeit erhält, eine unzulässige Beeinflussung in diesem Sinne rechtlich effektiv abzuwehren.[899] *Gräf* kommt bei seiner Untersuchung des Gebots fairen Verhandelns zu dem Ergebnis, dass mit § 4a Abs. 1 S. 2 Nr. 3 UWG eine Norm besteht, die eine ähnliche Zielrichtung wie das Gebot fairen Verhandelns hat. Es schütze die Willensfreiheit der Verbraucher, weshalb sich zur Bestimmung des Tatbestands an § 4a Abs. 1 S. 2 Nr. 3 UWG orientiert werden könne.[900]

(1) Tatbestand des § 4a Abs. 1 S. 2 Nr. 3 UWG

Gemäß § 4 Abs. 1 S. 2 Nr. 3 liegt eine unzulässige Beeinflussung vor, wenn der Unternehmer eine Machtposition gegenüber dem Verbraucher oder sonstigen Marktteilnehmer zur Ausübung von Druck, auch ohne Anwendung oder Androhung von körperlicher Gewalt, in einer Weise ausnutzt, die die Fähigkeit des Verbrauchers oder

---

[896] *Plum*, MDR 2020, 69, 70.

[897]. *Gräf,* Das Gebot fairen Verhandelns beim Abschluss eines arbeitsrechtlichen Aufhebungsvertrags, S. 241; ähnlich: *Lorenz,* Der Schutz vor dem unerwünschten Vertrag, S. 489

[898] Eine Auswirkung auf Tatbestände des BGB schon früher befürwortend: *Sack*, GRUR 2004, 625, 628f; s.a. MüKo/UWG/*Raue*, § 4a Rn. 46.

[899] Referentenentwurf des Bundesministeriums der Justiz und für Verbraucherschutz vom 04.11.2020, S. 18.

[900] *Gräf,* Das Gebot fairen Verhandelns beim Abschluss eines arbeitsrechtlichen Aufhebungsvertrags, S. 241 u. 427.

sonstigen Marktteilnehmers zu einer informierten Entscheidung wesentlich einschränkt.[901] Die Legaldefinition wird ergänzt durch § 4 Abs. 2 UWG, wonach bei der Feststellung einer unzulässigen Beeinflussung auf verschiedene Umstände abzustellen ist. So sind der Ort und der Zeitpunkt sowie Art und Dauer des Unternehmers (Abs. 2 Nr. 1) zu berücksichtigen. Weitere Umstände stammen zum Teil aus der Sphäre des Beeinflussenden. Dazu gehören etwa drohende und beleidigende Formulierungen und Verhaltensweisen (Abs. 2 Nr. 2), die Schaffung von Hindernissen, die den Verbraucher an der Wahrnehmung seiner Rechte hindern (Abs. 2 Nr. 4) sowie Drohungen mit unzulässigen Rechtshandlungen (Abs. 2 Nr. 5).

Aus der Sphäre des beeinflussten Verbrauchers stammen hingegen Unglückssituationen oder ähnliche Umstände, die vom Unternehmer ausgenutzt werden. Dazu zählen nach Abs. 2 S. 2 UWG insbesondere geistige und körperliche Beeinträchtigungen, das Alter, die geschäftliche Unerfahrenheit, die Leichtgläubigkeit, die Angst und die Zwangslage von Verbrauchern.

(2) Parallelen und Unterschiede zur bisherigen Anwendung des Gebots fairen Verhandelns

Der Tatbestand der unzulässigen Beeinflussung gemäß § 4a UWG weist verschiedene Parallelen zum Gebot fairen Verhandelns auf.[902] Beide Rechtsinstitute sollen die Entscheidungsfreiheit schützen und den Verhandlungspartner vor unzulässiger Fremdbestimmung bewahren. Sowohl beim Gebot fairen Verhandelns als auch bei der unzulässigen Beeinflussung werden verschiedene Kriterien in den Blick genommen. Diese sind in § 4a Abs. 1 S. 2 Nr. 3, Abs. 2 UWG kodifiziert, wohingegen sie in der bisherigen Rechtsprechung zum Gebot fairen Verhandelns einzeln und eher beispielhaft aufgezählt wurden.[903] Dabei gibt es auch inhaltliche Überschneidungen: So ist beim Gebot fairen Verhandelns ein Überraschungsmoment zu berücksichtigen,[904] was sich bei einer unzulässigen Einflussnahme unter § 4a Abs. 2 S. 1 Nr. 1 UWG, nämlich Zeitpunkt und Ort der Behandlung subsumieren lässt.[905] Die Verwendung drohender oder beleidigender

[901] S. zum Tatbestand: Zweiter Teil, II., 4., a).
[902] Vgl. *Gräf,* Das Gebot fairen Verhandelns beim Abschluss eines arbeitsrechtlichen Aufhebungsvertrags, S. 238.
[903] BAG, NZA 2019, 688, 692.
[904] BAG, BeckRS 2022, 3692, Rn. 26; NZA 2019, 688, 692; LAG Hessen, BeckRS 2021, 21456, Rn. 35.
[905] Vgl. Köhler/Bornkamm/Feddersen/UWG/*Köhler*, § 4a Rn. 1.85, wonach ein "*unerbetener Hausbesuch in den Abendstunden*" beispielsweise für eine unzulässige Beeinflussung sprechen könnte.

Formulierungen und Verhaltensweisen gemäß § 4a Abs. 2 S. 1 Nr. 2 UWG ist mit der Schaffung unangenehmer Rahmenbedingungen, die ablenken oder den Fluchtinstinkt wecken,[906] zu vergleichen. Drohungen mit rechtlich unzulässigen Handlungen gemäß § 4a Abs. 2 S. 1 Nr. 5 UWG sind sowohl ein Verstoß gegen vorvertragliche Verhaltenspflichten als auch gemäß § 123 Abs. 1 Var. 2 BGB anfechtbar. Das bewusste Ausnutzen eines Defizits des Verhandlungspartners, sei es eine sprachliche,[907] körperliche oder psychische,[908] oder intellektuelle[909] Schwäche, kann durch § 4a Abs. 2 S. 1 Nr. 3, S. 2 UWG in beiden Rechtsinstituten relevant sein. Durch S. 2, wonach aufgrund des Wortlauts („*insbesondere*") nahezu alle Eigenschaften oder Umstände der Verbraucher berücksichtigt werden können, ist § 4a Abs. 2 S. 1 Nr. 3, S. 2 UWG ebenso offen wie das Gebot fairen Verhandelns. Hier liegt aber ein Unterschied zwischen den Rechtsinstituten: Während gemäß § 4a Abs. 2 S. 1 UWG explizit nur das bewusste Ausnutzen eines Umstandes, der das Urteilsvermögen des Vertragspartners beeinträchtigt, erfasst ist, war bei der bisherigen Anwendung des Gebots fairen Verhandelns nur vom „*Ausnutzen*" die Rede. Ausnutzen im Sinne des § 4a Abs. 2 S. 1 Nr. 3 UWG fordert demnach eine bewusste und finale Handlung.[910] Fraglich ist hingegen, ob auch das „*Ausnutzen*" im Sinne des Gebots fairen Verhandelns eine solche subjektive Komponente verlangt.[911] Schon bereits das Wort „*Ausnutzen*" suggeriert ein solches subjektives Erfordernis,[912] das sich allerdings nicht ohne Weiteres in das allgemeine Schuldrecht und in die Haftung für Vorsatz und Fahrlässigkeit gemäß § 276 Abs. 1 BGB einfügt. Eine andere Haftung kann sich zwar gemäß § 276 Abs. 1 BGB aus dem Inhalt des Schuldverhältnisses ergeben, bedarf aber eines weitergehenden Begründungsaufwandes und weicht vom gesetzlichen Regelfall des

---

906 Vgl. BAG, NZA 2019, 688, 691f., mit Verweis auf die Konstellation bei: LAG Thüringen, NZA-RR, 399, bei der ein kreuzverhörähnliches Vertragsgespräch festgestellt wurde; mit Hinweis auf den regelmäßigen Verweis auf eine raue Gesprächsatmosphäre: *Ehrich*, DB 1992, 2239, 2240.

907 LAG Rheinland-Pfalz, BeckRS 2019, 38069.

908 BAG, NZA 2019, 688, 692.

909 S. hierzu: ArbG Heilbronn, BeckRS 2022, 13202.

910 BeckOK/UWG/*Fritzsche*, § 4a Rn. 67; MüKo/UWG/*Raue*, § 4a Rn. 198; Köhler/Bornkamm/Feddersen/UWG/*Köhler*, § 4a Rn. 1.59; *Scherer*, GRUR 2016, 233, 239; Fezer/Büscher/Obergfell/UWG/*Scherer*, § 4a Rn. 144.

911 Bejahend: *G. Becker*, Die unzulässige Einflussnahme des Arbeitgebers auf die Entscheidungsfreiheit des Arbeitnehmers am Beispiel des arbeitsrechtlichen Aufhebungsvertrages, 391; für eine Differenzierung sprechend: Harte-Bavendamm/Henning-Bodewig/*Picht*, § 4a Rn. 116; *Plum*, MDR 2020, 69, 71; kritisch: *A. Zimmermann/Völkerding*, DB 2019, 1628; *Wurm*, SPA 2022, 121, 122. Bejahend: *G. Becker*, Die unzulässige Einflussnahme des Arbeitgebers auf die Entscheidungsfreiheit des Arbeitnehmers am Beispiel des arbeitsrechtlichen Aufhebungsvertrages, 391; für eine Differenzierung sprechend: Harte-Bavendamm/Henning-Bodewig/*Picht*, § 4a Rn. 116; *Plum*, MDR 2020, 69, 71; kritisch: *A. Zimmermann/Völkerding*, DB 2019, 1628; *Wurm*, SPA 2022, 121, 122

912 *Plum*, MDR 2020, 69, 71; *Schwarze*, JA 2019, 789, 790.

§ 276 Abs. 1 BGB ab. Auch darf gemäß § 276 Abs. 1 BGB nach dem Inhalt des Schuldverhältnisses differenziert werden, eine Differenzierung nach der Art der Pflichtverletzung gibt das Gesetz aber nicht her. Eine solche Differenzierung ist aber erforderlich, wenn man bei einem Verstoß nur vorsätzliches Handeln erfassen würde. Des Weiteren liegt in dem expliziten Erfordernis einer bewussten und finalen Handlung in § 4a Abs. 2 Nr. 3 UWG ein Unterschied zur neutralen Formulierung des BAG. Diese zwei Varianten der Formulierung deuten auch auf eine inhaltliche Differenzierung hin.

Tatbestandlich kommt weiterhin hinzu, dass der Umstand von solcher Schwere gemäß § 4a Abs. 2 S. 1 Nr. 3 Alt. 2 UWG nur dann relevant ist, wenn er mit einer Unglückssituation nach Alt. 1 vergleichbar ist.[913] Es muss gemäß § 4a Abs. 2 S. 2 UWG stets ein Bezug zu einer Verbrauchergruppe hergestellt werden. Nur wenn eine solche Verbrauchergruppe festgestellt werden kann, ist gemäß § 4a Abs. 2 S. 1 Nr. 3 UWG anhand eines durchschnittlichen Mitglieds dieser Gruppe zu beurteilen, ob eine tatsächliche Beeinträchtigung des Urteilsvermögens gegeben ist.[914] Diese Unterscheidung führt zu einer weiteren Abgrenzung zwischen § 4a UWG und dem Gebot fairen Verhandelns: Während das Gebot fairen Verhandelns nur in engen rechtlichen Beziehungen Anwendung finden kann,[915] ist das UWG auf ein distanziertes und vergleichsweise anonymes Verbraucher-Unternehmer-Verhältnis zugeschnitten. Dass das Gebot fairen Verhandelns aufgrund der Auslegung des § 241 Abs. 2 BGB nur bei besonders intensiven Vertrags- und Vertrauensverhältnissen Anwendung finden kann, erklärt dessen bisherige ausschließliche praktische Anwendung im Arbeitsrecht.[916] Insofern unterscheidet sich der grundsätzliche Gedanke des UWG erheblich von jenem des Gebots fairen Verhandelns. Das wird abschließend dadurch verdeutlicht, dass die unzulässige Beeinflussung tatbestandlich nur beim Ausnutzen einer Machtposition erfüllt wird.[917] Zwar ermöglicht eine Machtposition regelmäßig unfaires

---

913 Köhler/Bornkamm/Feddersen/UWG/*Köhler*, § 4a Rn. 2.9.

914 Köhler/Bornkamm/Feddersen/UWG/*Köhler*, § 4a Rn. 2.10; Fezer/Büscher/Obergfell/UWG/*Scherer*, § 4a Rn. 353.

915 S. Vierter Teil, III.

916 *Gräf*, Das Gebot fairen Verhandelns beim Abschluss eines arbeitsrechtlichen Aufhebungsvertrags, S. 281f.

917 Einschränkend ist zu sagen, dass der Begriff regelmäßig weit ausgelegt wird und schon bei einer faktischen Einwirkungsmöglichkeit Anwendung finden kann: Köhler/Bornkamm/Feddersen/UWG/*Köhler*, § 4a Rn. 1.57; *Köhler/Lettl*, WRP 2003, 1019, 1046; MüKo/UWG/*Raue*, § 4a Rn. 165; *Scherer*, GRUR 2016, 233, 238.

Verhandeln, da es bestimmte Beeinflussungsmethoden begünstigt,[918] es ist aber nicht konstitutiv im Sinne des § 241 Abs. 2 BGB.[919]

Festzuhalten ist, dass der Tatbestand in § 4a UWG eine ähnliche Gesamtbetrachtung ermöglicht, wie es die Anwendung des Gebots fairen Verhandelns fordert. Die zu berücksichtigenden Verhaltensweisen und Umstände sind in § 4a Abs. 2 S. 1 UWG explizit erwähnt. Diese sind umfassend, so dass sie es erlauben, einige der denkbaren Verstöße gegen das Gebot fairen Verhandelns ebenso unter § 4a Abs. 1 S. 2 Nr. 3 UWG zu subsumieren und gleichermaßen in einer Gesamtbetrachtung zu berücksichtigen. Die Annahme einer Gesamtbetrachtung zur Feststellung einer aggressiven geschäftlichen Handlung wird durch die internationalen Sprachfassungen der Norm verdeutlicht. In diesen kommt es nicht ausschließlich auf die ausgeführten Kriterien an, sondern sie haben lediglich eine indizielle Wirkung.[920]

Allerdings unterscheidet sich das Gebot fairen Verhandelns in den Details der bisher erarbeiteten Kriterien und in der grundsätzlichen Schutzrichtung sowie in der Anwendbarkeit der jeweiligen Rechtsinstitute. Während das UWG auf ein anonymes Verhältnis zwischen Unternehmer und Verbraucher ausgelegt ist, kann das Gebot fairen Verhandelns dogmatisch nur bei besonders starken Rücksichtnahmepflichten gemäß §§ 311 Abs. 2 Nr. 1, 241 Abs. 2 BGB eingreifen.[921] Zudem ermöglicht das Gebot fairen Verhandelns eine gänzlich individualisierte Gesamtbetrachtung, während die unzulässige Beeinflussung aufgrund der Bildung von Verbrauchergruppen sehr viel abstrakter bestimmt wird.

(3) Schlüsse zum Gebot fairen Verhandelns – Orientierung an § 4a UWG?

Aufgrund der Unterschiede der beiden Normen in der grundsätzlichen Schutzrichtung und des Anwendungsbereichs scheidet eine analoge Anwendung des

[918] So ermöglicht beispielsweise das arbeitsrechtliche Weisungsrecht die Anberaumung eines Personalgesprächs, dem sich der Arbeitnehmer nicht ohne Weiteres entziehen kann.

[919] Vgl. *Lorenz,* Der Schutz vor dem unerwünschten Vertrag, S. 462f.

[920] Köhler/Bornkamm/Feddersen/UWG/*Köhler*, § 4a Rn. 1.83, mit Verweis auf die englische und französische Fassung der UGP-RL.

[921] Vgl. *Gräf,* Das Gebot fairen Verhandelns beim Abschluss eines arbeitsrechtlichen Aufhebungsvertrags, S. 240, wonach das Gebot fairen Verhandelns "*typischerweise*" dort verletzt wird, wo kein Wettbewerb besteht.

§§ 4a Abs. 2 S. 1 Nr. 3, S. 2 UWG, die dem Gebot fairen Verhandelns gleichkäme, aus.[922] Es fehlt an einer vergleichbaren Interessenlage. Die Schaffung des Individualanspruchs gemäß § 9 Abs. 2 n.F. UWG führt ebenfalls nicht dazu, dass der unzulässige Beeinflusste einen Anspruch erhalten würde, der dem Gebot fairen Verhandelns entspräche.[923] Insbesondere ist § 9 Abs. 2 n.F. UWG in der Regel nicht in Fällen anwendbar, in denen das Gebot fairen Verhandelns aufgrund der starken vertraglichen und/oder persönlichen Bindung der Parteien in Betracht kommt.

Offen bleibt daher lediglich eine Orientierung am Tatbestand der unzulässigen Beeinflussung. Diese fußt auf der Annahme, dass aus § 4a Abs. 1 S. 2 UWG Schlüsse für die Frage gezogen werden könnten, welche Beeinflussung der Gesetzgeber als zulässig oder unzulässig einordnet.[924] Wenn der Gesetzgeber bei der Marktregulierung einen einheitlichen Maßstab für die Wettbewerber aufstellt, so könne daraus die gesetzgeberische Wertung entnommen werden, welche Beeinflussung dem einzelnen Teilnehmer des rechtsgeschäftlichen Verkehrs zuzumuten sei. Das öffentliche Interesse an einem funktionierenden Marktsystem, das mit dem UWG primär gewährt werden solle, ändere nichts an der individualrechtlichen Schutzwirkung des UWG.[925] Richtig ist ebenso, dass der Gesetzgeber mit der Schaffung des Tatbestands des § 4a Abs. 1 S. 2 UWG gezeigt hat, dass er eine Druckausübung für möglich und geeignet hält eine rechtlich relevante Fremdbestimmung herbeizuführen.[926] Damit ist auf rechtlicher Ebene manifestiert, dass eine Beeinflussung der Willensfreiheit in Form der in § 4a Abs. 1 S. 2 UWG genannten Verhaltensweisen möglich sein kann.[927]

Allerdings ist bisher ungeklärt, in welcher Form die Orientierung an § 4a Abs. 1 S. 2 UWG erfolgen soll. *Gräf* bleibt jedoch bei seiner Ansicht, man könne sich an den Vorschriften des § 4a Abs. 1 S. 2 UWG „*orientieren*“, eher vage. Es bleibt unklar, wie genau eine „Orientierung“, die sich von einer analogen Anwendung abgrenzt, aussehen soll. Das wird dadurch verdeutlicht, dass *Gräf* zwar die Orientierung an

[922] So auch: *Gräf,* Das Gebot fairen Verhandelns beim Abschluss eines arbeitsrechtlichen Aufhebungsvertrags, S. 240f.
[923] S. Zweiter Teil, II. 4.
[924] *Gräf,* Das Gebot fairen Verhandelns beim Abschluss eines arbeitsrechtlichen Aufhebungsvertrags, S. 240f.
[925] *Lorenz,* Der Schutz vor dem unerwünschten Vertrag, S. 489.
[926] *Gräf,* Das Gebot fairen Verhandelns beim Abschluss eines arbeitsrechtlichen Aufhebungsvertrags, S. 240f.
[927] *Plum*, MDR 2020, 69, 70.

§ 4a Abs. 1 S. 2 UWG vorschlägt,[928] dann aber in seiner Analyse der einzelnen Verhandlungsmethoden nur noch vereinzelt hierauf Bezug nimmt und sein Fazit hiervon gänzlich unberührt bleibt.[929] Eine Orientierung kann nur dahingehend erfolgen, die in § 4a Abs. 1 S. 2 und Abs. 2 UWG aufgestellten Verhaltensweisen aufzugreifen, und diese im Rahmen der Feststellung einer Verletzung des Gebots fairen Verhandelns zu werten. Die Verhaltensweisen werden jedenfalls in bestimmten Rechtsverhältnissen von der Rechtsordnung missbilligt, was Anlass zu der Annahme begründet, dass der Gesetzgeber auch im Rahmen einer Gesamtbetrachtung die Wertung dieser Handlungen gestattet. Aus diesen Gründen hilft es, bei der Prüfung des Gebots fairen Verhandelns den Tatbestand der unzulässigen Beeinflussung nach § 4a Abs. 1 S. 2 Nr. 3 UWG in den Blick zu nehmen und zu prüfen, inwieweit sich einzelne Verhandlungsmethoden hierunter subsumieren lassen.

cc) Übernahme der undue influence

Die Betrachtung des § 136a Abs. 1 StPO und des § 4a Abs. 1 S. 2 Nr. 3, Abs. 2 UWG bieten Anhaltspunkte für die Bestimmung des Tatbestands eines Verstoßes gegen das Gebot fairen Verhandelns. Eine Analogie scheidet in beiden Fällen aus. Als weiterer Anhaltspunkt für die Bestimmung des Tatbestands kann der Rechtsvergleich herangezogen werden, der maßgeblich zur Entdeckung des Gebots fairen Verhandelns beigetragen hat. Dabei geht es um das bereits thematisierte[930] Rechtsinstitut der undue influence, das erstmalig *Lorenz* für die Bestimmung der unzulässigen Einflussnahme heranzog.[931] Von *Holler* wurde das Gebot fairen Verhandelns gar als *„deutsches undue influence“* bezeichnet.[932]

Wie bereits ausgeführt, ist die bei der undue influence angewandte Vermutungswirkung, die bei Rechtsverhältnissen, in denen ein besonderes Vertrauensverhältnis besteht, für die Bestimmung des Anwendungsbereichs des Gebots fairen Verhandelns hilfreich, da dieser Mechanismus eine Parallele zur Auslegung des § 241 Abs. 2 BGB dahingehend aufweist, dass zwischen unterschiedlichen Vertrags- und Vertrauensverhältnissen zu differenzieren ist.[933] Offen ist, ob auch der in der anglo-

---

[928] *Gräf,* Das Gebot fairen Verhandelns beim Abschluss eines arbeitsrechtlichen Aufhebungsvertrags, S. 296ff.
[929] Ebd.
[930] Vierter Teil, II.; Zweiter Teil, I., 2.
[931] *Lorenz* in: FS Canaris, 777, 780.
[932] *D. E. Holler*, NJW 2019, 2206, 2209.
[933] Vierter Teil, II. 2.

amerikanischen Rechtsprechung angewandte Tatbestand der undue influence im deutschen Recht zur Feststellung unfairer Verhandlungen gebraucht werden kann. Dies ist jedoch mit ähnlichen Argumenten wie bei der Betrachtung der Vermutungswirkung abzulehnen: Die anglo-amerikanische Rechtsprechung beruht – abgesehen von wenigen Kodifikationen – auf einem Fallrecht und nicht auf der Betrachtung von Gesetzestexten.[934] Es besteht kein Anlass und kein Rechtsgrund, die im Fallrecht entwickelten Rechtsgrundsätze in das deutsche Recht zu übertragen und anzuwenden.[935] Die bei der undue influence geschaffenen und erwähnten Fallgruppen bzw. Verhandlungsmethoden[936] weisen keinen Bezug zur deutschen Rechtsordnung auf. Sie stellen Verhaltensweisen dar, die in Summenwirkung eine rechtswidrige Verhandlungsführung begründen können. Diese angewandte Summenwirkung bleibt die wesentliche Parallele, da auch das Gebot fairen Verhandelns nur über eine Gesamtbetrachtung zu bestimmen sein wird.

Ähnlich wie die Betrachtung von § 136a StPO und § 4a Abs. 2 S. 1 Nr. 3, S. 2 UWG führt die Untersuchung der undue influence in erster Linie dazu, denkbare Verhandlungsmethoden zu ermitteln, die in der Vergangenheit angewendet wurden und einer angemessenen rechtlichen Einordnung bedürfen. So bieten die in der undue influence entwickelten Fallgruppen der Beeinflussung ebenfalls nur einen Anhaltspunkt, welche einzelnen Verhandlungsmethoden unter § 241 Abs. 2 BGB bei einem möglichen Verstoß gegen das Gebot fairen Verhandelns zu berücksichtigen sein könnten. Die Bewertung der einzelnen Verhandlungsmethoden muss jedoch auf Basis des deutschen Rechts erfolgen. Eine Übertragung der undue influence ist nicht sinnvoll und aufgrund der hohen Bedeutung des Einzelfalls auch nicht möglich.

dd) Fazit

Die Betrachtung der verschiedenen Tatbestände, die zur Bestimmung des Gebots fairen Verhandelns herangezogen werden könnten, führt nicht zu einer sinnvollen Annäherung an diesen Tatbestand. Die von *Gräf* vorgeschlagene Orientierung an § 4a Abs. 1 S. 2 UWG ist ein naheliegender Ansatz, führt aber nicht zu Klarheit, da im Ergebnis unklar bleibt, wie genau eine solche Orientierung erfolgen soll und wie sie sich von einer Analogie abgrenzt.

[934] Vgl. hierzu: *König*, StudZR-WissOn 2014, 45, 46f.
[935] *D. E. Holler*, NJW 2019, 2206, 2209.
[936] Vierter Teil, II.

Die Betrachtung von § 136a StPO und § 4a UWG bestätigt allerdings die Erkenntnis, dass der Gesetzgeber bestimmte Verhandlungsmethoden kennt, rechtlich missbilligt, eine hierdurch begründete Beeinflussung des Verhandlungspartners wahrnimmt und dadurch für eine Wertung innerhalb der Auslegung anderer Normen öffnet. Gleichwohl ist zu beachten, dass diese Normen, die bestimmte Verhaltensweisen mit einer Rechtsfolge bedrohen, einem spezifischen Anwendungsbereich unterliegen. So wie § 136a StPO nur für die Vernehmungssituation im Strafprozessrecht und § 4a Abs. 2 S. 1 Nr. 3, S. 2 UWG nur bei Vorliegen einer Machtposition eines Unternehmers gegenüber einem Verbraucher gelten, so gelten andere Normen eben auch nur in einem bestimmten Anwendungsbereich. Es kann im Ergebnis nur darauf hinauslaufen, das gesamte Verhalten des Verhandelnden zu betrachten und unter bestehende gesetzliche Normen einzuordnen.

b) Lösungsvorschlag: Die Abgrenzung zwischen rechtlich gebilligten und missbilligten Verhaltensweisen

Ein Verstoß gegen das Gebot fairen Verhandelns lässt sich nur im Einzelfall und durch Gesamtbetrachtung feststellen. Die untersuchten Normen, wie auch weitere Vorschriften, bieten Anhaltspunkte dafür, welche Verhaltensweisen im Rahmen der Gesamtbetrachtung zur unfairen Verhandlung beitragen können. Das muss zu einer Betrachtung der einzelnen Verhandlungsmethoden im Lichte der rechtlichen Wertungen führen, die durch in einzelnen Normen durchscheinende rechtliche Billigung oder Missbilligung zur Geltung kommen. Entscheidend ist dabei, ob die typischen und typisierbaren Verhandlungsmethoden, die regelmäßiger Bestandteil streitbarer Verhandlungen sind und in der bisherigen Anwendung des Gebots fairen Verhandelns aufgegriffen wurden, tatsächlich in einen rechtlichen Rahmen integriert werden können. Hierzu ist zwischen rechtlich gebilligten und missbilligten Verhaltensweisen abzugrenzen.

aa) Die rechtlich gebilligten Verhaltensweisen

Die rechtlich gebilligten Verhaltensweisen betreffen insbesondere die bereits thematisierte rechtmäßige Drohung, das Bestehen auf den sofortigen Vertragsschluss, sowie das Recht, sich in Vertragsverhandlungen anwaltlich vertreten zu lassen.[937] Das Bestehen auf den sofortigen Vertragsschluss kann keinesfalls zu einem Verstoß gegen das Gebot fairen

[937] S. Fünfter Teil, I., 3.

Verhandelns führen, da es der gesetzlichen Regel entspricht,[938] nimmt aber dennoch eine entscheidende Bedeutung für die Bewertung von Verhandlungen ein, da es in der Regel notwendiger Bestandteil hiervon ist.[939]

Das Recht, sich rechtsgeschäftlich vertreten zu lassen, ist ebenso in den §§ 164 ff. BGB manifestiert. Gleiches gilt für die Inanspruchnahme eines Rechtsanwalts oder von Verhandlungsgehilfen, was gesetzlichen Vorschriften entspricht und grundsätzlich nicht zu beanstanden ist. Ebenso bewegt sich derjenige im Rahmen des Gesetzes, der bei Verhandlungen eine rechtmäßige Drohung im Sinne des § 123 Abs. 1 Var. 2 BGB ausspricht.[940]

Gleichwohl ist auch beim Einsatz dieser Verhandlungsmethoden zu bedenken, dass sich die Parteien im Falle der Anwendbarkeit des Gebots fairen Verhandelns in einem Vertrauensverhältnis befinden. Dieses Vertrauensverhältnis gebietet es, bei den Vertragsverhandlungen einen strengeren Maßstab anzulegen, als es außerhalb eines solchen Verhältnisses der Fall ist. Dennoch darf die gesetzliche Wertung hinsichtlich dieser Verhandlungsmethoden nicht gänzlich außer Acht gelassen werden. Daher können neben der bereits aufgezeigten Voraussetzung der Unmittelbarkeit der Beeinflussung, das Einsetzen eines Bevollmächtigten oder das Aussprechen einer rechtmäßigen Drohung ergänzend zu berücksichtigen sein, wenn sie Bestandteil einer Überrumpelungsstrategie sind.[941] Doch wann besteht eine Überrumpelungsstrategie?

(1) Die rechtmäßige Drohung

Ist eine Drohung offensichtlich rechtmäßig, wie im Falle der Drohung mit Verweigerung einer Leistung, ohne dass ein Anspruch auf diese besteht, oder im Falle der Drohung mit Kündigung und Strafanzeige bei einem strafbaren Verhalten des Arbeitnehmers zu Lasten des Arbeitgebers, fällt eine Drohung nicht ins Gewicht, sondern ist Bestandteil einer zulässigen Gesprächsstrategie.[942] Das gilt auch dann, wenn der Vertragsschluss nur zur sofortigen Annahme angeboten wird und dementsprechend mit einem Wegfall des

[938] S. Fünfter Teil, I. 3. a) aa).
[939] S. Fünfter Teil, II. 1.
[940] S. Fünfter Teil, II. 3. a) bb).
[941] Vgl. *Bauer/C. Arnold/Zeh*, NZA 2016, 449, 451; *Lorenz,* Der Schutz vor dem unerwünschten Vertrag, S. 483.
[942] *G. Becker,* Die unzulässige Einflussnahme des Arbeitgebers auf die Entscheidungsfreiheit des Arbeitnehmers am Beispiel des arbeitsrechtlichen Aufhebungsvertrages, S. 393; *Gräf,* Das Gebot fairen Verhandelns beim Abschluss eines arbeitsrechtlichen Aufhebungsvertrags, S. 270.

Angebots beim Verlassen des Raumes gedroht wird.[943] Ebenso ist es nicht rechtswidrig, wenn bei Verzögerung des Vertragsabschlusses eine Verschlechterung der Vertragsbedingungen oder sogar eine stündliche Verschlechterung des Angebots angedroht wird.[944] Hierin liegt eine zulässige Strategie des Verhandelnden, das Gegenüber zum Vertragsabschluss zu bewegen, dessen legitimes Interesse an einer schnellen Entscheidung hiermit verfolgt wird. Wenn es die Rechtsordnung schon gestattet, ein Angebot nur zur sofortigen Annahme vorzulegen, so muss es erst recht gestattet sein, ein Angebot bei Verzögerung der Annahme nur zu schlechteren Bedingungen anzubieten.[945] Der Verhandlungspartner ist in diesem Fall nicht schlechter, sondern bessergestellt, als wenn das Angebot nur zur sofortigen Annahme unterbreitet wird.

Im Gegensatz zu diesen Fällen kann eine Drohung dann zu einem Verstoß gegen das Gebot fairen Verhandelns führen, wenn Sie in Kombination mit anderen Verhandlungsmethoden eingesetzt wird oder sogar notwendiger Bestandteil hierzu ist. Hier rückt erneut das Arbeitsrecht in den Vordergrund: So wird zutreffender Weise darauf hingewiesen, dass nur im Arbeitsrecht eine grundsätzlich rechtmäßige Drohung dazu eingesetzt werden kann, den Verhandlungspartner am Verlassen des Raumes zu hindern.[946] Das betrifft insbesondere Arbeitsverhältnisse, da innerhalb dieser der Arbeitgeber grundsätzlich verlangen kann, dass der Arbeitnehmer persönlich an einem Personalgespräch teilnimmt und diesem auch bis zur Beendigung beiwohnt.[947] Die beharrliche Verletzung dieser Pflicht kann im Einzelfall gar eine ordentliche, verhaltensbedingte Kündigung rechtfertigen.[948] Zwar ist die Verpflichtung zur Teilnahme an einem Personalgespräch nur auf Gesprächsthemen beschränkt, deren Inhalt das arbeitsrechtliche Direktionsrecht erfasst.[949] Es entspricht nicht dem arbeitsrechtlichen Weisungsrecht, den Arbeitnehmer zu einem Personalgespräch zu verpflichten, bei dem es um die Änderung der Vertragsmodalitäten oder gar um die Beendigung des Arbeitsverhältnisses geht.[950] Diese Rechtsprechung wird aber nicht immer der Praxis gerecht, denn die Gesprächsthemen können innerhalb eines Personalgesprächs fließend sein. Das Recht des Arbeitgebers, ein Personalgespräch innerhalb seines

---

943 BAG, BeckRS 2022, 3692, Rn. 27.

944 A.A.: *Gräf,* Das Gebot fairen Verhandelns beim Abschluss eines arbeitsrechtlichen Aufhebungsvertrags, S. 272; *S. Müller*, DB 2019, 1792, 1794.

945 Vgl. *Kamanabrou*, RdA 2020, 201, 208.

946 *Gräf,* Das Gebot fairen Verhandelns beim Abschluss eines arbeitsrechtlichen Aufhebungsvertrags, S. 272, mit Verweis darauf, dass dies in der Regel nur bei Sachverhalten mit arbeitsrechtlichen Bezügen vorkomme.

947 BAG, NZA 2017, 183, 184; *Löser*, öAT 2018, 226, 227; *Schrader/Thoms/Mahler*, NZA 2018, 965, 966.

948 ArbG Heilbronn, NZA-RR 2022, 467, 470; *Urban*, ArbRAktuell 2011, 87, 89.

949 *Seker*, ArbRAktuell 2023, 508; *Urban*, ArbRAktuell 2011, 87; offenlassend: LAG Köln, BeckRS 2009, 62435.

950 BAG, NZA 2009, 1011, 1012; *Löser*, öAT 2018, 226, 227.

Weisungsrechts anzusetzen, geht sehr weit und ist nur eingeschränkt überprüfbar.[951] Auch wenn es dem Arbeitgeber um eine Vertragsänderung und eine Vertragsbeendigung geht, so wird er durch geschickte Gesprächsgestaltung innerhalb eines solchen Personalgesprächs einen Raum schaffen können, in dem er auf die Fortsetzung des Gesprächs in gewissen Grenzen bestehen können wird.[952] Droht er für den Fall des Abbruchs des Gesprächs eine arbeitsrechtliche Konsequenz an, so wird die Rechtswidrigkeit der Drohung praktisch regelmäßig nicht festgestellt werden können. Eine solche Drohung führt aber dazu, dass dem Gegenüber – in dem Fall dem Arbeitnehmer – unzulässig erschwert wird, das Vertragsangebot des Arbeitgebers abzulehnen. Auch wenn die Drohung nicht im Sinne des § 123 Abs 1 Var. 2 BGB rechtswidrig ist, trägt sie zu einer Einschränkung der Entscheidungsfreiheit bei: Die Freiheit, das Gespräch zu verlassen, bei dem der Abschluss eines Vertrags de facto das Ziel des Arbeitgebers ist, ist in diesem Moment nicht mehr gewährleistet. Daher ist eine solche Drohung im Rahmen der Feststellung eines Verstoßes gegen das Gebot fairen Verhandelns zu berücksichtigen, wenngleich sie aufgrund der Wertung des § 123 Abs. 1 Var. 2 BGB nicht isoliert zu einem Verstoß führen kann.

Im Regelfall ist eine rechtmäßige Drohung nicht geeignet, eine unfaire Verhandlung zu begründen. Der Verhandlungspartner muss hinnehmen, dass der Gegenüber mit einer Verschlechterung oder einem Wegfall des Angebots oder der Wahrnehmung berechtigter Interessen zu Lasten des Verhandlungspartners, wie Kündigung oder Strafanzeige, droht. Beides ist eine zulässige Verhandlungsstrategie. Erst wenn eine rechtmäßige Drohung dazu genutzt wird, den Verhandlungspartner an der freien Ablehnung des Angebots durch Verlassen der Verhandlung zu hindern, kann eine rechtmäßige Drohung zu einem Verstoß gegen das Gebot fairen Verhandelns beitragen. Im Ergebnis kommen hier nur Fälle in Betracht, in denen eine Person ihre Weisungsbefugnis ausnutzt, um ein Verhandlungsgespräch fortzusetzen.

(2) Der Einsatz eines Rechtsanwaltes oder Verhandlungsgehilfen

Der Einsatz eines Rechtsanwalts, eines sonstigen Vertreters oder eines Verhandlungsgehilfen ist ebenso nicht geeignet, eine unfaire Verhandlungsmethoden zu begründen.[953] Wer die Verhandlungen oder den Abschluss eines Rechtsgeschäfts mit oder

[951] Mit dem Hinweis auf eine aus dem Direktionsrecht folgende Einschätzungsprärogative: ArbG Heilbronn, NZA-RR 2022, 467, 471.
[952] Vgl. *Majer/Törmer*, NZA 2024, 1260.
[953] Fünfter Teil, I. 3. a) cc).

unter Hinzunahme einer dritten Person ablehnt, der muss die Ablehnung kommunizieren und auf einen höchstpersönlichen Abschluss des Vertrags mit dem alleinigen Vertragspartner bestehen.[954]

Davon unabhängig ist die Frage zu behandeln, in welchen Fällen der Einsatz mehrerer Personen unter dem Gesichtspunkt des Verstoßes gegen die „*Waffengleichheit*“[955] zu berücksichtigen ist.[956] Die Anwesenheit eines Rechtsanwalts oder eines Vertreters kann, im Gegensatz zur Einschüchterung, auch dazu genutzt werden, dem Gegenüber den Eindruck von Sachlichkeit und Seriosität zu vermitteln. Gerade ein Rechtsanwalt hat als selbstständiges Organ der Rechtspflege den Status, um einen vermittelnden und neutralen Eindruck zu erwecken, obwohl er im Einzelfall tatsächlich als einseitiger Interessenvertreter auftritt. Verschleiert der Rechtsanwalt seine einseitige Tätigkeit durch ein entsprechendes Auftreten und weckt dadurch besonderes Vertrauen des Gegenübers, kann dieser Umstand auf subtile Weise die Entscheidungsfreiheit des Verhandlungspartners beeinflussen.[957] Zudem wird der Einsatz eines Rechtsanwalts in der Regel den Eindruck eines wichtigen Rechtsgeschäfts und den unbedingten Durchsetzungswillen des Verhandelnden vermitteln. Dieser Aspekt stellt jedoch einen vagen Gesichtspunkt dar. Weder führt die bloße Mehrzahl von Vertretern zu einer gravierenden Beeinflussung[958] noch kann die schlichte Anwesenheit und Übernahme des Verhandlungsgesprächs durch einen Rechtsanwalt rechtfertigen, eine Beeinträchtigung der Entscheidungsfreiheit des Gegenübers anzunehmen. Das kann auch dann nicht gelten, wenn der Rechtsanwalt als neutraler Vermittler auftritt und damit den Eindruck verschafft, eine interessengerechte Lösung erzielen zu wollen. Der Rechtsanwalt bewegt sich in einer solchen Konstellation unterhalb der Schwelle einer arglistigen Täuschung und übt auch ansonsten keine aktive Beeinflussung der Entscheidungsfreiheit aus. Mithin ist der Einsatz eines Verhandlungsgehilfen oder eines Rechtsanwalts nicht per se als Bestandteil unfairer Verhandlungen zu sehen.

---

954 Diesen Aspekt berücksichtigend: LAG Hamm, BeckRS 2021, 15285, wonach es keinen Anspruch auf "*einen möglichst genehmen und sympathischen Vertragspartner*" gibt; Kamanabrou, RdA 2020, 201, 208; Röß, NZA 2021, 675, 680.

955 Vgl. LAG Hamm, BeckRS 2001, 41047; ArbG Paderborn, BeckRS 2011, 140781.

956 S.u.: Fünfter Teil, II. 2. b) bb) (2) (b).

957 Vgl. OLG München, ZEV 2006, 313, 314.

958 *Gräf,* Das Gebot fairen Verhandelns beim Abschluss eines arbeitsrechtlichen Aufhebungsvertrags, S. 277.

(3) Fazit

Der Einsatz einer rechtmäßigen Drohung oder die Verhandlungsführung unter Hinzuziehung eines Verhandlungsgehilfen oder Rechtsanwalts stellen regelmäßig keinen relevanten Aspekt bei der Ermittlung unfairer Verhandlungen dar. Sie können nur in Ausnahmefällen als Teil einer Gesamtstrategie ergänzend zur Bestimmung unfairen Verhandelns herangezogen werden, sind aber nicht geeignet, eine unfaire Verhandlung zu begründen. Das liegt in erster Linie daran, dass diese Verhandlungsmethoden durch den Umkehrschluss aus § 123 Abs. 1 Var. 2 BGB, §§ 164 ff. BGB und § 3 BRAO gesetzlich gebilligt sind.

bb) Die rechtlich missbilligten Verhaltensweisen

Die bisher näher beschriebenen Verhandlungsmethoden sind rechtlich gebilligt und begründen daher keinen Verstoß gegen das Gebot fairen Verhandelns, da ansonsten Wertungswidersprüche entstünden. Anderes gilt jedoch für rechtlich missbilligte Verhaltensweisen.

(1) Überrumpelung im engeren Sinne

Mit dem Begriff der „*Überrumpelung im weiteren Sinne*" wird teilweise auch ein Verstoß gegen das Gebot fairen Verhandelns als Ganzes zusammengefasst. So beschreibt *Husemann* die Überrumpelung als ein offenes[959] Vorgehen, bei dem eine direkte Einflussnahme auf den Vertragswillen durch den Aufbau eines psychischen Drucks genommen wird, mit der das Opfer in eine Situation gebracht wird, die es an einer vernünftigen Abwägung der eigenen Interessen und somit zur Wahrnehmung seiner Entscheidungsfreiheit führt.[960] Nach Lorenz erfasst der Begriff der Überrumpelung „*alle Einwirkungen im Vorfeld des Vertragsschlusses.*"[961] Zudem wird bei Normen, die dem Schutz der Entscheidungsfreiheit dienen, oder auch beim Gebot fairen Verhandelns, regelmäßig vom Schutz vor Überrumpelung gesprochen, ohne nach der Art der Beeinflussung zu differenzieren.[962] Auch das BAG benutzt den Begriff der Überrumpelung

[959] In Abgrenzung zur Täuschung, die versteckt oder heimlich durchgeführt wird.
[960] *Husemann*, Der moderierte Vertrag, S. 475.
[961] *Lorenz*, Der Schutz vor dem unerwünschten Vertrag, S. 445f; *Lorenz*, JuS 2015, 398, 400.
[962] Vgl. LAG Brandenburg, NZA 2003, 503, 505; MüKo/BGB/*Armbrüster*, § 123 Rn. 57; *Bachmann/Ponßen*, NJW 2019, 1966, 1970; *Gräf*, Das Gebot fairen Verhandelns beim Abschluss eines arbeitsrechtlichen Aufhebungsvertrags, S. 425f; *Henssler*, RdA 2002, 129, 135; *Reinecke* in: FS Düwell, 410; *Thüsing*, RdA 2005, 257, 268.

allgemein und sieht das Gebot fairen Verhandelns als ein Instrument, um der Gefahr einer solchen zu begegnen.[963] Ein engeres Verständnis des Wortes meint hingegen die Bewirkung einer unvorbereiteten Handlung durch den Überrumpelnden, die dadurch erfolgt, dass der Überrumpelte durch eine bestimmte Vorgehensweise überrascht wird: Überrumpelt wird derjenige, der einem Überraschungsmoment ausgesetzt ist und aufgrund dieses Überraschungsmoments zu einer bestimmten Entscheidung gedrängt wird.[964] Diese Definition entspricht auch dem Begriffsverständnis des § 312 Abs. 1 S. 1 Nr. 1 BGB, mit dem Verbraucher vor überraschenden Vertragsangeboten außerhalb eines Geschäftsraums und damit vor Überrumpelungen geschützt werden sollen.[965] In Abgrenzung zur Überrumpelung im weiteren Sinne meint die Überrumpelung im engeren Sinne insbesondere die Schaffung und/oder Ausnutzung eines Überraschungsmoments.

(a) Überraschungsmoment durch Vertragsinitiative und fehlende Gesprächsankündigung

Für einen relevanten Überraschungsmoment ist zunächst vorauszusetzen, dass das Vertragsgespräch vom Beeinflussenden ausgeht und gar nicht oder nur vage angekündigt wird.[966] Wenn der Gesprächsinhalt dem Verhandlungspartner im Vorhinein angekündigt wird, kann kein Überraschungsmoment im engeren Sinne vorliegen. In diesem Fall besteht die Möglichkeit, das Vertragsgespräch vorzubereiten und gegebenenfalls[967] sogar an bestimmte Bedingungen, wie die Hinzuziehung einer dritten Person, oder an eine bestimmte Räumlichkeit, zu knüpfen. Zudem kann sich der Betroffene Gedanken über sein Verhalten in kritischen Gesprächssituationen machen.[968] Voraussetzung ist hierfür allerdings, dass auch der Gesprächsinhalt angekündigt wird. Wird nur ein Gesprächstermin

---

[963] BAG, NZA 2019, 688, 691; NJW 2005, 3164, 3167; BeckRS 2004, 30342479.
[964] Im Ergebnis spricht auch das BAG von einem engen Überrumpelungsbegriff und definiert ihn als „*Nutzung eines Überraschungsmoments*", vgl. BAG, BeckRS 2022, 3692, Rn. 26; NZA 2019, 688, 692; die Differenzierung der Überrumpelungsbegriffe sieht auch: *Lorenz,* Der Schutz vor dem unerwünschten Vertrag, S. 498; mit ähnlicher Definition: *G. Becker,* Die unzulässige Einflussnahme des Arbeitgebers auf die Entscheidungsfreiheit des Arbeitnehmers am Beispiel des arbeitsrechtlichen Aufhebungsvertrages, S. 392.
[965] *Fischinger/Werthmüller*, NZA 2016, 193; BAG, NJW 2004, 2401, 2405; BeckOK/BGB/*Maume*, § 312b Rn. 4; MüKo/BGB/*Wendehorst*, § 312b Rn. 2; Richtlinie 2011/83/EU des Europäischen Parlaments und des Rates vom 25. Oktober 2011 vom 25.10.2011, Erwägungsgrund 21.
[966] Zutreffend: *Gräf,* Das Gebot fairen Verhandelns beim Abschluss eines arbeitsrechtlichen Aufhebungsvertrags, S. 243f.
[967] Vorbehaltlich entgegenstehender Vorschriften, wie z.B. das arbeitsrechtliche Weisungsrecht.
[968] Vgl. *Röß*, NZA 2021, 675, 679.

angekündigt, ohne dass dessen Inhalt zumindest angedeutet wird, ist eine Vorbereitung und damit ein Schutz vor einer Überraschung nicht möglich.[969]

Eine Überraschung ist ebenso ausgeschlossen, wenn der vermeintlich Beeinflusste die Initiative zum Vertragsgespräch ergriffen hat.[970] In einem solchen Fall ist ein Überraschungsmoment des Beeinflussten ausgeschlossen, da es demjenigen, der sich trotz Vorliegens dieser Umstände auf einen Verstoß gegen das Gebot fairen Verhandelns beruft, zuzumuten ist, sich auf das Gespräch einzustellen, Alternativen abzuwägen und die Grenzen der Kompromissbereitschaft auszuloten.[971] Das gilt selbst dann, wenn der einen Seite im Vorhinein der Vertragsinitiative von der anderen Seite gekündigt wurde.[972] Auch in diesem Fall hat der Gekündigte die Möglichkeit, sein Vertragsgespräch vorzubereiten und Bedingungen hierfür aufzustellen. Daran ändert auch der vorherige Beendigungswunsch des Gegenübers nichts. Lehnt das Gegenüber im Falle einer vorangegangen Vertragsbeendigung die Verhandlung auf Initiative des Gekündigten kategorisch oder mit dem Verweis auf bestimmte Bedingungen ab, so ist der Gekündigte auf die jeweiligen Kündigungsschutzvorschriften zu verweisen. Die vorherige Beendigungserklärung eröffnet ihm weder einen Verhandlungsanspruch noch schärft sie die Voraussetzungen für faire Verhandlungen.

Ein durch den Verhandlungspartner durch fehlende Ankündigung geschaffener Überraschungsmoment verhindert hingegen die Möglichkeit der Vorbereitung und erschwert es dem Gegenüber, rationale und ausgewogene Entscheidungen treffen zu können,[973] weshalb diesem Aspekt aufgrund des starken Einflusses auf die Selbstbestimmung eine hohe Bedeutung zukommt. Er ist Voraussetzung für einen Überraschungsmoment, der dann verstärkt wird, wenn das Gespräch an einem ungewöhnlichen Ort oder zu ungewöhnlicher Zeit stattfindet.

---

969 Zutreffend: ArbG Berlin, BeckRS 2015, 66780.

970 Dann einen Verstoß kategorisch ausschließend: *G. Becker,* Die unzulässige Einflussnahme des Arbeitgebers auf die Entscheidungsfreiheit des Arbeitnehmers am Beispiel des arbeitsrechtlichen Aufhebungsvertrages, S. 396; *Giesing,* Inhaltskontrolle und Abschlusskontrolle arbeitsrechtlicher Aufhebungsverträge, S. 224; *S. Müller*, DB 2019, 1792, 1798; zweifeld: *Däubler*, NZA 2020, 10, 11, der zumindest Arbeitgebern grundsätzlich zur Einräumung einer Bedenkzeit rät.

971 Aus diesem Grund ist es rechtspolitisch wenig überzeugend, ein grundsätzliches Widerrufsrecht für Aufhebungsverträge zu fordern, ohne den Aspekt der Vertragsinitiative zu berücksichtigen, vgl. *Jung*, ZfA 2024, 24, 26, s.o. Dritter Teil, 2., c) bb).

972 A.A.: *Gräf,* Das Gebot fairen Verhandelns beim Abschluss eines arbeitsrechtlichen Aufhebungsvertrags, S. 278f.

973 *G. Becker,* Die unzulässige Einflussnahme des Arbeitgebers auf die Entscheidungsfreiheit des Arbeitnehmers am Beispiel des arbeitsrechtlichen Aufhebungsvertrages, S. 392.

(b) Gesprächsaufnahme an einem ungewöhnlichen Ort

Eine Gesprächsaufnahme an einem ungewöhnlichen Ort steigert den Überraschungseffekt. Der Angesprochene rechnet an einem ungewöhnlichen Ort nicht mit einem Vertragsgespräch. Dieser ist ungewöhnlich, wenn er offenkundig nicht üblich für einen Vertragsabschluss und daher besonders überraschend ist.[974] Dies wird in aller Regel ein Ort sein, der kein Geschäftsraum ist, sondern primär einem anderen Zweck dient. Der Überraschungseffekt eines solchen Ortes ist dem Gesetzgeber bekannt, was sich durch § 312b Abs. 1 Nr. 1 BGB und § 4a Abs. 2 Nr. 1 UWG zeigt. Die „*Verbraucherrechte-Richtlinie*“ RL 2011/83/EU enthält in Erwägungsgrund 22 eine Auflistung und Einordnung von Räumlichkeiten. Demnach sollen als Geschäftsräume alle Arten von Räumlichkeiten gelten, an denen der Unternehmer sein Gewerbe ständig oder gewöhnlich ausübt. Dazu zählen im Einzelfall auch Markt- oder Messestände oder saisonale Verkaufsstätten. Der Öffentlichkeit zugängliche Orte wie Straßen, Einkaufszentren, Strände, Sportanlagen und öffentliche Verkehrsmittel, sowie Privatwohnungen oder Arbeitsplätze sollen hingegen nicht als Geschäftsräume gelten.[975] An diesen Orten ist der Angesprochene nicht auf einen Vertragsabschluss vorbereitet und kann daher einem Überraschungseffekt ausgesetzt sein.[976]

Die Auflistung in Erwägungsgrund 22 der RL 2011/83/EU bietet einen guten Überblick, welche Orte als überraschend auszulegen sind. Die Auflistung der Richtlinie ist allerdings auf das Unternehmer-Verbraucher-Verhältnis angelegt, weshalb diese nicht uneingeschränkt für jeden Vertragsschluss als Orientierung dienen kann. So gibt es insbesondere für arbeitsrechtliche Verträge oder Verträge zwischen nahen Angehörigen keinen typischen Ort, an dem ein Vertrag geschlossen werden könnte. Bei arbeitsrechtlichen Verträgen wird der Arbeitsplatz nicht als überraschender Ort gelten können, sondern er ist vielmehr der natürliche Ort eines solchen Vertrags.[977] Bei Verträgen zwischen nahen Angehörigen gibt es – vorbehaltlich der Notwendigkeit einer notariellen Beurkundung – keinen typischen Ort, der bestimmt werden könnte. In diesem Fall ist die Privatwohnung nicht so ungewöhnlich, als dass sie per se einen Überraschungseffekt rechtfertigen könnte, da grundsätzlich kein anderer Ort für Verträge mit

[974] Vgl. den Ausgangsfall von: *Fischinger/Werthmüller*, NZA 2016, 193, 194.

[975] Richtlinie 2011/83/EU des Europäischen Parlaments und des Rates vom 25. Oktober 2011 vom 25.10.2011, Erwägungsgrund 22.

[976] BeckOK/BGB/*Maume*, § 312b Rn. 4; MüKo/BGB/*Wendehorst*, § 312b Rn. 2.

[977] BAG, NJW 2004, 2401, 2405; *Hördt*, ArbRAktuell 2019, 289, 290; *Kamanabrou*, RdA 2020, 201, 207; *Thüsing*, RdA 2005, 257, 266; a.A.: MüKo/BGB/*Wendehorst*, § 312 Rn. 17. BAG, NJW 2004, 2401, 2405; *Hördt*, ArbRAktuell 2019, 289, 290; *Kamanabrou*, RdA 2020, 201, 207; *Thüsing*, RdA 2005, 257, 266; a.A.: MüKo/BGB/*Wendehorst*, § 312 Rn. 17

Familienmitgliedern oder nahestehenden Personen naheliegender ist. Diesen wird typischerweise Zutritt in die Privatwohnung gewährt. Bei solchen Verträgen kann eine Bewertung, ob der Ort ungewöhnlich erscheint, nur im Einzelfall erfolgen.

Bezüglich der Privatwohnung bei einem Arbeitnehmer, der grundsätzlich oder regelmäßig im Homeoffice arbeitet, oder gar keinen festen Arbeitsplatz hat, ist zu differenzieren. Zwar kann sich im Einzelfall der Arbeitnehmer im Homeoffice an seinem üblichen Arbeitsplatz befinden, er bleibt aber zeitgleich dessen privater Lebensmittelpunkt,[978] den der Arbeitgeber im Grundsatz nicht zu betreten hat.[979] Dieser kann auch nicht als *„verlängertes Büro"*[980] des Arbeitnehmers angesehen werden. Der Arbeitnehmer im Homeoffice muss nicht damit rechnen, dass ihn sein Arbeitgeber unangekündigt zur Führung von Vertragsgesprächen in seiner Privatwohnung aufsucht. Er kann in diesem Fall seinen privaten Lebensbereich nicht von seinem Homeoffice trennen und ist daher gezwungen, unvorbereitete Einblicke in seine private Sphäre zu gewähren, was den Überrumpelungseffekt verstärkt und den Fluchtinstinkt[981] weckt. Erfolgt daher keine vorherige Ankündigung, ist auch bei einem Arbeitnehmer im Homeoffice dessen Wohnort als überraschender Ort zu subsumieren.[982]

Das gilt auch für einen Mieter, der von seinem Vermieter in seiner Wohnung konfrontiert wird. Ein Betretungsrecht für den Vermieter existiert in der Regel nur unter der Voraussetzung, dass sich der Vermieter ankündigt und dass er einen sachlichen Grund hat, wenn er die Wohnung des Mieters betreten möchte.[983] Hieraus folgt bereits, dass der Wohnraum des Mieters grundsätzlich – auch gegenüber dem Eigentümer – vor dem Einfluss Dritter beschränkt ist. Das ist eine Folge von Art. 13 GG, der dem Bewohner grundsätzlich gegenüber Jedermann das Recht gewährt, in seiner Wohnung *„in Ruhe gelassen zu werden."*[984] Wenn bereits das unangekündigte Betreten der Wohnung durch den Vermieter aufgrund des überraschenden Eindringens in die Privatsphäre eingeschränkt ist, muss es ebenso als überraschend gewertet werden, wenn der Vermieter oder ein sonstiger Dritter dem Wohnungsinhaber ohne Vorankündigung ein Vertragsangebot an oder in der Wohnung unterbreitet. Mithin ist die Privatwohnung eines künftigen

[978] *Kamanabrou*, RdA 2020, 201, 207.
[979] *Fischinger*, Arbeitsrecht, Rn. 1121.
[980] *Hördt*, ArbRAktuell 2019, 289, 290. *Hördt*, ArbRAktuell 2019, 289, 290
[981] S. hierzu: Fünfter Teil, II. 2. b) bb) (2).
[982] In diese Richtung gehend: *A. Schubert*, EWiR 2019, 537, 538; *Wurm*, SPA 2022, 121, 122; s.a.: *Gräf*, Das Gebot fairen Verhandelns beim Abschluss eines arbeitsrechtlichen Aufhebungsvertrags, S. 247; *Hördt*, ArbRAktuell 2019, 289, 290; *Reufels/Pütz*, ArbRB 2020, 253, 255.
[983] Vgl. BGH, NZM 2014, 635, 636; *Willems*, NZM 2015, 353, 358.
[984] BVerfG, NZM 2004, 186.

Vertragspartners grundsätzlich als ungewöhnlicher Ort zu betrachten. Eine Ausnahme können Verträge mit nahestehenden Personen sein, da sich hier aus dem Zutritt in die Privatwohnung grundsätzlich kein Überraschungseffekt begründen lässt. Zudem ist jeder Ort überraschend, an dem nicht typischerweise ein Vertrag geschlossen wird. Die Auflistung in Erwägungsgrund 22 der RL 2011/83/EU bietet hierzu wertvolle Anhaltspunkte, wenngleich stets die Umstände des Einzelfalls zu berücksichtigen sind.

(c) Vertragsschluss zu ungewöhnlicher Zeit

Ebenso kann der ungewöhnliche Zeitpunkt eines Vertragsgesprächs den Überraschungseffekt hervorrufen oder steigern. Aus diesem Grund wird der ungewöhnliche Zeitpunkt bei der Herleitung des Gebots fairen Verhandelns und innerhalb dessen Subsumtion[985] genannt. Der Ansatz ist zunächst derselbe wie beim ungewöhnlichen Ort: Ein Zeitpunkt ist dann ungewöhnlich, wenn an ihm üblicherweise nicht mit einem Vertragsschluss gerechnet wird. Das dürfte dann der Fall sein, wenn die Kontaktaufnahme nach den üblichen Geschäftszeiten, also primär in den frühen Morgen- oder späten Abendstunden erfolgt.[986] Auch kann die konkrete Situation im Einzelfall zur Überraschung beitragen, etwa wenn der Angesprochene übermüdet, erschöpft oder sonst beeinträchtigt ist. Ebenso kann der Zeitpunkt der Kontaktaufnahme dazu führen, die wahren Absichten hinter dem Rechtsgeschäft zu verschleiern, etwa wenn sie kurz nach dem 18. Geburtstag des familiär verbundenen Vertragspartners erfolgt.[987] Im Arbeitsrecht sind eine Vielzahl von Fällen denkbar, in denen der Zeitpunkt der Kontaktaufnahme im konkreten Fall den Überraschungseffekt steigert oder gar bewusst gewählt wird, um eine Schwäche des Arbeitnehmers auszunutzen.[988] Hier wird für die Praxis empfohlen, den Zeitpunkt der Verhandlungen stets im betrieblichen Kontext zu wählen.[989] Im Ergebnis wird jedoch nach dem Einzelfall zu bestimmen sein, ob der Zeitpunkt des Vertragsschlusses im konkreten Fall zur Überrumpelung beiträgt.

---

[985] Vgl. BAG, NZA 2019, 688, 691; NJW 2004, 2401, 2405; LAG Hamm, BeckRS 2011, 79293; ArbG Schwerin, BeckRS 2019, 44159, Rn. 33; *Lingemann/Chakrabarti*, NJW 2019, 2245, 2247; *Thüsing*, RdA 2005, 257, 269.

[986] Vgl. Köhler/Bornkamm/Feddersen/UWG/*Köhler*, § 4a Rn. 1.66.

[987] Diesen Aspekt betonend: OLG Hamm, NJW 2017, 576, 577f.

[988] Mit zahlreichen Beispielen aus der Rspr.: *Gräf*, Das Gebot fairen Verhandelns beim Abschluss eines arbeitsrechtlichen Aufhebungsvertrags, S. 245, mit Verweis auf: *G. Becker*, Die unzulässige Einflussnahme des Arbeitgebers auf die Entscheidungsfreiheit des Arbeitnehmers am Beispiel des arbeitsrechtlichen Aufhebungsvertrages, S. 168f.

[989] *Wurm*, SPA 2022, 121, 122.

Einschränkend ist jedoch zu bedenken, dass der Zeitpunkt der Kontaktaufnahme im Zivilrecht an keiner Stelle konkret rechtlich missbilligt wird. Während der Gesetzgeber in § 312b Abs. 1 Nr. 1 BGB einen recht eindeutigen Hinweis auf die Missbilligung eines Vertragsgesprächs an einem ungewöhnlichen Ort gegeben hat, fehlt ein solch starkes Indiz hinsichtlich des ungewöhnlichen Zeitpunkts. Der Zeitpunkt des Vertragsschlusses ist als Kriterium in § 4a Abs. 2 Nr. 1 UWG erwähnt. Dieser ist jedoch allgemein gehalten, dass er wenig Rückschlüsse auf den Willen des Gesetzgebers erlaubt, sondern nur auf die durchzuführende Einzelfallbetrachtung hinweist.[990] Die Kündigung zur Unzeit in §§ 627 Abs. 2, 671 Abs. 2, 723 Abs. 2, 2226 S. 3 BGB ist mit negativer Rechtsfolge bedroht, der Schutzzweck ist bei diesen Normen jedoch nicht auf den Überraschungseffekt der Erklärung gerichtet, sondern das Verbot der Unzeitkündigung soll vielmehr gewährleisten, dass der Erklärungsgegner ausreichend Vorsorge zur Nachfolge der kündigenden Person treffen kann.[991] Das Verbot der Kündigung zur Unzeit entspricht einem allgemeinen Rechtsgrundsatz,[992] es soll aber primär verhindert werden, dass der Kündigende seinen Vertragspartner durch die Vertragsbeendigung „vor den Kopf stößt." Im Gegensatz dazu stünde bei einer Einschränkung der Konfrontation zu ungewöhnlicher Zeit im Vordergrund, den Verhandlungspartner vor einer überraschenden Abgabe einer Willenserklärung zu schützen. Hier soll nicht die Folge der Erklärung, sondern die Abgabe der Erklärung als solche geschützt werden. Mithin ist der ungewöhnliche Zeitpunkt des Vertragsschlusses aufgrund der anderen Zweckrichtung der Norm nicht durch das Verbot der Unzeitkündigung gesetzlich erfasst.[993]

Den ungewöhnlichen Zeitpunkt mancher Vertragsabschlüsse könnte man allerdings aus verschiedenen gesetzlichen Beschränkungen herleiten. Viele Schutzregelungen sind darauf ausgelegt, Arbeit an Sonn- und Feiertagen und zu Abendzeiten einzuschränken. Dafür sprechen etwa § 9 Abs. 1 ArbZG oder die Ladenöffnungsgesetze der Länder, die primär auf den Schutz von Sonn- und Feiertagsruhe ausgelegt sind und diesen häufig in § 1 der Gesetze als Zweck verankern.[994] Diesen Zweck verfolgt auch § 193 BGB, mit dem ursprünglich Rücksichtnahme auf die Arbeiterschaft gewährleistet

---

[990] Fezer/Büscher/Obergfell/UWG/*Scherer*, § 4a Rn. 151.

[991] BGH, GRUR 1959, 384, 388; *Oetker,* Das Dauerschuldverhältnis und seine Beendigung, S. 313; Grüneberg/BGB/*Sprau*, § 723 Rn. 6.

[992] BAG, NJW 2001, 2994; MüKo/BGB/*Henssler*, § 627 Rn. 34; *Oetker,* Das Dauerschuldverhältnis und seine Beendigung, S. 312.

[993] A.A.: *Gräf,* Das Gebot fairen Verhandelns beim Abschluss eines arbeitsrechtlichen Aufhebungsvertrags, S. 253f; *D. E. Holler*, NJW 2019, 2206, 2208. A.A.:

[994] S. LadöffnG Rheinland-Pfalz; LÖG Nordrhein-Westfalen; LÖffZeitG Land Sachsen-Anhalt; Hessisches LöG.

und sogar ein „*allgemeines Ruhen bürgerliche Geschäfte*" an Sonn- und Feiertagen erreicht werden sollte,[995] was aufgrund der zunehmenden Einführung der 5-Tage-Woche auf den Samstag erweitert wurde.[996] Insofern lässt sich aus den verschiedenen Gesetzen ableiten, dass ein Rechtsgeschäft zur Nachtzeit, an Feiertagen und an Sonntagen eine Ausnahme, nicht die Regel sein sollte. Es ist aufgrund der Wertung des Gesetzgebers daher gerechtfertigt, Rechtsgeschäfte aufgrund des ungewöhnlichen Zeitpunkts ihres Abschlusses im Rahmen einer Gesamtbetrachtung kritisch zu sehen.[997] Bei der Einordnung ist jedoch zu beachten, dass der Gesetzgeber hier sehr viel allgemeiner war als bei der Schaffung von § 312b Abs. 1 Nr. 1 BGB und die genannten Gesetze keinen konkreten Bezug zu Vertragsabschlüssen beinhalten. Sie lassen den Vertragsinhalt geschlossener Verträge unberührt.[998] Sie sind nicht auf Überrumpelungsschutz ausgerichtet. Dieser Aspekt ist aufgrund der fehlenden gesetzlichen Verankerung geringer zu gewichten als der ungewöhnliche Ort eines Vertragsabschlusses, ist aber in die Gesamtbetrachtung mit einzubeziehen.

(d) Wertung einer Überraschung

Eine Überraschung oder Überrumpelung im engeren Sinne liegt dann vor, wenn das Gespräch mit dem Verhandlungspartner nicht oder nur vage angekündigt wird und dieser in der konkreten Situation nicht mit einem Vertragsangebot rechnen konnte. Das ist in der Regel der Fall, wenn die Konfrontation an einem ungewöhnlichen Ort erfolgt. Im Rahmen der Einzelfallabwägung kann die Überraschung ebenso durch einen ungewöhnlichen Zeitpunkt der Ansprache begründet werden. Dies könnte zum Beispiel der Fall sein, wenn dem Arbeitnehmer oder geschäftlichen Vertragspartnern zur späten Abendstunde, in der Nachtzeit oder an einem Sonntag ein Vertragsangebot unterbreitet wird.

Der Überraschung kommt aufgrund des Effekts auf das Gegenüber und der gesetzlichen Verankerung bei der Bestimmung unfairen Verhandelns eine hohe Bedeutung zu. Wer unvorbereitet von einem Vertragsangebot überrascht wird, wird aufgrund des Entscheidungsdrucks häufig nicht in der Lage sein, das Rechtsgeschäft sorgfältig zu

[995] MüKo/BGB/*Grothe*, § 193 Rn. 1; BeckOK/BGB/*Henrich*, § 193 Rn. 1.
[996] BT Drucksache IV/3394, S. 3.
[997] Zu beachten ist allerdings, dass Verträge, die nach Ende einer gesetzlichen Ladenschlusszeit geschlossen werden, grundsätzlich wirksam sind. Sie werden nicht von § 134 BGB erfasst, da sich das Ladenschlussgesetz nur auf die äußeren Umstände des Rechtsgeschäfts, aber nicht auf dessen Inhalt bezieht: HK/BGB/*Dörner*, § 134 Rn. 7; *Peter*, JA 2014, 248, 250.
[998] Ebd.

überdenken und abzuwägen. Derjenige, der ein möglicherweise bedeutendes Rechtsgeschäft auf diese Weise abschließen will, geht meist[999] nicht seriös vor, sondern begehrt die schnelle und unüberlegte Entscheidung des Vertragspartners.[1000] Die beschriebenen Rechtsnormen, insbesondere § 312b Abs. 1 Nr. 1 BGB, rechtfertigen es, die Wirkung einer Überraschung im Rahmen des Gebots fairen Verhandelns gemäß §§ 311 Abs. 2, 241 Abs. 2 BGB zu berücksichtigen.

Dabei darf der Rechtsanwender nicht verkennen, dass § 312b Abs. 1 Nr. 1 BGB und § 4a Abs. 2 Nr. 1 UWG nur in bestimmten Rechtsverhältnissen und unter einschränkenden Voraussetzungen Anwendung finden. Zudem haben die beschriebenen Schutzvorschriften keinen Einfluss auf Rechtsgeschäfte zur Nacht-, Sonntags- und Feiertagszeit. Daher wäre es verfehlt, allein aus dem Umstand einer Überraschung einen Verstoß gegen das Gebot fairen Verhandelns zu begründen. Es gibt weder eine Pflicht zur Ankündigung von Vertragsverhandlungen noch eine solche zur Durchführung zu festen Zeiten oder an bestimmten Orten. Die Überraschung ist daher nur ein Teilaspekt unfairer Verhandlungen, reicht aber isoliert nicht aus, um eine Pflichtverletzung zu rechtfertigen.

Um eine Pflichtverletzung zu begründen, braucht es daher mindestens einen weiteren Aspekt bei Vertragsgesprächen. In Betracht kommt der Aufbau psychischen Drucks, der durch unterschiedliche Methoden erzeugt werden kann.

(2) Die Ausübung psychischen Drucks durch Gesprächsumstände

Nach dem BAG kann das Gebot fairen Verhandelns durch die „*Schaffung besonders unangenehmer Rahmenbedingungen, die erheblich ablenken oder sogar den Fluchtinstinkt wecken*“, missachtet werden.[1001] Als exemplarischen Sachverhalt nannte das BAG[1002] den Fall des LAG Thüringen,[1003] bei dem die Arbeitnehmerin für drei bis vier Stunden von drei Personen des Arbeitgebers in eine kreuzverhörähnliche Situation verwickelt wurde und am Ende ein Schuldanerkenntnis unterschrieb. Das Beispiel ist deswegen so eindrucksvoll, weil der Arbeitgeber hier nahezu alle in Betracht kommenden Bestandteile unfairer

[999] S. zu den Ausnahmefällen: *Gräf,* Das Gebot fairen Verhandelns beim Abschluss eines arbeitsrechtlichen Aufhebungsvertrags, S. 249, Fn. 1351.
[1000] *Lorenz,* Der Schutz vor dem unerwünschten Vertrag, S. 498.
[1001] BAG, NZA 2019, 688, 692.
[1002] Ebenso in: BAG, BeckRS 2022, 3692, Rn. 26.
[1003] LAG Thüringen, NZA-RR 1999, 399, das Paradebeispiel unfairer Verhandlungsmethoden, Zitat von: *Giesing,* Inhaltskontrolle und Abschlusskontrolle arbeitsrechtlicher Aufhebungsverträge, S. 229.

Verhandlungsmethoden erfüllte: Die Arbeitnehmerin war 19 Jahre alt und dementsprechend unerfahren, was die Ausnutzung einer Verhandlungsschwäche nahelegte. Sie wurde unter einem Vorwand zum Personalgespräch gerufen, was zur Überraschung führte. Im Ergebnis führte aber insbesondere die Ausübung psychischen Drucks durch die Umstände des Gesprächs zur Sittenwidrigkeit des unterschriebenen Schuldanerkenntnisses. Nach den Feststellungen des Gerichts wurden in der Vernehmung mehrere *„typische"* Umstände der Ausübung psychischen Drucks erfüllt: An dem Gespräch nahmen vier Personen aus dem Lager des Arbeitgebers teil, während die Arbeitnehmerin keinerlei Beistand hatte. Das Gespräch ging über vier Stunden. Ein Telefonat mit einem Vertrauten oder einem Anwalt wurde verweigert und unterbunden. Der Verhandlungsgegnerin wurde der Personalausweis weggenommen und ihr wurde Schnaps zur Beruhigung angeboten. Sie wurde in keiner Gesprächspause allein gelassen und die verhörenden Personen übten innerhalb des Gesprächs starken Druck aus.[1004] Aus den Umständen des Gesprächs lassen sich drei relevante Merkmale erkennen: Die Gesprächsatmosphäre an sich, das Fehlen beziehungsweise Verweigern einer objektiven Beratung oder eines Beistandes, sowie personelles Ungleichgewicht zwischen den Verhandlungspartnern.

(a) Problematische Gesprächsatmosphäre und Rahmenbedingungen – Mobbing?

Nach der Formulierung des Arbeitsrichters *Ehrich* aus dem Jahr 1992 wird vor den Arbeitsgerichten häufiger gegen abgeschlossene Aufhebungsverträge mit dem Argument vorgegangen, dass Arbeitnehmer während der Vertragsverhandlung *„massiv unter Druck gesetzt worden"* seien, während sich Arbeitgeber regelmäßig mit der Gegenbehauptung wehrten, dass das Gespräch *„in ruhiger, sachlicher Atmosphäre"* geführt worden sei.[1005] Diese Darstellung bringt die Problematik dieses Umstands auf den Punkt: Die Gesprächsatmosphäre wird subjektiv wahrgenommen, ist kaum greifbar, stark einzelfallabhängig und schwer nachzuweisen. Während der eine seine Verhandlung mit „harter Rhetorik" für vertretbar hält, empfindet sie das Gegenüber als „psychischen Druck." Der eine Verhandlungspartner ist mehr widerstandsfähig, der andere weniger.[1006] Der eine Verhandlungspartner behauptet einen Umstand, der andere widerspricht. Die Betrachtung dieses Elements geht aus diesen Gründen mit einer hohen Rechtsunsicherheit

[1004] LAG Thüringen, NZA-RR 1999, 399, 401, entgegenstehenden Äußerungen glaubte das Gericht nicht.
[1005] *Ehrich*, DB 1992, 2239, 2240.
[1006] Vgl. ArbG Heilbronn, BeckRS 2022, 13202, das in seiner Einzelfallbetrachtung die schwache Konstitution des Beeinflussten in den Mittelpunkt stellte.

einher, da es kaum Leitlinien für eine zulässige oder unzulässige Gesprächsatmosphäre geben wird.[1007] Das hierfür kritisierte LAG Mecklenburg-Vorpommern hielt bereits eine sachliche Kritik für ausreichend, um beim geschäftsunerfahrenen Arbeitnehmer vom Aufbau massiven psychischen Drucks auszugehen.[1008] Richtigerweise wird allerdings nahezu einhellig darauf hingewiesen, dass in Verhandlungsgesprächen nicht die Schaffung einer besonders angenehmen Gesprächsatmosphäre erforderlich, sondern nur ein Mindestmaß an Fairness zu wahren ist.[1009] Bemerkenswerterweise wird allerdings ebenso häufig zu der Formulierung gegriffen, dass das Gebot fairen Verhandelns durch die „*Schaffung besonders unangenehmer Rahmenbedingungen*" verletzt werden könne.[1010] Diese Formulierungen helfen zur inhaltlichen Bestimmung der Anforderungen an die Gesprächsführung und an die Rahmenbedingungen nicht weiter. Die Unterscheidung zwischen angenehmen und unangenehmen Rahmenbedingungen sowie die Bewertung einer Gesprächsatmosphäre ist derart vage, dass sich daraus kaum berechenbare Leitlinien für die Anforderungen erkennen lassen.[1011] Das ist wohl auch der Grund dafür, dass sich für eine Berücksichtigung solcher Umstände kaum praktische Beispiele finden. Eine Ausnahme ist der Versuch des ArbG Berlin,[1012] das eine raue Gesprächsatmosphäre umfassend zur Begründung eines Verstoßes gegen das Gebot fairen Verhandelns anführte. So berücksichtigte das Gericht, dass die Arbeitnehmerin darauf hingewiesen wurde, dass der Betriebsrat ihrer Entlassung bereits zugestimmt hätte, sie künftig mit dem etwaigen Schaden des Arbeitgebers leben müsse und dass 20 Jahre Betriebszugehörigkeit der Arbeitnehmerin „*Vergangenheit seien*".[1013] Schon an der Einordnung des Gerichts lässt sich die subjektive Einfärbung dieser Aspekte erkennen: Im Urteil ist ausgeführt, dass die durchgeführte Verhandlungsführung dafür spreche, dass „*sich jegliches Interesse am persönlichen Empfinden verflüchtigt*" hätte und dass „*Augenmaß*" für die langjährig

---

[1007] *Horstmeier*, ZAP 2023, 289, mit der pointierten These, dass das BAG mit dem Gebot fairen Verhandelns tolerierbare Unfairness und nicht tolerierbare Unfairness geschaffen hat.

[1008] LAG Mecklenburg-Vorpommern, BeckRS 2020, 12247, Rn. 28.

[1009] BAG, NZA 2019, 688, 691; LAG Hessen, BeckRS 2021, 21456, Rn. 34; LAG Mecklenburg-Vorpommern, BeckRS 2020, 12247, Rn. 24 (trotz der o.g. Entscheidung, in der das LAG inhaltlich das Gegenteil urteilte); MüKo/BGB/*Bachmann*, § 241 Rn. 135; *Gräf*, Das Gebot fairen Verhandelns beim Abschluss eines arbeitsrechtlichen Aufhebungsvertrags, S. 276; *Fischinger*, NZA-RR 2020, 516, 517; *Heinkel*, ZTR 2020, 261, 266; *Joussen*, ZMV 2020, 15, 17.

[1010] BAG, NZA 2019, 688, 691f; MüKo/BGB/*Bachmann*, § 241 Rn. 135; BeckOK/ArbR/*Joussen*, § 611a Rn. 309.

[1011] *Baeck/Winzer/Schaaf*, NZG 2022, 1192, 1195, die nur bei besonderer Betroffenheit des konkreten Verhandlungspartners einen Verstoß für möglich halten und hierfür Zwang, Krankheit und Sprachbarriere aufzählen.

[1012] ArbG Berlin, BeckRS 2015, 66780.

[1013] Ebd.

beschäftigte Klägerin „*anders aussehe*".[1014] Dieses Beispiel zeigt, dass eine Einordnung einzelner Wortpassagen in Verhandlungsführungen nur schwer möglich ist. Die Wertung des ArbG Berlins ist subjektiv. Es wird nicht erkennbar, warum der Verweis auf die bereits eingeholte Zustimmung des Betriebsrats besonderer Ausdruck fehlender Fairness sein solle. Der Hinweis auf einen eingetretenen und von der Verhandlungsgegnerin verursachten Schaden ist ebenso rechtlich unbedenklich, wie der Ausdruck des Beendigungswillens. Die „*Rahmenbedingungen*" und die „*Gesprächsatmosphäre*" sind aus diesen Gründen wenig geeignet, einen Verstoß überzeugend zu begründen.[1015] Raue Umgangsformen oder einer unangenehme Gesprächsführung fallen nicht in eine rechtliche Kategorie. Daher ist auch die Ausübung psychischen Drucks anhand objektiver Kriterien zu überprüfen. Im Hinblick auf die Gesprächsführung ist daher nur zu berücksichtigen, was sich rechtlich und objektiv fassen lässt.

Um den subjektiven und schwer bestimmbaren Begriff der „*rauen*" Gesprächsatmosphäre bestimmen zu können, bietet die Definition von Mobbing sowie der Belästigungsbegriff in § 3 Abs. 3 AGG gewisse Anhaltspunkte. Mobbing wurde vom BAG 1997 erstmals definiert als das „*systematische Anfeinden, Schikanieren oder Diskriminieren von Arbeitnehmern oder durch Vorgesetzte*".[1016] Nach Einführung des AGG orientierte sich das BAG primär am Belästigungsbegriff des § 3 Abs. 3 AGG[1017] und stellte fest, dass mit diesem Begriff auch der Tatbestand des Mobbings beschrieben und von den Gründen aus § 1 AGG entkoppelt werden kann.[1018] Die Prüfung, ob ein Verhalten vorliegt, das die Annahme von Mobbing rechtfertigt, muss anhand der Umstände des Einzelfalls geprüft und durch Güter- und Interessenabwägung beurteilt werden.[1019] Eine unmittelbare Anknüpfung an diesen Begriff scheitert allerdings daran, dass Mobbing in diesem Sinne ein fortdauerndes Verhalten einfordert,[1020] das durch ein bloßes Verhandlungsgespräch nicht erfüllt wird. Weiterhin wird Mobbing im Rahmen einer Gesamtbetrachtung auch nur dann festzustellen sein, wenn verschiedene Verhaltensweisen erfüllt werden, die im

[1014] Ebd.

[1015] Dabei soll nicht übersehen werden, dass auch das ArbG Berlin die Gesprächsatmosphäre lediglich als einen von mehreren Bestandteilen unfairer Verhandlungsmethoden ansah, vgl. den Hinweis von: *Gräf,* Das Gebot fairen Verhandelns beim Abschluss eines arbeitsrechtlichen Aufhebungsvertrags, S. 277.

[1016] BAG, NZA 1997, 781.

[1017] Eine Belästigung ist demnach jede Verhaltensweise im Zusammenhang mit § 1 AGG, die bezweckt oder bewirkt, dass die Würde der betreffenden Person verletzt und ein von Einschüchterungen, Anfeindungen, Erniedrigungen, Entwürdigungen oder Beleidigungen gekennzeichnetes Umfeld geschaffen wird.

[1018] BAG, NZA 2011, 93, 102; NZA 2008, 223, 225; hingegen ohne Bezug auf § 3 Abs. 3 AGG: NZA 2015, 632, 634; ebenso: OLG Hamm, NJW-RR 2023, 668, 669.

[1019] BAG, NZA 2011, 93, 102; NZA 2008, 223, 225.

[1020] Ebd.

Zusammenwirken auf eine Systematik und in der Regel auch auf eine Zielsetzung hindeuten.[1021] Gleichwohl liegen in der umfassenden Abwägungsentscheidung und in den grundsätzlichen Voraussetzungen des Mobbings, nämlich in dem systematischen Anfeinden, Schikanieren oder Diskriminieren, Ansätze, die auch in der Bewertung des Gebots fairen Verhandelns von Nutzen sein können. Es ist möglich, den Verhandlungspartner innerhalb eines Gesprächs anzufeinden, zu schikanieren und zu diskriminieren. Vor diesem Hintergrund ist der Begriff des Mobbings am ehesten geeignet, um den Begriff der „*rauen Gesprächsatmosphäre*“ rechtlich zu erfassen.

In Bezug auf die Rahmenbedingungen können objektiv eine erkennbar überlange Verhandlungsdauer[1022] oder das Verweigern jeglichen Verhandlungsspielraums, bei der der Abschluss eines vorformulierten[1023] Vertrags als einzige Lösungsmöglichkeit suggeriert wird, zu berücksichtigen sein. Eine Konfrontation in der Öffentlichkeit kann den Wunsch der Gegenseite befördern, sich der Situation um jeden Preis entziehen zu wollen.[1024] Gleiches gilt für ein Gespräch, in dem der Verhandlungspartner systematisch diskreditiert und schikaniert wird. Viele und nicht abschließend zu benennende Verhaltensweisen sind denkbar, mit denen psychischer Druck auf die Vertragspartei ausgelöst werden kann. Bei der Berücksichtigung der bisher genannten Kriterien ist aber aufgrund nur schwer fassbarer gesetzlicher Anknüpfung, der vagen Voraussetzungen und der starken Einzelfallbezogenheit Zurückhaltung geboten. Orientierung bietet die Rechtsprechung zum Mobbing, dessen Definition geeignet ist, eine raue Gesprächsatmosphäre zu begründen.

Hingegen lassen sich zwei weitere bislang unerwähnte Kriterien aufgrund ihrer messbaren Eigenschaften präziser klassifizieren. Dabei rücken das numerische Ungleichgewicht der Verhandlungspartner („*Waffenungleichheit*“) und die fehlende Beratungsmöglichkeit einer Vertragspartei in den Vordergrund.

(2) Der Aspekt der Waffengleichheit – fehlende Beratung und numerisches Ungleichgewicht

Die Verweigerung einer Beratung oder der Hinzuziehung einer neutralen Person zu den Verhandlungsgesprächen kann eine vorschnelle und uninformierte Entscheidung des

[1021] OLG Hamm, NJW-RR 2023, 668, 669.
[1022] Vgl. LAG Thüringen, NZA-RR 1999, 399, 3-4 Stunden Verhandlungszeitraum mit einer Arbeitnehmerin.
[1023] Diesen Aspekt betonend: OLG Karlsruhe, NJW 1991, 112.
[1024] *Husemann*, Der moderierte Vertrag, S. 488.

Gegenübers begünstigen, wohingegen die Anwesenheit einer neutralen Person die Wahrscheinlichkeit einer Überrumpelung verringert.[1025] Aus diesem Grund finden sich in der Rechtsprechung vereinzelte Beispiele, bei der die fehlende Beratungsmöglichkeit einer Vertragspartei zumindest thematisiert worden ist.[1026] Das Schrifttum weist verschiedentlich darauf hin, dass das Fehlen einer Beratungsmöglichkeit die Entscheidungsfreiheit der betreffenden Vertragspartei beeinträchtigt und daher unter bestimmten Voraussetzungen Bestandteil unfairer Verhandlungen sein kann.[1027]

Festzustellen ist zunächst, dass es grundsätzlich keinen Anspruch gibt, bei Vertragsgesprächen von einer neutralen Person begleitet zu werden oder im Vorhinein die Möglichkeit einer Beratung bekommen zu haben. Es liegt in der Verantwortung eines Verhandlungspartners, seinen Beratungsbedarf anzuzeigen und bei Zweifeln über den Inhalt den Vertragsschluss abzulehnen.[1028] Dieser Aspekt wird daher erst dann relevant, wenn aus dem Fehlen einer Beratung, das Verweigern einer Beratung wird. Voraussetzung ist dafür, dass der Beeinflusste ausdrücklich und ernstlich nach einer Beratung oder Rücksprache verlangt und sich über diesen Willen durch den Verhandlungsgegner hinweggesetzt wird.[1029] Der Beeinflusste macht in diesem Moment durch seinen Wunsch nach Beratung deutlich, dass er sich nicht im Stande sieht, den Vertragsinhalt und seine Folgen allein zu überblicken, was ein Hinweis auf dessen fehlende Entscheidungsfreiheit ist. Wird sich über diesen geäußerten Wunsch hinweggesetzt, signalisiert der Verhandelnde, dass er bereit ist, seine Interessen über die Autonomie des Gegenübers zu stellen.

Der Umstand der verweigerten Beratung genügt für sich genommen noch nicht, um von der Ausübung psychischen Drucks auszugehen.[1030] Eine Beratung durchzusetzen und ohne eine solche das Rechtsgeschäft nicht einzugehen, liegt in der jeweiligen Eigenverantwortung. Problematisch wird es dann, wenn der Verhandelnde systematisch in eine unterlegene Position gebracht wird, in der von ihm aufgrund fehlenden Beistands oder

---

[1025] *Hümmerich*, RdA 2005, 314, 315f.
[1026] ArbG Paderborn, BeckRS 2020, 48299, Rn. 50; BeckRS 2011, 140781, Rn. 37; ArbG Berlin, BeckRS 2015, 66780.
[1027] Allgemein: *Husemann,* Der moderierte Vertrag, S. 488; *Reinecke* in: FS Düwell, 410; als Bestandteil einer Überrumpelungsstrategie: *Gräf,* Das Gebot fairen Verhandelns beim Abschluss eines arbeitsrechtlichen Aufhebungsvertrags, S. 264ff; in Verbindung mit der Verweigerung, sich aus dem Raum zurückzuziehen: *S. Müller*, DB 2019, 1792, 1796.
[1028] *Schrader/Mahler*, NZA-RR 2016, 57, 63.
[1029] In diese Richtung: LAG Hamm, BeckRS 2011, 79293.
[1030] *Winter,* Aufklärungspflichten beim Aufhebungsvertrag, S. 113.

Beratung nicht mehr erwartet werden kann, sich dem Druck des Gegenübers zu widersetzen.

Das kann durch ein numerisches Ungleichgewicht zwischen den Verhandlungspartnern der Fall sein. Wer sich mehreren Personen gegenübersieht, ohne gleichermaßen eine oder mehrere kompetente Vertrauenspersonen auf seiner Seite zu haben, wird regelmäßig kein Verhandlungsgespräch auf Augenhöhe führen können.[1031] Derjenige hingegen, der in der Verhandlung eine Vielzahl von Personen auf seiner Seite hat, kann sich mehrerer intellektueller oder sprachlicher Ressourcen bedienen. Zudem hat derjenige, der zusätzliche Personen zu einem Gespräch hinzuzieht, die Möglichkeit, selbst ausgewählte Zeugen zu benennen und verschafft sich damit einen prozessualen Vorteil.[1032] Aus diesem Grund wird im Arbeitsrecht diskutiert, § 82 Abs. 2 S. 2 BetrVG weit auszulegen und sowohl außerhalb des Betriebsverfassungsrechts als auch außerhalb der in § 82 Abs. 2 S. 1 BetrVG[1033] vorgesehenen Tatbestandsvoraussetzungen anzuwenden.[1034] Die Gegenansicht lehnt das jedoch mit dem Verweis auf den Wortlaut des § 82 Abs. 2 S. 1 BetrVG ab.[1035] Ebenso ist im Arbeitsrecht in Fällen der erforderlichen Anhörung bei einer Verdachtskündigung oder in anderen Einzelfällen[1036] ein Hinzuziehungsrecht eines Rechtsanwalts oder die Gewährung einer Vorbereitungsmöglichkeit zugunsten des Arbeitnehmers vorgesehen,[1037] wenngleich ein grundsätzlicher Anspruch auf Hinzuziehung eines Rechtsanwalts zu einem einfachen Personalgespräch aufgrund des höchstpersönlichen Charakters des Arbeitsverhältnisses zu Recht abgelehnt wird.[1038] Manche halten hingegen auch dann ein Recht des Arbeitnehmers auf Hinzuziehung eines Rechtsanwalts zur Wahrung der Waffengleichheit für gegeben,

---

[1031] Mayer/Kroiß/*Müllerschön*, § 34, Anhang: Erfolgreiche (Vergütungs-)Verhandlungen, H: Strategien und Taktiken Rn. 222.

[1032] BAG, NZA 2005, 416, 419.

[1033] Das Hinzuziehungsrecht des Arbeitnehmers ist nach dem Wortlaut des § 82 Abs. 2 BetrVG auf bestimmte Themen begrenzt, die in S. 1 genannt sind. Dazu gehört die Berechnung des Arbeitsentgelts, die Leistungsbeurteilung und die Möglichkeiten der beruflichen Entwicklung des Arbeitnehmers, vgl. BAG, NZA 2005, 416, 418; LAG Hamm, BeckRS 2008, 50298, Rn. 44; *Hümmerich*, RdA 2005, 314, 315.

[1034] DKW/BetrVG/*Buschmann*, § 82 Rn. 13–15; zudem weitgehend: LAG Hessen, NZA-RR 2016, 533, 534; *Thies,* Der Schutz des Arbeitnehmers bei Abschluss arbeitsrechtlicher Aufhebungsverträge, S. 386ff.

[1035] BAG, NZA 2005, 416, 418; LAG Hamm, BeckRS 2008, 50298, Rn. 44; *Hümmerich*, RdA 2005, 314, 315; ErfK/*Kania*, § 82 BetrVG Rn. 10; *Stück*, MDR 2016, 1061, 1066; Richardi/BetrVG/*Thüsing*, § 82 Rn. 16; BeckOK/ArbR/*Werner*, § 82 BetrVG Rn. 9.

[1036] LAG Mecklenburg-Vorpommern, BeckRS 2012, 65889, wenn die Wahrscheinlichkeit besteht, dass die Beendigung des Arbeitsverhältnisses zu befürchten ist; S. etwa: ArbG Münster, NJW 1989, 793, 794, bei einem Gespräch über den Gesundheitszustand des Arbeitnehmers; *K. Müller/Deeg*, ArbRAktuell 2010, 620, 623, wenn vom Inhalt des Direktionsrechts im Gespräch abgewichen wird; ebenso: *Urban*, ArbRAktuell 2011, 87, 88.

[1037] BAG, NZA 2008, 809, 811; *Lützeler*, CCZ 2011, 19, 20f; *Schrader/Thoms/Mahler*, NZA 2018, 965, 972.

[1038] LAG Hamm, BeckRS 2001, 41047; *Stück*, MDR 2016, 1061, 1065; *Urban*, ArbRAktuell 2011, 87, 88.

wenn der Arbeitgeber selbst einen Rechtsanwalt zu den Vertragsgesprächen hinzuzieht, da andernfalls ein Verstoß gegen das Gebot der Waffengleichheit vorläge.[1039]

Diese Ansicht ist sowohl innerhalb als auch außerhalb des Arbeitsrechts verfehlt: Aus einer bloßen einfachen Unterzahl gegenüber dem Verhandlungspartner folgt keine Waffenungleichheit, die die Annahme psychischen Drucks rechtfertigt.[1040] Vielmehr gewährt das BGB ein Recht auf Stellvertretung und auf Hinzuziehung eines Verhandlungsgehilfen.[1041] Zudem kann das gemeinsame Auftreten gegenüber dem Verhandlungspartner sinnvolle Gründe haben und somit dem anerkennenswerten Interesse des Verhandelnden entsprechen, das er gerade nicht einschränken muss.[1042] Wer Gespräche mit zwei Personen ablehnt, muss das kommunizieren oder einen Verhandlungsgehilfen, Stellvertreter und/oder Rechtsanwalt verlangen. Das gebietet das Prinzip der Eigenverantwortung.

Problematisch wird es jedoch dann, wenn der Verhandlungspartner mit mehr als einem Verhandlungsgehilfen oder Stellvertreter, also mit zwei weiteren Personen auftritt.[1043] Eine solche Verhandlungsführung ist in keiner Form gesetzlich vorgesehen, auch liegt darin kein berechtigtes Interesse des Verhandelnden. Vielmehr kommt in einem solchen Auftreten mit drei oder gar mehreren Personen gegenüber einem Verhandlungspartner ein Überrumpelungsgedanke des Gegenübers zum Ausdruck. Um es mit den Worten des LAG Hamburg zu sagen: „*Es ist kein vernünftiger Grund dafür ersichtlich*“[1044], warum der Verhandlungsführer den Verhandlungsgegner in eine 3-gegen-1-Situation bringen müsste. Hierin kommt einzig und allein der Vorsatz des Beeinflussenden zum Ausdruck, den Gegenüber mit einem personellen Übergewicht einzuschüchtern. Etwaige Kompetenzen hat der Verhandlungsführer vor dem Verhandlungsgespräch zu bündeln. Demzufolge kann es keinen logischen Grund geben, warum man dem alleinigen Verhandlungspartner in doppelter Überzahl begegnen müsste. Liegt ein solcher Fall vor, ist das ein wesentliches Indiz für die Ausübung psychischen Drucks. Diese Situation kann, wie es bereits vertreten

---

1039 ArbG Paderborn, BeckRS 2011, 140781, Rn. 39; *S. Müller*, DB 2019, 1792, 1797; in diese Richtung gehend: LAG Hamm, BeckRS 2001, 41047; im Kontext der Sittenwidrigkeit: *Fischinger*, NZA-RR 2021, 538.
1040 *Röß*, NZA 2021, 675, 680.
1041 Fünfter Teil, I. 3. a) cc).
1042 LAG Hamm, BeckRS 2021, 15285.
1043 Ähnlich: *G. Becker*, Die unzulässige Einflussnahme des Arbeitgebers auf die Entscheidungsfreiheit des Arbeitnehmers am Beispiel des arbeitsrechtlichen Aufhebungsvertrages, S. 177; *Joussen*, ZMV 2020, 15, 17f., "*viele Verhandler*".
1044 LAG Hamburg, NZA 1992, 309, 310.

wurde, als Verstoß gegen die notwendige Waffengleichheit der Parteien bewertet werden.[1045]

(c) Die Prüfung des psychischen Drucks in der Gesamtbetrachtung

Wie festgestellt, kommt die Annahme psychischen Drucks dann in Betracht, wenn eine mobbingähnliche Gesprächsatmosphäre hergestellt wird. Ebenso ist von der Ausübung psychischen Drucks auszugehen, wenn der Verhandlungspartner in eine 3-gegen-1-Situation verwickelt wird. Fallen diese beiden Kriterien zusammen, ist die Annahme eines relevanten psychischen Drucks auf den Beeinflussten anzunehmen. Zwar erscheint es nicht ausgeschlossen, dass eine mobbingähnliche oder drangsalierende Gesprächsführung auch in einer 1-zu-1-Situation entsteht. Ebenso wird es Personen geben, die sich bei einer ruhigen und sachlichen Gesprächsatmosphäre, aber bei personeller Unterlegenheit, unter Druck gesetzt fühlen. In diesen Situationen wird sich derjenige, der die Ausübung psychischen Drucks auf seine Person behauptet, allerdings die Rückfrage gefallen lassen müssen: Warum konnte er sich der 1-zu-1-Situation nicht entziehen? Warum hat ihn die bloße personelle Unterlegenheit, die sich in der Gesprächsatmosphäre nicht niederschlug, in seiner Entscheidungsfreiheit beeinträchtigt? Eine so starke Ausübung psychischen Drucks muss in diesem Fall durch ergänzende Verhaltensweisen des/der Gegenüber/s begründet werden: Das kann im Einzelfall durch (rechtmäßige) Drohungen oder ein bestehendes Über-/Unterordnungsverhältnis zwischen den Verhandlungspartnern erfolgen.

(3) Die Ausnutzung einer sprachlichen, intellektuellen, körperlichen oder psychischen Schwäche

Neben der Überrumpelung im engeren Sinne und der Ausübung psychischen Drucks kann nach der Rechtsprechung des BAG auch die Ausnutzung einer sprachlichen, körperlichen oder psychischen Schwäche des Gegenübers ein Bestandteil unfairer Verhandlungsmethoden sein.[1046] In Bezug auf das Urteil des BAG vom 07.02.2019 ist dieser Aspekt zum Teil kritisch aufgenommen worden, da unklar sei, wie eine

[1045] In diese Richtung gehend: LAG Mecklenburg-Vorpommern, BeckRS 2012, 65889; LAG Hamm, BeckRS 2011, 79293; *G. Becker,* Die unzulässige Einflussnahme des Arbeitgebers auf die Entscheidungsfreiheit des Arbeitnehmers am Beispiel des arbeitsrechtlichen Aufhebungsvertrages, S. 177; *S. Müller*, DB 2019, 1792, 1797.

[1046] BAG, NZA 2019, 688, 692,"*denkbar ist auch die Ausnutzung einer objektiv erkennbaren körperlichen oder psychischen Schwäche oder unzureichender Sprachkenntnisse*"; bestätigt: BeckRS 2022, 3692.

krankheitsbedingte Schwäche festzustellen sein solle und zu welchem Grad diese vorliegen müsse.[1047] Dass das Ausnutzen einer körperlichen oder psychischen Schwäche Bestandteil unfairer Verhandlungen sein könne, wurde jedoch in der Instanzenrechtsprechung überwiegend bestätigt und wiederholt.[1048] Darüber hinaus ist der Schutz einer schwächeren Vertragspartei seit der Bürgschaftsrechtsprechung des BVerfG in der Auslegung der zivilrechtlichen Generalklauseln verankert.[1049] Gleichwohl ist es notwendig, diesen Aspekt bei der Erarbeitung der Voraussetzungen näher zu beleuchten. Zum einen ist bereits festgestellt worden, dass das Gebot fairen Verhandelns ein Institut der c.i.c. gemäß § 241 Abs. 2, 311 Abs. 2 BGB ist. Dieses ist nicht ausschließlich bei struktureller Verhandlungsdisparität anwendbar. Da es dieser strukturellen Unterlegenheit eines Verhandlungspartners nicht bedarf, ist offen, welche anderweitige Schwäche denn überhaupt berücksichtigungsfähig ist. Es ist nicht entschieden, welche Anforderungen an die körperliche, psychische oder sprachliche Schwäche zu stellen sind. Genügen bereits kleinere Einschränkungen der Verhandlungsstärke[1050] oder muss hier eine Form der Schwäche vorliegen, die sich an den §§ 105, 138 Abs. 2 BGB orientiert? Zudem ist auch der Begriff des Ausnutzens in den Blick zu nehmen, da er ein subjektives Erfordernis insinuiert, das über den einfachen Verschuldensgrad des § 276 Abs. 1 BGB hinausgeht.[1051]

(a) Die erkennbare Schwäche

Auch ohne Vorliegen eines strukturellen Verhandlungsungleichgewichts ist es weder eine neue Erkenntnis noch eine Überraschung, dass schwächere Teilnehmer des Rechtsverkehrs schützenswerter sind als stärkere. Die gesetzliche Verankerung hierzu findet sich im Allgemeinen Teil des BGB, der Minderjährige und geistig eingeschränkte Menschen schützt und in § 138 Abs. 2 BGB Menschen in einer konkreten Notlage und eingeschränkten Willensstärke vor Ausbeutung bewahren möchte. Aus dieser Norm folgt, dass das Gesetz nicht nur die dauerhafte Schwäche oder Geschäftsfähigkeit kennt, sondern auch eine „*situative Imparität*“[1052] Auswirkungen auf die Wirksamkeit eines Vertrags haben kann. Das wird durch die in § 138 Abs. 2 BGB genannten Schwächemerkmale deutlich: Eine Zwangslage kann ebenso situativ sein, wie ein Mangel an Urteilsvermögen

[1047] *Bauer*, FD-ArbR 2019, 414232.
[1048] LAG Rheinland-Pfalz, BeckRS 2019, 6831; LAG Berlin-Brandenburg, BeckRS 2019, 38121; ArbG Schwerin, BeckRS 2019, 44159; LAG Rheinland-Pfalz, BeckRS 2019, 16044.
[1049] Zweiter Teil, II. c) bb).
[1050] Vgl. *Bauer*, FD-ArbR 2019, 414232.
[1051] Vgl. *Plum*, MDR 2020, 69, 71.
[1052] S. *Husemann*, Der moderierte Vertrag, S. 488.

oder eine Willensschwäche. Auch wird mit dem Kriterium der Unerfahrenheit der Grundsatz der Vertragsfreiheit für geschäftsfähige, aber gleichwohl unerfahrene Teilnehmer des Rechtsverkehrs, eingeschränkt. Dabei werden auch voll geschäftsfähige Personen, die über ein geringes Maß an Lebens- und Geschäftserfahrung verfügen, geschützt.[1053] Gleiches kann für Personen gelten, die sich durch Zuzug oder andere Umstände in einer neuen Lebenssituation befinden.[1054] Mithin kann aus der Auslegung von § 138 Abs. 2 BGB geschlossen werden, dass das BGB die situative Schwäche einer Person berücksichtigt. Diese Erkenntnis deckt sich mit der bisherigen Auslegung des § 311 Abs. 2, 241 Abs. 2 BGB. Insoweit ist eine Parallele zu den vorvertraglichen Aufklärungspflichten zu ziehen: Auch eine bestehende Aufklärungspflicht stellt eine Ausnahme von der Regel dar.[1055] Grundsätzlich ist jeder Teilnehmer des Rechtsverkehrs selbst für die Einholung von relevanten Informationen verantwortlich, wenn er ein Rechtsgeschäft eingehen möchte. Es ist die Ausnahme, dass es dem Aufzuklärenden nicht selbst obliegt, dass er sich über die aufzuklärende Tatsache, die für ihn von wesentlicher Bedeutung ist, informiert.[1056] Eine Aufklärungspflicht entsteht erst dann, wenn das Informationsgefälle der Vertragspartner unfair erscheint.[1057] Eine solche Pflicht kann nur bestehen, wenn die Aufklärung erforderlich ist, um den Vertragspartner eine eigenverantwortliche Entscheidung zu ermöglichen.[1058] Die Aufklärungspflicht ergibt sich aus der Bedürftigkeit des Vertragspartners.

An diese Grundsätze der Aufklärungspflicht wird nahtlos angeknüpft, wenn im Rahmen des Gebots fairen Verhandelns das Kriterium einer persönlichen Schwäche des Verhandlungspartners in engen Grenzen berücksichtigt wird.[1059] Auch hier besteht eine Regel-/Ausnahmesituation: Der Verhandlungspartner ist regelmäßig nicht gehalten, sich über den Gesundheitszustand, die Verhandlungsstärke oder die Geschäftserfahrung des Gegenübers zu informieren, oder proaktiv hierauf Rücksicht zu nehmen.[1060] Diese Notwendigkeit tritt erst dann auf, wenn vom Verhandlungsführer berechtigterweise

---

[1053] So schon: BGH, NJW 1966, 1451.
[1054] Für die Zeit nach der Wiedervereinigung entschieden: BGH, NJW 1994, 1475, 1476.
[1055] MüKo/BGB/*Emmerich*, § 311 Rn. 66.
[1056] BGH, NJW 2013, 1807; NJW 2010, 3362; OLG Düsseldorf, BeckRS 2018, 13427, Rn. 42; MüKo/BGB/*Bachmann*, § 241 Rn. 135; *Lorenz*, JuS 2015, 398, 400.
[1057] MüKo/BGB/*Bachmann*, § 241 Rn. 136.
[1058] OLG Stuttgart, BeckRS 2012, 710.
[1059] Zutreffend: *Gräf*, Das Gebot fairen Verhandelns beim Abschluss eines arbeitsrechtlichen Aufhebungsvertrags, S. 181f.
[1060] Vgl. BAG, NZA 2019, 688, 691, keine Schaffung einer möglichst angenehmen Verhandlungssituation; noch deutlicher: BeckRS 2022, 3692, wonach keine besonderen Vorkehrung zur Sicherstellung der Entscheidungsfreiheit notwendig sind.

erwartet werden kann, dass er die erkennbare Verhandlungsschwäche des Gegenübers berücksichtigt und Maßnahmen trifft, um die Entscheidungsfreiheit des Verhandlungspartners gerade nicht zu unterlaufen. Diese Pflicht des Verhandlungsführers kann in diesem Fall so weit gehen, dass er – wie bei den Aufklärungspflichten – Maßnahmen trifft, die der Sicherstellung der Verhandlungsparität dienen. Das kann durch eine Verhandlungspause, die Ermöglichung eines Beistands, die Einräumung eines Widerrufsrechts oder ähnlicher Umstände erfolgen. Dabei ist Voraussetzung, dass eine berücksichtigungsfähige und erkennbare[1061] Schwäche des Verhandlungspartners vorliegt. Der Verhandelnde muss diese Schwäche und ihre Bedeutung für die Entscheidung des Gegenübers erkennen, da er nur dann auf diese reagieren kann.

(b) Einzelne Schwächemerkmale

Bei der bisherigen Anwendung des Gebots fairen Verhandelns wurden viele denkbare Schwächemerkmale als mögliche Einschränkung der Verhandlungsstärke genannt. Das BAG stellte hier die körperliche und die psychische Schwäche in den Vordergrund und nannte zudem die unzureichende Sprachkenntnis.[1062] Seither greift die Rechtsprechung diese Merkmale auf. So hielten verschiedene Gerichte eine krankheitsbedingte Schwäche aufgrund einer Depression für möglich, verneinten aber die Erkennbarkeit der krankheitsbedingten Schwäche,[1063] oder sahen keine Ausnutzung dieses Umstandes, da eine Überlegungsfrist gewährt wurde.[1064] Ebenso prüfte das LAG Rheinland-Pfalz die Ausnutzung einer sprachlichen Schwäche, verneinte dieser aber im Ergebnis.[1065] Hingegen bejahte das ArbG Heilbronn einen Verstoß gegen das Gebot fairen Verhandelns durch Ausnutzung der intellektuellen Schwäche eines Arbeitnehmers.[1066]

Eine Schwäche dürfte erst dann berücksichtigungsfähig sein, wenn diese objektiv bestimmbar und geeignet ist, Einfluss auf die Entscheidungsfreiheit des Vertragsschließenden zu nehmen. Daher wird zu Recht die hinreichende Erheblichkeit der Schwäche gefordert.[1067] Es genügen daher keineswegs eine leichte Erkrankung oder kein optimales Sprachverständnis. Vielmehr müssen die Erkrankung oder die mangelnde

[1061] *Joussen*, ZMV 2020, 15, 18.
[1062] BAG, BeckRS 2022, 3692; NZA 2020, 171; NZA 2019, 688, 692.
[1063] LAG Rheinland-Pfalz, BeckRS 2019, 16038.
[1064] LAG Hessen, BeckRS 2021, 21456.
[1065] BAG, NZA 2020, 171; LAG Rheinland-Pfalz, BeckRS 2019, 38069.
[1066] ArbG Heilbronn, BeckRS 2022, 13202.
[1067] *Fischinger,* Arbeitsrecht, Rn. 1136; *Hördt*, ArbRAktuell 2019, 289, 291. *Fischinger,* Arbeitsrecht, Rn. 1136; *Hördt*, ArbRAktuell 2019, 289, 291

Sprachkenntnis konkret die Verhandlungsstärke des Beeinflussten geschwächt haben. Bloße Willensschwäche oder leichte Beeinflussbarkeit genügen nicht, um eine Schwäche anzunehmen, die die Infragestellung des Vertragsschlusses rechtfertigt.[1068] Die hinreichende Schwäche kann durch diverse Merkmale begründet werden. Dabei sind die vom BAG genannten Schwächen wie Krankheit oder fehlende Sprachkenntnis wohl die offensichtlichsten, sie sind aber nicht abschließend. Es kommen auch andere Zustände, wie eine nachgewiesenermaßen sehr geringe Intelligenz,[1069] Ermüdung,[1070] oder Alkoholisierung[1071] in Betracht. In Anlehnung an § 138 Abs. 2 BGB ist auch die Ausnutzung der mangelnden Lebens- und Geschäftserfahrung zu berücksichtigen.[1072] Im Ergebnis bleibt entscheidend, dass die Schwäche genügt, um eine hinreichende Beeinträchtigung der Entscheidungsfreiheit anzunehmen. Ist das der Fall, so ist die Frage, ob der Verhandlungsführer diesen Umstand *„ausgenutzt“* hat.

(4) „Ausnutzen“ – Subjektive Erfordernisse?

Der Begriff des Ausnutzens, der seit 2019 im Kontext der Verhandlungsschwäche des Verhandlungspartners genannt wird, wirft die Frage auf, ob derjenige, der über die Schwäche des Gegenübers hinweggeht, eine subjektive Komponente erfüllen muss, die über den Maßstab von § 276 Abs. 1 BGB hinausgeht. Der Begriff impliziert zumindest, dass der Ausnutzende die Schwäche des Verhandlungspartners kennen muss, um sein Verhandeln als unfair zu qualifizieren.[1073] Selbiges gilt auch beim Begriff der Ausbeutung im Sinne des § 138 Abs. 2 BGB, der zwar keine Ausbeutungsabsicht, aber gleichwohl zumindest Vorsatz erfordert.[1074] Hingegen spricht § 4a Abs. 2 S. 1 Nr. 3 UWG von einem *„bewussten Ausnutzen“* einer Unglückssituation, was auf eine bewusste und finale Handlung und somit ein verschärftes subjektives Kriterium hindeutet.[1075] Allerdings wird diesbezüglich angeführt, dass eine richtlinienkonforme und verbraucherschützende Auslegung des UWG erfolgen und daher

1068 BAG, NJW 1996, 2593, 2594.
1069 ArbG Heilbronn, BeckRS 2022, 13202.
1070 S.o.: Fünfter Teil, II. a) aa) (1).
1071 *Husemann,* Der moderierte Vertrag, S. 487.
1072 Vgl. OLG Hamm, NJW 2017, 576; LAG Thüringen, NZA-RR 1999, 399; OLG Düsseldorf, NZA-RR 1999, 397, in allen Fällen begünstigte das geringe Lebensalter und die fehlende Geschäftserfahrung des Gegenübers den Vertragsschluss.
1073 Diesen Aspekt beim Gebot fairen Verhandelns angenommen: LAG Rheinland-Pfalz, BeckRS 2019, 16038, Rn. 56; s a. *Plum,* MDR 2020, 69, 71.
1074 BGH, NJW 2017, 2403, 2404; Vgl. BAG, NZA 2016, 1409, 1413.
1075 BeckOK/UWG/*Fritzsche,* § 4a Rn. 67; Harte-Bavendamm/Henning-Bodewig/*Picht,* § 4a Rn. 116.

kein besonderes subjektives Kriterium erfüllt werden müsse, das den Verbraucherschutz unnötig einschränken würde. Dies gäben auch andere Sprachfassungen der UGP-Richtlinie nicht her. Daher reicht nach überwiegender Ansicht eine objektive Zielgerichtetheit des beeinflussenden Unternehmers aus und keine vorsätzliche oder finale Handlung.[1076] Es ist daher festzustellen, dass Begriffe „*Ausbeutung*", oder „*bewusstes Ausnutzen*" keine relevante Unterscheidung in ihrer Auslegung haben. Gleichwohl enthalten § 138 Abs. 2 BGB und § 4a Abs. 2 S. 1 Nr. 3 UWG mit dem Vorsatzerfordernis zumindest eine subjektive Komponente, die enger ist als die Anforderung des § 276 Abs. 1 BGB. Systematisch ist es daher geboten, auch beim Kriterium des „*Ausnutzens einer Schwäche*" ein verschärftes subjektives Element anzunehmen. Daher ist zumindest das Erfordernis eines zielgerichteten Verhaltens des Verhandelnden anzunehmen. Dabei ist irrelevant, dass eine solche Auslegung den Schutz des Beeinflussten im Einzelfall verringern kann.[1077] Es ist vielmehr eine Konsequenz der Privatautonomie, dass sich ein Verhandlungspartner nicht anlasslos um die Verhandlungsstärke des Gegenübers kümmern muss. Dieser ist gerade nicht verpflichtet, besonders angenehme Rahmenbedingungen zu schaffen oder sich proaktiv nach der Verhandlungsstärke des Gegenübers zu erkundigen. Die Ausnutzung einer Schwäche ist aus diesen Gründen erst dann anzunehmen, wenn der Umstand der Schwäche und dessen Bedeutung für den Vertragsschluss für den Verhandelnden erkennbar ist und er sich über diesen Umstand bewusst hinwegsetzt.[1078]

Diese Auslegung deckt sich auch mit § 276 BGB, der im Rahmen der Bestimmung des Verschuldens des Beeinflussenden anzuwenden ist. Der Schuldner hat nach § 276 Abs. 1 BGB Vorsatz und Fahrlässigkeit zu vertreten, wenn eine strengere oder mildere Haftung weder bestimmt noch aus dem sonstigen Inhalt des Schuldverhältnisses folgt, insbesondere aus der Übernahme einer Garantie oder eines Beschaffungsrisikos, zu entnehmen ist. Der Wortlaut eröffnet Abweichungen vom grundsätzlichen Fahrlässigkeitsmaßstab, da er den „*sonstigen Inhalt des Schuldverhältnisses*" erfasst. Zudem kann Fahrlässigkeit im Sinne des § 276 BGB nur vorgeworfen werden, wenn der Betreffende die notwendige Kenntnis hat, um seine Pflicht zu erfüllen.[1079] Demjenigen, der die Schwäche des Gegenübers nicht erkennt, kann kein Pflichtverstoß vorgeworfen

---

[1076] Köhler/Bornkamm/Feddersen/UWG/*Köhler*, § 4a Rn. 1.59; MüKo/UWG/*Raue*, § 4a Rn. 198; Fezer/Büscher/Obergfell/UWG/*Scherer*, § 4a Rn. 145.
[1077] *A. Zimmermann/Völkerding*, DB 2019, 1628.
[1078] *Joussen*, ZMV 2020, 15, 18; *Plum*, MDR 2020, 69, 71; *Wurm*, SPA 2022, 121, 122.
[1079] HK/BGB/*R. Schulze*, § 276 Rn. 13.

werden.[1080] So wird ebenso bei den Aufklärungspflichten vorausgesetzt, dass der Aufzuklärende das Auskunftsbedürfnis des Gegenübers erkennt und weiß, dass der Aufzuklärende durch diesen Umstand beeinflusst werden kann.[1081] Wie bei Aufklärungspflichten geht es auch beim Gebot fairen Verhandelns darum, wenn das Ausnutzen einer Schwäche in Frage steht, den Vertragspartner in einen Zustand der Selbstbestimmung zu bringen. Dann ist ebenso angemessen, eine besondere Pflicht zur Rücksichtnahme nur dann anzunehmen, wenn für den Verhandelnden die Schwäche des Gegenübers erkennbar ist. Das kann etwa bei einer krankgeschriebenen Arbeitnehmerin,[1082] bei der bekanntermaßen intellektuellen Schwäche des Arbeitnehmers,[1083] oder der aufgrund des Alters begründeten geschäftlichen Unerfahrenheit des Geschäftspartners[1084] gegeben sein. Auch die altersbedingte Schwäche einer Person kommt in Betracht.[1085] Setzt sich der Verhandelnde trotz Kenntnis hierüber hinweg, liegt ein Ausnutzen einer Schwäche vor.

(4) Rechtsfolge

Ist das Ausnutzen einer Schwäche festgestellt, so kann darin, isoliert betrachtet, ebenfalls kein Verstoß gegen das Gebot fairen Verhandelns liegen. Eine andere Betrachtung würde systematisch gegen die Wertung von § 138 Abs. 2 BGB verstoßen, der bei Vorliegen einer Willensschwäche bereits eine entsprechende Regelung getroffen hat. Es geht daher darum, im Ergebnis eine Gesamtbetrachtung vorzunehmen. Dabei besteht ein Verstoß gegen das Gebot fairen Verhandelns aus mehreren Elementen.

(5) (Kein) Generelles subjektives Erfordernis

Kurzer fordert generell, ein Verstoß gegen das Gebot fairen Verhandelns nur bei Vorliegen eines besonderen subjektiven Elements zu bejahen. Konkret soll ein Verstoß demnach nur möglich sein, wenn der objektiv gegebenen Umstände zielgerichtet genutzt werden, um

[1080] LAG Rheinland-Pfalz, BeckRS 2019, 16038, Rn. 56.

[1081] BGH, NJW 2017, 2403, 2404; NJW 2013, 1807; NJW 2010, 3362; MüKo/BGB/*Bachmann*, § 241 Rn. 135; MüKo/BGB/*Emmerich*, § 311 Rn. 66; *Gräf*, Das Gebot fairen Verhandelns beim Abschluss eines arbeitsrechtlichen Aufhebungsvertrags, S. 233; MüKo/BGB/*Grundmann*, § 276 Rn. 120; *Lorenz*, JuS 2015, 398, 400.

[1082] BAG, NZA 2019, 688.

[1083] ArbG Heilbronn, BeckRS 2022, 13202.

[1084] OLG Hamm, NJW 2017, 576; LAG Thüringen, NZA-RR 1999, 399.

[1085] Vgl. BGH, NJW 2022, 3147, 3149.

den Arbeitnehmer zu einer bestimmten Entscheidung zu bewegen.[1086] Sie begründet diese Forderung unter anderem damit, dass ein generelles subjektives Erfordernis das Gebot fairen Verhandelns schärfe, konkretisiere und begrenze.[1087] Liegen die objektiven Voraussetzungen vor, sei eine Vermutung des subjektiven Erfordernisses zu begrüßen.

Das Anliegen, durch das subjektive Erfordernis das Gebot fairen Verhandelns zu schärfen, ist nachvollziehbar. Allerdings ist nach der hier vertretenen Ansicht bereits auf objektiver Ebene eine Verschärfung erfolgt, die eine weitere Verengung einerseits überflüssig macht und andererseits keinen Zweifel am Vorliegen des subjektiven Erfordernisses lässt. Verwirklicht eine Person mehrere der rechtlich missbilligten Verhaltensweisen, so wird auch das subjektive Erfordernis eines zielgerichteten Vorgehens indiziert sein.[1088]

cc) Zusammenfassung

Zusammenfassend ist festzuhalten, dass sich die verschiedenen Methoden, die Bestandteil unfairer Verhandlungen sein können, in drei Kategorien unterteilen lassen, die auf unterschiedliche Art und Weise erfüllt werden können. Dabei kann unterschieden werden zwischen

- der Überrumpelung im engeren Sinne (= „Überraschung"),
- der Ausübung psychischen Drucks,
- der Ausnutzung einer Verhandlungsschwäche.

Ein isolierter Verstoß gegen eine der Kategorien genügt aus gesetzessystematischen Gründen nicht, um unfaires Verhandeln zu begründen. Es ist daher ein Zusammenwirken der Kategorien erforderlich. Ein Verstoß gegen das Gebot fairen Verhandelns ist daher im Wege einer Gesamtbetrachtung des Verhaltens der Parteien festzustellen.

III. Durchführung der Gesamtbetrachtung

In der Durchführung der Gesamtbetrachtung geht es um die Lösung der schwierigen Aufgabe, eine zulässige von einer unzulässigen Verhandlungsführung abzugrenzen.

[1086] *Kurzer,* Das Gebot fairen Verhandelns im Arbeitsrecht, S. 146.
[1087] *Kurzer,* Das Gebot fairen Verhandelns im Arbeitsrecht, S. 143ff.
[1088] Vgl. *Plum*, MDR 2020, 69, 74.

1. Notwendigkeit einer Einzelfallbetrachtung

Auch wenn es für die Rechtssicherheit wenig befriedigend sein kann, so wird die Entscheidung, ob eine unfaire Verhandlung, und damit ein Verstoß gegen §§ 311 Abs. 1, 241 Abs. 2 BGB, vorliegt, nur im Einzelfall erfolgen können.[1089] Ebenso ist für die Gesamtbewertung eines Verstoßes der Schutzzweck des § 241 Abs. 2 BGB, nämlich die Entscheidungsfreiheit des Beeinflussten, der wesentliche Punkt. Die Verhandlungsmethoden des Verhandelnden müssen in einer Form beeinträchtigend sein, die dazu führt, dass von einer Einschränkung der Entscheidungsfreiheit des Beeinflussten auszugehen ist,[1090] da andernfalls der Schutzzweck des § 241 Abs. 2 BGB nicht betroffen ist.[1091] Die verschiedenen möglichen Verhaltensweisen der verhandelnden Person, sowie der Aspekt der Entscheidungsfreiheit der beeinflussten Partei, erschweren die Feststellung eines allgemeingültigen Tatbestands des Gebots fairen Verhandelns. Vorschläge, diese Einzelfallbetrachtung zu konkretisieren, bestehen bereits:

Nach *Gräf* besteht ein Verstoß gegen das Gebot fairen Verhandelns in einer pervertierten Verhandlungsführung, bei der sich jedem objektiven Dritten aufdrängt, dass eine unzulässige Beeinträchtigung der Entscheidungsfreiheit vorliegt.[1092] Dabei komme es darauf an, ob eine gezielte Überrumpelungssituation geschaffen wurde, die die Selbstbestimmung des Beeinflussten erheblich beeinträchtigt. Eine subsumtionsfähige Definition mit klar definierten Tatbestandsmerkmalen lasse sich nicht finden. Es sei jedoch anhand mit einem Typusbegriff zu arbeiten. Danach sei eine Verletzung des Gebots fairen Verhandelns dann gegeben, wenn der Initiator der Verhandlungen diese an einem ungewöhnlichen Ort oder Zeitpunkt ohne Ankündigung vornimmt und dann im Rahmen der Gesprächsführung durch Zeitdruck und unter Ausschluss von Beratung und Verhandlungsspielraum den Vertragsschluss herbeiführt und dies mit rauer Gesprächsatmosphäre und unter Zuhilfenahme von Drohungen, ggf. in Verbindung mit Waffengleichheit durch personales Ungleichgewicht erfolge.[1093] Dieser Typusbegriff, der die maßgeblichen Kriterien für unfaire Verhandlungen zusammenfasst, wird in ähnlicher

[1089] BAG, NZA 2019, 688, 692; *Gräf,* Das Gebot fairen Verhandelns beim Abschluss eines arbeitsrechtlichen Aufhebungsvertrags, S. 427f; *Hördt*, ArbRAktuell 2019, 289, 290. BAG, NZA 2019, 688, 692; *Gräf,* Das Gebot fairen Verhandelns beim Abschluss eines arbeitsrechtlichen Aufhebungsvertrags, S. 427f; *Hördt*, ArbRAktuell 2019, 289, 290

[1090] Diesen Aspekt zutreffend betonend: *Kurzer,* Das Gebot fairen Verhandelns im Arbeitsrecht, S. 136.

[1091] In praktischer Anwendung: LAG Rheinland-Pfalz, BeckRS 2023, 27976, das feststellte, dass eine Person, die den Anblick von "*Uniformträgern*" gewohnt sei, sich hierdurch nicht beeinflussen ließe.

[1092] *Gräf,* Das Gebot fairen Verhandelns beim Abschluss eines arbeitsrechtlichen Aufhebungsvertrags, S. 298.

[1093] *Gräf,* Das Gebot fairen Verhandelns beim Abschluss eines arbeitsrechtlichen Aufhebungsvertrags, S. 296ff.

Form auch anderweitig vertreten.[1094] Im Kern ist dieser Typusbegriff darauf beschränkt, die wesentlichen Merkmale unfairer Verhandlungen zusammenzufassen und die Feststellung zu treffen, dass ein Zusammenwirken mehrerer dieser Umstände für einen Verstoß gegen das Gebot fairen Verhandelns erforderlich ist.

Diese Erkenntnis ist richtig. Nur durch das Erfordernis des Zusammenwirkens mehrerer Elemente wird verhindert, dass eine vorschnelle Anwendung des Gebots fairen Verhandelns den gesetzlichen Wertungen aus §§ 105 ff., 123, 138, 312 ff. BGB widerspricht. Aus diesem Grund können die hier festgestellten Kategorisierungen der Beeinflussungsmethoden – Überrumpelung im engeren Sinne, Ausübung psychischen Drucks und Ausnutzung einer Schwäche – nicht zu einem Verstoß gegen das Gebot fairen Verhandelns führen, wenn lediglich eine dieser Kategorien erfüllt ist.

2. Zwei von drei – Erleichterung der Gesamtbetrachtung

Bei der Feststellung eines Verstoßes gegen das Gebot fairen Verhandelns im Rahmen der Gesamtbetrachtung kann womöglich ein einfacher Gedanke zu einer interessengerechten Lösung führen: Erfüllt der Beeinflusste zwei der drei hier erarbeiteten Kategorien, ist ein Verstoß gegen das Gebot fairen Verhandelns indiziert. So simpel dieser Lösungsvorschlag auch sein mag, dürfte er dennoch regelmäßig zu einer interessengerechten Lösung führen, die sich systematisch in das Gesetz einfügt und dem Rechtsanwender einen simpleren Prüfungsmechanismus ermöglicht. Diese Auslegung wird durch teleologische und gesetzessystematische Gründe gestützt.

a) Tatsächliche Gründe – warum das Erfüllen einer Kategorie kein unfaires Verhandeln begründet

Das isolierte Erfüllen einer der drei Kategorien kann keinen Verstoß gegen das Gebot fairen Verhandelns begründen.[1095] Bereits aus systematischen Gründen verbietet sich eine andere Auslegung.[1096] Diese Betrachtung wird auch aus tatsächlichen Gründen dem Einzelfall gerecht, denn wenn jeweils nur eine der festgestellten Kategorien erfüllt ist, wird sich derjenige, der sich auf einen Verstoß gegen das Gebot fairen Verhandelns beruft, stets

[1094] *Giesing,* Inhaltskontrolle und Abschlusskontrolle arbeitsrechtlicher Aufhebungsverträge, S. 229; *Kurzer,* Das Gebot fairen Verhandelns im Arbeitsrecht, S. 136; *Schindele*, ArbRAktuell 2021, 360.
[1095] Zu weitgehend: *Kurzer,* Das Gebot fairen Verhandelns im Arbeitsrecht, S. 136.
[1096] Fünfter Teil, I. 3.

Einwände gefallen lassen müssen, die das Infragestellen der Wirksamkeit des zustande gekommenen Vertrags verbieten:

Demjenigen, der überrascht wird, aber bei Vertragsschluss nicht unter Druck gesetzt wird oder keine persönliche Verhandlungsschwäche aufweist, ist zuzumuten, das Vertragsangebot zurückzuweisen, auf Beratung zu bestehen, sich Bedenkzeit zu erbeten oder der Verhandlung auf andere Art und Weise zu begegnen. Der Verhandlungsgegner kann in diesem Fall „Nein" sagen.[1097] Dass ein Vertragsschluss, der dazu noch eine gewisse Bedeutung hat, einer gründlichen Überlegung bedarf und von einem voreiligen Vertragsschluss abzuraten ist, ist kein ungewöhnlicher oder unbekannter Gedanke, sondern eine allgemein verbreitete Erkenntnis im rechtsgeschäftlichen Verkehr. Allein die zeitlich-/örtliche Überraschung reicht nicht generell[1098] aus, um den Vertragsschließenden von seiner Eigenverantwortung zu entbinden.[1099]

Fehlt es wiederum an einer Überraschung, so muss sich der unter Druck gesetzte Verhandlungspartner ohne bestehende nennenswerte Verhandlungsschwäche den Vorwurf gefallen lassen, sich im Vorhinein mit dieser Situation nicht hinreichend auseinandergesetzt und eine mögliche Vorbereitung unterlassen zu haben. Wer eine Verhandlungssituation antizipieren kann oder gar den vorgesehenen Inhalt eines Gesprächstermins kennt, dem ist zuzumuten, sich im Vorhinein eine Gesprächsstrategie zu überlegen, sich rechtlichen Rat einzuholen und hierdurch Widerstand gegenüber dem gesetzlich zulässigen Gesprächsdruck leisten zu können, weshalb eine Vorankündigung eine Überrumpelung verunmöglicht.[1100] Das schließt nicht aus, dass der Druck innerhalb eines Vertragsgesprächs auch ohne eine vorherige Überrumpelung im engeren Sinne so immens werden kann, dass man zu einer anderen Betrachtung kommt. Das dürfte allerdings nur in Extremfällen der Fall sein, in dem der Druck ein Ausmaß annimmt, der beim Gegenüber eine Schwäche im Sinne der dritten Kategorie hervorruft.[1101]

Auch derjenige, der eine persönliche Schwäche aufweist, die eine Verhandlungsschwäche begründet, muss ohne Überraschung oder ohne ausgeübten Druck in der Lage sein, durch

---

[1097] BAG, BeckRS 2022, 3692 Rn. 29; *Baeck/Winzer/Schaaf*, NZG 2022, 1192, 1195; *Bauer* in: FS Däubler, 143, 146; *S. Müller*, DB 2019, 1792, 1793.

[1098] Der Gesetzgeber hat für Verbraucher durch die §§ 312 ff. BGB eine Ausnahmesituation geschaffen.

[1099] BAG, BeckRS 2022, 3692 Rn. 26; LAG Hamm, BeckRS 2021, 15285 Rn. 73; LAG Mecklenburg-Vorpommern, BeckRS 2020, 12247 Rn. 24.

[1100] Vgl. *Lorenz*, Der Schutz vor dem unerwünschten Vertrag, S. 452; *Gaul/Breuer*, NZA-Beilage 2021, 29, 30f; *Schrader/Thoms/Mahler*, NZA 2018, 965, 967f.

[1101] Vgl. LAG Thüringen, NZA-RR 1999, 399, nach 3-4 Stunden Verhandlungszeitraum dürfte die Überraschung ohnehin keine wesentliche Rolle mehr spielen, sondern der Druck und die zunehmende Verhandlungsmüdigkeit im Vordergrund stehen.

entsprechende Vorbereitung, eingeholten Rechtsrat oder Beistand, den unerwünschten Vertragsschluss abzuwenden. Das Gesetz differenziert nicht grundsätzlich[1102] zwischen starken und schwachen Vertragspartnern, weshalb schwächere Verhandlungspartner nicht per se von ihrer Eigenverantwortung zu entbinden sind.[1103] Diese Eigenverantwortung verpflichtet einen schwachen Verhandlungspartner, der Verhandlungen nicht überblicken oder einen ungewollten Vertragsabschluss im Verhandlungsgespräch nicht abwenden kann, sich im Vorhinein Unterstützung zu holen, eine Strategie zu entwickeln, sich vertreten zu lassen oder ähnliche Vorkehrungen zu treffen, um einen ungewollten Vertragsschluss zu verhindern. Die bloße Verhandlungsschwäche, die nicht von §§ 105 ff. BGB oder 138 Abs. 2 BGB erfasst ist, stellt den Vertragsschluss nicht in Frage. Aus diesen Gründen verbietet es sich, beim bloßen Erfüllen einer der jeweiligen Kategorien die Eigenverantwortung des Beeinflussten zu negieren und den Vertragsschluss wegen unfairen Verhandlungen in Zweifel zu ziehen. In der Abwägung überwiegt die Eigenverantwortung vor dem Schutz der Entscheidungsfreiheit, denn diese wird nicht vor jedweder Beeinflussung geschützt. Wird nur eine Kategorie erfüllt, sprechen die oben genannten Einwände dafür, den Beeinflussten in die Verantwortung für den Vertragsschluss zu bringen.

b) Teleologische Gründe – Warum das Erfüllen von zwei Kategorien unfaires Verhandeln begründet

Fallen jedoch zwei der festgestellten Kategorien im Anwendungsbereich des Gebots fairen Verhandelns zusammen, dürfte im Regelfall ein Verstoß gegen dieses Gebot vorliegen und damit § 241 Abs. 2 BGB begründet sein. Denn in diesem Fall überschreitet der Verhandelnde eine Schwelle, die die Entscheidungsfreiheit des Gegenübers in einer Weise beeinträchtigt, die ernsthafte Zweifel am freien Willensentschluss des Verhandlungspartners hervorrufen kann. Insbesondere entfallen die oben genannten Argumente, wenn nur eine Kategorie, die zugunsten des Verhandelnden berücksichtigt wird, verwirklicht wird; im Falle der Erfüllung von zwei Kategorien sind sie nicht mehr relevant. Dem Überrumpelten, der zudem unter psychischen Druck gesetzt wird, kann sich eben nicht mehr das bloße „Nein“ abverlangt werden, denn dieses wird durch das

[1102] Eine Differenzierung ist gleichwohl nicht ausgeschlossen, wie § 138 Abs. 2 BGB oder die Verbraucherschutzvorschriften zeigen.

[1103] BVerfG, NJW 1994, 36, 38, wonach nicht jede Verhandlungsschwäche dazu führen darf, den Vertrag grundsätzlich in Frage zu stellen.

Zusammenfallen dieser beiden Kategorien gerade überwunden. Dem Überraschten soll durch die Ausübung psychischen Drucks die Möglichkeit genommen werden, sich vorzubereiten, seine Entscheidung zu überdenken oder diese zu vertagen. Gleiches gilt, wenn eine Verhandlungsschwäche durch die zusätzliche Ausübung psychischen Drucks ausgenutzt wird – auch hier bedient sich der Verhandelnde zweier Elemente, die nur im Zusammenwirken entgegenstehenden Willen überwinden können. Ist der Verhandlungspartner erkennbar nicht in der Lage, in der Verhandlungssituation zu bestehen, so überwiegt der Schutz der Entscheidungsfreiheit, wenn der Verhandelnde durch psychischen Druck die Verhandlungsschwäche des Gegenübers ausnutzt. Ebenso wird sich derjenige mit Verhandlungsschwäche nicht hinreichend eines Vertragsschlusses erwehren können, wenn ihn der Gegenüber mit einer Überraschung (im engeren Sinne) überrumpelt. Auch in diesem Fall darf der Rechtsanwender im Regelfall davon ausgehen, dass der Überrumpelte nicht aus freien Stücken den Vertrag abschließt, sondern sich der Verhandlungssituation entziehen oder diesen nicht hinreichend hinterfragen konnte. Ebenso muss es auch dem Verhandelnden selbst ins Auge fallen, dass ein unter diesen Umständen geschlossener Vertrag nicht nur aus freien Stücken des Vertragspartners geschlossen wird. Aus diesen Gründen wird diese Auslegung dem Schutzzweck der Entscheidungsfreiheit, der von § 241 Abs. 2 BGB erfasst ist, gerecht.

c) Begründung auf gesetzessystematischer Ebene

Diese Auslegung deckt sich auch mit der bereits dargestellten Gesetzessystematik, denn auf diese Weise fügt sich das Gebot fairen Verhandelns in die Rechtsordnung ein.[1104] Der kritische Betrachter mag einwenden, dass das BGB die dargestellten Fälle gerade nicht erfasse und somit kein Verstoß gegen die gesetzlich normierten Fälle begründet sei.[1105] Diese Kritik übersieht allerdings, dass das Gebot fairen Verhandelns bereits auf der Ebene des Anwendungsbereichs eingeschränkt ist: Die Parteien befinden sich eben nicht in einem „normalen“ vorvertraglichen Schuldverhältnis, sondern in einem solchen, das zur erhöhten Rücksichtnahme verpflichtet.[1106] Es ist rechtlich nicht nur möglich, sondern geboten, in diesem Vertrauensverhältnis einen strengeren Maßstab anzuwenden, da sich die Parteien in

[1104] Vgl. BVerfG, NJW 1994, 36, 38.
[1105] *Fischinger*, NZA 2019, 729, 730; *D. E. Holler*, NJW 2019, 2206, 2209; APS/*Rolfs*, Aufhebungsvertrag Rn. 108b; BeckOK/BGB/*Sutschet*, § 311 Rn. 59b. *Fischinger*, NZA 2019, 729, 730; *D. E. Holler*, NJW 2019, 2206, 2209; APS/*Rolfs*, Aufhebungsvertrag Rn. 108b; BeckOK/BGB/*Sutschet*, § 311 Rn. 59b
[1106] Vierter Teil, III.

einem Treueverhältnis befinden.[1107] Ein weiterer Aspekt besteht darin, dass derjenige, der zwei von drei Kategorien erfüllt, sich gleich mehrfach im gesetzlichen Grenzbereich bewegt. Der Verhandelnde gebraucht mehrere Methoden, die in einem anderen Kontext oder anderer Intensität zu einem Gesetzesverstoß führen können. Die Überraschung an einem für einen Vertragsschluss ungewöhnlichen Ort würde gemäß §§ 312b, 312g BGB regelmäßig ein Widerrufsrecht begründen, wenn der Vertrag mit einem Verbraucher geschlossen würde. Mit der Ausübung psychischen Drucks bewegt sich der Verhandelnde an den Grenzen des § 123 Abs. 1 S. 2 BGB und des § 4a Abs. 1 S. 3 UWG. Besteht eine erkennbare Verhandlungsschwäche des Gegenübers, so werden die gesetzlichen Schranken der §§ 105 ff. BGB und des § 138 Abs. 2 BGB sowie des § 4a Abs. 2 S. 2 UWG ausgereizt. Solange zwischen den Parteien kein Vertrauensverhältnis besteht, muss es der Rechtsverkehr de lege lata aushalten, dass Verhandelnde gleich mehrerer dieser Grenzen ausreizt. Ebenso muss es zur Wahrung der Gesetzessystematik auch innerhalb eines Vertrauensverhältnisses möglich sein, dass sich der Verhandelnde auf einer dieser Grenzen bewegt.

Bewegt sich der Beeinflussende aber innerhalb eines Vertrauensverhältnisses mehrfach an diesen Grenzen, so nutzt der Verhandelnde vermeintliche Gesetzeslücken in einer Weise aus, die den Vorwurf der unzulässigen Rechtsausübung naheliegend erscheinen lassen.[1108] Der Beeinflussende nutzt eine vom Gesetz nicht erfasste Konstellation aus, um seinen Willen unter Missachtung der Interessen der Gegenseite durchzusetzen. Hiergegen könnte man einwenden, dass der Gesetzgeber es gerade nicht erfasst hat, den Tatbestand des unfairen Verhandelns explizit in die Rechtsordnung aufzunehmen. So wäre es denkbar, die hier vorgeschlagene Lösung innerhalb des Widerrufsrechts[1109] oder auch des Allgemeinen Teils des BGB aufzunehmen. Allerdings zeigt der Gesetzgeber bereits durch den im Gesetz verankerten Schutz vor Überrumpelung, Druckausübung sowie den Schutz geschwächter Personen im Rechtsverkehr, dass er diese Verhandlungsmethoden unter bestimmten Voraussetzungen missbilligt. Es fügt sich daher auch in die Rechtsordnung ein, wenn innerhalb eines Vertrauensverhältnisses zwei Beeinflussungsmethoden, die an anderer

[1107] *Heinkel*, ZTR 2020, 261, 266; *Horstmeier*, ZAP 2023, 289, 291f; *Joussen*, ZMV 2020, 15, 17.
[1108] Vgl. Jauernig/BGB/*Mansel*, § 242 Rn. 34ff.
[1109] Entsprechende Vorschläge existieren bereits, sind allerdings überwiegend auf den arbeitsrechtlichen Aufhebungsvertrag beschränkt: *Henssler/U. Preis,* Diskussionsentwurf eines Arbeitsvertragsgesetzes (ArbVG) 2006, § 134; *Arbeitskreis Deutsche Rechtseinheit im Arbeitsrecht,* Diskussionsentwurf eines Arbeitsvertragsgesetzes, § 131.

Stelle des Gesetzes missbilligt sind, im Zusammenwirken eine Pflichtverletzung begründen.

d) Der Aspekt der Rechtssicherheit

Die hier vertretene Auslegung des Gebots fairen Verhandelns dürfte ebenso den Vorwurf der Rechtsunsicherheit, der dem Gebot fairen Verhandelns vielfach entgegnet wurde,[1110] weitestgehend entkräften.

Bei Anwendung der hier vertretenen Auslegung, unter Berücksichtigung der Einschränkung auf der Ebene des Anwendungsbereichs, sind dem Gebot fairen Verhandelns enge Grenzen gezogen, die jeder Rechtsanwender und Verhandlungspartner beachten kann.[1111] Wer diese Grenzen ausreizt, der wird damit leben können und müssen, dass der Vertragsschluss in Frage gestellt wird. Gleichermaßen wird den Verhandelnden selbst in Vertrauensverhältnissen weiterhin ein großer Handlungsspielraum gewährt, der Raum für die Durchsetzung eigener Interessen gibt. Dass dann im Ergebnis eine Einzelfallentscheidung zu treffen ist, ist Folge der Anwendung von Generalklauseln und im Rechtssystem üblich.

e) Notwendige Voraussetzung – Die Verletzung der Entscheidungsfreiheit

Obwohl die hier vertretene Auslegung der Gesetzessystematik entsprechen dürfte, ist es aufgrund des Telos des § 241 Abs. 2 BGB notwendige Voraussetzung, dass der Verhandelnde mit seinen Verhandlungsmethoden die Entscheidungsfreiheit des Gegenübers verletzt.[1112] Aus diesem Grund kann das Erfordernis des Erfüllens von mindestens zwei der kategorisierten Verhandlungsmethoden nur ein Indikator sein, das regelmäßig, aber nicht immer, zu einer Verletzung des Gebots fairen Verhandelns führt. Dieses Bewertungskriterium entbindet nicht von der Einzelfallprüfung: Im Ergebnis muss die Bewertung, ob die Entscheidungsfreiheit des Gegenübers durch eine Pflichtverletzung unterlaufen wurde, durch den Rechtsanwender bewertet und getroffen werden. Daher muss der Tatbestand des Gebots fairen Verhandelns Raum für Abweichungen geben. Im Einzelfall kann es Indizien dafür geben, dass der Tatbestand des Gebots fairen Verhandelns erfüllt ist, aber trotzdem keine Beeinträchtigung der Entscheidungsfreiheit

---

[1110] Fünfter Teil, I., b).
[1111] Vgl. *Hamann*, Juris-PR-ArbR 2020, Anm. 4.
[1112] Dritter Teil, IV. 3. b)

bestand.[1113] Ebenso kann es sein, dass die einzelnen Kategorien der Beeinflussung nicht vollständig erfüllt sind, und trotzdem eine dem Verhandelnden zurechenbare Verletzung der Entscheidungsfreiheit gegeben ist.

3. Zusammenfassender Tatbestand

Nach all diesen Grundsätzen kann folgender Tatbestand des Gebots fairen Verhandelns (verkürzt) zusammengefasst werden:

Gegen das Gebot fairen Verhandelns wird verstoßen, wenn der Verhandlungsführer die Entscheidungsfreiheit des Verhandlungsgegners innerhalb eines qualifizierten Schuldverhältnisses[1114] dadurch missachtet, dass er ihn unter Schaffung oder Ausnutzung eines Überraschungsmoments,[1115] durch Schaffung einer psychischen Drucksituation[1116] oder durch Ausnutzen einer persönlichen Schwäche[1117] (rechtlich missbilligte Verhaltensweisen) zu einer rechtsgeschäftlichen Entscheidung verleitet, die der Verhandlungsgegner in unmittelbarer Folge der Beeinflussung[1118] trifft. Eine Verletzung des Gebotes fairen Verhandelns ist dann indiziert, wenn der Verhandelnde mindestens zwei der drei rechtlich missbilligten Verhaltensweisen anwendet,[1119] ohne dabei dem Gegenüber ein ausgleichendes Mittel zur Wahrung der Entscheidungsfreiheit[1120] zu gewähren.

[1113] Vgl. LAG Rheinland-Pfalz, BeckRS 2023, 27976, Rn. 38, wo darauf abgestellt wurde, dass der Beeinflusste "*Uniformträger*" gewöhnt gewesen sei.
[1114] Fünfter Teil, III. 2. e).
[1115] Fünfter Teil, II. 2. b) bb) (1).
[1116] Fünfter Teil, II. 2. b) bb) (2).
[1117] Fünfter Teil, II. 2. b) bb) (3)
[1118] Fünfter Teil, II. 1.
[1119] Fünfter Teil, III. 2.
[1120] Fünfter Teil, II. 1.

F. Sechster Teil – Die Rechtsfolge eines Verstoßes gegen das Gebot fairen Verhandelns

Das Gebot fairen Verhandelns ist durch die hier vertretene Ansicht in den Bereichen des Anwendungsbereichs und des Tatbestands geschärft. Nunmehr ist im letzten Schritt zu prüfen, zu welcher Rechtsfolge eine Verletzung des Gebots fairen Verhandelns führt. Die vom BAG angenommene Rechtsfolge einer Verletzung des Gebots fairen Verhandelns hat im Anschluss an das Urteil vom 07.02.2019 zu Diskussionen geführt. Das BAG hat bei einem Verstoß gegen das Gebot fairen Verhandelns, der zu einem arbeitsrechtlichen Aufhebungsvertrag führt, festgestellt, dass ein solcher Verstoß unmittelbar den Entfall der Rechtswirkungen des Aufhebungsvertrags, und damit die Fortsetzung des ursprünglichen Arbeitsverhältnis zu unveränderten Bedingungen begründet.[1121] Während selbst Kritiker wie *Fischinger* die Inhalte des Gebots fairen Verhandelns zumindest als vertretbar erachten,[1122] wurde jedenfalls die vom BAG angenommene Rechtsfolge nahezu einhellig kritisiert.[1123]

I. Rücktritt und Schadensersatz

Wer das Gebot fairen Verhandelns missachtet, verletzt eine Nebenpflicht nach §§ 241 Abs. 2, 311 Abs. 2 Nr. 1 BGB. Diese Pflichtverletzung kann Schadensersatzansprüche und gegebenenfalls Rücktrittsrechte begründen.

1. Rücktritt gemäß § 324 BGB

In Betracht kommt daher zunächst, dass ein unter Verstoß gegen das Gebot fairen Verhandelns entstandener Vertrag durch einen Rücktritt des Verletzten rückabzuwickeln sein könnte. Da der Rücktritt auf die Rückabwicklung des gesamten Vertrags gerichtet ist, stellt dies zunächst die naheliegendste Form der Rechtsfolge dar, wenn die Beseitigung des geschlossenen Vertrags in Frage steht. Die Rechtsgrundlage für einen solchen Rücktritt findet sich in § 324 BGB, wonach der Gläubiger zurücktreten kann, wenn der Schuldner bei einem gegenseitigen Vertrag eine Pflicht nach § 241 Abs. 2 BGB verletzt und ihm ein Festhalten am Vertrag nicht mehr zuzumuten ist. Teilweise wird vertreten, dass § 324 BGB auch Fälle der Verletzung einer vorvertraglichen

---

[1121] BAG, NZA 2019, 688, 692.

[1122] *Fischinger*, Arbeitsrecht, Rn. 1135; *Fischinger*, NZA 2019, 729, 730.

[1123] *Boemke*, JuS 2019, 1204, 1205; *Fischinger*, NZA 2019, 729, 733; *Kamanabrou*, RdA 2020, 201, 210; *Lingemann/Chakrabarti*, NJW 2019, 2245, 2247.

© Der/die Autor(en), exklusiv lizenziert an
Springer Fachmedien Wiesbaden GmbH, ein Teil von Springer Nature 2026
L. Bona, *Rechtsgrundlagen, Anwendungsbereiche und Inhalte des Gebots fairen Verhandelns*, Juridicum – Schriften zum Arbeitsrecht,
https://doi.org/10.1007/978-3-658-52723-5_7

Pflicht erfasse.[1124] Es sei kein Grund dafür ersichtlich, nach dem Zeitpunkt der Pflichtverletzung zu differenzieren.[1125] Der Wortlaut der Norm begründet Zweifel an dieser Sichtweise, denn § 324 BGB spricht vom „*Festhalten an einem gegenseitigen Vertrag*“, ein solcher besteht im Zeitpunkt des vorvertraglichen Schuldverhältnis nicht.[1126] Ebenso spricht die Überschrift des zweiten Titels (vor § 320 BGB) nur vom „*Gegenseitigen Vertrag*.“ Dass auch § 324 BGB explizit hiervon spricht, grenzt dessen Anwendungsbereich von § 311 Abs. 2 BGB ab, der die vorvertragliche Situation gesondert unter die Pflichten des § 241 Abs. 2 BGB stellt. Gleichermaßen spricht der Gleichklang zwischen § 324 BGB und § 282 BGB gegen eine solche Anwendung. § 282 BGB ist auf den Ersatz des positiven Interesses gerichtet, obwohl nur eine Nebenpflicht verletzt wurde. Für den Ersatz des positiven Interesses besteht aber kein Bedarf, wenn ein bloßes vorvertragliches Schuldverhältnis besteht, da in diesem Fall keine Leistungserfolge vereinbart sind. Auch § 282 BGB ist somit auf vorvertragliche Pflichtverletzungen nicht anwendbar. Insofern ist durch diese Parallelität eine systematische Abgrenzung zwischen der c.i.c. und § 324 BGB und § 282 BGB gegeben.[1127] Weiterhin kommt hinzu, dass der Gesetzgeber mit der Schuldrechtsreform keine umfassende Änderung der c.i.c. bewirken wollte, sondern dies der Rechtsfortbildung überlassen wollte.[1128] Wenn § 324 BGB und § 282 BGB allerdings auf vorvertragliche Pflichtverletzungen anwendbar wäre, wäre eine solche Änderung der c.i.c. begründet.[1129] Fraglich könnte sein, ob im Falle eines bestehenden Schuldverhältnisses, innerhalb dessen gegen das Gebot fairen Verhandelns verstoßen wird (z.B.: Konstellation Arbeitsverhältnis & Aufhebungsvertrag), § 324 BGB Anwendung finden kann.[1130] Allerdings ist der Wortlaut des § 324 BGB auch für diese Konstellation nicht offen, da das Gebot fairen Verhandelns zu einem neuen Rechtsgeschäft führt, jedoch § 324 BGB nur den bereits bestehenden gegenseitigen Vertrag erfasst. Aus diesen Gründen ist § 324 BGB für den geschlossenen Vertrag nicht anwendbar, wenn eine vorvertragliche Pflicht zum Vertragsschluss geführt hat, was den Blick auf die Rechtsfolge des Schadensersatzes richtet.

1124 OLG Hamm, BeckRS 2013, 4858; NJW-RR 2003, 1360; *Emmerich*, JuS 2004, 163, 164; LG Limburg, BeckRS 2023, 14168, Rn. 15; MüKo/BGB/*W. Ernst*, § 324 Rn. 7, allerdings mit der Einschränkung, dass die vorvertragliche Pflicht erst nach Vertragsschluss aufgedeckt wird; *Plum*, MDR 2020, 69, 74.

1125 BeckOK/BGB/*H. Schmidt*, § 324 Rn. 7.

1126 HK/BGB/*Fries*, § 324 Rn. 2; *Gräf*, Das Gebot fairen Verhandelns beim Abschluss eines arbeitsrechtlichen Aufhebungsvertrags, S. 80f; Staudinger/*Schwarze*, § 324 Rn. 22; Jauernig/BGB/*Stadler*, 324 Rn. 4.

1127 *Mankowski*, ZGS 2003, 91, 92; *Muthers*, MDR 2004, 492, 493.

1128 BT-Drucksache 14/6040, S. 162.

1129 *Mankowski*, ZGS 2003, 91.

1130 In diese Richtung gehend: *Glahe*, Die Rückabwicklung arbeitsrechtlicher Aufhebungsverträge, S. 99.

2. Vertragsaufhebung im Wege des Schadensersatzes

Dass ein Schadensersatzanspruch, der aus c.i.c. resultiert, zur Vertragsaufhebung führen kann, ist keine neue Erkenntnis. Im Falle des Gebots fairen Verhandelns ist diese Frage jedoch aufgrund einiger Besonderheiten zu vertiefen.

a) Grundsätze der Naturalrestitution

Die Naturalrestitution gemäß § 249 Abs. 1 BGB ist Ausgangspunkt für alle Schadensersatzverpflichtungen. Ein Schadensersatzanspruch gemäß § 280 Abs. 1 BGB erfordert, neben der Pflichtverletzung, einen Schaden des Berechtigten, Kausalität zwischen der Pflichtverletzung und dem eingetretenen Schaden, sowie das Vertretenmüssen des Schädigers.[1131] Der Schuldner hat bei Vorliegen der Voraussetzungen den Zustand herzustellen, der bestehen würde, wenn der zum Ersatz verpflichtende Umstand nicht eingetreten wäre. Es soll der Zustand geschaffen werden, der der Vermögenslage ohne das schädigende Ereignis entspricht.[1132] Ausgangspunkt des § 249 Abs. 1 BGB ist der natürliche Schadensbegriff, der auf dem Ausgleichsgedanken basiert. Der Vermögensschaden wird durch die Differenzhypothese berechnet. Ein Vermögensschaden ist dann gegeben, wenn der tatsächliche Wert des Vermögens des Geschädigten geringer ist als der Wert, den das Vermögen ohne das die Ersatzpflicht begründende Ereignis haben würde.[1133]

Dieser an das Vermögen angeknüpfte Schadensbegriff führt bei der angestrebten Vertragsaufhebung im Wege des Schadensersatzes nicht weiter. Die Problematik besteht im Kontext einer Verletzung des Gebots fairen Verhandelns regelmäßig darin, dass der Vertragsschluss als solcher dem Verletzten unerwünscht ist. Es gibt häufig keinen Schaden, der nach der Differenzhypothese berechnet und ausgeglichen werden könnte. Ein rechnerisches Minus wird es meistens nicht geben, weshalb die Differenzhypothese der Konstellation nicht gerecht wird. Der Vertrag als solcher stellt das kausale Ergebnis der Pflichtverletzung dar. Ohne Verstoß gegen das vorvertragliche Gebot fairen Verhandelns, oder andere vorvertragliche Pflichten gäbe es keinen Vertrag. Es entspricht jedoch häufig dem Interesse des Geschädigten, den Vertrag als solchen beseitigen zu können.

1131 MüKo/BGB/*Emmerich*, § 311 Rn. 219.
1132 BGH, BeckRS 2021, 27275, Rn. 12.
1133 MüKo/BGB/*Oetker*, § 249 Rn. 18.

b) Die Beseitigung des Vertrags im Wege der Naturalrestitution – das Erfordernis eines Vermögensschadens

Um die Beseitigung des Vertrags über § 249 Abs. 1 BGB zu begründen, hilft eine normative und subjektbezogene Betrachtung des Schadensbegriffs. Hiernach ist das haftungsbegründende Ereignis als Haftungsgrundlage zu berücksichtigen. Der Schutzzweck der Haftung und die Ausgleichsfunktion des Schadensersatzes sind Maßstab für die Bewertung, ob ein Schaden vorliegt.[1134] Daraus folgt, dass ein Schadensersatzanspruch darauf gerichtet sein kann, die Aufhebung des geschlossenen Vertrags zu bewirken.[1135] Der Schadensersatz dient dazu, den konkreten Nachteil des Geschädigten auszugleichen. Daher kann jemand auch ohne eine feststellbare Differenz zwischen Leistung und Gegenleistung einen Schaden haben, wenn er durch ein haftungsbegründendes Verhalten zu einem Vertragsabschluss gebracht wurde, den er ohne die Pflichtverletzung nicht geschlossen hätte.[1136] Hierzu ist allerdings nach der Rechtsprechung des BGH und des BAG erforderlich, dass mit dem geschlossenen Vertrag ein wirtschaftlicher Nachteil verbunden ist.[1137] Hierfür genügt jeder wirtschaftliche Nachteil, der mit dem aufgrund der Pflichtverletzung eingegangenen Vertrag verbunden ist.[1138]

Unabhängig davon, dass dieses Kriterium beim bisherigen Anwendungsfall des Gebots, fairen Verhandelns, nämlich dem Aufhebungsvertrag, regelmäßig vorliegen dürfte,[1139] ist es fraglich, ob dieses Erfordernis des wirtschaftlichen Nachteils bei einem Schadensersatzanspruch erforderlich ist, der durch einen Verstoß gegen das Gebot fairen Verhandelns zustande gekommen ist. Denn bei der Verletzung der Entscheidungsfreiheit durch unfaires Verhandeln ist ein normativer Anknüpfungspunkt für die Annahme eines Schadens gegeben. Durch den in § 241 Abs. 2 BGB normativ verankerten Schutz der rechtsgeschäftlichen Entscheidungsfreiheit,[1140] ist es konsequent, ohne Rücksicht auf das Vorliegen eines Vermögensschadens im unerwünschten Vertrag einen Schaden zu sehen.[1141] Denn nur die Aufhebung des Vertrags wird der Naturalrestitution, die nach dem

[1134] BGH, NJW-RR 2015, 275f; NJOZ 2008, 2780, 2785; NJW-RR 2005, 611, 612.
[1135] BGH, NZM 2016, 582, 583; OLG Hamm, NJW-RR 2018, 399, 401f; *Lorenz*, JuS 2015, 398, 400; *Lorenz* in: FS Canaris, 777, 785; *Plum*, MDR 2020, 69, 73; *Schumacher,* Vertragsaufhebung wegen fahrlässiger Irreführung unerfahrener Vertragspartner, S. 117ff.
[1136] BGH, NJW-RR 2015, 275f; NJW-RR 2005, 611, 612.
[1137] BGH, NJOZ 2018, 101; 2017, 3387, 3390; NJW 2012, 3647, 3653; BAG, NZA 2019, 688, 692.
[1138] BGH 2017, 3387, 3390.
[1139] BAG, NZA 2019, 688, 692; *Kurzer,* Das Gebot fairen Verhandelns im Arbeitsrecht, S. 156.
[1140] BT-Drucksache 14/6040, S. 126.
[1141] *Grigoleit*, NJW 1999, 900, 901; *Lorenz* in: FS Canaris, 777, 785; *Schwab*, JuS 2002, 773, 774f.

Wortlaut des § 249 Abs. 1 BGB gerade keinen Vermögensschaden verlangt, gerecht.[1142] Weil der Vertrag durch den Erklärenden nicht gewollt war, stellt die Beschränkung seiner Entscheidungsfreiheit und die durch das Rechtsgeschäft begründeten Folgen den Schaden des Erklärenden im Sinne des § 249 Abs. 1 BGB dar, was der BGH in seiner Argumentation zur Prospekthaftung und Beratungsfehlern bei Anlagegeschäften erkennt.[1143] Da auch beim Gebot fairen Verhandelns der Vertragsschluss Folge der fehlenden Entscheidungsfreiheit ist, muss der Schadensersatzanspruch aus §§ 280 Abs. 1, 241 Abs. 2, 311 Abs. 2 BGB die Beseitigung des Vertrags gemäß § 249 Abs. 1 BGB ermöglichen. Ein anderes Ergebnis erfordert auch nicht das vom BGH betonte Argument, das Erfordernis des Vermögensschadens verhindere mögliche Wertungswidersprüche zwischen der Anfechtung und der Vertragsaufhebung im Wege der c.i.c.[1144] Durch die hier vertretene Auffassung, und insbesondere das Erfordernis eines qualifizierten Schuldverhältnisses,[1145] aber auch durch eine notwendige Unterscheidung auf der Ebene der Rechtsfolge,[1146] ist die Abgrenzung vom Anfechtungsrecht auch ohne das Erfordernis eines Vermögensschadens hinreichend gegeben.[1147]

c) Zwischenergebnis

Bei einem Verstoß gegen das Gebot fairen Verhandelns, der zu einem Vertragsschluss führt, besteht ein Schadenersatzanspruch gemäß §§ 280 Abs. 1, 311 Abs. 1 Nr. 1, 241 Abs. 2 BGB, der auf die Beseitigung des geschlossenen Vertrags gerichtet ist, ohne dass hierfür ein Vermögensschaden erforderlich ist, da die Schädigung in der Verletzung seiner Dispositionsfreiheit und in der Belastung mit einem nicht gewünschten Vertrag besteht.[1148]

II. Unmittelbare Unwirksamkeit des Vertrags

Ein Verstoß gegen das Gebot fairen Verhandelns kann zu einem Anspruch auf Vertragsaufhebung führen. Dies erscheint angesichts der dadurch begründeten Verletzung

---

1142 *Theisen*, NJW 2006, 3102, 3104; *Lorenz*, ZIP 1998, 1053, 1055.

1143 BGH, NJW-RR 2012, 1312, 1314; NJW-RR 2009, 689, 690; diesen Widerspruch erkennend: *Lorenz*, ZIP 1998, 1053, 1056; s. auch: MüKo/BGB/*Emmerich*, § 311 Rn. 232; *Grigoleit*, NJW 1999, 900, 902.

1144 So: BGH, NJW 1998, 302, 304.

1145 S. Vierter Teil.

1146 S.u., Sechster Teil, 2.

1147 Mit anderen Abgrenzungskriterien, aber im Ergebnis ebenso: *Kurzer*, Das Gebot fairen Verhandelns im Arbeitsrecht, S. 156.

1148 *Plum*, MDR 2020, 69, 73.

der Entscheidungsfreiheit naheliegend und knüpft an den auf Vertragsaufhebung gerichteten Schadensersatzanspruch aus c.i.c. an. Das BAG ging in seiner Rechtsprechung allerdings noch einen Schritt weiter und nahm die unmittelbare Unwirksamkeit des geschlossenen (Aufhebungs-)Vertrags an.

1. Die Rechtsprechung des BAG

Das BAG folgert aus einem schuldhaften Verstoß gegen das Gebot fairen Verhandelns die Unwirksamkeit des geschlossenen (Aufhebungs-)Vertrags. Es bedürfe keines Neuabschlusses eines Arbeitsvertrags, wodurch dem Zweck der Naturalrestitution Rechnung getragen werde. Es werde der entgegenstehende Wille des Vertragspartners gebrochen, weshalb nicht einleuchten könne, dass ein Neuabschluss des Arbeitsvertrags erforderlich sei. Aus diesem Grund sei der auf dem Verstoß des Gebots fairen Verhandelns beruhende Schadensersatzanspruch letztlich wirkungsgleich mit einer Anfechtung.[1149]

2. Stellungnahme

Insbesondere die vom BAG angenommene Rechtsfolge wurde im Schrifttum überwiegend abgelehnt.[1150] Die praktische Brisanz der Diskussion kann dadurch entschärft werden, dass es sich vorwiegend um eine akademische Streitigkeit handeln dürfte. Da weitgehende Einigkeit besteht, dass der Schadensersatzanspruch auf die Rückgängigmachung des geschlossenen Vertrags gerichtet sein kann, ist dieser Anspruch in der Praxis der Durchsetzung eröffnet. Allerdings kommt in der Praxis die unmittelbare und automatische Nichtigkeit eines Rechtsgeschäfts ohne Geltendmachung und Durchsetzung auch nicht zum Tragen. Es gilt Grundsatz: „Wo kein Kläger, da kein Richter." Der Verletzte selbst bestimmt über sein Recht und entscheidet, was er geltend macht. Der prozessuale Weg für das Erreichen dieses Zieles steht dem Geschädigten offen, sei es über einen Schadensersatzanspruch, der im Wege einer Leistungsklage durchgesetzt wird oder über eine Feststellungsklage, mit der die Unwirksamkeit des Aufhebungsvertrags festgestellt

---

[1149] BAG, NZA 2019, 688, 692; bestätigend: LAG Mecklenburg-Vorpommern, BeckRS 2020, 12247, Rn. 23; ArbG Heilbronn, BeckRS 2022, 13202, Rn. 27; a.A.: LAG Hamm, BeckRS 2021, 15285, Rn. 65, das von einem Anspruch auf Befreiung vom Vertrag spricht.

[1150] *Boemke*, JuS 2019, 1204, 1205; *Fischinger*, NZA 2019, 729, 732; *D. E. Holler*, NJW 2019, 2206, 2210; *Kamanabrou*, RdA 2020, 201, 210; *Kurzer,* Das Gebot fairen Verhandelns im Arbeitsrecht, S. 151f; *Lingemann/Chakrabarti*, NJW 2019, 2245, 2247.

wird. Praktische Erwägungen stützen mithin weder die Unwirksamkeitsfolge des BAG noch stehen sie der Durchsetzung im Wege des Schadensersatzanspruchs entgegen.[1151]

Gleichwohl kann die Frage der konkreten Rechtsfolge eines Verstoßes gegen das Gebot fairen Verhandelns nicht außer Acht bleiben, da sie entscheidend dafür ist, wie sich das Rechtsinstitut in die Struktur des BGB einfügt. Wenn das Gebot fairen Verhandelns zum unmittelbaren Entfall der Rechtswirkungen des Rechtsgeschäfts führt, ist auf der Rechtsfolgenseite auf einer Ebene mit der Anfechtung und Nichtigkeit, was dem systematischen Einfügen in die Rechtsordnung entgegenstünde.[1152] Rechtsdogmatisch tritt die Nichtigkeitsfolge automatisch ein, wohingegen ein Schadensersatzanspruch der Disposition des Gläubigers unterliegt und an die Mitwirkung des Schuldners gebunden ist.[1153] Unter anderem aus diesem Grund ist die vom BAG angenommene Rechtsfolge im Schrifttum zurecht abgelehnt worden. Die vom BAG angenommene Unwirksamkeit des geschlossenen Vertrags widerspricht dem Wortlaut des § 249 Abs. 1 BGB. Dieser spricht davon, dass der Schuldner verpflichtet ist, den Zustand *„herzustellen"*, der ohne das schädigende Ereignis bestehen würde.[1154] Er spricht gerade nicht von einem automatischen Entfall der Rechtswirkung, sondern von einer Mitwirkungspflicht des Verpflichteten.[1155] Ein solcher automatischer Entfall der Rechtswirkungen ist §§ 134, 138, 142 Abs. 1 BGB vorbehalten.[1156] Hiervon grenzt sich § 249 Abs. 1 BGB explizit ab,[1157] denn dieser führt zu einem Anspruch, der geltend zu machen und im Zweifel durchzusetzen ist, um Rechtswirkungen hervorzurufen.[1158] Selbiges ergibt sich auch aus der Betrachtung der Gesetzgebungsmaterialien, zur c.i.c.,[1159] die ebenfalls davon sprechen, dass der Geschädigte die Loslösung vom Vertrag verlangen kann.[1160] Ebenfalls ist ein Anspruch – also auch ein Schadensersatzanspruch – in § 194 BGB legaldefiniert: Es ist das Recht, von einem anderen ein Tun oder Unterlassen zu verlangen.[1161] Das BGB trennt bewusst zwischen Nichtigkeit und Schadenersatzanspruch. Es ist unsystematisch, einerseits festzustellen durch das Gebot fairen Verhandelns einen Schutz unterhalb der Schwelle von

1151 Vgl. *Fischinger*, NZA 2019, 729, 733; weitergehend: *Kurzer,* Das Gebot fairen Verhandelns im Arbeitsrecht, S. 161.
1152 Vgl. Erman/*Martens*, § 241 Rn. 16.
1153 *Fischinger*, NZA 2019, 729, 733; *Plum*, MDR 2020, 69, 73.
1154 *Hamann*, Juris-PR-ArbR 2020, Anm. 4; *Fischinger*, NZA 2019, 729, 732; *D. E. Holler*, NJW 2019, 2206, 2210; *Kurzer,* Das Gebot fairen Verhandelns im Arbeitsrecht, S. 151f.
1155 *Kamanabrou*, RdA 2020, 201, 210.
1156 *Hamann*, Juris-PR-ArbR 2020, Anm. 4.
1157 Ebd.
1158 *Horstmeier*, ZAP 2023, 289, 292.
1159 BT-Drucksache 14/6040, S. 162.
1160 *Fischinger*, NZA 2019, 729, 733.
1161 *Boemke*, JuS 2019, 1204, 1205f.

§§ 138, 142 Abs. 1 BGB als Schadensersatzanspruch zu begründen, dann aber die gleiche Nichtigkeitsfolge anzunehmen. Diese Gleichsetzung ist systemwidrig[1162] und widerspricht der Einordnung des Gebots fairen Verhandelns in die Systematik des BGB. Die systematische Einordnung des Gebots fairen Verhandelns erfordert vielmehr auch auf der Ebene der Rechtsfolge eine Abgrenzung von der Sittenwidrigkeit und der Anfechtung. Paradoxerweise begründet die Annahme des BAG die Gleichsetzung von c.i.c. und Anfechtung, die der BGH durch das Erfordernis des Vermögensschadens zu verhindern suchte.[1163] Die Abgrenzung zwischen Nichtigkeitsfolge und Schadensersatzanspruch ist vor diesem Hintergrund auch eine notwendige Differenzierung. Andernfalls wäre es de lege ferenda konsequent, das Gebot fairen Verhandelns gesetzlich in § 123 Abs. 1 der § 138 BGB aufzunehmen und deren Tatbestände entsprechend zu ergänzen. Eine konsequente Anwendung des § 249 Abs. 1 BGB stützt hingegen das systematische Einfügen des Gebots fairen Verhandelns in die Rechtsordnung und entspricht dem Anspruch aus c.i.c. gemäß §§ 280 Abs. 1, 311 Abs. 2 Nr. 1, 241 Abs. 2 BGB. Die Durchsetzung dieses Schadensersatzanspruchs erfolgt nicht automatisch, sondern erfordert eine Mitwirkung des Schuldners. Der ist in der Regel auf die Beseitigung des Vertrags gerichtet.[1164]

Auch der Verweis auf frühere Rechtsprechung des BGH, den das BAG anstellt,[1165] schlägt insoweit fehl.[1166] Der BGH hat in der vom BAG zitierten Rechtsprechung festgestellt, dass ein auf die Aufhebung eines Vertrags gerichteter Schadensersatzanspruch wirtschaftlich deckungsgleich mit einer Anfechtung sein kann.[1167] Aus der wirtschaftlichen Äquivalenz folgt jedoch keine dogmatische Gleichsetzung, was das BAG in der Zitation des BGH-Urteils wegließ. Die Ansicht des BAG lässt sich auch nicht mit dem Sinn und Zweck der Naturalrestitution begründen.[1168] Der Zweck der Naturalrestitution, die Beseitigung des Schadens, rechtfertigt die Abweichung vom klaren Wortlaut und die systemwidrige Gleichsetzung mit anderen Rechtsinstituten nicht. Gleiches gilt für etwaige praktische

1162 *Gräf,* Das Gebot fairen Verhandelns beim Abschluss eines arbeitsrechtlichen Aufhebungsvertrags, S. 428f.
1163 BGH, NJW 1998, 302, 304.
1164 *Giesing,* Inhaltskontrolle und Abschlusskontrolle arbeitsrechtlicher Aufhebungsverträge, S. 234; *Gräf,* Das Gebot fairen Verhandelns beim Abschluss eines arbeitsrechtlichen Aufhebungsvertrags, S. 428f; *Kurzer,* Das Gebot fairen Verhandelns im Arbeitsrecht, S. 161, die richtigerweise darauf hinweist, dass dieser Weg nicht umständlicher ist, als eine Feststellungsklage, sondern lediglich eine Frage der Auswahl des richtigen Klageantrags.
1165 BAG, NZA 2019, 688, 692.
1166 S. *Fischinger,* NZA 2019, 729, 732.
1167 BGH, NJW 1997, 254.
1168 So aber: BAG, NZA 2019, 688, 692; *Heinkel,* ZTR 2020, 261, 267f.

Vorteile, die die Lösung des BAG bietet.[1169] Wenn der Gesetzgeber die unmittelbare Unwirksamkeit von unter Verstoß gegen vorvertragliche Pflichten geschlossenen Verträgen gewollt hätte, wäre dies im Rahmen des Schadensrechts gesetzlich zu verankern gewesen.

3. Andere Betrachtung durch Besonderheiten des arbeitsrechtlichen Aufhebungsvertrags?

Eine Differenzierung könnte sich gegebenenfalls aus den Besonderheiten des arbeitsrechtlichen Aufhebungsvertrags ergeben. Auch das BAG scheint die spezielle Rechtsnatur von arbeitsrechtlichen Aufhebungsverträgen im Blick gehabt zu haben, da es in seinem Urteil die Unmittelbarkeitsfolge umfangreich und in Bezug auf diese Art von Aufhebungsverträgen begründet.

a) Rechtsnatur arbeitsrechtlicher Aufhebungsverträge

Der arbeitsrechtliche Aufhebungsvertrag ist ein Verfügungsgeschäft, das das Arbeitsverhältnis unmittelbar zum Erlöschen bringt.[1170] Der Aufhebungsvertrag selbst begründet damit keinen Anspruch, sondern wirkt unmittelbar durch Beendigung auf ein Rechtsverhältnis ein.[1171] Dabei wird zwischen kausalen und abstrakten Verfügungsgeschäften differenziert. Bei einem abstrakten Rechtsgeschäft bezieht sich die Einigung nur auf die Verfügung an sich, bei einem kausalen Rechtsgeschäft beinhaltet sie einen Zweck.[1172] Aus diesem Grund wird zwischen einem unentgeltlichen und entgeltlichen Aufhebungsvertrag differenziert: Ein entgeltlicher Aufhebungsvertrag ist mithin ein abstraktes Verfügungsgeschäft, das ein kausales Verpflichtungsgeschäft mit der Verpflichtung zur Zahlung einer Abfindung enthält.[1173] Ein unentgeltlicher Aufhebungsvertrag ist hingegen ein kausales Rechtsgeschäft, da hier der Zweck des Rechtsgeschäfts ausschließlich in dessen Aufhebung besteht.[1174] *Leitmeier* folgt dieser

---

[1169] A.A.: *Lembke/Michels*, RdA 2023, 353, 357.

[1170] MüKo/BGB/*Emmerich*, § 311 Rn. 20; *Kurzer,* Das Gebot fairen Verhandelns im Arbeitsrecht, S. 25; *Leitmeier*, NZA-RR 2023, 449.

[1171] Vgl. *Lorenz*, JuS 2009, 489.

[1172] S. hierzu: *Kurzer,* Das Gebot fairen Verhandelns im Arbeitsrecht, S. 25ff.

[1173] *Kurzer,* Das Gebot fairen Verhandelns im Arbeitsrecht, S. 26; *Leitmeier*, NZA-RR 2023, 449, 451 m.w.N.

[1174] *Leitmeier*, NZA-RR 2023, 449, 451; *Kurzer,* Das Gebot fairen Verhandelns im Arbeitsrecht, S. 27.

Differenzierung, die das BAG in der Historie seiner Rechtsprechung vornimmt,[1175] und lässt die vom BAG angenommene Rechtsfolge in diesem Zuge bestehen, ohne hierauf näher einzugehen.

Fraglich ist, ob man auch in der Rechtsfolge des Gebots fairen Verhandelns danach differenzieren muss, ob der Aufhebungsvertrag eine Abfindungsvereinbarung enthält oder nicht.

b) Stellungnahme

Aus der Rechtsnatur des Aufhebungsvertrags folgt zumindest eine dogmatische Erklärung, warum das BAG in seinen jüngsten Urteilen zum Gebot fairen Verhandelns keine Differenzierung zwischen einem verfügenden und verpflichtenden Bestandteil des Aufhebungsvertrags vornahm. In beiden Fällen stand ein unentgeltlicher Aufhebungsvertrag in Frage, der zutreffend als kausales Rechtsgeschäft geprüft wurde.[1176]

Es ist jedoch nicht erkennbar, warum der verfügende Charakter eines Aufhebungsvertrags eine Abweichung von der Dogmatik des § 249 Abs. 1 BGB begründen könnte. Es bleibt dabei, dass trotz der verfügenden Wirkung eines arbeitsrechtlichen Aufhebungsvertrags ein Schadensersatzanspruch nicht zu dessen unmittelbarer Unwirksamkeit führen kann. Aus diesem Grund ist lediglich fraglich, auf welche Weise der bestehende Schadensersatzanspruch durchzusetzen ist. Einerseits könnte ein Schadensersatzanspruch darauf gerichtet sein, den geschlossenen Aufhebungsvertrag seinerseits rückwirkend aufzuheben.[1177] Der Zweck der Naturalrestitution gebietet es, die Rechtswirkungen des unter Verstoß gegen das Gebot fairen Verhandelns zustande gekommenen Vertrag vollständig entfallen zu lassen, was durch eine Beseitigung des Aufhebungsvertrags gelingen könnte. Dogmatisch ist hiergegen allerdings einzuwenden, dass aufgrund des verfügenden Charakters des Aufhebungsvertrags die bloße Beseitigung des Aufhebungsvertrags nicht nahtlos das Arbeitsverhältnis fortsetzt,[1178] da der Schadenersatzanspruch auf rein schuldrechtlicher Ebene besteht und nicht verfügend ist.[1179] Um der Naturalrestitution vollständig gerecht zu werden, muss jedoch die nahtlose

[1175] *Leitmeier*, NZA-RR 2023, 449ff.
[1176] *Leitmeier*, NZA-RR 2023, 449, 451f.
[1177] A.A.: *Fischinger*, NZA 2019, 729, 734; wohl auch: *Plum*, MDR 2020, 69, 73.
[1178] *Kurzer,* Das Gebot fairen Verhandelns im Arbeitsrecht, S. 154, bezugnehmend auf: *Glahe,* Die Rückabwicklung arbeitsrechtlicher Aufhebungsverträge, S. 74ff.
[1179] *D. E. Holler*, NJW 2019, 2206, 2210.

Fortsetzung des Arbeitsverhältnisses erfolgen.[1180] Vor diesem Hintergrund ist der – inzwischen herrschenden – Meinung zuzustimmen, wonach bei einem arbeitsrechtlichen Aufhebungsvertrag der Schadensersatzanspruch auf rückwirkenden Neuabschluss des Arbeitsvertrags zu den vorherigen Bedingungen gerichtet ist.[1181] Ebenso ist auch bei etwaigen anderen aufhebenden Verfügungsgeschäften, die unter Verstoß gegen das Gebot fairen Verhandelns zustande gekommen sind, erforderlichenfalls der Anspruch im Wege des Neuabschlusses eines Vertrags durchzusetzen. Dieser Anspruch ist prozessual über § 894 ZPO im Wege der fingierten Willenserklärung zu erreichen.

4. Zwischenergebnis

Ein Verstoß gegen das Gebot fairen Verhandelns führt nicht zur unmittelbaren Unwirksamkeit des geschlossenen Vertrags. Er begründet einen Schadensersatzanspruch, der nach den Regeln der §§ 249 ff. BGB durchzusetzen ist. Dieser ist auf die Beseitigung des geschlossenen Vertrags gerichtet. Hat ein Verstoß gegen das Gebot fairen Verhandelns zu einem aufhebenden Verfügungsgeschäft geführt, so kann es erforderlich sein, den Schadensersatzanspruch durch ggf. rückwirkenden Neuabschluss des vorher bestehenden Vertrags durchzusetzen. Dies dient dazu, die Verfügung rückgängig zu machen und dadurch der Naturalrestitution gerecht zu werden.

III. Rechtsausübungsfristen

Offen ist weiter, in welchen Fristen ein Verstoß gegen das Gebot fairen Verhandelns von demjenigen, der sich hierauf beruft, geltend zu machen ist. Während sich das BAG zu dieser Rechtsfrage noch nicht äußern musste, wird dieser Rechtsfrage im Schrifttum seither nachgegangen. Dabei reichen die Meinungen von einem Erfordernis der unverzüglichen Geltendmachung,[1182] der analogen Anwendung des § 4 KschG[1183] oder des

---

[1180] Der Lösung des BAG ist hier praktische Effektivität zuzugestehen: *Lembke/Michels*, RdA 2023, 353, 357.

[1181] *Kurzer,* Das Gebot fairen Verhandelns im Arbeitsrecht, S. 162; *Lingemann/Chakrabarti*, NJW 2019, 2245, 2247; *Kamanabrou*, RdA 2020, 201, 210.

[1182] *Bauer/Krieger/C. Arnold,* Arbeitsrechtliche Aufhebungsverträge, Teil A. Rn. 79; *Bauer/Romero*, ZfA 2019, 608, 617; *Baeck/Winzer/Schaaf*, NZG 2022, 1192, 1196; *Lingemann/Chakrabarti*, NJW 2019, 2245, 2247.

[1183] *Schacht,* Der Übereilungsschutz beim arbeitsrechtlichen Aufhebungsvertrag, S. 169f.

§ 124 Abs. 1 BGB,[1184] über eine Beschränkung gemäß § 242 BGB,[1185] bis zur Anwendung der regelmäßigen Verjährungsvorschriften.[1186]

Bei einem Schadensersatzanspruch gemäß §§ 280 Abs. 1, 241 Abs. 2, 311 Abs. 2 Nr. 1 BGB ist im Grundsatz von der regelmäßigen Verjährungsfrist gemäß § 195 BGB auszugehen. Fraglich ist, ob bei einem Verstoß gegen das Gebot fairen Verhandelns von diesem Grundsatz abzuweichen ist. Insbesondere die Anwendung des Gebots fairen Verhandelns im Arbeitsrecht sowie der mögliche Wertungswiderspruch zu §§ 123 Abs. 1, 124 BGB veranlassten das Schrifttum, abweichende Lösungen zu begründen.

1. Keine analoge Anwendung von § 4 S. 1 KSchG und § 121 Abs. 1 BGB oder § 355 Abs. 2 BGB

§ 4 S. 1 KSchG, § 121 BGB und § 355 Abs. 2 BGB sind nicht analog anwendbar. Die Anwendbarkeit von § 4 S. 1 KSchG wäre allenfalls dann denkbar, wenn man das Gebot fairen Verhandelns, anders als hier vertreten, als rein arbeitsrechtliches Rechtsinstitut ansähe. Zumindest müsste die analoge Anwendung von § 4 S. 1 KSchG auf die Situation des arbeitsrechtlichen Aufhebungsvertrags beschränkt sein. In diesem Fall spräche zumindest das Beschleunigungsinteresse, das insbesondere für Arbeitgeber besteht,[1187] für eine entsprechende Anwendung. Der Gesetzgeber hat sich allerdings entschieden, Fälle anderer Beendigungstatbestände, bei denen das Interesse an einer schnellen Entscheidung ebenso bestünde, nicht unter § 4 S. 1 KSchG zu fassen,[1188] weshalb bereits eine planwidrige Regelungslücke fehlt.[1189] Es ist fernliegend, die Präklusionsvorschrift des § 4 S. 1 KSchG, die bei einer einseitigen, aber gleichwohl wertneutralen,[1190] Kündigung greift, auf den Fall einer Pflichtverletzung durch den Arbeitgeber anzuwenden. Der Arbeitgeber, der unter Verletzung des Gebots fairen Verhandelns einen (Aufhebungs-)Vertrag verhandelt hat, sollte nicht durch die Frist des § 4 KSchG privilegiert werden. Eine

---

[1184] *Giesing,* Inhaltskontrolle und Abschlusskontrolle arbeitsrechtlicher Aufhebungsverträge, S. 236; *Kurzer,* Das Gebot fairen Verhandelns im Arbeitsrecht, S. 168ff; wohl dahin tendierend: *Lorenz*, JuS 2015, 398, 400.

[1185] *G. Becker,* Die unzulässige Einflussnahme des Arbeitgebers auf die Entscheidungsfreiheit des Arbeitnehmers am Beispiel des arbeitsrechtlichen Aufhebungsvertrages, S. 418.

[1186] *Gräf,* Das Gebot fairen Verhandelns beim Abschluss eines arbeitsrechtlichen Aufhebungsvertrags, S. 360ff; *Heinkel*, ZTR 2020, 261, 268; *Plum*, MDR 2020, 69, 73.

[1187] APS/*Hesse/Tiedemann*, § 4 Rn. 4.

[1188] BAG, NZA 2017, 1524, 1525.

[1189] *Hamann*, Juris-PR-ArbR 2020, Anm. 4.

[1190] *Giesing,* Inhaltskontrolle und Abschlusskontrolle arbeitsrechtlicher Aufhebungsverträge, S. 235.

vergleichbare Interessenlage ist für den Fall des arbeitsrechtlichen Aufhebungsvertrags nicht gegeben. Bei anderen Verträgen sowieso nicht.

Die analoge Anwendung des § 121 BGB scheitert an der vergleichbaren Interessenlage. Es mag nachvollziehbar sein, dass die Einbettung des Gebots fairen Verhandelns unterhalb der Schwelle der Nichtigkeits- und Anfechtungsgründe die unverzügliche Geltendmachung eines Verstoßes erforderlich erscheinen lässt.[1191] Zuzugestehen ist auch, dass durch die analoge Anwendung von § 121 BGB der drohende Wertungswiderspruch zu §§ 123, 124 BGB verhindert und Rechtssicherheit geschaffen würde.[1192] Hierzu ist jedoch anzumerken, dass mit den entsprechend der hier vertretenen Beschränkung des Anwendungsbereichs des Gebots fairen Verhandelns bereits eine hinreichende Abgrenzung zu den Anfechtungsvorschriften gegeben ist. Des Weiteren entbehrt der Wunsch nach einer Abgrenzung nicht von einer sauberen Prüfung der Voraussetzungen der Analogie. Diese liegen bei § 121 BGB nicht vor.[1193] § 121 BGB gilt für eine Anfechtung aus den Gründen der §§ 119, 120 BGB. Für das Hervorrufen dieser Anfechtungsgründe ist ausschließlich der Irrende selbst verantwortlich, der eine aus den Gründen der §§ 119, 120 BGB anfechtbare Willenserklärung abgibt. Um dem Gegner dieser Anfechtungserklärung schnelle Rechtssicherheit zu ermöglichen, sieht § 121 BGB eine unverzügliche Anfechtungserklärung als Obliegenheit des Erklärenden vor.[1194] Es geht mithin um den Ausgleich der Interessen eines Irrenden und dessen Geschäftspartner. Die Interessenlage beim Gebot fairen Verhandelns ist eine gänzlich andere: Derjenige, der gegen das Gebot fairen Verhandelns verstößt, bedarf keines Vertrauensschutzes. Er hat durch seine Pflichtverletzung einen Vertragsschluss herbeigeführt und war sich dieser Umstände bewusst, wohingegen der Erklärungsgegner einer Anfechtung wegen eines Erklärungs- oder Inhaltsirrtums von dem Irrtum der Gegenseite in der Regel keine Kenntnis hat.[1195]

Ähnliches gilt auch für eine Analogie der Zwei-Wochen-Frist aus § 355 Abs. 2 BGB. Dieser Gedanke knüpft daran an, dass sowohl das Widerrufsrecht als auch das Gebot fairen Verhandelns einem Überrumpelungsschutz dienen. Das Widerrufsrecht ist aber eine gesetzliche Vorschrift, die nicht an das Verhalten der Parteien

---

[1191] So: *Baeck/Winzer/Schaaf*, NZG 2022, 1192, 1196; *Bauer/Romero*, ZfA 2019, 608, 617.

[1192] Anw.-Formularbuch/*Lingemann*, Einvernehmliche Beendigung Rn. 27t; *Lingemann/Chakrabarti*, NJW 2019, 2245, 2247.

[1193] *Hamann*, Juris-PR-ArbR 2020, Anm. 4.

[1194] M.w.N.: MüKo/BGB/*Armbrüster*, § 121 Rn. 2.

[1195] *Gräf*, Das Gebot fairen Verhandelns beim Abschluss eines arbeitsrechtlichen Aufhebungsvertrags, S. 359f; *Kurzer*, Das Gebot fairen Verhandelns im Arbeitsrecht, S. 167f.

anknüpft. Ein Verstoß gegen das Gebot fairen Verhandelns hingegen erfordert eine Pflichtverletzung des Verhandelnden. Insofern sind auch diese Interessenlagen nicht zu vergleichen.

2. Die analoge Anwendung von § 124 Abs. 1 BGB als Rechtsausübungsfrist

Die regelmäßige Verjährungsfrist, die in Ermangelung einer anderen Fristenregelung Anwendung fände, beträgt drei Jahre. Die Befürworter stützen die Anwendung der allgemeinen Verjährungsfrist auf eine mangelnde Schutzbedürftigkeit des Schadensersatzpflichtigen. Das Vertrauen auf einen unter Verstoß gegen das Gebot fairen Verhandelns zustande gekommenen Vertrag sei nicht schutzwürdig.[1196] Zudem stünden Ansprüche aus c.i.c. grundsätzlich neben der Anfechtung, weshalb kein Erst-Recht-Schluss die Anwendung von § 124 Abs. 1 BGB rechtfertigen könne.[1197] Das Schadenserfordernis sorge für eine hinreichende Abgrenzung und eine Anspruchskonkurrenz zwischen Anfechtungs- und Schadensersatzrecht, so dass es kein Wertungswiderspruch sei, bei c.i.c. keine verkürzte Verjährungsfrist anzuwenden.[1198] Diese Ansicht übersieht, dass das Gebot fairen Verhandelns exakt denselben Schutzbereich betrifft wie die Anfechtung wegen arglistiger Täuschung oder widerrechtlicher Drohung. Daher ist die Interessenlage in diesen Fällen vergleichbar. Beide Rechtsinstitute dienen dem Schutz der Entscheidungsfreiheit. Wenn ein Rechtsinstitut dasselbe Rechtsgut wie eine andere Rechtsnorm, und gar unter dessen Schwelle, schützt, wie es das BAG ausführt, so ist es widersprüchlich, wenn das Rechtsinstitut mit einer längeren Ausübungsfrist versehen ist. Aus diesem Grund ist es konsequent und richtig, dass das Gebot fairen Verhandelns analog § 124 Abs. 1 BGB nur innerhalb eines Jahres nach Abgabe der Erklärung geltend gemacht werden kann.[1199] Wenn bereits die schwerste Form der Beeinträchtigung eine Jahresfrist vorsieht, muss dies erst recht für eine mildere Form der Beeinträchtigung gelten.[1200] Der Gesetzgeber hat bei der Schuldrechtsmodernisierung den Schutz der Entscheidungsfreiheit in den §§ 280 Abs. 1, 241 Abs. 2, 311 Abs. 1 Nr. 1 BGB in vorvertraglichen Schuldverhältnissen verankert.[1201] Ebenso hat er die Weiterentwicklung der c.i.c.

1196 *Gräf,* Das Gebot fairen Verhandelns beim Abschluss eines arbeitsrechtlichen Aufhebungsvertrags, S. 360ff.
1197 *Plum*, MDR 2020, 69, 73.
1198 *Heinkel*, ZTR 2020, 261, 268.
1199 *Kurzer,* Das Gebot fairen Verhandelns im Arbeitsrecht, S. 171f.
1200 OLG Hamm, NJW-RR 1995, 205, 206; MüKo/BGB/*Armbrüster*, § 123 Rn. 105; *Giesing,* Inhaltskontrolle und Abschlusskontrolle arbeitsrechtlicher Aufhebungsverträge, S. 235f.
1201 BT-Drucksache 14/6040, S. 126.

„angesichts der großen Bandbreite und Vielfalt der zu berücksichtigenden Pflichten" der Rechtsprechung überlassen.[1202] Der Gesetzgeber hat mithin die Schaffung eines Rechtsinstituts gebilligt, das als wesensgleich mit der Anfechtung wegen widerrechtlicher Drohung bezeichnet werden könnte[1203] und gleichermaßen die rechtsgeschäftliche Entscheidungsfreiheit schützt. Bei der Öffnung der c.i.c. hat der Gesetzgeber übersehen, dass Wertungswidersprüche[1204] entstehen, wenn für zwei vergleichbare Rechtsinstitute unterschiedliche Rechtsausübungsfristen gelten. Insofern ist diese planwidrig entstandene Regelungslücke durch die analoge Anwendung des § 124 Abs. 1 BGB zu schließen.

IV. Zusammenfassung

Um das Gebot fairen Verhandelns systematisch in die Rechtsordnung einzufügen, müssen Wertungswidersprüche vermieden werden. Hierzu sind bei der Betrachtung der Rechtsfolge insbesondere zwei Punkte als wesentlich zu beachten: Die Annahme einer unmittelbaren Unwirksamkeit des unter Verstoß gegen das Gebot fairen Verhandelns entstandenen Vertrags ist systemwidrig und verstößt gegen die Anwendung des § 249 Abs. 1 BGB. Vielmehr führt ein Verstoß gegen das Gebot fairen Verhandelns zu einem Schadensersatzanspruch, der die Mitwirkung des Verpflichteten erfordert, die notfalls im Wege des § 894 ZPO durchzusetzen ist.

Ebenso widerspricht es dem systematischen Einfügen des Gebots fairen Verhandelns, wenn für dessen Geltendmachung die allgemeinen Verjährungsfristen gelten. Aufgrund der Nähe zur Anfechtung wegen widerrechtlicher Drohung und der gleichen Schutzrichtung der Rechtsinstitute ist das Gebot fairen Verhandelns zur Vermeidung von Wertungswidersprüchen gemäß § 124 Abs. 1 BGB innerhalb eines Jahres nach Beendigung der Zwangslage (§ 124 Abs. 2 BGB) geltend zu machen.

[1202] BT-Drucksache 14/6040, S. 162.
[1203] Vgl. erneut die Formulierung des: BAG, NZA 2019, 688, 692.
[1204] *S. Arnold*, JuS 2013, 865, 868, "*Inkohärenz*".

Gesamtfazit und Zusammenfassung der Ergebnisse

Mit dem Gebot fairen Verhandelns kennt die Rechtsordnung ein Rechtsinstitut, das die Entscheidungsfreiheit ergänzend zu den ausdrücklichen und seit langem anerkannten Normen des BGB schützt. Die konkrete Rechtsanwendung dürfte weiterhin diskutiert und das Institut durch Rechtsprechung gefestigt werden. Der Vorwurf der Rechtsunsicherheit beruht auf dem starken Einzelfallbezug und der Rechtsnatur von Generalklauseln. Gleichwohl hat sich mit dem Gebot fairen Verhandelns ein Instrument entwickelt, das sowohl der Einzelfallgerechtigkeit dienen kann als auch dem vom Gesetzgeber veranlassten Schutz der Entscheidungsfreiheit in den §§ 311 Abs. 2, 241 Abs. 2 BGB gerecht wird.

Diese Untersuchung hat die Existenz des (so bezeichneten) Gebot fairen Verhandelns bestätigt. Das Gebot fairen Verhandelns ist eine Fallgruppe der c.i.c. und somit dem allgemeinen Schuldrecht zuzuordnen. Daher ist das Gebot fairen Verhandelns nicht auf das Arbeitsrecht, oder gar arbeitsrechtliche Aufhebungsverträge, beschränkt, sondern kann bei verschiedenen Vertragsverhandlungen Anwendung finden. Zugleich hat die Untersuchung des § 241 Abs. 2 BGB ergeben, dass die Anwendung des Gebots fairen Verhandelns nur in den Grenzen eines „qualifizierten Schuldverhältnisses" anzunehmen ist. Dieses „qualifizierte Schuldverhältnis" erfordert eine Vertrauensbeziehung zwischen den Vertragsparteien, die anhand verschiedener Kriterien zu ermitteln ist. Ist der Anwendungsbereich des Gebots fairen Verhandelns eröffnet, so sind bestimmte Verhaltensweisen als Verstoß gegen das Gebot fairen Verhandelns anzusehen. Dabei ist vom Rechtsanwender ein hoher Maßstab anzunehmen. Dieser hohe Maßstab ist insbesondere dadurch begründet, dass Wertungswidersprüche gegenüber anderen Normen des BGB zu vermeiden sind. Der hier erarbeitete Tatbestand führt einerseits dazu, dass das Gebot fairen Verhandelns auf Extrem- und Ausnahmefälle beschränkt bleibt,[1205] und andererseits in seinen Kriterien geschärft und konkretisiert wurde. Liegt ein Verstoß gegen das Gebot fairen Verhandelns vor, ist dieser analog § 124 Abs. 1 BGB innerhalb eines Jahres geltend zu machen. Ein Verstoß gegen das Gebot fairen Verhandelns führt nicht zur unmittelbaren Unwirksamkeit des Vertrags, sondern begründet einen Schadensersatzanspruch, der der Mitwirkung des Verpflichteten bedarf, die notfalls vollstreckt werden muss.

[1205] Dass die Annahme eines Verstoßes gegen das Gebot fairen Verhandelns in der Praxis bereits jetzt die Ausnahme ist, zeigt die Auswertung von: *Jung*, ZfA 2024, 24, 34.

© Der/die Autor(en), exklusiv lizenziert an
Springer Fachmedien Wiesbaden GmbH, ein Teil von Springer Nature 2026
L. Bona, *Rechtsgrundlagen, Anwendungsbereiche und Inhalte des Gebots fairen Verhandelns*, Juridicum – Schriften zum Arbeitsrecht,
https://doi.org/10.1007/978-3-658-52723-5_8

Werden diese Kriterien beachtet, fügt sich das Gebot fairen Verhandelns in die Rechtsordnung ein. Es beachtet die Wechselwirkung von Vertragsfreiheit und ihrer Einschränkung zur Wahrung der Selbstbestimmung, und bringt dadurch die Interessen der Parteien in einen angemessenen Ausgleich. Es ist aus diesem Grund auch der Einführung eines allgemeinen oder auf einzelne Vertragstypen beschränkten Widerrufsrechts vorzuziehen. Denn es reagiert nur auf tatsächliche Beeinflussungen und stellt selbstbestimmt geschlossene Verträge nicht anlasslos in Frage. Ein hoher Einzelfallbezug bleibt erhalten, da insbesondere das Kriterium der Entscheidungsfreiheit in jedem Einzelfall anders zu bewerten sein kann. Durch die hier erfolgte Konkretisierung des Tatbestands ist der Einzelfallbezug jedoch auf das notwendige Minimum begrenzt. Im Übrigen sollte das Argument der Rechtsunsicherheit nicht überbewertet werden: Mit dem Gebot fairen Verhandelns hat das BAG ein begrüßenswertes Korrektiv entwickelt, das Verhandelnde dazu anhält, bestimmte Verhandlungsmethoden kritisch zu überdenken. Das Gebot fairen Verhandelns nach der hier vertretenen Auslegung ermöglicht es gleichwohl jedem, seine Interessen durch weitgehende Mittel in Vertragsverhandlungen zu vertreten, und billigt den Verhandelnden hohen Verhaltensspielraum zu. Zur rechtlichen Würdigung von Sachverhalten sind regelmäßig unbestimmte Rechtsbegriffe auszulegen oder Graubereiche zu entscheiden. Man denke an die Bestimmung eines „*wichtigen Grundes*" bei einer fristlosen Kündigung gemäß § 626 Abs. 1 BGB, einer „*negativen Gesundheitsprognose*" bei einer krankheitsbedingten Kündigung, oder an die Bewertung „*billigen Ermessens*." Wer jedoch bewusst eine Vielzahl von Beeinflussungsmethoden verwendet, die gesetzlich an anderer Stelle missbilligt werden, der muss und kann damit leben, dass der Vertragsschluss kritisch betrachtet wird.

Aus der Untersuchung können abschließend und zusammenfassend folgende Prüfungsschritte für das Gebot fairen Verhandelns abgeleitet werden:

I. Eröffnung des Anwendungsbereichs durch Ermittlung des qualifizierten Schuldverhältnisses

1. Ausstrahlung der Rücksichtnahmepflichten eines bestehenden Schuldverhältnisses[1206]

2. Persönliche Verbundenheit[1207]

[1206] S. 105 ff.

3. Zweck des angestrebten Vertrags[1208]

4. Daraus folgend: Gesamtabwägung[1209]

II. Tatbestand

1. Unmittelbarkeit der Beeinflussung[1210]

2. Beeinflussung durch rechtlich missbilligte Verhaltensweisen[1211]

a) Überrumpelung im engeren Sinne[1212]

b) Psychischer Druck[1213]

c) Ausnutzung einer Schwäche[1214]

3. Dadurch begründete Verletzung der Entscheidungsfreiheit (in der Regel vorliegend, wenn zwei der drei genannten Kriterien erfüllt werden) [1215]

III. Rechtsfolge – Vertragsaufhebung

1. Vertrag als kausaler Schaden[1216]

2. Wahrung der Rechtsausübungsfrist analog § 124 Abs. 1 BGB[1217]

[1207] S. 109 ff.
[1208] S. 119 ff.
[1209] S. 123 ff.
[1210] S. 142 ff.
[1211] S. 169 ff.
[1212] S. 169 ff.
[1213] S. 177 ff.
[1214] S. 185 ff.
[1215] S. 194 ff.
[1216] S. 203 ff.
[1217] S. 214 ff.

Literaturverzeichnis

Adomeit, Klaus, Die gestörte Vertragsparität – ein Trugbild, NJW 1994, 2467–2469.

Alexander, Christian, Verhältnis des UWG nF zu spezialrechtlichen Regelungen und individueller Schadensersatz für Verbraucher, GRUR 2021, 1445–1453.

Apetz, Martin, Das Verbot aggressiver Geschäftspraktiken, Herkunft, Inhalt, Umsetzung und Zukunftsperspektiven eines neuen Verbotskonzepts des europäischen Lauterkeitsrechts, Zugl.: Diss. München 2010, Köln 2011.

Arbeitskreis Deutsche Rechtseinheit im Arbeitsrecht, Diskussionsentwurf eines Arbeitsvertragsgesetzes 1992.

Arnold, Stefan, Die arglistige Täuschung im BGB, JuS 2013, 865–870.

Auer, Marietta, Materialisierung, Flexibilisierung, Richterfreiheit, Generalklauseln im Spiegel der Antinomien des Privatrechtsdenkens, Zugl.: Diss., München 2003, Tübingen 2005.

Bachmann, Gregor/Ponßen, Tobias, Verletzung des Gebots fairen Verhandelns bei Aufhebungsvertrag, NJW 2019, 1966–1970.

Baeck, Ulrich/Winzer, Thomas/Schaaf, Stefan, Fairness ist das Mindeste – Spielregeln des BAG beim Angebot von Aufhebungsverträgen, (Zugleich Bespr. v. BAG 24.2.2022 – 6 AZR 333/21, NZG 2022, 1202, NZG 2022, 1192–1196.

Barczak, Tristan, Normenkonkurrenz und Normenkollision, JuS 2015, 969–976.

Baring, Matthias/Stein, Nada, Gebot fairen Verhandelns – Ein leiser Abschied?, Zugl. Anm. zu BAG, Urt. vom 24.02.2022 – 6 AZR 333/21, Juris-PR-ArbR 35/2022, Anm. 2.

Barthe, Christoph/Gericke, Jan (Hrsg.), Karlsruher Kommentar zur Strafprozessordnung, Mit GVG, EGGVG und EMRK, 9. Aufl., München 2023 (zit. als KK/StPO/*Bearbeiter*).

Bauer, Jobst-Hubertus, BAG: Kein Widerruf von außerhalb der Geschäftsräume abgeschlossenen Aufhebungsverträgen, FD-ArbR 2019, 414232.

Bauer, Jobst-Hubertus, Beseitigung von Aufhebungsverträgen, NZA 1992, 1015–1018.

Bauer, Jobst-Hubertus, Grenzen und Beseitigung arbeitsrechtlicher Aufhebungsverträge in: Thomas Klebe, Peter Wedde, Martin Wolmerath (Hrsg.), Recht und soziale Arbeitswelt, Festschrift für Wolfgang Däubler zum 60. Geburtstag, Frankfurt am Main 1999, 143–157 (zit. als *Bauer*, in: FS Däubler).

Bauer, Jobst-Hubertus, Neue Spielregeln für Aufhebungs- und Abwicklungsverträge durch das geänderte BGB?, NZA 2002, 169–173.

Bauer, Jobst-Hubertus, Rechtsprechung der Jahre 1996 bis 1998 zu arbeitsrechtlichen Aufhebungsverträgen, NZA-RR 1999, 1–6.

Bauer, Jobst-Hubertus, Unwirksame Aufhebungsverträge, NJW 1994, 980–981.

Bauer, Jobst-Hubertus/Arnold, Christian/Zeh, Ricarda, Widerruf von Arbeits- und Aufhebungsverträgen – Wirklich alles neu?, NZA 2016, 449–454.

Bauer, Jobst-Hubertus/Krieger, Steffen/Arnold, Christian, Arbeitsrechtliche Aufhebungsverträge, Arbeits-, gesellschafts-, steuer- und sozialversicherungsrechtliche Hinweise zur einvernehmlichen Beendigung von Dienst- und Arbeitsverhältnissen, 10. Aufl., München 2023.

© Der/die Herausgeber bzw. der/die Autor(en), exklusiv lizenziert an Springer Fachmedien Wiesbaden GmbH, ein Teil von Springer Nature 2026
L. Bona, *Rechtsgrundlagen, Anwendungsbereiche und Inhalte des Gebots fairen Verhandelns*, Juridicum – Schriften zum Arbeitsrecht,
https://doi.org/10.1007/978-3-658-52723-5

Bauer, Jobst-Hubertus/Romero, Sibylle, Kein Widerrufsrecht bei Aufhebungsverträgen – Verletzung des Gebots fairen Verhandelns, ZfA 2019, 608–618.

Bauer, Jobst-Hubertus, Martin Diller, Christian Arnold, et al. (Hrsg.), Anwalts-Formularbuch Arbeitsrecht, 8. Aufl., Köln 2025 (zit. als Anw.-Formularbuch/*Bearbeiter*).

Beck, Marek, LAG Niedersachsen: Kein Widerrufsrecht bei Aufhebungsverträgen, Anm. zu LAG Niedersachsen, 10 Sa 1159/16, ArbRAktuell 2018, 186.

Becker, Gunnar, Die unzulässige Einflussnahme des Arbeitgebers auf die Entscheidungsfreiheit des Arbeitnehmers am Beispiel des arbeitsrechtlichen Aufhebungsvertrages, Zugl.: Diss. Berlin 2011, Berlin 2011.

Becker, Martin, Faires Verhandeln im Arbeitsrecht – ein verallgemeinerbares normatives Prinzip? in: Olaf Deinert, Thomas Klebe, Ralf Pieper et al. (Hrsg.), Festschrift für Michael Kittner zum 80. Geburtstag, Arbeit, Recht, Politik, Geschichte, Frankfurt am Main 2021, 53–61 (zit. als *M. Becker*, in: FS Kittner).

Becker-Schaffner, Reinhard, Umfang und Grenzen der arbeitgeberseitigen Hinweis- und Belehrungspflichten, BB 1993, 1281–1284.

Benecke, Martina, Der verständige Arbeitgeber, Anfechtung arbeitsrechtlicher Aufhebungsverträge wegen widerrechtlicher Drohung, RdA 2004, 147–152.

Bengelsdorf, Peter, Der gesetzes- und verfassungswidrige Zugriff auf die arbeitsrechtliche Beendigungsfreiheit, NZA 1994, 193–200.

Bengelsdorf, Peter, Plädoyer für Beendigungsfreiheit, BB 1996, 904–907.

Birk, Axel, UWG-Novelle 2022 – Klagerechte für Verbraucher!, GRUR-Prax 2020, 605–608.

Blank, Hubert, Das Gebot der Rücksichtnahme nach § 241 Abs. 2 BGB im Mietrecht, WuM 2004, 243–249.

Bodewig, Theo, Vertragliche Pflichten "post contraftum finitum", JURA 2005, 505–512.

Boemke, Burkhard, Privatautonomie im Arbeitsvertragsrecht, NZA 1993, 532–538.

Boemke, Burkhard, Schuldrecht: Widerruf eines Aufhebungsvertrags, Kein Widerruf eines in der Wohnung des Arbeitnehmers Kein Widerruf eines in der Wohnung des Arbeitnehmers geschlossenen Aufhebungsvertrags – Unwirksamkeit wegen des Gebots fairen Verhandelns, JuS 2019, 1204–1206.

Boemke, Burkhard/Ulrici, Bernhard, BGB Allgemeiner Teil, 2. Aufl., Heidelberg 2014.

Börstinghaus, Ulf P./Siegmund, Astrid (Hrsg.), Miete – Das gesamte BGB-Mietrecht, 8. Aufl., München 2025 (zit. als Miete/BGB/Börstinghaus/Siegmund/Bearbeiter).

Burkardt, Nicole, Der arbeitsrechtliche Aufhebungsvertrag, Einvernehmliche Beendigung von Arbeitsverhältnissen unter Berücksichtigung der Rechtslage nach der Schuldrechtsreform, Zugl.: Diss. Saarbrücken 2003, Frankfurt am Main 2004.

Burrows, Andrew, The law of restitution, Third Edition, Oxford 2012.

Canaris, Claus-Wilhelm, Die Reform des Rechts der Leistungsstörungen, JZ 2001, 499–524.

Däubler, Wolfgang, Die Auswirkungen der Schuldrechtsmodernisierung auf das Arbeitsrecht, NZA 2001, 1329–1337.

Däubler, Wolfgang, Einvernehmlicher Personalabbau bei drohender Krise?, NZA 2020, 10–15.

Däubler, Wolfgang/Klebe, Thomas/Wedde, Peter (Hrsg.), BetrVG Betriebsverfassungsgesetz, Mit Wahlordnung und EBR-Gesetz, 18. Aufl., Frankfurt 2022 (zit. als Däubler/Klebe/Wedde/*Bearbeiter*).

Dauner-Lieb, Barbara/Heidel, Thomas/Ring, Gerhard (Hrsg.), Nomos Kommentar, BGB – Schuldrecht, 4. Aufl. Band 2/1, Baden-Baden 2021 (zit. als NK/BGB/*Bearbeiter*).

Denke, Sebastian, Der Schutz der Willensfreiheit beim Abschluss arbeitsrechtlicher Aufhebungsverträge, RdA 2023, 171–180.

Di Fabio, Udo, Form und Freiheit, DNotZ 2006, 342–350.

Dieterich, Thomas, Die Arbeitsgerichte zwischen Bundesverfassungsgericht und Europäischem Gerichtshof, NZA 1996, 673–681.

Dieterich, Thomas/Hanau, Peter/Schaub, Günter (Hrsg.), Erfurter Kommentar zum Arbeitsrecht, 24. Aufl., München 2024 (zit. als ErfK/*Bearbeiter*).

Doralt, Walter Langzeitverträge, Jus Privatum 224, Tübingen 2018.

Ehrich, Christian, Recht des Arbeitnehmers zum Widerruf eines Aufhebungsvertrags wegen "Überrumpelung" durch den Arbeitgeber?, DB 1992, 2239–2245.

Ehrich, Christian, Unwirksamkeit eines Aufhebungsvertrages wegen "Überrumpelung" durch den Arbeitgeber, NZA 1994, 438–440.

Eidenmüller, Horst, Druckmittel in Vertragsverhandlungen in: Reinhard Zimmermann (Hrsg.), Störungen der Willensbildung bei Vertragsabschluss, Tübingen 2007, 103–123 (zit. als *Eidenmüller*, in: Zimmermann, Störungen der Willensbildung bei Vertragsschluss).

Emmerich, Volker, Culpa in contrahendo beim Autokauf, Anm. zu OLG Hamm, Urt. vom 13.05.2003 – 28 U 150/02, JuS 2004, 163–164.

Erbarth, Alexander, Das Rechtsverhältnis zwischen Eltern erwachsener Kinder sowie das Rechtsverhältnis zwischen Eltern und erwachsenen Kindern, NZFam 2021, 250–258.

Eufinger, Alexander, Verletzung der Fürsorgepflicht durch arbeitgeberseitiges Whistleblowing, NZA 2017, 619–624.

Eufinger, Alexander, Zum Gebot des fairen Verhandelns beim Aufhebungsvertrag, DB 2020, 2695.

Evertz, Arne, Sittenwidrigkeit eines Erb- und Pflichtteilsverzichts, Anmerkung zu OLG Hamm, Urt. v 08.11.2016 - 10 U 36/15, ZEV 2017, 163–167.

Farthmann, Friedhelm, Der personenrechtliche Charakter des Arbeitsverhältnisses, RdA 1960, 5–9.

Fastrich, Lorenz, Inhaltskontrolle im Arbeitsrecht nach der Bürgschaftsentscheidung des Bundesverfassungsgericht vom 19.10.1993, RdA 1997, 65–80.

Fezer, Karl-Heinz/Büscher, Wolfgang/Obergfell, Eva Inés (Hrsg.), Lauterkeitsrecht, Kommentar zum Gesetz gegen den unlauteren Wettbewerb, 3. Aufl., München 2016 (zit. als Fezer/Büscher/Obergfell/*Bearbeiter*).

Fischinger, Philipp S., Arbeitsrecht, 3. Aufl., Heidelberg 2024.

Fischinger, Philipp S., Das Gebot fairen Verhandelns als Allzweckwaffe gegen unliebsame Aufhebungsverträge, NZA-RR 2020, 516–520.

Fischinger, Philipp S., Lösungsmöglichkeiten von arbeitsrechtlichen (Aufhebungs-)Verträgen: Widerrufsrecht und „Gebot fairen Verhandelns“, NZA 2019, 729–735.

Fischinger, Philipp S., Wirksamer Aufhebungsvertrag – Gebot fairen Verhandelns, Anm. zu LAG Hamm, Urt. v. 17.5.2021 – 18 Sa 1124/20, NZA-RR 2021.

Fischinger, Philipp S./Hengstberger, Silas/Kohler, Jürgen (Hrsg.), Staudinger: Kommentar zum Bürgerlichen Gesetzbuch mit Einführungsgesetz und Nebengesetzen, Buch 1 – Allgemeiner Teil §§ 134-138; ProstG (Gesetzliches Verbot, Verfügungsverbot, Sittenwidrigkeit), Berlin 2024 (zit. als Staudinger/*Bearbeiter*).

Fischinger, Philipp S./Latzel, Clemens/Richardi, Reinhard (Hrsg.), Staudinger, Kommentar zum Bürgerlichen Gesetzbuch mit Einführungsgesetz und Nebengesetzen, Buch 2, Recht der Schuldverhältnisse, §§ 611-613 (Dienstvertrag und Arbeitsvertrag), Berlin 2025 (zit. als Staudinger/*Bearbeiter*).

Fischinger, Philipp S./Werthmüller, Christian, Der Aufhebungsvertrag im Irish Pub, Die Neuregelungen der §§ 312 ff. BGB und die Widerruflichkeit arbeitsrechtlicher Aufhebungsverträge, NZA 2016, 193–197.

Flume, Werner, Allgemeiner Teil des Bürgerlichen Rechts, Zweiter Band: Das Rechtsgeschäft, 4. Aufl., Enzyklopädie der Rechts- und Staatswissenschaft / Abteilung Rechtswissenschaft Band 2, Teilband 1, Berlin 2013.

Franz, Einiko B., Der Abschluss eines Aufhebungsvertrags, Schutz des Arbeitnehmer-Verbrauchers und seine Grenzen, Zugl.: Diss Köln 2005, Frankfurt am Main 2005.

Frieser, Andreas, Schutz des Erblassers vor unangemessener Beeinflussung – ein Vorschlag, ErbR 2020, 309–313.

Fritsche, Jörg/Münker, Reiner/Stollwerck, Christoph (Hrsg.), Beck'scher Online-Kommentar – UWG, 29. Edition, München 2025 (zit. als BeckOK/UWG/*Bearbeiter*).

Frohne, Kristin, Zulässigkeit eines nur sofort annehmbaren Aufhebungsvertrags – Kein Verstoß gegen das Gebot des fairen Verhandelns, DB 2022, 2223.

Fuhlrott, Michael, Gestaltung von Abwicklungsverträgen – Aktuelle Rechtsprechungsvorgaben, GWR 2016, 177–179.

Fuhlrott, Michael/Diepenthal, Lukas, Die 15 wichtigsten Entscheidungen des BAG im Jahr 2022, NZA-RR 2023, 1–7.

Gaul, Björn/Breuer, Michael, Nach der Krise: Beendigung von Arbeitsverhältnissen durch Aufhebungsvertrag, NZA-Beilage 2021, 29–34.

Germelmann, Claas-Hinrich, Grenzen der einvernehmlichen Beendigung von Arbeitsverhältnissen, NZA 1997, 236–245.

Gernhuber, Joachim/Coester-Waltjen, Dagmar, Familienrecht, 7. Aufl., München 2020.

Giesing, Elmar, Inhaltskontrolle und Abschlusskontrolle arbeitsrechtlicher Aufhebungsverträge, Zugl.: Diss. Tübingen 2007, Baden-Baden 2007.

Glahe, Frederic, Die Rückabwicklung arbeitsrechtlicher Aufhebungsverträge, Zugl.: Diss. Erlangen-Nürnberg 2018, Berlin 2018.

Glöckner, Jochen, Ausgestaltung der Individualansprüche von Verbrauchern bei Lauterkeitsverstößen, GRUR 2021, 919–929.

Gottwald, Peter, Die Haftung für culpa in contrahendo, JuS 1982, 877–885.

Gräf, Fabian, Das Gebot fairen Verhandelns beim Abschluss eines arbeitsrechtlichen Aufhebungsvertrags, Zugl. Diss. Kiel 2022, Frankfurt a.M. 2022.

Gralla, Anna, Arbeitgeber darf Abschluss eines Aufhebungsvertrags von sofortiger Annahme abhängig machen – Kein Verstoß gegen Gebot fairen Verhandelns, ArbRAktuell 2022, 123.

Granetzny, Thomas/Sandkamm, Laura, Verstoß gegen das Gebot fairen Verhandelns beim Abschluss eines Aufhebungsvertrages nur in Extremfällen, juris PraxisReport Compliance & Investigations 5/2021, Anm. 2.

Greiner, Stefan, Die Ausgestaltung eines "Tarifeinheitsgesetzes" und der Streik am Frankfurter Flughafen, NZA 2012, 529–535.

Grigoleit, Hans Christoph, Neuere Tendenzen zur schadensrechtlichen Vertragsaufhebung, NJW 1999, 900–904.

Grigoleit, Hans Christoph, Vorvertragliche Informationshaftung, Vorsatzdogma, Rechtsfolgen, Schranken, Zugl.: Diss. München 1996, München 1997.

Grüneberg, Christian, Bürgerliches Gesetzbuch, 80. Aufl., München 2025 (zit. als Grüneberg/BGB/*Bearbeiter*).

Grunewald, Barbara/Maier-Reimer, Georg/Westermann Harm, Peter (Hrsg.), Erman, Bürgerliches Gesetzbuch, 17. Aufl. Band 1, Köln 2023 (zit. als Erman/*Bearbeiter*).

Grziwotz, Herbert, Auseinandersetzung einer faktischen Lebensgemeinschaft, NZFam 2015, 543–551.

Grziwotz, Herbert, Schenkung: Sittenwidrigkeit der Ausnutzung einer Zwangslage, FamRB 2023, 113–114.

Grziwotz, Herbert/Grziwotz Marc, Freier Testierwille im Alter, bei Krankheit und bei Willensschwäche?, NJW 2023, 2377–2381.

Gundel, Wolfgang/Sartorius, Ulrich, Rechtsprechungsübersicht zum Arbeitsrecht - 1. Halbjahr 2019, ZAP 2019, 1241–1260.

Häcker, Birke, Das englische Common Law – Eine Einführung, JuS 2014, 872–876.

Hamann, Wolfgang, Unwirksamkeit eines Aufhebungsvertrags wegen Verstoßes gegen das Gebot fairen Verhandelns, Anm. zu. LAG MeckPom, Urt. vom 19.05.2025 – 5 Sa 173/19, Juris-PR-ArbR 2020, Anm. 4.

Harte-Bavendamm, Henning/Henning-Bodewig/Goldmann, Michael et al. (Hrsg.), UWG, Gesetz gegen den unlauteren Wettbewerb, Kommentar, 5. Aufl., München 2021 (zit. als Harte-Bavendamm/Henning-Bodewig/*Bearbeiter*).

Hau, Wolfgang/Poseck, Roman (Hrsg.), Beck'scher Online-Kommentar – BGB, 75. Edition, München 2025 (zit. als BeckOK/BGB/*Bearbeiter*).

Heermann Peter W./Schlinghoff, Jochen (Hrsg.), Münchener Kommentar zum Lauterkeitsrecht, 3. Aufl., Band 1, München 2020 (zit. als MüKo/UWG/*Bearbeiter*).

Heinkel, Ronny, Aufhebungsvertrag – Das endgültige Ende des Arbeitsverhältnisses, ZTR 2020, 261–269.

Heinze, Christian/Engel, Andreas, Der neue Schadenersatzanspruch für Verbraucher bei UWG-Verstößen, NJW 2021, 2609–2614.

Hellner, Jan, Pacta sunt servanda – gilt dieser Grundsatz auch für die Miete in Zeiten der COVID-Pandemie?, Oder: Annäherung an den Begriff des mietvertraglichen Verwendungsrisikos, NJOZ 2020, 769–774.

Henninger, Thomas, Europäisches Privatrecht und Methode, Entwurf einer rechtsvergleichend gewonnenen juristischen Methodenlehre, Zugl.: Diss. Genf 2008, Tübingen 2009.

Henssler, Martin, Arbeitsrecht und Schuldrechtsreform, RdA 2002, 129–140.

Henssler, Martin/Preis, Ulrich, Diskussionsentwurf eines Arbeitsvertragsgesetzes (ArbVG) 2006, 2. Fassung – Stand: August 2006, Gütersloh 2006, abrufbar unter: https://www.bertelsmann-stiftung.de/de/publikationen/publikation/did/diskussionsentwurf-eines-arbeitsvertragsgesetzes-arbvg.

Hillgruber, Christian, Der Grundsatz der Selbstverantwortung –Verfassungsrechtliche Grundlagen und Grenzen in: Karl Riesenhuber (Hrsg.), Das Prinzip der Selbstverantwortung, Grundlagen und Bedeutung im heutigen Privatrecht, Tübingen 2011, 165–186 (zit. als *Hillgruber*, in: Riesenhuber, Das Prinzip der Selbstverantwortung).

Hogan, John J., When Does Influence Become Undue?, Loyola University Chicago Law Yournal 1976, 629–640.

Holler, Daniel E., Das „Gebot fairen Verhandelns“ bei der Loslösung von Aufhebungsverträgen, NJW 2019, 2206–2210.

Holler, Lorenz/Mann, Maximilian, Die gesellschaftsrechtliche Treuepflicht in der Familiengesellschaft, NZG 2021, 402–410.

Hönn, Günther, Kompensation gestörter Vertragsparität, Ein Beitrag zum inneren System des Vertragsrechts, Zugl.: Habil., Mainz 1981, München 1982.

Hönn, Günther, Zu den "Besonderheiten" des Arbeitsrechts, ZfA 2003, 325–359.

Höpfner, Clemens, Die systemkonforme Auslegung, Zur Auflösung einfachgesetzlicher, verfassungsrechtlicher und europarechtlicher Widersprüche im Recht, Zugl.: Diss. Konstanz 2007, Grundlagen der Rechtswissenschaft 11, Tübingen 2008.

Hördt, Michael, Überrumpelung und Druck – Das Gebot fairen Verhandelns und seine Reichweite, ArbRAktuell 2019, 289–292.

Horstmeier, Gerrit, Was ist dran am "Gebot fairen Verhandelns" bei Aufhebungsverträgen?, ZAP 2023, 289–296.

Hromadka, Wolfgang, Ein Arbeitsvertragsgesetz, Der Diskussionsentwurf des Arbeitskreises “Deutsche Rechtseinheit im Arbeitsrecht”, NJW 1992, 1985–1993.

Hueck, Alfred, Der Treuegedanke im modernen Privatrecht, Sitzungsberichte der Bayrischen Akademie der Wissenschaften 1947, 3–28.

Hülbach, Henning, Gebot fairen Verhandelns im Rahmen eines Aufhebungsvertrags, Anm. zu LAG Mecklenburg-Vorpommern, Az. 5 Sa 173/19, ArbRB 2020, 237–238.

Hülsewig, Matthias, Der so genannte Sachlichkeitsgrundsatz im Lauterkeitsrecht, Zugl.: Diss. Würzburg 2006, Frankfurt am Main 2006.

Hümmerich, Klaus, Alea iacta est – Aufhebungsvertrag kein Haustürgeschäft, NZA 2004, 809–817.

Hümmerich, Klaus, Aufhebungs- und Abwicklungsvertrag in einem sich wandelnden Arbeitsrecht, NJW 2004, 2921–2931.

Hümmerich, Klaus, Hinzuziehung eines Betriebsratsmitglieds zum Gespräch über einen Aufhebungsvertrag, Besprechung des Beschlusses BAG v. 16. 11. 2004 – 1 ABR 53/03, RdA 2005, 314–316.

Hümmerich, Klaus/Holthausen, Joachim, Der Arbeitnehmer als Verbraucher, NZA 2002, 173–181.

Husemann, Tim, Der moderierte Vertrag, Zugl. Habil. Bochum 2020, Heidelberg 2021.

Jahn, Matthias, Strafprozessrecht als geronnenes Verfassungsrecht – Hauptprobleme und Streitfragen des § 136a StPO, JuS 2005, 1057–1062.

Jakobs, Horst Heinrich (Hrsg.), §§ 134 - 138 in: Horst Heinrich Jakobs, Die Beratung des Bürgerlichen Gesetzbuchs in systematischer Zusammenstellung der unveröffentlichen Quellen, Allgemeiner Teil Teilband 1, Berlin 1985, 714–730 (zit. als *Jakobs*, in: Jakobs, Die Beratung des Bürgerlichen Gesetzbuchs).

Jauernig, Othmar (Hrsg.), Bürgerliches Gesetzbuch, Kommentar, 19. Aufl., München 2023 (zit. als Jauernig/*Bearbeiter*).

Jickeli, Joachim, Der langfristige Vertrag, Eine rechtswissenschaftliche Untersuchung auf institutionen-ökonomischer Grundlage, Zugl.: Habil., Tübingen 1994, Wirtschaftsrecht und Wirtschaftspolitik Bd. 141, Baden-Baden 1996.

Johannsen, Kurt H./Henrich, Dieter/Althammer, Christoph (Hrsg.), Familienrecht, Scheidung, Unterhalt, Verfahren: Kommentar, 7. Aufl., München 2020 (zit. als JHA/*Bearbeiter*).

Joussen, Jacob, Treu bis zum Schluss – faire Aushandlung eines Aufhebungsvertrags, ZMV 2020, 15–18.

Joussen, Jacob, Wann ist ein Aufhebungsvertrag wirksam?, ZMV 2023, 115–116.

Jung, Stefanie, Ein Gebot des fairen Verhandelns im unternehmerischen Geschäftsverkehr, WM 2023, 901–907.

Jung, Stefanie, "Fairness" bei arbeitsrechtlichen Aufhebungsverträgen durch das Gebot fairen Verhandelns?, ZfA 2024, 24–50.

Junglas, Benjamin, Mitternachtsnotare a. D.?, NJOZ 2012, 561–572.

Kaiser, Dagmar, Anm. zu BAG v. 30.09.1993 – 2 AZR 268/93, EzA, 611 BGB Aufhebungsvertrag Nr. 13.

Kamanabrou, Sudabeh, Das Gebot fairen Verhandelns bei Aufhebungsverträgen, RdA 2020, 201–210.

Kamanabrou, Sudabeh, Eindeutig kein Widerrufsrecht bei Aufhebungsverträgen am Arbeitsplatz?, NZA 2016, 919–921.

Kapfer, Anja, Gerichtliche Inhaltskontrolle von Erb- und Pflichtteilsverzichtsverträgen?, zugleich Anmerkung zum Urt. des OLG München vom 25.1.2006, 15 U 4751/04, MittBayNot 2006, 385–390.

Keppeler, Frank Der Aufhebungsvertrag – wirklich ein mitbestimmungsfreier Raum?, AuR 1996, 263–266.

Kersting, Christian, Die Dritthaftung für Informationen im Bürgerlichen Recht, Zugl.: Habil. München 2006, München 2007.

Kiel, Heinrich/Lunk, Stefan/Oetker, Hartmut (Hrsg.), Münchener Handbuch zum Arbeitsrecht, 6. Aufl. Band 1, München 2021 (zit. als MHdB/ArbR/*Bearbeiter).*

Kienast, Rainer/Schmiedl, Wolfgang, Rechtsprechung zum Widerrufsrecht bei Rechtsprechung zum Widerrufsrecht bei arbeitsrechtlichen Aufhebungsverträgen nach §§ 312, 355 BGB, DB 2003, 1440–1443.

Kindhäuser, Urs/Neumann, Ulfrid, Paeffgen, Hans-Ullrich et al. (Hrsg.), Nomos Kommentar: Strafgesetzbuch, 6. Aufl., Baden-Baden 2023 (zit. als NK/StGB/*Bearbeiter*).

Kittner, Michael/Däubler, Wolfgang/Zwanziger, Bertram (Hrsg.), Kündigungsschutzrecht, Kommentar für die Praxis, 5. Aufl., Frankfurt am Main 2011 (zit. als Kittner/Däubler/Zwanziger/KSchR/*Bearbeiter*).

Klass, Gregory, Contract Law in the USA, Second Edition, Austin 2012.

Köhler, Helmut, Der Schadensersatzanspruch für Verbraucher im UWG und seine Realisierung, GRUR 2022, 435–446.

Köhler, Helmut, UWG-Reform und Verbraucherschutz, GRUR 2003, 265–272.

Köhler, Helmut/Lettl, Tobias, Das geltende europäische Lauterkeitsrecht, der Vorschlag für eine EG-Richtlinie über unlautere Geschäftspraktiken und die UWG-Reform, WRP 2003, 1019–1057.

Köhler, Helmut/Bornkamm, Joachim/Feddersen, Jörn, et al. (Hrsg.), Beck'sche Kurz Kommentare, Gesetz gegen den unlauteren Wettbewerb: UWG, 43. Aufl., München 2025 (zit. als Köhler/Bornkamm/Feddersen/UWG/*Bearbeiter*).

König, Kerstin, Undue influence als Fallgruppe der Sittenwidrigkeit, StudZR-WissOn 2014, 45–70.

Krack, Ralf, Der Normzweck des § 136a StPO, NStZ 2002, 120–124.

Krebber, Sebastian, Der nicht zufällige Kontakt ohne Vertragsnähe auf der Grenze zwischen vertraglicher und deliktischer Haftung, VersR 204, 150–156.

Krebs, Peter, Sonderverbindung und außerdeliktische Schutzpflichten, Zugl.: Habil. Köln 1998/99, Schriften des Instituts für Arbeits- und Wirtschaftsrecht der Universität zu Köln Bd. 83, München 2000.

Kudlich, Hans/Schneider, Hartmut (Hrsg.), Münchener Kommentar zur Strafprozessordnung, 2. Aufl. Band 1, München 2023 (zit. als MüKo/StPO/*Bearbeiter*).

Kumkar, Lea Katharina, Vorvertragliche Aufklärungspflichten, JuS 2024, 1001–1005.

Kursawe, Stefan, Die Aufklärungspflicht des Arbeitgebers bei Abschluß von Arbeitsverträgen, NZA 1997, 245–249.

Kurzer, Friederike, Das Gebot fairen Verhandelns im Arbeitsrecht, Konkretisierung einer neuen Rechtsfigur und Wegweiser zu einem allgemeinen Widerrufsrecht für arbeitsrechtliche Aufhebungsverträge, Zugl. Diss. Köln 2023, Baden-Baden 2023.

Leipold, Dieter, BGB I: Einführung und Allgemeiner Teil, 12. Aufl., Tübingen 2025.

Leitmeier, Lorenz, Der Aufhebungsvertrag ohne Abfindung – eine kausale Verfügung!?, NZA-RR 2023, 449–452.

Lembke, Mark, Das „Aus" für das Widerrufsrecht des Arbeitnehmers bei arbeitsrechtlichen Aufhebungs- und Abwicklungsverträgen, NJW 2004, 2941–2944.

Lembke, Mark, Verbraucherrechtliches Widerrufsrecht des Arbeitnehmers bei Auflösungsvereinbarungen, BB 2016, 3125–3128.

Lembke, Mark/Michels, Hannah, Das „Gebot fairen Verhandelns" und die „Undue Influence Doctrine" im Arbeitsleben, RdA 2023, 353–361.

Linck, Rüdiger/Ascheid, Reiner/Preis Ullrich et al. (Hrsg.), Kündigungsrecht, 7. Aufl., München 2024 (zit. als APS/*Bearbeiter*).

Lingemann, Stefan/Chakrabarti, Josefine, Ein Ende, das keines ist – Die Beseitigung von Aufhebungsverträgen, NJW 2019, 2245–2248.

Looschelders, Dirk/Olzen, Dirk/Schiemann. Gottfried (Hrsg.), Staudinger, Kommentar zum Bürgerlichen Gesetzbuch mit Einführungsgesetz und Nebengesetzen, Buch 2, Recht der Schuldverhältnisse Einleitung zum Schuldrecht; §§ 241-243 (Treu und Glauben), Berlin 2024, (zit. als J. von Staudinger/*Bearbeiter*).

Lorenz, Stephan, Arbeitsrechtlicher Aufhebungsvertrag, Haustürwiderrufsgesetz und "undue influence", JZ 1997, 277–283.

Lorenz, Stephan, Der Schutz vor dem unerwünschten Vertrag, Zugl. Habil. München 1997, München 1997.

Lorenz, Stephan, Grundwissen – Zivilrecht: Abstrakte und kausale Rechtsgeschäfte, JuS 2009, 489–491.

Lorenz, Stephan, Grundwissen – Zivilrecht: Culpa in contrahendo (§ 311 II, III BGB), JuS 2015, 398–401.

Lorenz, Stephan, Sittenwidrigkeit und Vertragsanbahnung – "procedural unconscionability" im deutschen Recht? in: Andreas Heldrich, Jürgen Prölss, Ingo Koller et al. (Hrsg.), Festschrift für Claus-Wilhelm Canaris zum 70. Geburstag Band I, München 2007, 777–791 (zit. als *Lorenz*, in: FS Canaris).

Lorenz, Stephan, Vertragsaufhebung wegen culpa in contrahendo: Schutz der Entscheidungsfreiheit oder des Vermögens, Eine Besprechung des Urt.s des Bundesgerichtshofs vom 26. September 1997, ZIP 1998, 1053–1057.

Lorenz, Stephan, Vertragsaufhebung wegen unzulässiger Einflußnahme auf die Entscheidungsfreiheit: Der BGH auf dem Weg zur reinen Abschlußkontrolle, NJW 1997, 2578–2580.

Löser, Adrian, Rechtsbeistand im Personalgespräch, öAT 2018, 226–229.

Lüderitz, Alexander, §§ 1611,1618 a BGB: Plädoyer für eine Kooperation zwischen Eltern und Kindern in: Eberhard Schilken (Hrsg.), Festschrift für Hans Friedhelm Gaul zum 70. Geburtstag, 19. November 1997, Bielefeld 1997, 411–423 (zit. als *Lüderitz*, in: FS Gaul).

Lützeler, Martin Die Befragung des Arbeitnehmers – Auskunftspflicht oder Zeugnisverweigerungsrecht?, CCZ 2011, 19–25.

Majer, Christian Friedrich, Ausgleichsansprüche in der nichtehelichen Lebensgemeinschaft, Zugl. Anmerkung zu BGH, NJW 2007, 327 und BGH NJW 2008, 3282, NJOZ 2009, 114–119.

Majer, Christian Friedrich/Törmer, Julian, Das Personalgespräch zwischen Mitarbeiterführung und Mobbing, NZA 2024, 1260–1263.

Mankowski, Peter, § 324 BGB ist keine Lösung für die fahrlässige Täuschung, ZGS 2003, 91–93.

Mayer, Hans-Jochem/Kroiß, Ludwig (Hrsg.), Rechtsanwaltsvergütungsgesetz, Mit Streitwertkommentar und Tabellen: Handkommentar, 8. Aufl., Baden-Baden 2021 (zit. als Mayer/Kroiß/*Bearbeiter*).

Mengel, Anja, Kein Widerruf eines Aufhebungsvertrages, BB 2004, 1859–1860.

Milzer, Lutz, Zur Sittenwidrigkeit einer Schenkung zugunsten der Enkel bei Ausnutzung einer Zwangslage, Anm. zu BGH, Urt. vom 15.11.2022 – X ZR 40/20, NZFam 2023, 480.

Möllers, Christoph, Gewaltengliederung, Legitimation und Dogmatik im nationalen und internationalen Rechtsvergleich, Zugl.: Habil. Heidelberg 2003/2004, Tübingen 2005.

Motive zu dem Entwurfe eines Bürgerlichen Gesetzbuchs für das Deutsche Reich, Berlin (Nachdruck 1896).

Müller, Knut/Deeg, Oliver, Die Teilnahme des Anwalts am Personalgespräch, ArbRAktuell 2010, 620–623.

Müller, Stefan, Das Gebot fairen Verhandelns von Aufhebungsverträgen, Inhalt und Reichweite dieser Arbeitgeberpflicht sowie Rechtsfolgen unfairer Verhandlungen, DB 2019, 1792–1798.

Münder, Matthiass, Kein automatischer Verfall des Urlaubsanspruchs wegen nicht gestellten Urlaubsantrags, Zugl. Anmerkung zu EUGH, Urt. vom 06.11.2018 - C-684/16, Juris-PR-ArbR 49/2018, Anm. 2.

Musielak, Hans-Joachim, Vertragsfreiheit und ihre Grenzen, JuS 2017, 949–954.

Muthers, Christof, Rücktritt vom Vertrag – Verschweigen von Informationen über die Kaufsache, Anm. zu 28 U 150/02, MDR 2004, 492–493.

Natzel, Ivo, Schutz des Arbeitnehmers als Verbraucher?, NZA 2002, 595–597.

Neuner, Jörg, Das BVerfG im Labyrinth der Drittwirkung, NJW 2020, 1851–1855.

Notzon, Matthias, Aktuelles zum Aufhebungsvertrag und zur Anfechtung, öAT 2020, 4–7.

Oetker, Hartmut (Hrsg.), Handelsgesetzbuch, Kommentar, 8. Aufl., München 2024 (zit. als Oetker/HGB/*Bearbeiter*).

Oetker, Hartmut, Das Dauerschuldverhältnis und seine Beendigung, Bestandsaufnahme und kritische Würdigung einer tradierten Figur der Schuldrechtsdogmatik, Zugl. Habil. 1994, Kiel, Tübingen 1994.

Ohly, Ansgar/Sosnitza, Olaf (Hrsg.), Gesetz gegen den unlauteren Wettbewerb: UWG, Kommentar, 8. Aufl., München 2023 (zit. als Ohly/Sosnitza/*Bearbeiter*).

Ostermeier, Christian, Widerruf eines arbeitsrechtlichen Aufhebungsvertrages ist nicht zulässig, GWB 2019, 350.

Paas, Susanne Karoline, Das bewegliche System, Zur Karriere einer juristischen Denkfigur, Zugl.: Diss. Köln 2020, Tübingen 2021.

Paulus, Christoph G./Zenker, Wolfgang, Grenzen der Privatautonomie, JuS 2001, 1–9.

Pauly, Holger, Widerrufsrecht bei arbeitsrechtlichen Aufhebungsverträgen, MDR 1995, 1081–1085.

Peel, Edwin, Treitel on The Law of Contract, Fifteenth Edition, London 2020.

Peter, Christof, Probleme bei der Behandlung und Rückabwicklung wegen Verstoßes gegen § 134 BGB nichtiger Dienst- und Werkverträge – Teil I, JA 2014, 248–251.

Pielow, Johann-Christian (Hrsg.), Beck'scher Online-Kommentar – Gewerbeordnung, 66. Edition, München 2025 (zit. als BeckOK/GewO/*Bearbeiter*)

Plum, Martin, Das Gebot fairen Verhandelns bei Vertragsverhandlungen, MDR 2020, 69–74.

Poole, Jill, Textbook on contract law, 13th Edition, Oxford 2016.

Preis, Ulrich, Reform des Bestandsschutzrechts im Arbeitsverhältnis, RdA 2003, 65–81.

Preisner, Mareike, Das Gesetzliche mittreuhänderische Schuldverhältnis kraft gemeinsamer Elternschaft, Ein Beitrag zur gegenwärtigen Dogmatik des Familienrechts, Zugl.: Regensburg, Univ., Diss., 2013 , Tübingen 2014.

Proff, Maximilian Freiherr von, Neues zur Inhaltskontrolle von Erb- und Pflichtteilsverzichten: das Urt. des OLG Hamm vom 8.11.2016 und seine Folgen für die Kautelarpraxis, ZEV 2017, 301–307.

Prütting, Hanns/Wegen, Gerhard/Weinreich, Gerd (Hrsg.), Bürgerliches Gesetzbuch, Kommentar, 19. Aufl., München 2024 (zit. als PWW/BGB/*Bearbeiter*).

Reichold, Hermann, Betriebsverfassung als Sozialprivatrecht, Historisch-dogmatische Grundlagen von 1848 bis zur Gegenwart, Zugl.: Habil. Erlangen-Nürnberg 1992, München 1995.

Reif, Sebastian/Walter, Tim, Die gesellschaftsrechtliche Treuepflicht, JuS 2021, 630–635.

Reinecke, Gerhard, Zum Gebot fairen Verhandelns in: Martin Wolmerath, Inken Gallner, Horst-Dieter Krasshöfer et al. (Hrsg.), Recht – Politik – Geschichte, Festschrift für Franz Josef Düwell zum 65. Geburtstag, Baden-Baden 2011, 410–419 (zit. als *Reinecke*, in: FS Düwell).

Reinecke, Gerhard, Zur Kontrolle von Aufhebungsverträgen nach der Schuldrechtsreform in: Peter Hanau, Jürgen Rößler, Ludwig Macher et al. (Hrsg.), Arbeitsrecht, Lohnsteuerrecht, Sozialversicherungsrecht, Festschrift für Wolfdieter Küttner zum 70. Geburtstag, München 2006, 327–337 (zit. als *Reinecke*, in: FS Küttner).

Reiß, Martin Thomas, Unangemessene Benachteiligung durch abstraktes Schuldversprechen in AGB, DNotZ 2006, 47–56.

Reufels, Martin, Aufhebung und Abfindung in der arbeitsrechtlichen Beratungspraxis, NomosPraxis, Baden-Baden 2020.

Reufels, Martin/Pitz, Laura, Über die Konsequenzen des Gebots fairen Verhandelns für die Beratungspraxis, ArbRB 2020, 253–256.

Richardi, Reinhard (Hrsg.), Betriebsverfassungsgesetz mit Wahlordnung, Kommentar, 17. Aufl. Band 5, bearb. von Rolf Dietz, München 2022 (zit. als Richardi/*Bearbeiter*).

Richardi, Reinhard/Annuß, Georg, Der neue § 623 – Eine Falle im Arbeitsrecht?, NJW 2000, 1231–1235.

Richards, Claudina/Mollica, Viviana, English Law and Technology, 5. Aufl., Baden-Baden 2023.

Riehm, Thomas, Pflichtverletzung und Vertretenmüssen, – Zur Dogmatik der §§ 280 ff. BGB – in: Andreas Heldrich, Jürgen Prölss, Ingo Koller et al. (Hrsg.), Festschrift für Claus-Wilhelm Canaris zum 70. Geburstag Band I, München 2007, 1079–1103 (zit. als *Riehm*, in: FS Canaris).

Riesenhuber, Karl/Vogel, Alexander, Der Aufhebungsvertrag als Haustürgeschäft?, NJW 2005, 3457–3459.

Rohwer, Claude D./Skroki, Anthony M./Malloy, Michael, Contracts in a Nutshell, 8th Edition, Saint Paul, Minnesota 2016.

Rolfs Christian/Giesen, Richard/Kreikebohm, Ralf, et al. (Hrsg.), Beck'scher Online-Kommentar Arbeitsrecht, 77. Edition, München 2025 (zit. als BeckOK/ArbR/*Bearbeiter*).

Röller, Jürgen (Hrsg.), Küttner Personalbuch, begründet von Wolfdieter Küttner, 32. Aufl., München 2025 (zit. als Küttner Personalbuch/*Bearbeiter*).

Römermann, Volker (Hrsg.), Münchener Anwalts-Handbuch, GmbH-Recht, 5. Auflage, München 2023 (zit. als MAH/GmbHR/*Bearbeiter*).

Röß, Simon, Die Auskunftspflicht von Arbeitnehmern bei der Aufklärung einer Straftat durch den Arbeitgeber, NZA 2021, 675–681.

Roth, Günther H., Vom Wegfall der Geschäftsgrundlage zur richterlichen Vertragsanpassung in: Arthur Weilinger, Elisabeth Borth-Böhler, Erwin Bernat (Hrsg.), Festschrift für Heinz Krejci zum 60. Geburtstag: zum Recht der Wirtschaft, Zum Recht der Wirtschaft Band 2, Wien 2001, 1251–1269 (zit. als *G. H. Roth*, in: FS Krejci).

Röthel, Anne, Verzicht auf den Kindespflichtteil: Plädoyer für mehr Wachtsamkeit, NJW 2012, 337–341.

Sack, Rolf, Das Anstandsgefühl aller billig und gerecht Denkenden und die Moral als Bestimmungsfaktoren der guten Sitten, NJW 1985, 761–769.

Sack, Rolf, Folgeverträge unlauteren Wettbewerbs, GRUR 2004, 625–635.

Sack, Rolf, Zur Sittenwidrigkeit von anläßlich sogenannten „Kaffeefahrten" abgeschlossenen Kaufverträgen, NJW 1974, 564–565.

Säcker, Franz Jürgen/Rixecker, Roland (Hrsg.), Münchener Kommentar zum Bürgerlichen Gesetzbuch, 5. Aufl. Band 1, München 2010, (zit. als MüKo/BGB/*Bearbeiter*, 5. Auflage).

Säcker, Franz Jürgen/Rixecker, Roland/Oetker, Hartmut et al. (Hrsg.), Münchener Kommentar zum Bürgerlichen Gesetzbuch, 10. Aufl. Band 1, München 2025, (zit. als MüKo/BGB/*Bearbeiter*).

Säcker, Franz Jürgen/Rixecker, Roland/Oetker, Hartmut et al. (Hrsg.), Münchener Kommentar zum Bürgerlichen Gesetzbuch, 10. Aufl. Band 2, München 2025, (zit. als MüKo/BGB/*Bearbeiter*).

Säcker, Franz Jürgen/Rixecker, Roland/Oetker, Hartmut et al. (Hrsg.), Münchener Kommentar zum Bürgerlichen Gesetzbuch, 10. Aufl. Band 3, München 2025, (zit. als MüKo/BGB/*Bearbeiter*).

Säcker, Franz Jürgen/Rixecker, Roland/Oetker, Hartmut et al. (Hrsg.), Münchener Kommentar zum Bürgerlichen Gesetzbuch, 9. Aufl. Band 5, München 2023, (zit. als MüKo/BGB/*Bearbeiter*).

Säcker, Franz Jürgen/Rixecker, Roland/Oetker, Hartmut et al. (Hrsg.), Münchener Kommentar zum Bürgerlichen Gesetzbuch, 9. Aufl. Band 7, München 2024, (zit. als MüKo/BGB/*Bearbeiter*).

Säcker, Franz Jürgen/Rixecker, Roland/Oetker, Hartmut et al. (Hrsg.), Münchener Kommentar zum Bürgerlichen Gesetzbuch, 10. Aufl. Band 9, München 2025, (zit. als MüKo/BGB/*Bearbeiter*).

Säcker, Franz Jürgen/Rixecker, Roland/Oetker, Hartmut et al. (Hrsg.), Münchener Kommentar zum Bürgerlichen Gesetzbuch, 9. Aufl. Band 10, München 2024, (zit. als MüKo/BGB/*Bearbeiter*).

Schacht, Thorsten, Der Übereilungsschutz beim arbeitsrechtlichen Aufhebungsvertrag, Zugl.: Diss. Göttingen 1999, Frankfurt am Main 2000.

Scherer, Inge, Die Neuregelung der aggressiven geschäftlichen Handlungen in § 4 a UWG, GRUR 2016, 233–242.

Scherer, Inge, Zahloser Tiger oder schlagkräftiges Rechtsinstitut?, Anspruchskonkurrenzen des Verbraucherschadensersatzes gemäß § 9 II UWG, GRUR 2022, 787–794.

Schier, Carsten/Friedrich, Lukas, Schutz des vulnerablen Erblassers vor Fremdbeeinflussung, NJW 2025, 777–782.

Schindele, Friedrich, Aufhebungsvertrag – Verstoß gegen das Gebot fairen Verhandelns, Anmerkung zum Urt. vom 17.05.2021 – 18 Sa 1124/20, ArbRAktuell 2021, 360.

Schindler, Thomas, Rechtsgeschäftliche Entscheidungsfreiheit und Drohung, Die englisch duress-Lehre in rechtsvergleichender Perspektive, Zugl. Diss. Regensburg 2004/2005, Tübingen 2005.

Schleusener, Axel Aino, Zur Widerrufsmöglichkeit von arbeitsrechtlichen Aufhebungsverträgen nach § 312 BGB, NZA 2002, 949–952.

Schmidt, Karsten (Hrsg.), Münchener Kommentar zum Handelsgesetzbuch, 6. Aufl. Band 1, München 2025 (zit. als MüKo/HGB/*Bearbeiter*).

Schmidt-Rempler, Walter, Grundfragen einer Erneuerung des Vertragsrechts, AcP 1941, 130–197.

Schmidt-Rempler, Walter, Zum Problem der Geschäftsgrundlage in: Rolf Dietz, Alfred Hueck, Rudolf Reinhard (Hrsg.), Festschrift für Hans Carl Nipperdey: zum 60. Geburstag, 21. Januar 1955, München 1955, 1–30 (zit. als *Schmidt-Rempler*, in: FS Nipperdey).

Schmidt-Westphal, Oliver, Der arbeitsrechtliche Aufhebungsvertrag im Rechtsvergleich, Grenzen der Vertragsfreiheit beim arbeitsrechtlichen Aufhebungsvertrag in Deutschland, England und Wales, Zugl. Diss. 2005, Univ. Köln, 2005.

Schmitt-Rolfes, Günter, Neues vom BAG zu Aufhebungsverträgen, AuA 2019, 207.

Schmoeckel, Matthias/Rückert, Joachim/Zimmermann, (Hrsg.), Historisch-kritischer Kommentar zum BGB, Bd. 1, Heidelberg 2003 (zit. als HKK/BGB/*Bearbeiter*).

Scholz, Harald/Stein, Rolf (Hrsg.), Praxishandbuch Familienrecht, 46. Aufl., München 2025 (zit. als H. Scholz/R. Stein/*Bearbeiter*).

Scholz, Rupert/Herdegen, Matthias/ Klein, Hans H. (Hrsg.): *Grundgesetz. Kommentar, begründet von Theodor Maunz und Günter Dürig,* 90. Aufl., Band I, München 2024 (zit. als Dürig/Herzog/R. Scholz/*Bearbeiter*).

Schrader, Peter/Mahler, Maike, Interne Ermittlungen des Arbeitgebers und Auskunftsgrenzen des Arbeitnehmers, NZA-RR 2016, 57–65.

Schrader, Peter/Thoms, Tina/Mahler, Maike, Auskunft durch den Arbeitnehmer: Was darf er? Was muss er?, NZA 2018, 965–974.

Schröder, Christoph, Die Gewaltenteilung, Teil 1: Grundlagen und Begründungssätze, JuS 2022, 23–27.

Schubert, Andreas, Keine Widerruflichkeit von arbeitsvertraglichen Aufhebungsverträgen, EWiR 2019, 537–538.

Schubert, Werner, Materialien zur Entstehungsgeschichte des BGB in: Horst Heinrich Jakobs (Hrsg.), Die Beratung des Bürgerlichen Gesetzbuchs in systematischer Zusammenstellung der unveröffentlichen Quellen, Allgemeiner Teil Teilband 1, Berlin 1985, 49–100 (zit. als *W. Schubert*, in: Jakobs, Die Beratung des Bürgerlichen Gesetzbuchs).

Schulz, Werner/Hauß, Jörn, Vermögensauseinandersetzung bei Trennung und Scheidung, 7. Aufl., München 2022.

Schulze, Reiner/Dörner, Heinrich/Ebert, Ina/Fries, Martin et al. (Hrsg.), Nomos Handkommentar, BGB, 12. Aufl., Baden-Baden 2024 (zit. als HK/BGB/*Bearbeiter*).

Schulze, Marc-Oliver/Kittel, Raphael/Pfeffer, Julia, Widerrufsrecht des Arbeitnehmers bei Auflösungsvereinbarungen, ArbRAktuell 2017, 105–108.

Schumacher, Rolf, Vertragsaufhebung wegen fahrlässiger Irreführung unerfahrener Vertragspartner, Zugl.: Diss., Tübingen 1978, Bonn 1979.

Schwab, Martin, Grundfälle zu culpa in contrahendo, Sachwalterhaftung und Vertrag mit Schutzwirkung für Dritte nach neuem Schuldrecht, JuS 2002, 773–778.

Schwab, Martin/Hromek, Stefanie, Alte Streitstände im neuen Verbraucherprivatrecht, JZ 2015, 271–281.

Schwarze, Roland, Überrumpelung beim Aufhebungsvertrag, JA 2019, 789–791.

Seel, Henning-Alexander, Anmerkung zu LAG Mecklenburg-Vorpommern: Gebot fairen Verhandelns – Wirksamkeitsmängel eines Aufhebungsvertrags, öAT 2020, 214.

Seel, Henning-Alexander, Beendigung von Arbeitsverhältnissen durch Aufhebungsverträge – typische Klauseln und rechtliche Risiken, JA 2006, 366–372.

Seker, Hasret, Die Teilnahme von Betriebsratsmitgliedern an Personalgesprächen, ArbRAktuell 2023, 508–511.

Singer, Reinhard, Arbeitsvertragsgestaltung nach der Reform des BGB, RdA 2003, 194–204.

Singer, Reinhard, Selbstbestimmung und Verkehrsschutz im Recht der Willenserklärungen, Zugl.: Habil., München 1993-1994, München 1995.

Soiné, Michael, Vernehmungs(un)fähigkeit – Regelungsbedarf in der StPO?, ZRP 2025, 114–117.

Spindler, Gerald/Schuster, Fabian (Hrsg.), Recht der elektronischen Medien, Kommentar, 4. Aufl. , München 2019 (zit. als Spindler/Schuster/*Bearbeiter*).

Spitz, Klaus, Fairnessgebot bei Verhandlungen über Aufhebungsverträge, Anm. zu BAG 6. Senat, Urt. vom 07.02.2019 – 6 AZR 75/18, jurisPR-ITR 2019, Anm. 54.

Stier, Anke, Die Entscheidung des BVerfG zur weitgehenden Vereinbarkeit des Tarifeinheitsgesetzes mit dem Grundgesetz, öAT 2017, 177–180.

Stück, Volker, Besondere Rechte und Pflichten bei "kritischen" Personalgesprächen, MDR 2016, 1061–1067.

Theisen, Frank, Rechtsfolgen eines Schadensersatzanspruchs aus culpa in contrahendo, NJW 2006, 3102–3105.

Thies, Christoph T., Der Schutz des Arbeitnehmers bei Abschluss arbeitsrechtlicher Aufhebungsverträge, Zugl.: Diss., 2007, Bielefeld, Berlin 2007.

Thüsing, Gregor, Angemessenheit durch Konsens – Zu den Grenzen der Richtigkeitsgewähr arbeitsvertraglicher Vereinbarungen, RdA 2005, 257–270.

Tiedemann, Jens, Das sog. Gebot fairen Verhandelns, "Taschenspielertrick" oder Rechtsprechung mit klaren Konturen?, ArbRB 2020, 61–63.

Timmermann, Petra/Uznanski, Julia/Mävers, Gunter et al. (Hrsg.), Beschäftigung ausländischer Mitarbeiter, 1. Aufl., Baden-Baden 2021 (zit. als TUMK Ausländische Mitarbeiter/*Bearbeiter*).

Tödtmann, Ulrich/Schauer, Michael, Der arbeitsrechtliche Aufhebungsvertrag, Ein Überblick mit Darstellung ausgewählter sozialrechtlicher Probleme, AiB 2005, 357–361.

Tschöpe, Ulrich/Pirschner, Andrea, Der Arbeitnehmer als Verbraucher im Sinne des § 13 BGB? – Eine immer noch offene Frage, RdA 2004, 358–367.

Urban, Nele, Rechtliche Aspekte von Personalgesprächen, ArbRAktuell 2011, 87–90.

von der Meden, Philip, Zur Verfassungswidrigkeit der Auslegung des Sittenwidrigkeitsbegriffs i.S.d. § 228 StGB, HRRS 2013, 158–163.

von Gierke, Otto, Die Soziale Aufgabe des Privatrechts, Vortrag gehalten am 5. April 1889 in der Juristischen Gesellschaft Zu Wien, Berlin, Heidelberg 1889.

von Gierke, Otto, Die Wurzeln des Dienstvertrages in: Juristenfakultät der Universität Berlin (Hrsg.), Festschrift für Heinrich Brunner zum fünfzigjährigen Doktorjubiläum am 8. April 1914, Überreicht von der Juristenfakultät der Universität in Berlin, München und Leipzig 1914, 37–68 (zit. als *von Gierke*, in: FS Brunner).

Voßberg, Veit, BAG: "Jetzt und Heute" – kein Verstoß gegen das Gebot fairen Verhandelns, SPA 2022, 122–123.

Wagner, Stephan, Die Sittenwidrigkeit von Angehörigenbürgschaften nach Einführung der Restschuldbefreiung und Kodifizierung der c.i.c., NJW 2005, 2956–2959.

Wank, Rolf, Die Reform des Kündigungsrechts und der Entwurf eines Arbeitsvertragsgesetzes 1992, RdA 1992, 225–234.

Weber, Ulrich/Ehrich, Christian, Anfechtung eines Aufhebungsvertrags - der verständig denkende Arbeitgeber, NZA 1997, 414–422.

Weiler, Frank, Die beeinflusste Willenserklärung, Eine Untersuchung der rechtlichen Auswirkungen fremder Einflüsse auf die rechtsgeschäftliche Willensbildung, Zugl.: Diss. Bielefeld 2002, Bielefeld 2002.

Weller, Marc-Philippe, Der Mietvertrag als entfant terrible der Privatrechtsdogmatik?, JZ 2012, 881–891.

Weller, Marc-Philippe, Die Vertragstreue, Vertragsbindung – Naturalerfüllungsgrundsatz – Leistungstreue, Zugl.: Habil. Köln 2007/2008, Tübingen 2009.

Weyland, Dag (Hrsg.), Bundesrechtsanwaltsordnung, Kommentar, 11. Aufl., München 2024 (zit. als Weyland/BRAO/Bearbeiter).

Wiese, Günther, Der personelle Gehalt des Arbeitsverhältnisses, ZfA 1996, 439–460.

Willems, Constantin, „Zutrittsrecht" des Vermieters zur Mietwohnung, NZM 2015, 353–359.

Winter, Kathleen, Aufklärungspflichten beim Aufhebungsvertrag, Zugl.: Diss. Mannheim 2010, Baden-Baden 2010.

Wisskirchen, Alfred/Worzalla, Michael, Aktuelle Fragen zu arbeitsrechtlichen Aufhebungsverträgen, DB 1994, 577–582.

Wolf, Manfred, Rechtsgeschäftliche Entscheidungsfreiheit und vertraglicher Interessenausgleich, Zugl.: Habil. Tübingen 1970.

Wurm, Stephanie, Das Gebot fairen Verhandelns beim Abschluss von Aufhebungsverträgen, SPA 2022, 121–122.

Zimmer, Maximilian, Anmerkung zu BAG, Urt. vom 07.02.2019 – 6 AZR 75/18, JZ 2019, 897–900.

Zimmer, Maximilian, Störungen beim Erb- und Pflichtteilsverzichtsvertrag, NJW 2017, 513–517.

Zimmermann, André/Völkerding, Hendrik, Missachtung des Gebots fairen Verhandelns führt zu Unwirksamkeit von Aufhebungsverträgen, Das BAG prägt Fallgruppen zur Eingrenzung des Gebots fairen Verhandelns, DB 2019, 1628.

Zimmermann, Till/Bales, Laura, Der Umgang mit Divergenzen im Recht am Beispiel des Strafverfahrens, JuS 2019, 1137–1143.

Zwanziger, Bertram, Arbeitsrechtliche Aufhebungsverträge und Vertragsfreiheit, DB 1994, 982–984.

Zweigert, Konrad/Kötz, Hein, Einführung in die Rechtsvergleichung auf dem Gebiete des Privatrechts, 3. Aufl., Tübingen 1996.

FSC
www.fsc.org
MIX
Papier | Fördert gute Waldnutzung
FSC® C083411

Kolibri 360 GmbH
Ferdinand-Jühlke-Straße 7
99095 Erfurt, Deutschland
produktsicherheit@kolibri360.de